Ingo Pies (Hg.)

Das weite Feld der Ökonomik:
Von der Wirtschaftsforschung und Wirtschaftspolitik bis zur Politischen Ökonomik und Wirtschaftsethik

Schriften
zu Ordnungsfragen der Wirtschaft

Band 98: Das weite Feld der Ökonomik:
Von der Wirtschaftsforschung und Wirtschaftspolitik
bis zur Politischen Ökonomik und Wirtschaftsethik

Lucius & Lucius · Stuttgart · 2013

Das weite Feld der Ökonomik:

Von der Wirtschaftsforschung und Wirtschaftspolitik bis zur Politischen Ökonomik und Wirtschaftsethik

Herausgegeben von

Ingo Pies

Mit Beiträgen von

Thomas Apolte, Oliver Budzinski, Michael Göke,
Till Haselmann, Peter Jakubowski, Steffen Kampeter,
Helmut Leipold, Martin Leschke, Albrecht F. Michler,
Christian Müller, Ingo Pies, René Ruske, Alfred Schüller,
Johannes Schwanitz, Heinz-Dieter Smeets, Johannes Suttner,
Theresia Theurl, H. Jörg Thieme, Uta Thieme, Uwe Vollmer,
Gottfried Vossen, Dirk Wentzel und Axel Winkelmann

Lucius & Lucius · Stuttgart · 2013

Anschrift des Herausgebers:

Prof. Dr. Ingo Pies
Martin-Luther-Universität Halle-Wittenberg
Große Steinstraße 73
D-06108 Halle (Saale)

ingo.pies@wiwi.uni-halle.de

Bibliografische Information der Deutschen Nationalbibliothek
Die Deutsche Nationalbibliothek verzeichnet diese Publikation in der Deutschen Nationalbibliografie; detaillierte bibliografische Daten sind im Internet über http://dnb.d-nb.de abrufbar.

(Schriften zu Ordnungsfragen der Wirtschaft; Bd. 98)
ISBN 978-3-8282-0580-2

Gerokstraße 51 · D-70184 Stuttgart

Umschlaggestaltung: Isabelle Devaux, Stuttgart

Druck und Einband: ROSCH-BUCH Druckerei GmbH, 96110 Scheßlitz
Printed in Germany

ISBN 978-3-8282-0580-2
ISSN 1432-9220

Karl-Hans Hartwig
gewidmet

Vorwort

Es gibt zwei Varianten, wie man Ökonomik lehren, lernen und betreiben kann. Die erste Variante interpretiert Ökonomik im wörtlichen Sinn als Wirtschafts-Wissenschaft, d.h. als Wissenschaft vom Bereich der Wirtschaft. Man richtet dann den Blick auf ein Ensemble von Erkenntnissen über das „business" und den „business sector", das auch durch z.B. wirtschaftsinformatorische, wirtschaftsrechtliche, wirtschaftspsychologische, wirtschaftssoziologische und wirtschaftsphilosophische Einsichten angereichert wird. Die zweite Variante interpretiert Ökonomik als Denkmethode. Hier wird die Perspektive auf die nicht-intendierten Folgen individuellen Handelns gerichtet und darauf fokussiert, wie sich diese Folgen durch die Anreizwirkungen institutioneller Arrangements kanalisieren lassen. Damit richtet man den Blick auf sämtliche Bereiche der Gesellschaft, die wettbewerblich strukturiert sind, also nicht nur auf die Wirtschaft im engeren Sinne, sondern auch auf die Politik, die Kultur, die Wissenschaft, die Medien, den Sport sowie die Familie. Man analysiert dann z.B. die Funktionsweise von Rent-Seeking-Prozessen, den Kunstmarkt, den Aufbau von Zitationskartellen, den Meinungsmarkt, die Explosion der Spielergehälter, den Heirats- und Scheidungsmarkt einschließlich der anthropologisch faszinierenden Phänomene von Polygamie und Polygynie bis hin zur Ökonomik der Brautbeigabe.

Karl-Hans Hartwig gehört zu den frühen – und in Deutschland immer noch seltenen – Ökonomen, die die zweite Variante favorisieren. Nicht nur seine Veröffentlichungen legen davon beredtes Zeugnis ab. Auch im Hörsaal hat er mit seinem ganz eigenen Vortragsstil mehrere Generationen von Studierenden inspiriert und ermutigt und angeleitet, die Welt aus einer ökonomischen Brille zu betrachten.

Aber nicht nur als akademischer Lehrer, sondern auch als Lehrstuhl- und Instituts-Chef sowie als wissenschaftlicher Kollege erfreut sich *Karl-Hans Hartwig* einer außerordentlichen Beliebtheit. Einen lebhaften Eindruck davon vermittelt dieser Band, mit dem die Autorinnen und Autoren ihm zum 65. Geburtstag gratulieren. Neben zahlreichen Fachbeiträgen zu gesellschaftlichen, wirtschaftspolitischen und aktuell europapolitischen Themen gibt es am Schluss auch drei Aufsätze, die zumindest erahnen lassen, wie glücklich – und menschlich bereichert – sich diejenigen schätzen, die *Karl-Hans Hartwig* als persönlichen Freund bezeichnen dürfen.

Als Herausgeber war es mir eine große Freude, diesen Band zusammenzustellen. Niemand musste gedrängt werden. Alle wollten spontan unbedingt dabei sein. Für redaktionelle Unterstützung danke ich sehr herzlich Frau Dr. *Hannelore Hamel* und Frau *Anna König*. Für finanzielle Unterstützung gilt mein Dank der „Marburger Gesellschaft für Ordnungsfragen der Wirtschaft (MGOW)" und namentlich *Alfred Schüller*. Wir alle wünschen *Karl-Hans Hartwig* zu seinem Geburtstag alles Gute!

Halle, im April 2013 *Ingo Pies*

Inhalt

Teil I: Gesellschaft, Wirtschaft und Verkehr

Teil II: Wirtschaftsordnung und Wirtschaftspolitik

Teil III: Finanzkrise und Europapolitik

Teil IV: Persönliche Hommage an Karl-Hans Hartwig

Teil I:

Gesellschaft, Wirtschaft und Verkehr

Ingo Pies (Hg.), Das weite Feld der Ökonomik
Schriften zu Ordnungsfragen der Wirtschaft · Band 98 · Stuttgart · 2013

Gibt es einen vorgezeichneten Weg in die offene Gesellschaft?

Thomas Apolte

Inhalt

> „[D]ie Regeln wissenschaftlichen Handelns und die Beurteilungskriterien der in Form theoretischer Systeme vorliegenden Ergebnisse dieses Prozesses haben ihre Funktion letztlich darin, Erkenntnisproduktion „rational zu steuern", um die Menschheit mit immer umfassenderen und immer besseren Erkenntnissen über die Beschaffenheit der Realität zu versorgen." (*Hartwig* 1977, S. 64)

1. Der Weg in die offene Gesellschaft im Lichte der neueren politökonomischen Literatur

Wer sich wie *Karl-Hans Hartwig* bereits in der Frühphase seines wissenschaftlichen Wirkens intensiv mit methodologischen Fragen und insbesondere mit der Frage beschäftigt hat, welcher Typus von Aussagen den Charakter einer wissenschaftlich begründeten Gesetzmäßigkeit beanspruchen kann, der wird sich immer mit einer besonderen Vorsicht solchen Theorien nähern, welche im Verdacht stehen könnten, die Grenze von der wissenschaftlichen Prognose zur Prophetie zu überschreiten. Dies gilt insbesondere dann, wenn man die Dinge aus der Perspektive des kritischen Rationalismus analysiert, denn dieser spricht aus grundsätzlichen Erwägungen heraus sozialwissenschaftlichen Theorien die Fähigkeit ab, so etwas wie Bewegungsgesetze der Geschichte aufdecken zu können (s. hierzu vor allem *Popper* 1971 und 1993). Gleichwohl gibt es langfristige Entwicklungen, deren Persistenz und Verbreitung so auffällig sind, dass es auf Politikwissenschaftler, Soziologen und Ökonomen einen großen Reiz ausübt, diese auf der Basis universalisierbarer Theorien erklären zu wollen. Zu solchen Entwicklungen gehört die seit nunmehr zumindest dem dritten Jahrhundert in Folge anhaltende Ausbreitung von Demokratie und Rechtsstaatlichkeit, kurz: die Entwicklung zur offenen Gesellschaft.

Vor dem Hintergrund dieser auffälligen Entwicklung lässt sich die folgende Frage formulieren: Kann es eine allgemeine und damit streng universalisierbare Theorie geben, welche diese langfristig beobachtbare Tendenz hin zu offenen Gesellschaften erklärt und welche zugleich den von *Hartwig* seinerzeit definierten Kriterien für eine wissenschaftlich begründete Gesetzmäßigkeit im strengen methodologischen Sinne genügt? Oder müssen wir uns angesichts solcher großen Linien auf die historische Deskription in Verbindung mit einer Reihe von singulären Erklärungsmustern zufrieden geben, welche keinen Anspruch auf eine universalisierbare Theorie erheben können?

Mit dieser Frage sehen sich zwei kürzlich veröffentlichte und sehr aufschlussreiche polit-ökonomische Ansätze konfrontiert, welche ebenjene Entwicklung hin zu den heutigen offenen Gesellschaften westlichen Typs auf der Basis jeweils eines historischen Stufenmodells zu erklären versuchen. Namentlich geht es hierbei um die Bücher von *North, Wallis* und *Weingast* (2009; nachfolgend *NWW*) sowie von *Acemoglu* und *Robinson* (2012; nachfolgend *AR*). In relativ kurzer Zeit nacheinander veröffentlicht, bieten diese beiden Bücher erstaunlich ähnliche Erklärungsmuster. Die möglicherweise von den Autoren selbst gefürchtete Nähe ihrer Ansätze zu den von *Popper* (1971) so scharf kritisierten historizistischen Determinismen könnte den Autoren durchaus bewusst sein, zumindest nährt sich ein solcher Eindruck aus der Tatsache, dass an einer ganzen Reihe von Textstellen darauf hingewiesen wird, dass eine historische Entwicklung entlang dieser Stufen keineswegs einen historischen Determinismus impliziere. Nimmt man diese Einschränkung ernst, so stellt sich damit freilich die Frage, unter welchen Bedingungen die Ansätze dieser Autoren den Anspruch auf eine universalisierbare Theorie erheben können?

Mit dieser Frage beschäftigt sich der vorliegende Aufsatz, welcher sich in der methodologischen Tradition des frühen Werkes von *Karl-Hans Hartwig* sieht, zu dessen Ehren der vorliegende Band verfasst wurde. Konkret sollen die vorliegenden Ansätze von *NWW* und *AR* aufgegriffen und weiterentwickelt werden, um mit ihrer Hilfe Bedingungen formulieren zu können, unter denen sich Gesellschaften hin zu freiheitlichen Demokratien entwickeln und unter welchen Bedingungen dies nicht geschieht. Hierzu wird nach einem kurzen Überblick über die von *NWW* und *AR* formulierten Stufen der Entwicklung hin zur offenen Gesellschaft ein einfaches Modell mit mehreren Gleichgewichten entwickelt, aus dem heraus sich eine gewisse Tendenz hin zu Extremen ergibt: Aus definierten Anfangsbedingungen wird entweder eine dynamische Tendenz zur offenen Gesellschaft oder eine Tendenz zur abgeschlossenen und autoritären Gesellschaft mit monistischen Machtstrukturen ausgelöst. Im Rahmen des Modells werden jene Bedingungen aufgezeigt, unter welchen eine Gesellschaft in die eine oder andere Richtung tendiert. Im Anschluss daran werden einige systematische empirische Beobachtungen aus den ehemals sozialistischen Ländern präsentiert, welche das theoretische Modell unterfüttern.

2. Die Stufenmodelle von North/Wallis/Weingast und Acemoglu/Robinson

Die Stufen, welche die heutigen offenen Gesellschaften nach *NWW* und *AR* zuvor durchlaufen mussten, sind in Tabelle 1 zusammengefasst. Zwar betonen beide Autorengruppen, dass ein solcher Weg unterbrochen werden könne und dass auch Rückschläge möglich seien. Der Weg zur offenen Gesellschaft bleibe aber ein Gang durch die jeweiligen drei Stufen.

Offenbar um den Vorwurf des Historizismus zu umgehen, legen *AR* eine Art *Random Walk* nahe, der stets in einem Umfeld der von ihnen so bezeichneten *non-centralized extractive institutions* startet. Von dort aus können bestimmte Schlüsselereignisse die Gesellschaft an „kritische Wegkreuzungen" (*critical junctures*) führen, an denen der Zufall die Entwicklung in Richtung einer „höheren" Stufe führt, und dies kann schließlich in ein Umfeld von *centralized inclusive institutions* münden. Einmal erreicht, stabilisiert sich ein solches Umfeld allerdings selbst.

Der Zufall kann die Gesellschaft allerdings auch wieder zurückführen, und dies gilt wegen der Eigenstabilität der dritten Stufe vor allem für einen Rückfall von der zweiten in die erste Stufe. Auf diese Weise erzeugt der Zufall einen Anteil von Staaten, welche sich in die dritte Stufe hinein zu wirklich offenen Gesellschaften entwickeln, deren staatliche Autoritäten das Gewaltmonopol halten, dabei allerdings demokratisch und öffentlich kontrolliert sind, und deren Institutionen inkludierend und nicht extraktiv wirken. Ganz ähnlich argumentieren auch *NWW*, wenngleich auf der Basis eines gänzlich anderen Begriffsapparates. Auch greifen diese Autoren nicht auf den Rahmen eines *Random-walk*-Prozesses zurück.

Tabelle 1: Der Weg zur offenen Gesellschaft

Zeit	**Eigenschaften**	***Acemoglu/Robinson***	***North/Wallis/Weingast***
↓	kein Wachstum	*non-centralized extractive institutions*	*limited-acess orders*
	nicht nachhaltiges (Aufhol-) Wachstum	*centralized extractive institutions*	*limited-acess orders* / *mature limited-access orders*
	nachhaltiges innovationsgetriebenes (*Schumpeter-*) Wachstum	*centralized inclusive institutions*	*mature limited-access orders* / *open-acess orders*

Quelle: Eigene Bearbeitung auf der Basis von *North/Wallis/Weingast* (2009) sowie *Acemoglu/Robinson* (2012).

Die Stufenmodelle suggerieren zunächst eine Theorie historischer Bewegungsgesetze, wie sie vor allem von *Marx* bekannt und von *Popper* grundlegend kritisiert wurden. Durch die Betonung von Zufallsprozessen sowie der Möglichkeit von Rückschritten auf vorgelagerte Stufen scheinen sich die Autoren des Historizismus-Vorwurfs zwar präventiv erwehren zu wollen, doch bleiben ihre Hinweise insgesamt eher vage.[1] Dies scheint symptomatisch zu sein für ein methodologisches Dilemma, in das sich die Autoren begeben haben. Je deutlicher sie die Indeterminiertheit historischer Entwicklungen mit Blick auf ihre Stufen betonen, desto weniger aussagekräftig ist ihr ganzer Ansatz. Umgekehrt gilt: Je stärker sie die historischen Entwicklungen entlang ihrer drei Stufen orientieren, desto eher setzen sie sich dem Vorwurf des historischen Determinismus aus.

Unabhängig davon gelingt es allerdings mit beiden Ansätzen, so etwas wie idealtypische institutionelle Rahmenmodelle zu entwickeln, welche jeweils eng mit bestimmten Eigenschaften verbunden sind (siehe Tabelle 1). So zeigen sie durchaus überzeugend, dass nur das Umfeld der dritten Stufe so etwas wie nachhaltiges und innovationsgetrie-

[1] Sie erinnern mit diesen vagen Hinweisen übrigens an die Sozialismus-Prognose von *Schumpeter*, der mit ebenfalls kaum systematisch ausgebauten Hinweisen die Frage, ob er den „Marsch in den Sozialismus" denn nun als wissenschaftliche Prognose verstehe, eher verwischte als klärte, siehe *Schumpeter* (1950 und 2005, S. 103 ff.).

benes Wachstum im *Schumpeter*schen Sinne ermöglicht. Die mittlere Stufe allerdings scheint in beiden Fällen instabil zu sein, indem sie entweder eine Dynamik enthält, welche die betreffende Gesellschaft weitertreibt, bis sie die dritte Stufe erreicht hat, oder indem sie eine Rückfalldynamik zurück zur ersten Stufe enthält. Wie man sich solche Dynamiken allerdings vorzustellen hat, wodurch sie erklärbar sein könnten und unter welchen Bedingungen sie die Gesellschaft voran in die offene oder zurück in eine autoritäre oder gar eine Art vorstaatliche Form treibt, dies bleibt in den Ansätzen jeweils offen. Das nachfolgend präsentierte Modell soll diese Lücke schließen.

3. Die Anziehungskraft der Extreme: Ein einfaches Modell

Um Verwechslungen zu vermeiden, werden politische Institutionen im Folgenden definiert als Verhaltensbeschränkungen, welche nicht aus privatrechtlichen Verträgen und den darin ausgehandelten Preisen und Konditionen folgen.[2] Politische Institutionen sind insofern als gesellschaftliche Regeln zu verstehen, welche einerseits das Verhalten individueller Menschen direkt steuern, andererseits aber auch politische Agenturen konstituieren. Politische Agenturen sind demnach die äußere Erscheinungsform politischer Institutionen; ihr Verhalten wird durch sie gesteuert.

Politische Institutionen formen politische Agenturen in aller Regel nicht als monolithische Blöcke, sondern – zumindest in modernen Gesellschaften – als mehr oder weniger komplexe Gebilde. Ungeachtet des Grades an gegenseitiger Abhängigkeit oder Unabhängigkeit, unterscheiden sich die politischen Agenturen zumindest in der Erfüllung unterschiedlicher Aufgaben, auf einer sehr groben Ebene zum Beispiel in jene der Exekutive, der Legislative und der Judikative. In der Realität sind die Aufgaben in der Regel jedoch weit differenzierter.

Wir definieren im Folgenden den Regierungschef vereinfachend als die personelle Spitze jener politischen Agentur, welche Träger der exekutiven Gewalt ist. Darüber hinaus existiert allerdings eine mehr oder weniger große Zahl weiterer politischer Agenturen, jene der Legislative und der Judikative sowie die Notenbanken, weitere spezielle Fachbehörden und vieles mehr, und alles dies möglicherweise auf unterschiedlichen föderalen Ebenen. Daraus erwächst ein Charakteristikum institutioneller Strukturen, welches im Folgenden als institutionelle Differenzierung bezeichnet wird und wie folgt definiert ist:

Institutionelle Differenzierung liegt vor, wenn mindestens eine politische Agentur institutionell bedingten Handlungsbeschränkungen unterworfen ist, deren Quelle extern in dem Sinne ist, dass sie aus einer anderen politischen Agentur entspringt als aus ihr selbst.

Wenn etwa ein Regierungschef verkündet, dass er im Falle eines bestimmten Ereignisses abdanken wird, dann mag man dies zwar als eine selbst auferlegte Verhaltensbeschränkung sehen, es liegt aber keine institutionelle Differenzierung vor, weil diese Verhaltensbeschränkung aus der Sicht des Regierungschefs keine externe Quelle hat.

---

[2] Vergleichbare Definitionen finden sich bei: *Erlei, Leschke* und *Sauerland* (2007) und *North* (1991).

Wenn er aber aufgrund des Beschlusses einer wie immer gearteten parlamentarischen oder vorparlamentarischen Versammlung der Regel unterworfen wird, dass er im Falle eines bestimmten Ereignisses abzudanken habe, dann liegt institutionelle Differenzierung vor. Damit ist allerdings noch nichts darüber ausgesagt, ob er sich bei Eintritt dieses Ereignisses auch an diese Regel halten wird.

In diesem Sinne sprechen wir im Folgenden von einem zunehmenden Grad an institutioneller Differenzierung (*D*), wenn politische Agenturen nach Regeln strukturiert sind, welche ihnen einerseits einen hohen Grad an gegenseitiger Unabhängigkeit mit Blick auf die ihnen zugewiesenen Befugnisse zusichern, welche die politischen Agenturen andererseits aber vielfältigen Handlungsbeschränkungen aus externen Quellen unterwerfen. Damit bezieht sich der Begriff der institutionellen Differenzierung nicht allein auf die bloße Existenz äußerlich identifizierbarer politischer Agenturen, sondern auf politische Institutionen, welche den unterschiedlichen politischen Agenturen einen hohen Grad an *faktischer* Unabhängigkeit untereinander sowie gegenüber der Exekutive sichern, sie zugleich aber in ein ausdifferenziertes Regelwerk einbinden, dessen Entstehung und Fortentwicklung immer nur zum Teil in ihrem eigenen Einflussbereich stehen.

Der Grad an institutioneller Differenzierung steht in einem engen Wechselverhältnis zu der Glaubwürdigkeit, mit der die daraus erwachsenden verschiedenen politischen Agenturen die institutionelle Differenzierung respektieren. Technisch ausgedrückt, ist mit dieser Glaubwürdigkeit (*credibility; C*) die zeitliche Konsistenz des Versprechens jeder politischen Agentur gemeint, die Unabhängigkeit aller jeweils anderen Agenturen ebenso wie die privatautonomen Rechte der Individuen einer Gesellschaft im Rahmen des institutionellen Rahmenwerkes zu respektieren (*Mittal* und *Weingast* 2010, *Alberts*, *Warshaw* und *Weingast* 2012). Glaubwürdigkeit besteht demnach dann, wenn Akteure die Erwartung bilden können, dass politische Institutionen nicht allein als Regelwerke existieren, sondern dass politische Agenturen auch faktisch die Grenzen ihres jeweiligen Machtbereiches respektieren – sei es durch Zwang oder durch Anreizkompatibilität der Institutionen. Hierzu drei annähernd paradigmatische Beispiele:

- Der demokratische Wahlmechanismus zur Bestimmung eines Regierungschefs ist aus der Sicht von Wählern dann und nur dann glaubwürdig, wenn diese darauf vertrauen dürfen, dass ein Regierungschef seine Macht im Falle einer Abwahl in der Tat abgibt.
- Die institutionelle Differenzierung politischer Agenturen ist dann glaubwürdig, wenn jede Agentur die Zuständigkeit jeder anderen Agentur respektiert, und zwar auch und gerade dann, wenn es in ihrem Interesse läge, dies nicht zu tun. So ist es ein Zeichen institutioneller Glaubwürdigkeit, wenn ein Regierungschef darauf verzichtet, das Justizsystem für eigene Zwecke zu instrumentalisieren.
- Die institutionellen Rahmenbedingungen einer offenen Gesellschaft schützen die privatautonomen Rechte von Individuen auch dann, wenn einzelne davon sich – wiederum im Rahmen des Regelwerkes – als bedrohlich für die Machtausübung des Regierungschefs erweisen sollten. Sie können dies allerdings nur, wenn der Regierungschef ein zeitkonsistentes und damit im engen spieltheoretischen Sinne glaub-

würdiges Versprechen darüber abgibt, dass er wiederum die Grenzen seiner Eingriffsrechte respektiert.

Institutionelle Glaubwürdigkeit beinhaltet beispielsweise, dass voneinander unabhängige Agenturen ein institutionell generiertes Interesse daran haben, einen Regierungschef in der Folge einer Abwahl im Zweifel auch mithilfe von Zwang aus dem Amt zu entfernen. Schließlich wird im Folgenden auch die Möglichkeit der persönlichen Integrität des Regierungschefs als Quelle von Glaubwürdigkeit betrachtet. In diesem Falle liefert ein persönliches Moralsystem des Regierungschefs Restriktionen seines persönlichen Nutzenmaximierungsverhaltens.

Glaubwürdigkeit in dem hier verwendeten Sinne ist ein in der modernen *Political-economy-Literatur* sehr bedeutsames Konzept. Ein System glaubwürdiger politischer Institutionen ist deshalb als eine unabdingbare Grundlage einer offenen Gesellschaft zu sehen, weil sich nur durch die damit verbundene Erwartungs- und Verhaltenssteuerungen offene und inkludierende gesellschaftliche Prozesse entwickeln können (*Apolte* 2012). Sie sind damit das Gegenteil staatlicher Willkür auf der Basis unmittelbarer und situativ wechselnder Nutzenmaximierungsmuster der jeweils Herrschenden. Glaubwürdigkeit ist damit von ähnlich hohem Rang wie der klassisch bei *Montesquieu* zu findende Grad an Differenzierung der politischen Institutionen (*D*) für den Grad an Offenheit einer Gesellschaft.

Zentral für die weiteren Überlegungen ist in diesem Sinne der Umstand, dass die Glaubwürdigkeit politischer Institutionen und der Grad an institutioneller Differenzierung politischer Agenturen gemeinsam den Grad an Offenheit einer Gesellschaft bestimmen. In diesem Sinne sei der Grad an Offenheit einer Gesellschaft im Folgenden durch einen Demokratieindikator Dem_{it} in Land i zum Zeitpunkt t operationalisiert – hierzu eignet sich beispielsweise jener von *Freedom House* (2011, siehe auch *Gastil* 1988) oder auch der des *Polity Project* (*Marshall* und *Jaggers* 2009). Sodann lässt sich diese Variable in Abhängigkeit von den unabhängigen Variablen Glaubwürdigkeit (C_{it}) und Differenzierung politischer Institutionen (D_{it}) erklären:

$$Dem_{it} = \beta_0 + \beta_1 \cdot C_{it} + \beta_2 \cdot D_{it} + e_{it}. \qquad (1)$$

Indes dürften die beiden unabhängigen Variablen selbst voneinander nicht linear unabhängig sein. Denn der Grad an institutioneller Unabhängigkeit und der Grad an Glaubwürdigkeit bedingen sich gegenseitig. Hierzu betrachten wir zunächst die Wirkung der institutionellen Unabhängigkeit auf die Glaubwürdigkeit von Institutionen.

Institutionelle Glaubwürdigkeit speist sich in erster Linie aus einer anreizkompatiblen Struktur der Institutionen. Klassischerweise wird dies durch eine Gewaltenteilung erreicht, die verschiedenen politischen Agenturen jeweils nur bestimmte mit Macht ausgestattete Befugnisse zugesteht, sowie dadurch, dass die verschiedenen Agenturen in einem gewissen Wettbewerbsverhältnis zueinander stehen, aus dem sich der Anreiz speist, sich gegenseitig zu kontrollieren. Fast mehr noch als im modernen wirtschaftlichen Geschehen wird hier die Zahl der im Wettbewerb zueinander stehenden Agenturen eine entscheidende Rolle für die Frage spielen, wie intensiv der Wettbewerb und damit auch die gegenseitige Kontrolle der politischen Agenturen ist. Denn mit sinkender Zahl von Agenturen steigt die Gefahr von kartellartigen Kooperationsmustern, weil die Transaktionskosten des Kartellbetriebs sinken. Generell dürften diese Transaktionskosten bei einem anfänglich geringen, dann aber zunehmenden Grad an institutioneller Differenzierung zunächst progressiv steigen, weil die Zahl an möglichen Kooperationsbeziehungen zwischen potenziellen Kartellmitgliedern zunächst sehr klein ist, dann aber mit steigender Zahl an Agenturen überproportional zunimmt. Mit einer immer weiter zunehmenden institutionellen Differenzierung wird dieser Effekt aber eine abnehmende Bedeutung haben, weil die Transaktionskosten des Kartellbetriebs in diesem Bereich ohnehin bereits prohibitiv hoch sind.

Aus diesen Gründen ist die Annahme plausibel, dass die institutionelle Glaubwürdigkeit mit zunehmender institutioneller Differenzierung zunächst progressiv und später nur noch degressiv ansteigt. In diesem Sinne lässt sich eine Funktion der institutionellen Glaubwürdigkeit (C) in Abhängigkeit der Anzahl voneinander unabhängiger Agenturen und damit der institutionellen Differenzierung (D) sowie einem Vektor weiterer exogener Variablen (G_j) folgendermaßen schreiben:

$$C(D) = \sum_{j}^{N} g_j \cdot G_j \cdot f(D) \quad , \qquad (2)$$

wobei $f(D)$ einem neoklassischen Verlauf unterliegt mit zunächst steigenden marginalen Zuwächsen sowie mit $f(0)=0$ und $f'(0)=0$ (siehe Abbildung 1). Einer der in den G_j-Variablen enthaltenen Parameter ist die mit $G_k=I$ bezeichnete Integrität des Regierungschefs. Je höher diese ist, desto größer ist für jeden gegebenen Differenzierungsgrad $D>0$ auch der Grad an institutioneller Glaubwürdigkeit C.

Abbildung 1: Interdependenz von institutioneller Glaubwürdigkeit und institutioneller Differenzierung

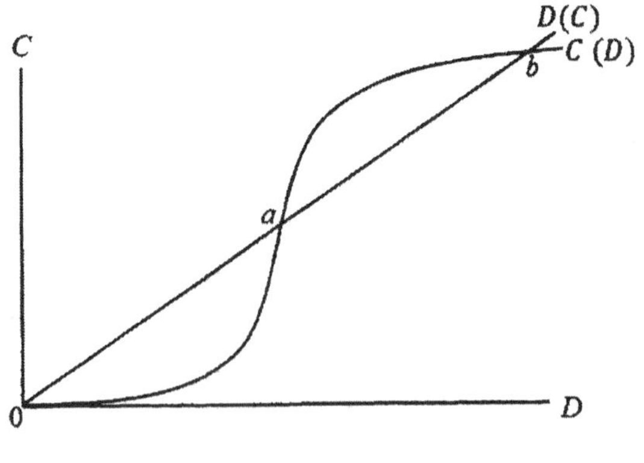

Quelle: Eigene Darstellung.

Politische Einflussträger können demnach, soweit sie Einfluss auf konstitutionelle Entscheidungen ausüben können, mit einer Erhöhung des Grades an institutioneller Differenzierung den Grad ihrer Glaubwürdigkeit erhöhen. Dahinter steckt nichts anderes als die freiwillige Anwendung von Selbstbindungsmechanismen, hier allerdings nur mit Blick auf die Respektierung externer Verhaltensbeschränkungen.

Nun beeinflusst nicht nur der Grad an institutioneller Differenzierung den Grad an institutioneller Glaubwürdigkeit, sondern es gibt auch eine umgekehrte Kausalität. Institutionelle Differenzierung setzt nämlich selbst institutionelle Glaubwürdigkeit voraus. Dies ist vor allem deshalb so, weil es nicht ausreicht, die Unabhängigkeit zweier oder mehrerer politischer Agenturen voneinander zu postulieren oder in einem formellen Regelwerk festzuschreiben. Ob diese Unabhängigkeit faktisch gewahrt wird, hängt davon ab, ob die – formellen oder informellen – Regeln, die diese Unabhängigkeit festlegen, zeitlich auch konsistent sind. Kommt es nämlich zu einem Konflikt, in dem die Interessen der politischen Agenturen und ihrer individuellen Träger der Aufrechterhaltung der Unabhängigkeit zuwiderlaufen, so muss die übrige Gesellschaft auf die Wahrung der Unabhängigkeit – im Zweifel gegen die Interessen der beteiligten Akteure – vertrauen können. Kann die Gesellschaft das nicht, so geht die institutionelle Differenzierung verloren. Steigt also das Maß an institutioneller Glaubwürdigkeit, so lässt dies einen höheren Grad an institutioneller Differenzierung zu. Sinkt die Glaubwürdigkeit, so schränkt dies den Spielraum für institutionelle Differenzierung ein. Die Differenzierung kann also als eine Funktion der Glaubwürdigkeit geschrieben werden:

$$D(C) = h \cdot C \qquad \text{mit } h>0. \qquad (3)$$

Der Verlauf der Funktion *D*(*C*) ist ebenfalls in Abbildung 1 zu sehen. Aus beiden Funktionen zusammen ergeben sich drei gleichgewichtige Fälle, in denen jeweils zugleich die Bedingungen (2) und (3) erfüllt sind. Es sind die Punkte 0, *a* und *b*. Der Punkt 0 markiert ein Gleichgewicht mit einem hohen Maß an Machtzentralisierung und damit einem geringen Maß an institutioneller Differenzierung. Hier ist für Demokratie, Rechtsstaatlichkeit und Pressefreiheit kein Raum. Zugleich ist das Maß an institutioneller Glaubwürdigkeit null. Die Exekutive und damit der Regierungschef sind keinerlei externen Regeln unterworfen, denen die übrigen Individuen in der Hoffnung auf freiheitsstiftende Verhaltensbeschränkungen des Regierungschefs vertrauen könnten. Damit kann keine zeitliche Konsistenz des Regierungshandelns erzeugt werden, weshalb die Regierten damit rechnen müssen, dass Regierungshandeln den zu jedem Zeitpunkt jeweils aktuellen Anreizmechanismen für den Regierungschef folgt.

Der Punkt *b* markiert das andere Extrem. Hier ist der institutionelle Differenzierungsgrad hoch, was einerseits eine hohe Glaubwürdigkeit voraussetzt, damit diese aufrechterhalten werden kann, und andererseits ein zeitkonsistentes Regierungshandeln selbst erzeugt. Die Kosten der Kollusion politischer Agenturen sind im Punkt *b* sehr hoch. Damit ist kollusives Verhalten unwahrscheinlich. Dies unterstützt regeltreues Verhalten der Agenturen, reduziert Korruption, sichert Freiheit von Individuen und privaten Agenturen und verhindert willkürliche Übergriffe. Punkt *b* repräsentiert daher eine offene Gesellschaft, welche Demokratie ermöglicht und ohne Demokratie wohl auch kaum denkbar ist.

Schließlich existiert ein instabiles Gleichgewicht im Punkt *a* bei einem jeweils mittleren Grad an institutioneller Differenzierung und Glaubwürdigkeit. Dieses Gleichgewicht ist instabil, weil ein exogener Schock, welcher über die in G_j zusammengefassten Parameter auf die Lage der Kurve *C*(*D*) wirkt, eine Bewegung weg von diesem Gleichgewicht und hin zu einer der Extrempositionen 0 oder *b* führt.

Ein solcher exogener Schock kann beispielsweise durch einen Wechsel an der Regierungsspitze hin zu einem Regierungschef ausgelöst werden, welcher einen höheren Grad an persönlicher Integrität und damit an Respekt gegenüber externen Verhaltensbeschränkungen aufweist. Dies würde den Faktor I unter den exogenen Variablen *Gj* erhöhen und die *C*(*D*)-Kurve um den Nullpunkt nach oben drehen (s. gestrichelte Kurve *C*(*D*)' in Abbildung 2). Der auslösende Zuwachs an Glaubwürdigkeit aus der größeren persönlichen Integrität des Regierungschefs ist dann die Strecke s_1. Dieser so ausgelöste Zuwachs an institutioneller Glaubwürdigkeit gibt anschließend Raum für eine Vertiefung der institutionellen Differenzierung entlang der Strecke s_2. Dies wiederum erzeugt eine weitere Vergrößerung der institutionellen Glaubwürdigkeit und so weiter, bis schließlich Punkt *b'* erreicht ist. Die Gesellschaft strebt also hin zu einem neuen stabilen Gleichgewicht und in diesem Falle zum Zustand einer offenen Gesellschaft.

Abbildung 2: Dynamik hin zur offenen Gesellschaft

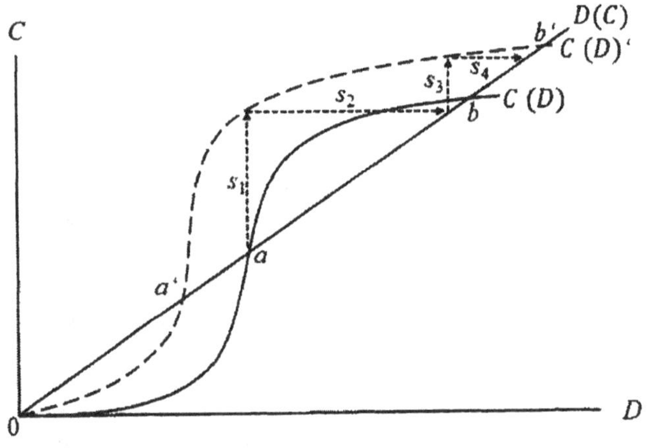

Quelle: Eigene Darstellung.

Umgekehrt löst der Wechsel zu einem Regierungschef mit geringerer Integrität und damit geringerem Respekt gegenüber externen Verhaltensbeschränkungen eine entsprechende Dynamik hin zu einer monistisch-autoritären Machtstruktur im Punkt 0 aus (siehe Abbildung 3). Der zunächst exogene Verlust an Glaubwürdigkeit entlang der Strecke s_1 schränkt im Anschluss entlang s_2 den institutionellen Differenzierungsgrad ein, was mit einem weiteren Verlust an institutioneller Glaubwürdigkeit verbunden ist. Im Ergebnis bewegt sich die Gesellschaft hin zu Punkt 0.

Anstelle der in diesen Beispielen angenommenen Veränderungen der persönlichen Integrität des Regierungschefs lassen sich beliebige vergleichbare exogene Veränderungen denken, welche in dem Vektor G_j enthalten sein können und welche Einfluss auf den exogen determinierten Teil der institutionellen Glaubwürdigkeit nehmen. Hierzu gehören beispielsweise die Einbindung in internationale Organisationen, die Entdeckung von Rohstoffvorkommen, externe oder interne Konflikte, politische Herausforderungen durch regionale Separatisten oder religiös motivierte Rebellen, ökonomische Schocks und anderes mehr. Im Ergebnis legt das Modell die Instabilität mittlerer Positionen zwischen monistischen Machtstrukturen auf der einen Seite und dem Zustand einer offenen Gesellschaft auf der anderen Seite nahe. Finden wir eine solche Tendenz zu den Extremen aber auch in der Realität? Dieser Frage ist der folgende Abschnitt gewidmet. Er untersucht das Beispiel der ehemals sozialistischen Staaten in Mittel- und Osteuropa.

Abbildung 3: Dynamik hin zur geschlossenen Gesellschaft

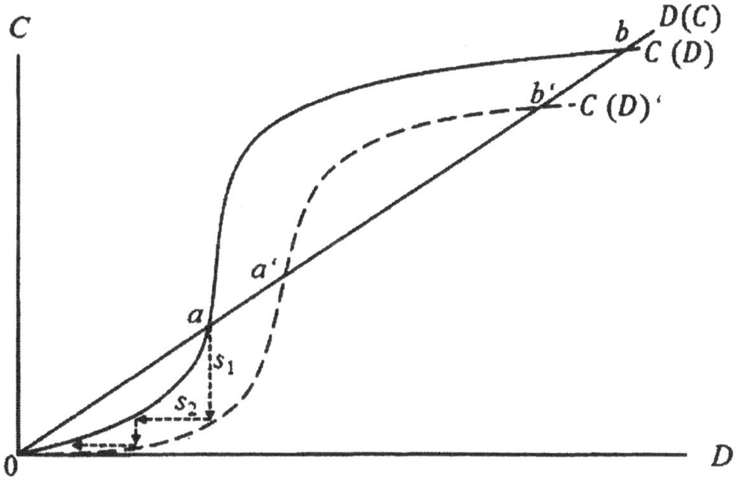

Quelle: Eigene Darstellung.

4. Empirische Hinweise: Das Beispiel der ehemals sozialistischen Staaten

Das vorgestellte Modell impliziert, dass sich im Laufe der Zeit entweder Systeme mit einem hohen Grad an institutioneller Glaubwürdigkeit und zugleich mit einem hohen Grad an institutioneller Differenzierung herausbilden oder alternativ dazu Systeme mit einem geringen Grad an institutioneller Glaubwürdigkeit und zugleich einem geringen Grad an institutioneller Differenzierung. Nun ist vor allem ein Konzept wie jenes der institutionellen Glaubwürdigkeit – zumindest auf direktem Wege – nur sehr bedingt messbar. *Karl-Hans Hartwig* (1977, S. 105 ff.) hat sich dem Problem nicht oder vorläufig noch nicht direkt empirisch prüfbarer Hypothesen ausführlich gewidmet. Unter Rückgriff auf *Kuhn* (1973) und *Feyerabend* (1975) hat er überzeugend dargelegt, dass wissenschaftlicher Fortschritt kaum denkbar ist, wenn alle relevanten Variablen von *explanandum* und *explanans* einer neu formulierten Hypothese stets so strukturiert sein müssen, dass sie direkten empirischen Falsifikationsversuchen zugänglich sind; dies gilt umso mehr, wenn es sich um Einzelhypothesen im Rahmen eines größeren Theoriesystems handelt. Solcherlei Anforderungen würden den Fortschritt der Wissenschaft an ihren eigenen Ansprüchen ersticken lassen.

Gleichwohl lassen sich für die hier formulierte Hypothese bereits einige indirekt bestätigende Hinweise finden. Denn wenn die Variablen institutionelle Glaubwürdigkeit sowie institutionelle Differenzierung in der Tat eng mit dem Grad an Demokratie korreliert sind, dann müsste sich im Ergebnis auch eine Tendenz zur Ausdifferenzierung des Grades an Demokratie finden lassen. Um dies zu überprüfen, eignen sich die ehemals sozialistischen Staaten in besonderer Weise, weil sie wie eine Art natürliches Experiment betrachtet werden können (*Apolte* 2011). Zu diesem Zweck sind hier die Demokratieindikatoren von *Freedom House* (2011) verwendet worden, und zwar für eine Gruppe von 20 ehemals sozialistischen Staaten. Dabei wurden keine Kalenderjahre verwendet, sondern „Transformationsjahre", die dadurch ermittelt wurden, dass für jedes Land das jeweilige Jahr des politischen Umbruchs als Transformationsjahr null definiert wurde (z.B.: Polen, Ungarn, CSSR: 1989=0; Ex-UdSSR-Staaten: 1992=0).

Freedom House unterscheidet drei Typen von politischen Systemen und kennzeichnet sie mit *free*, *partly free* und *not free*. Am Ende des Jahres null der Transformation fiel die Mehrzahl der Transformationsländer in die Kategorie *partly free*, und zwar 13 von 20 Ländern (siehe Tabelle 2). Je vier Länder fielen in die Kategorien *free* oder *not free*. Zwei Jahrzehnte später hat sich das Bild deutlich ausdifferenziert. Weniger als die Hälfte der ursprünglich als *partly free* kategorisierten Länder ist nun noch in dieser Kategorie zu finden. 15 von 20 Ländern haben sich stattdessen in die extremen Kategorien *not free* oder *free* bewegt und sind damit heute recht eindeutig dem demokratischen Lager offener Gesellschaften zuzuordnen oder aber als mehr oder weniger ausgeprägt autoritäre Diktaturen zu bezeichnen.

Tabelle 2: Kategorien politischen Systeme in 20 ehemals sozialistischen Staaten

***Freedom House* Kategorie**	**Transformationsjahr 0**	**Transformationsjahr 19**
not free	4	7
partly free	13	6
free	4	8

Quelle: *Freedom House* (2011).

Ein ähnliches Bild ergibt sich, wenn man die Varianz der Ausgangsdaten betrachtet. *Freedom House* unterscheidet als Einzelindikatoren den Grad an politischer Mitbestimmung (*political rights*) sowie jenen an Bürgerrechten (*civil rights*). In Abbildung 4 ist die Varianz der Indikatorausprägungen über den Verlauf von 20 Transformationsjahren über 20 verschiedene Transformationsländer abgetragen. Beide Indikatoren zeigen eine deutliche Zunahme, so dass auch hier die Ausdifferenzierung zu erkennen ist, die das präsentierte Modell vorhersagt. Für den mit dem Grad an Demokratie sehr unmittelbar verbundenen Indikator *political rights* ist diese Tendenz besonders ausgeprägt.

Wenngleich dies nur sehr grobe Hinweise sind und sie nur das *explanandum* und nicht davon getrennt auch das *explanans* zu testen vermögen, so sind diese Hinweise mit Blick auf die Ausgangsfrage doch recht aussagekräftig. Sie sind zumindest kompatibel mit einer Hypothese, wonach politische Systeme entweder unter dem Einfluss monistischer Machtstrukturen immer wieder zu autoritären Systemen zurücktendieren, dass es zugleich aber immer auch Fälle gibt, welche von einem höheren Grad an Differenzierung der Institutionen erfasst werden und als solche die Voraussetzungen stabilisieren, welche eine sich selbst verstärkende Dynamik hin zu offenen Gesellschaften auslöst. Dagegen scheint eine intermediäre Position eher instabil zu sein.

Eine Art stufenbasierte Gesetzmäßigkeit der Geschichte hin zu offenen Gesellschaften lässt sich damit freilich nicht in Einklang bringen. Was indes auf der Basis einer solchen Hypothese für die längerfristige Entwicklung von politischen Systemen abgeleitet werden kann, ist Gegenstand des folgenden und letzten Abschnitts.

Abbildung 4: Varianz der Freedom-House-Indikatoren über 20 Transformationsjahre

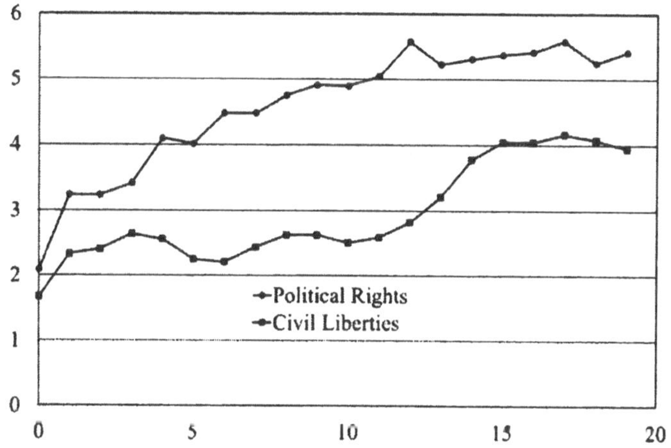

Quelle: *Freedom House* (2011); eigene Berechnungen.

5. Wird die ganze Welt demokratisch?

Ein grundsätzlicher Unterschied zwischen der antiken sowie später der mittelalterlichen Welt einerseits und der heutigen Welt ist der moderne Stand des Wissens, und zwar gerade auch des Wissens über soziale Technologien. Wir wissen heute, dass moderne offene Gesellschaften möglich und funktionstüchtig sind. Dies ist alles andere als eine triviale Erkenntnis. Wir wissen, dass Freiheit im Rahmen marktwirtschaftlicher Systeme keineswegs desintegrierend wirkt, dass Gewaltenteilung und institutionelle Differenzierung erstem Anschein zum Trotz zu einem hohen Maß an Konsistenz im Handeln des öffentlichen Sektors führt und dass Demokratie nicht mehr, sondern im Mittel sogar eher weniger zur Herrschaft von Dilettanten und Bauernfängern führt, wenn sie eingebunden ist in ein geeignetes institutionelles Rahmenwerk. Hierüber haben wir heute einen guten theoretischen Kenntnisstand und ungleich mehr empirisches Anschauungsmaterial als noch vor zwei Jahrhunderten. Vor diesem Hintergrund erst konnten offene Gesellschaften als ernste Alternative in der Frage nach geeigneten politischen Systemen diskussionsfähig werden.

Noch zur Zeit der amerikanischen Revolution musste der Versuch der Etablierung einer offenen und demokratischen Gesellschaft als ein mehr oder minder hazardeurhaftes Experiment gelten. Vor dem Hintergrund des heutigen Wissensstandes ist er das gewiss nicht mehr. Dies ist allerdings bestenfalls eine notwendige und keine hinreichende Bedingung dafür, dass sich Demokratie weltweit auch etabliert. Es folgt keineswegs aus dem Wissen über die Funktionsfähigkeit und nicht einmal aus dem Wissen über die Vorteilhaftigkeit dieses Systems, dass es sich mit Notwendigkeit auch ausbreitet. Im Gegenteil: Bestimmte Entwicklungen wie jene des sich derzeit ausbreitenden anti-rationalistischen und anti-individualistischen religiösen Fundamentalismus in allen drei abrahamitischen Religionen können – in Verbindung mit der weltweiten demographischen Entwicklung – Anlass zur Sorge sogar um den langfristigen Bestand der westlichen Demokratien geben. Es gibt also kein Gesetz, nach dem die Ausbreitung der Demokratie – quasi als Krönung der Menschheitsgeschichte und nach dem Durchlaufen verschiedener Stufen – zwangsläufig folgen müsste. Es bleibt vielmehr dabei, dass sich der Lauf der Geschichte nicht prognostizieren lässt, weil es schlicht keine entsprechenden Bewegungsgesetze gibt, welche sich von Wissenschaftlern entdecken ließen.

Was aber kann dann aus theoretischen Modellen folgen, welche sich gleichwohl mit vermuteten Gesetzmäßigkeiten beschäftigen, die zwar nicht den Gang der Geschichte bestimmen, der Entwicklung von Gesellschaften aber gleichwohl inhärent sind und daher auch immer wieder zu beobachten sein müssten? Einerseits können solche Modelle nicht in der Lage sein, deterministische Abläufe zu prognostizieren, weil es diese nicht gibt. Andererseits aber unterliegen auch nicht-deterministische Abläufe, die wir beobachten können, bestimmten Gesetzmäßigkeiten, die zwar nichts vorausbestimmen, innerhalb deren Logik sich aber dennoch alle Entwicklung abspielt und abspielen muss.

Ganz und allein in diesem Sinne folgt aus dem hier präsentierten Modell, dass der Zufall eine Gesellschaft an eine Konstellation heranführen kann, ab der sich der Pluralismus der Institutionen verselbstständigt, dass dieser Prozess zu einer gegenseitigen Kontrolle von politischen Agenturen führen und das auslösen kann, was bis zum heutigen Tage in immerhin annähernd 50 Prozent der heutigen Staaten der Welt zu beobachten ist: die Entwicklung hin zu einer offenen Gesellschaft. Die Zunahme sozialtechnologischen Wissens, in Verbindung mit dem von *Acemoglu* und *Robinson* (2012) angedeuteten *Random-walk*-Prozess sowie mit der in diesem Beitrag begründeten Instabilität intermediärer Positionen zwischen autokratischer und demokratischer Herrschaft, kann diese Entwicklung insoweit recht treffend erklären.

Diesen letzteren kleinen Baustein in das Gebäude einzufügen, war Anliegen dieses Beitrags. Dabei zeigte sich aber leider auch, dass neben der Dynamik zur offenen Gesellschaft auch eine gegenteilige Dynamik ausgelöst werden kann, welche zurück zu einer autoritär-monistischen Machtstruktur führt. Offenbar ist letzteres in einigen Ländern der ehemals sozialistischen Welt ebenso zu beobachten wie in den meisten vom „arabischen Frühling" ergriffenen Staaten. Generell sind Russland und Ägypten zwei gleichermaßen ernüchternde Beispiele, welche bei aller Unterschiedlichkeit offenbar einer gleich gelagerten Dynamik unterliegen. Freilich ist weder mit der hier präsentierten Theorie noch mit der Beobachtung etwas über daraus abzuleitende Politikempfehlungen gesagt. Die Arbeit daran fängt mit solchen Einsichten, wie sie hier diskutiert und vorgestellt wurden, vielmehr erst an.

Literatur

Acemoglu, Daron und *James Robinson* (2012), Why Nations Fail: The Origins of Power, Prosperity, and Poverty, New York.

Alberts, Susan, Cris Warshaw und *Barry R. Weingast* (2012), Democratization and Countermajoritan Institutions: The Role of Power and Constitutional Design in Self-Enforcing Democracy, in: *Susan Alberts, Cris Warshaw* und *Barry Weingast* (eds.), Comparative Constitutional Law and Politics, Cambridge, im Druck.

Apolte, Thomas (2011), Democracy and Prosperity in Two Decades of Transition, in: Economics of Transition, Vol. 19, S. 693-722.

Apolte, Thomas (2012), Toward a More General Approach to Political Stability in Comparative Economic Systems, CIW Diskussionspapiere 1/2012, Münster.

Erlei, Mathias, Martin Leschke und *Dirk Sauerland* (2007), Neue Institutionenökonomik, Stuttgart.

Feyerabend, Paul (1975), Wider den Methodenzwang, Berlin.

Freedom House (2010), *Freedom House* (2011), Freedom in the World. Annual Survey of Political Rights and Civil Liberty, New York.

Gastil, Raymond D. (1988), Freedom in the World: Political Rights and Civil Liberties 1987-1988, New York.

Hartwig, Karl-Hans (1977), Kritisch-rationale Methodologie und ökonomische Forschungspraxis: Zum Gesetzesbegriff in der Nationalökonomie, Frankfurt/Main.

Kuhn, Thomas S. (1973), Die Struktur wissenschaftlicher Revolutionen, Frankfurt.

Marshall, Monty G. und *Keith Jaggers* (2009), Polity IV Project: Dataset User's Manual, February 2009 (download bei: systemicpeace.org).

Mittal, Sonia und *Barry R. Weingast* (2010), Self-enforcing constitutions: With an application to democratic stability in Amercia's first century. Unveröffentlichtes Manuskript, Stanford.

North, Douglass (1991), Institutions, Institutional Change and Economic Performance, Cambridge.

North, Douglass, John J. Wallis und *Barry R. Weingast* (2009), Violence and Social Orders: A Conceptual Framework for Interpreting Recorded Human History, New York.

Popper, Karl R. (1971), Das Elend des Historizismus, 3. Aufl., Tübingen.

Popper, Karl R. (1993), Prognose und Prophetie in den Sozialwissenschaften, in: *Ernst Topitsch* (Hrsg.), Logik der Sozialwissenschaften, 12. Aufl., Frankfurt/Main, S. 113-125.

Schumpeter, Joseph A. (1950), Der Marsch in den Sozialismus, in: Jahrbuch für Sozialwissenschaft, Bd. 1, S. 101-112.

Schumpeter, Joseph A. (2005), Kapitalismus, Sozialismus und Demokratie, 8.Aufl., Stuttgart.

Ingo Pies (Hg.), Das weite Feld der Ökonomik
Schriften zu Ordnungsfragen der Wirtschaft · Band 98 · Stuttgart · 2013

Außerökonomische Voraussetzungen grundlegender institutioneller Reformen

*Helmut Leipold**

Inhalt

* Dieser Aufsatz ist meinem alten Freund und geschätzten Kollegen *Hannes Hartwig* gewidmet.

1. Einleitung: Die ordnungstheoretische Anmahnung von K.-H. Hartwig

Ungeachtet der aktuellen Banken-, Staatsschulden- und Währungskrise, ist unter der großen Mehrheit der Ökonomenzunft die normative Präferenz zugunsten der rechtsstaatlichen Demokratie und der liberalen Marktwirtschaft ungebrochen. Die Diagnosen der Krisenursachen und die Vorschläge für die erforderlichen grundsätzlichen institutionellen Reformen auf nationaler und supranationaler Ebene fallen im Detail zwar unterschiedlich aus. Der Grundkonsens über die Vorteilhaftigkeit und Überlegenheit demokratischer und marktwirtschaftlicher Gesellschaftsordnungen gegenüber anderen Gesellschaftsmodellen bleibt jedoch dominant. Dieser Konsens bildete den normativen Kompass für die institutionellen Empfehlungen zur Transformation der ehemals sozialistischen Länder (Washingtoner Konsens), für die Reformen in den Schwellenländern und aktuell für die Neuordnung der Länder, in denen der „arabische Frühling" seinen Ausgang nahm. Für die anstehenden konstitutionellen Reformen wird seitens der Politik und der Ökonomie gerade von diesen Ländern, also von Tunesien, Libyen und Ägypten erwartet, dass sie eine Schrittmacherrolle in Richtung rechtsstaatlicher Demokratie und liberaler Marktwirtschaft auch für die anderen arabischen Länder übernehmen.

Die maßgebende theoretische Begründung für die Überzeugung, dass sich im Zuge der institutionellen und wirtschaftlichen Entwicklung die effizientesten institutionellen Optionen in der Politik und vor allem in der Wirtschaft mehr oder weniger zwangsläufig durchsetzen würden, lieferten die Mainstream-Ansätze der neoliberalen Wirtschaftstheorie und der Neuen Institutionenökonomik. Auf die Einseitigkeit und Defizite dieser Begründung hat *K.-H. Hartwig* (1988, S. 46) bereits früh aufmerksam gemacht und methodenkritisch darauf verwiesen, dass diese Theorieansätze „...fast ausnahmslos auf die Verhältnisse marktwirtschaftlicher und demokratisch verfasster Gesellschaftsordnungen" fixiert seien. Damit würden jedoch zwangsläufig die komplexen Zusammenhänge zwischen einzelnen gesellschaftlichen Teilordnungen übersehen, die sowohl für die Persistenz ineffizienter politischer und wirtschaftlicher Ordnungsbedingungen als auch für deren Reformierbarkeit maßgebliche Einflussfaktoren bilden. Gegenüber der einseitigen institutionellen Fixiertheit hebt er die Verdienste der Ordnungstheorie der Freiburger Schule hervor, in der die Interdependenz zwischen politischer, wirtschaftlicher und kultureller Ordnung und deren vergleichende Untersuchung bis heute beispielhaft gewesen seien und blieben. Die Stärken und Schwächen sowohl der Ordnungstheorie im Besonderen als auch der Wirtschaftstheorie im Allgemeinen hat *Hartwig* in zahlreichen methoden- und theorievergleichenden Beiträgen aufgezeigt (vgl. *Hartwig* 1987a und 1987b).

In diesem Beitrag soll an diese Vorarbeiten angeknüpft und begründet werden, dass grundlegende Reformen in Richtung rechtsstaatlicher Demokratien und wettbewerblicher Marktwirtschaften keine zwangsläufige und universell konsensfähige Erfolgsgarantie haben, sondern vielmehr an komplementäre außerökonomische Voraussetzungen gebunden sind. Dazu werden in Kap. 2 die optimistische Finalitätsthese von *F. Fukuyama*, in Kap. 3 die historisch weit ausholende Dependenzthese von *E.-W. Böckenförde* über die ideengeschichtlichen Voraussetzungen des liberalen Rechtsstaates und in

Kap. 4 die wechselseitige Abhängigkeitsthese zwischen Staats- und Wirtschaftsordnung von *W. Eucken* vorgestellt. Deren aktuelle Relevanz soll abschließend am Beispiel der Reformanstrengungen und Erfolgschancen in den arabischen Ländern analysiert werden (Kap.5).

2. Die optimistische Finalitätsthese von F. Fukuyama

Die These von einer zwangsläufigen universellen Entwicklung hin zu einer liberalen Demokratie und zur Marktwirtschaft hat der amerikanische Politologe *F. Fukuyama* in seinem 1992 erschienenen Buch „Das Ende der Geschichte" weltweit popularisiert. Den historischen Hintergrund dafür bildete das Scheitern der sozialistischen Herrschafts- und Planungssysteme im letzten Jahrzehnt des zwanzigsten Jahrhunderts, daneben aber auch der Sturz autoritärer Systeme in anderen Teilen der Welt. Aufgrund dieser Erfahrungen zog *Fukuyama* (1992, S. 75 ff.) den Schluss, dass sich das liberale Gesellschaftsmodell der Demokratie und der freien Marktwirtschaft weltweit allein und konkurrenzlos durchsetzen werde, weil es auf Grund der veränderten kommunikationstechnischen und globalen wirtschaftlichen Verhältnisse das einzige Modell mit interkultureller Akzeptanzmöglichkeit sei.

Seine theoretische Begründung stützt sich auf die dialektische Geschichtsphilosophie von *G.W.F. Hegel* und deren Interpretation durch *A. Kojève* in den 1930er und 1940er Jahren, von dem auch der griffige Slogan vom Ende der Geschichte stammt. Die Faszination der *Hegel*schen Dialektik liegt in seiner These begründet, dass die Geschichte keine zufällige, sondern eine teleologische Verkettung von Ereignissen und Ideen sei. Der damit verbundenen Verlockung nach einer bewussten Gestaltung der Geschichte im Sinne einer Vervollkommnung der realen Verhältnisse sind bekanntlich *K. Marx*, aber auch die meisten Vertreter der Historischen Schule erlegen. *Hegel* versuchte zu zeigen, dass sich alle geistigen und sozialen Wandlungen aus dem einen Prinzip der dialektischen Selbstentfaltung des Geistes erklären lassen. Der Geist, der *Hegel*s Verständnis sowohl der Vernunft als auch des verborgenen göttlichen Waltens ist, verkörpere sich in Begriffen und Ideen. Begriff steht dabei für einen konkreten Gedanken und Idee für den Begriff, der sich selber verwirklicht (vgl. *Hegel* 1964b). Freilich handelt es sich dabei um vage und spekulative Kategorien. Verantwortlich dafür ist die Annahme, dass Vernunft, Ideen oder Geist historische, also wandelbare Kategorien seien. Von daher verstehen sich die eher spekulativen Behauptungen von *Hegel* (1964b, S. 182 ff.), dass sich die Wirklichkeit immer in Abhängigkeit von den Ideen gestalte, dass alles Wirkliche eine Idee sei oder dass jede Idee sich erst zu dem machen müsse, was sie sei oder was sie sein wolle. Jedenfalls befindet sich die Wirklichkeit nach *Hegel* auf einem Weg zur ständigen Höherentwicklung. Sein Entwicklungsgesetz ist also das Gesetz des Fortschritts, das freilich den Regeln der Dialektik unterliege. Jede Entwicklungsstufe gehe aus geistigen und sozialen Widersprüchlichkeiten (Thesis und Antithesis) des vorhergehenden Zustandes hervor und hebe in der Synthesis sowohl die überholten als auch die vorteilhaften Eigenschaften im doppelten Wortsinn der Beseitigung und der Bewahrung für die Gegenwart auf, womit die Gegenwart zugleich auf einen höheren, besseren Zustand hinaufgehoben werde (vgl. *Hegel* 1964b, S. 148 f.). Bezogen auf den institutionellen Wandel, war *Hegel* also ein dezidierter Fortschrittsoptimist.

Überspitzt interpretiert, kann man ihn als idealistischen Vordenker der in der aktuellen Institutionenökonomik immer noch verbreiteten Effizienzthese bezeichnen, wonach der institutionelle Wandel von rationalen und transaktionskostenminimierenden Kalkülen bestimmt werde. Bei *Hegel* (1964a, S. 33) liest sich die naive Effizienzthese in der philosophisch formulierten Version in seiner in der Vorrede der Rechtsphilosophie gegebenen Fassung: „Was vernünftig ist, das ist wirklich; und was wirklich ist, das ist vernünftig." Diese These mag als normative Legitimation bestehender Verhältnisse erscheinen. Ihre Verwandtschaft mit der naiven Effizienzthese der Institutionenökonomik ist jedoch unübersehbar. So weist *Borchardt* (1977, S. 154) darauf hin, dass die These, wonach der institutionelle Wandel in der Wirtschaftsgeschichte stets von rationalen Interessenkalkülen geleitet gewesen sei, auf die Unterstellung hinauslaufe, dass „...alles, was einmal bestanden hat, im ökonomischen Sinne auch ‚vernünftig' war, und alles was sich änderte, ‚unvernünftig' geworden ist."

Der frühe *Hegel* sieht in seinen Jenaer Schriften im liberalen Rechtsstaat, wie er sich nach der Französischen Revolution in Teilen Europas allmählich ausbreitete, den anstrebenswerten Endzustand. Dessen zwangsläufige Durchsetzung und Akzeptanz begründet er mit dem elementaren Bedürfnis der Menschen nach wechselseitig gleichberechtigter Anerkennung der Würde eines jeden Menschen. Diesem Bedürfnis seien die Herrschaftssysteme in der Vergangenheit aufgrund der Teilung in Herren und Knechte nicht gerecht geworden. Die Systeme blieben instabil, weil weder der Herr noch der Knecht mit seiner Lage zufrieden gewesen sei. Der Herr strebte nach Anerkennung durch seine Untertanen, der Knecht jedoch nach Freiheit und Selbstverantwortung. Dieser ewige Kampf um wechselseitige Anerkennung lasse sich deshalb erst in einem liberalen Rechtsstaat friedfertig und konsensfähig aufheben. Denn hier werde die Trennung zwischen Herr und Knecht durch die liberalen Prinzipien der individuellen Freiheit und Gleichheit, der Rechtsstaatlichkeit und damit der Unterstellung sowohl der Staatsorgane als auch jeden Bürgers unter gleiche Gesetze überwunden. Weil erst der liberale Rechtsstaat und insbesondere der moderne demokratische Rechtsstaat die wechselseitige gleichberechtigte Anerkennung gewährleiste, repräsentiert er nach *Fukuyama* in Übereinstimmung mit *Hegel* den Endpunkt der Geschichte.

Fukuyama (1992, S. 425 ff. und 2000, S.31 ff.) ist sich natürlich bewusst, dass die reale Entwicklung in weiten Teilen der Welt bis heute nicht dieser angeblich zwangsläufigen Entwicklungslogik gefolgt ist. Er konzediert, dass sich liberale Demokratien nicht von selbst tragen, sondern dass sie von anderen Voraussetzungen und Quellen des Liberalismus abhängen. Die wichtigste Voraussetzung sieht er in einem hinreichenden Bestand an Sozialkapital. Darunter versteht er den historisch gewachsenen und kulturspezifischen Bestand an informellen Werten und Normen, die eine verlässliche Kooperation zwischen den Mitgliedern der jeweiligen Kollektive ermöglichten und absicherten. Die Frage nach der Beschaffenheit des Sozialkapitals für die Einführung und die Akzeptanz einer rechtsstaatlichen Demokratie und funktionsfähigen Marktwirtschaft bleibt bei ihm jedoch offen. Denn jede Gesellschaft verfügt über einen Mindestbestand an Sozialkapital. Der Kapitalbestand war und ist in totalitären oder autoritären Herrschaftssystemen sogar höher als in liberalen Demokratien zu veranschlagen. Gleichwohl unterblieb und unterbleibt bis heute deren angeblich zwangsläufige Transformation hin zur liberalen Demokratie und Marktwirtschaft. Wichtiger für deren Akzeptanz ist die Existenz einer aktiven Zivilgesellschaft, deren Zustandekommen vergleichsweise zum Sozialkapital sehr viel schwieriger ist (vgl. *Leipold* 2008). Deshalb bleibt *Fukuyama* (1992, S. 83) bei seiner Frage nach Potentialen und Chancen für einen demokratischen Wandel in den islamischen Ländern ratlos. Dazu verspricht die Analyse der Voraussetzungen einer freiheitlichen Staats- und Wirtschaftsordnung von *E.-W. Böckenförde* aufschlussreicher zu sein.

3. Die ideengeschichtliche Dependenzthese von E.-W. Böckenförde

Für den Staatsrechtler und ehemaligen Bundesverfassungsrichter ist der liberale Rechtsstaat kein Universalbegriff, sondern eine spezifische kulturelle Errungenschaft, die auf einer langen Vorgeschichte beruht. Diese Einsicht hat er in dem sogenannten *Böckenförde*-Diktum (*Böckenförde* 1976a, S. 60) wie folgt zum Ausdruck gebracht:

> „Der freiheitliche, säkularisierte Staat lebt von Voraussetzungen, die er selbst nicht garantieren kann....Als freiheitlicher Staat kann er einerseits nur bestehen, wenn sich die Freiheit, die er seinen Bürgern gewährt, von innen, aus der moralischen Substanz des einzelnen und der Homogenität der Gesellschaft, reguliert. Andererseits kann er diese inneren Regulierungskräfte nicht von sich aus, das heißt mit den Mitteln des Rechtszwanges und autoritativen Gebots zu garantieren versuchen, ohne seine Freiheitlichkeit aufzugeben..."

Der freiheitliche Rechtsstaat ist demnach in seiner Entstehung und Existenzsicherung auf kulturelle Voraussetzungen angewiesen, deren eigentliche Quellen *Böckenförde* im christlich geprägten Mittelalter, in der Reformation und in der Aufklärung verortet. Insofern kann seine Entstehung nicht als eine zwangsläufige Entwicklung, sondern eher als Sonderweg des europäischen Kulturraumes verstanden werden. Die Anfänge und der jahrhundertlange Ausbau dieses Weges können hier nur kurz skizziert werden.

Bevor in Europa frühe staatliche oder protostaatliche Gebilde ab dem 13. Jahrhundert entstanden, gab es in anderen Teilen der Welt vielfältige archaische und meist despotisch regierte Staatsformen, die fast ausnahmslos theokratisch legitimierte und hierarchisch strukturierte Herrschafts- und Unterdrückungssysteme waren. Zufälligerweise hat Europa einen anderen Weg eingeschlagen. Er führte über lange Strecken und viele Irrwege schließlich zum demokratischen Rechts- und Verfassungsstaat mit gleichen individuellen Grundrechten, zur industriellen Revolution und über diese zum wirtschaftlichen Wohlstand und zur systematischen wissenschaftlichen Welterkenntnis, damit zur Modifikation des hierarchisch-teilspezialisierten Weltbildes zum funktional-hochspezialisierten Weltbild. Damit sind stichwortartig die drei großen Beiträge genannt, die Europa zur Weltzivilisation beigesteuert hat und die *Jones* (1991) zu Recht als das „Wunder Europa" gewürdigt hat. Die Herausbildung des Rechts- und Verfassungsstaates bildet zweifellos die zivilisatorisch wichtigste Neuerung und Abweichung vom üblichen institutionellen Entwicklungsweg. Ohne die Zähmung des potentiell despotischen Ungeheuers Leviathan wären die rechtlichen, kulturellen, wirtschaftlichen und wissenschaftlichen Leistungen kaum denkbar gewesen.

Das provoziert mit *Jones* (1991, S. 166) die Frage, wie und weshalb es den Europäern gelingen konnte, „... der lähmenden Ausbeutung durch ihre eigenen Herrscher" zu entgehen. Darauf gibt es verschiedene Antworten. Gemeinsam ist der Verweis auf das

Erbe des griechischen freien Denkens sowie des römischen Rechts, auf die feudale Tradition wechselseitig verlässlicher Versprechen zwischen Lehnsherren und Vasallen, auf die Trennung von weltlicher und kirchlicher Macht und auf die Tradition sich selbst regierender Städte des Mittelalters. Bei diesen Faktoren erhält die Abtrennung der weltlich-politischen Ordnung von der mittelalterlichen religiösen Prägung der Gesellschaft bei *Böckenförde* das stärkste Gewicht, wobei diese Trennung einen allmählichen Wandel des zutiefst religiös geprägten Weltbildes der Gläubigen voraussetzte. Die dafür verantwortlichen Weichenstellungen sollen – mit partiell eigenständigen Interpretationen – in der gebotenen Kürze aufgezeigt werden (vgl. *Leipold* 2006a).

Eine erste wichtige Weichenstellung hin zur funktional differenzierten Weltsicht war die Trennung zwischen staatlicher und kirchlicher Macht im Gefolge des Investiturstreits zwischen dem späteren Kaiser *Heinrich* IV. und Papst *Gregor* VII. im 11. und 12. Jahrhundert. Der Jurist *Berman* (1991, S. 810) hat die Konsequenzen der päpstlichen Revolution mit dem Bild einer institutionellen Atomexplosion auf den Punkt gebracht, welche die Christenheit in die Kirche als ein rechtlich autonomes Gebilde und in die weltliche Herrschaft als das andere und zunehmend rivalisierende Gebilde aufspaltete.

Als zweite und wichtigste Weichenstellung für den europäischen Sonderweg ist die Reformation zu bewerten, weil sie das Denken des feudal und ständisch geordneten Spätmittelalters wie auch die überkommenen institutionellen Bindungen erschütterte. Folgende Grundideen sind hervorzuheben. Gemeinsam war allen protestantischen Bewegungen der Widerstand gegen die mächtige römische Kirchenorganisation, die sich als legitime Anstalt verstand, das Heil der Gläubigen gegenüber Gott zu vermitteln. Stattdessen wurden Glaube und Heil zur individuellen Angelegenheit deklariert. Jedes Individuum sollte zuerst sein eigener Seelsorger sein und das Heil im unmittelbaren Kontakt mit Gott sowie in einer gottgefälligen Lebensführung suchen. Im Einklang damit wurde die Gleichrangigkeit aller Gläubigen ungeachtet ihres Standes betont. Ebenso wichtig war die Forderung nach selbständiger Verwaltung der Glaubensgemeinden. Der Aufwertung der Individuen und Gemeinden entsprach eine Abwertung der kirchlichen und weltlichen Hierarchien mit ihren tradierten Sonderrechten. Schließlich ist die Aufwertung der profanen, alltäglichen Berufe und Tätigkeiten hervorzuheben. Nach dem Berufsverständnis von *Luther* ruft Gott alle Menschen zur Arbeit und zur selbstverantwortlichen Lebensführung auf, weshalb sie zu gottgefälligen Pflichten erhöht wurden. Dabei sollte freilich die von diversen katholischen Mönchsorden geprägte Arbeitsethik nicht übersehen werden. Die protestantischen Postulate der selbstverantwortlichen Seelsorge, der tatkräftigen Arbeit, der moralischen Aufrichtigkeit, des aktiven Engagements in der Gemeinde und die Infragestellung überkommener Hierarchien und Sonderrechte schufen fast alle Vorbedingungen für die Entfaltung der neuzeitlichen zivilen Gesellschaft.

Eine wichtige Schrittmacherrolle für die Tolerierung der Gewissens- und Glaubensfreiheit spielten die frühen calvinistischen Glaubensgemeinschaften und insbesondere jene hugenottischen Intellektuellen, die der blutigen Bartholomäusnacht und ihren Verfolgungen im Jahre 1572 entkommen und nach Genf flüchten konnten (vgl. *Oberman* 2003). Sie entwickelten ein neues kritisches Naturrechtsdenken, das die staats- und rechtstheoretischen Konzeptionen von *Grotius, Althusius, Hobbes, Locke* bis hin zu *Rousseau* beeinflussen sollte. Aus dem Postulat nach Gewissens- und Religionsfreiheit entstanden schließlich die Postulate nach politischer und wirtschaftlicher Freiheit, wie sie zuerst durch den englischen Liberalismus und dann durch die französische Philosophie der Aufklärung aufgenommen und umfassender legitimiert wurden. Das kritische Naturrecht verkörperte im Unterschied zum alten Naturrecht der Scholastik einen rechtlichen Protestantismus, der alle überkommenen Sonderrechte negierte. Es deklarierte das Recht auf Gewissensfreiheit zum höchsten und heiligsten Recht, das jeglicher staatlichen oder sonstigen Bevormundung entzogen sei. Die Gewissensfreiheit wurde also als Vernunftfreiheit gedeutet, die das Wesen des Menschseins ausmache. Damit war der Weg für das Aufkommen des Liberalismus und dessen Freiheitsverständnis gebahnt (vgl. *Jellinek* 1919). Bevor die liberalen Postulate in einer breiteren Öffentlichkeit Gehör finden konnten, bedurfte es also einer langandauernden intellektuellen Vorarbeit. Es galt zunächst, die traditionale Weltsicht einer gottgewollten hierarchischen Welt- und Sozialordnung zu erschüttern und ihr einen neuen Entwurf einer menschenwürdigen Ordnung gegenüberzustellen.

Die Details der wegbereitenden Denker und Denkschulen können hier nicht aufgezeigt werden. Die bahnbrechenden Ideen wurden maßgeblich von der englischen einschließlich der schottischen Staats-, Rechts-, Moral- und Wirtschaftsphilosophie formuliert, die die geistesgeschichtliche Entwicklung im kontinentalen Europa prägen und in den konstitutionell verankerten Menschen- und Freiheitsrechten der amerikanischen und französischen Revolution ihren Niederschlag und vorläufigen Abschluss finden sollten. Diese Konstitutionen sind die institutionellen Zeugnisse für die revolutionäre Wende des Denkens hin zur neuzeitlichen, funktional differenzierten und spezialisierten Weltansicht, deren Dreh- und Angelpunkt in der Emanzipation der Vernunft vom Glauben zu sehen ist. Die Entdeckung und Nutzung der Vernunft als autonomer Ordnungsfaktor waren möglich, weil zuvor die jenseitige und diesseitige Welt und dann in der diesseitigen Welt kirchliche und weltliche Herrschaft, Moral und Recht voneinander getrennt, aber gleichwohl als autonome Bereiche mit je eigenen und begrenzten Funktionen akzeptiert wurden. Damit war die Einsicht verbunden, dass die Ordnung der diesseitigen Welt nicht mehr länger an transzendenten Vorgaben oder Wahrheiten, sondern an der Freiheit und Gleichheit der Menschen zu orientieren sei. Die Hauptfunktion von Staat und Recht ist dann gemäß dem Verständnis von *I. Kant* (1968) darin zu sehen, die individuelle Freiheit nach Maßgabe der Zusammenstimmung und der produktiven Zusammenarbeit mit der Freiheit aller durch allgemeine, abstrakte Gesetze oder Regeln zu beschränken und zu sichern. Institutionen, die diesem Geist verpflichtet sind, verkörpern daher die Essenz rational, also vernunftrechtlich gebundener Institutionen (vgl. *Böckenförde* 1976b, S. 66 ff.). Diese Qualifikation können sie erst dann erhalten und verdienen, wenn zuvor Glaube und Vernunft, Moral und Recht und damit die Kirche als Verwalter des Glaubens und der Staat als Verwalter des Rechts als getrennte Institutionen mit je eigenen Funktionen gesehen und akzeptiert werden. Diese neue revolutionäre Weltansicht musste jedoch erst mühselig vorgedacht und dann erkämpft werden. Sie bildet die eigentliche ideelle Grundlage der neuzeitlichen Gesellschafts- und Wirtschaftsformen und ihrer Institutionen. *Maine* (1997) hat den neuzeitlichen Wandel treffend mit der Formel des Übergangs vom Status zum Vertrag auf den Punkt gebracht.

Darin ist der eigentliche Ursprung für die Entfaltung des liberalen Rechtsstaates und der liberalen Marktwirtschaft zu vermuten. Deren Bestand und Funktionsweise sind jedoch an wechselseitige konstitutionelle Voraussetzungen gebunden, die von den geistigen Vertretern des Ordoliberalismus in aller Klarheit aufgezeigt worden sind.

4. Die ordnungspolitische Interdependenzthese von W. Eucken

Die auslösenden Momente der liberalen Neubesinnung bildeten die Weltwirtschaftskrise und die damit verbundene Krise der Weimarer Demokratie. Anfang der 1930er Jahre standen Deutschland wie auch die anderen westlichen Länder unter dem Schock der Weltwirtschaftskrise. Der Börsenkrach von 1929 führte zuerst zur Bankenkrise und dann zur lang andauernden realwirtschaftlichen Depression. Die Aktienmärkte verloren zwischen September 1929 und Juni 1932 85 Prozent ihres Anfangswertes. Im gleichen Zeitraum schrumpfte das Weltsozialprodukt um ca. 40 Prozent. Dadurch wuchs die Zahl der registrierten Arbeitslosen Anfang 1932 in Deutschland auf 6,1 Millionen, von denen die meisten Betroffenen keine Ansprüche auf Arbeitslosenunterstützung hatten. Die damit einhergehende Verarmung breiter Bevölkerungskreise bildete einen fruchtbaren Nährboden für das Aufkommen totalitärer Parteien und Bewegungen. Die Wirtschaftskrise drohte sich also zum Scheitern der ersten Demokratie in der deutschen Geschichte auszuweiten. Für die liberalen Ökonomen ergab sich das Gebot, die Ursachen der Wirtschafts- und Staatskrise und die Voraussetzungen für eine menschenwürdige und stabile Gesellschaftsordnung neu zu durchdenken.

Am Anfang der liberalen Neubesinnung stehen zwei Texte, die später als Gründungsmanifeste des Neo- oder Ordoliberalismus bezeichnet worden sind (*Haselbach* 1991, S. 25 ff.). Der erste ist der Diskussionsbeitrag von *Rüstow* auf der Tagung des Vereins für Socialpolitik im Jahre 1932 in Dresden. Für *Rüstow* war der Weimarer Staat ein ohnmächtiger Staat. Er war nicht Subjekt des Staatswillens, sondern Objekt und Beute organisierter Interessengruppen. Mit Bezug zu *Carl Schmitt* geißelte *Rüstow* (1963, S. 258) den politischen Einfluss mächtiger Industrieverbände und deren erfolgreiches Streben, im Wege der Kartellisierung der Märkte machtbedingte Profite abzusichern. Zugleich entwarf er die neue liberale Vision:

> „Der neue Liberalismus jedenfalls, der heute vertretbar ist und den ich mit meinen Freunden vertrete, fordert einen starken Staat, einen Staat oberhalb der Wirtschaft, oberhalb der Interessenten, da, wo er hingehört."

Dazu sei es nötig, dass sich der Staat aus den Verstrickungen mit den organisierten Wirtschaftsinteressen herauslöse und sich in seinen wirtschaftspolitischen Interventionen beschränke.

Das zweite Gründungsmanifest hat *Eucken* (1932) mit seinem Aufsatz „Staatliche Strukturwandlungen und die Krisis des Kapitalismus" beigesteuert. Er diagnostizierte darin als Hauptursache der wirtschaftlichen und gesellschaftlichen Krise den Wandel des liberalen Rechtsstaates hin zum Wirtschaftsstaat, der in der Fesselung des Staates durch marktmächtige private Interessengruppen und damit in der Vermengung von politischer und wirtschaftlicher Macht bestehe. *Rüstow* und *Eucken* waren die verhängnisvollen Konsequenzen der Verquickung von staatlicher und wirtschaftlicher Macht aufgrund ihrer beruflichen Erfahrungen in mächtigen Wirtschaftsverbänden bekannt.

Rüstow war beim „Verein Deutscher Maschinen-Bauanstalten (VDMA)", *Eucken* von 1921 bis 1924 als Syndikus in der „Fachgruppe Textilindustrie des Reichsverbandes der Deutschen Industrie (RDI)" tätig. Die alltäglichen realen Erfahrungen aus dieser Verbandstätigkeit waren vor allem bei *Eucken* für seine später ausformulierten theoretischen Arbeiten über die Interdependenz von politischen und wirtschaftlichen Ordnungen prägend. Sie seien plakativ als *Eucken*-These formuliert:

> „Wie die Wirtschaftspolitik eines aktionsfähigen Staates bedarf, so bedarf es einer bestimmten Wirtschaftsordnungspolitik, um den Staat aktionsfähig zu machen" (*Eucken* 1952, S. 188).

In leicht modifizierter Interpretation bedeutet diese These, dass die Funktionsweise des liberalen Rechtsstaates auf die Koexistenz einer wettbewerblich geordneten Marktwirtschaft angewiesen ist, so wie die Funktionsweise und Akzeptanz einer wettbewerblichen Marktwirtschaft auf die Koexistenz eines liberalen und unparteiischen (starken) Rechtsstaates angewiesen sind. Fehlt oder fällt eine dieser beiden Säulen, droht auch das Fundament für eine freie und produktive Gesellschaftsordnung brüchig zu werden.

Diese Basisthese hat *Eucken* methodisch im Wege einer systematischen Analyse und Vergleichung alternativer Wirtschafts- und Staatsordnungen belegt, womit er das Forschungsprogramm der ökonomischen Ordnungstheorie begründete.

An deren Anfang steht die Analyse der Marktwirtschaft (Verkehrswirtschaft) und der Zentralverwaltungswirtschaft als den beiden grundlegenden Wirtschaftssystemen. Gemessen an den Werten der individuellen Freiheit und des wirtschaftlichen Wohlstandes als materielle Basis für die Lösung der sozialen Frage, bewertete *Eucken* die Marktwirtschaft als überlegene Option. Im nächsten Schritt unterzog er dann die verschiedenen Ordnungsmodelle der Marktwirtschaft einer kritischen Überprüfung. Als Grundformen unterschied und analysierte er erstens die freie, weitgehend unregulierte Marktwirtschaft nach dem tradierten Muster der Laissez-faire-Wirtschaft, zweitens die staatsinterventionistisch gelenkte und vermachtete Marktwirtschaft nach dem Weimarer Muster seiner Zeit und schließlich drittens die neu zu schaffende wettbewerblich geordnete Marktwirtschaft. Dabei belegte er anhand historischer Erfahrungen und Ergebnisse, dass das erste Modell zur Vermachtung der Märkte und zu sozialen Verwerfungen führt und das zweite Modell zur Indienstnahme und Fesselung der Politik zugunsten mächtiger organisierter Wirtschaftsinteressen tendiert, weshalb *Eucken* in der staatlich geordneten Wettbewerbswirtschaft die beste Option für eine produktive und leistungsgerechte Wirtschaftsordnung erkannte. Denn wettbewerbliche Märkte benötigen – wie jedes faire Spiel – einen unparteiischen Schiedsrichter, der die Spielregeln setzt, deren Einhaltung überwacht und selbst nicht am Spiel und dessen Ergebnis aktiv beteiligt ist. Von daher stellte sich die Frage, wie der moderne Staat zu einer unparteiischen und ordnenden Potenz gelangen kann, die eine funktionsfähige und wettbewerbsfähige Wirtschaftsordnung gestaltet und kontrolliert.

Die verlässlichste Gewähr dafür sah er in einem liberalen Rechtsstaat, der sich wirtschaftspolitisch auf die Gestaltung der Wirtschaftsordnung beschränkt und sich damit gleichsam selbst konstitutionell beschränkt. Diese Beschränkung biete im Gegenzug die beste Gewähr dafür, als unparteiischer Schiedsrichter die Einhaltung fairer Spielregeln in der Wirtschaft kontrollieren zu können.

Für deren konkrete Ausgestaltung hat er ein Bündel von ordnungspolitischen Prinzipien postuliert, die den eigentlichen, bis heute aktuellen Grundgedanken des Neo- oder Ordoliberalismus deutscher Prägung ausmachen und auf die noch einzugehen sein wird. Der normativen Entscheidung für eine wettbewerblich geordnete Marktwirtschaft liegt die ethische Überzeugung zugrunde, dass ökonomischer Wohlstand und Gerechtigkeit gleichwertige Ziele seien. Denn im Vergleich zu den ordnungspolitischen Alternativen biete die Marktwirtschaft nicht nur die überlegene materielle Basis für den Wohlstand, sondern auch für ein moralisch menschenwürdiges Zusammenleben. *Eucken* war wie die meisten seiner ordoliberalen Mitstreiter bekennender Christ und ein überzeugter Kantianer. Gemäß der christlichen Soziallehre gilt der Mensch als Ebenbild Gottes, weshalb er nie als Mittel oder Ware erniedrigt werden dürfe. Bei *Kant* bedeutet Menschsein die Möglichkeit und die Pflicht zur Selbstverwirklichung des inneren Willens, das moralisch Gute zu tun. Ethos meint also das moralische Verhalten aus innerer Überzeugung. Bezogen auf die Wirtschaft, ermögliche die Marktwirtschaft die besten Chancen dafür, ein Leben in Freiheit und Selbstverantwortung zu führen. Die Wahrnehmung dieser Chancen hängt jedoch von der Qualität der Ordnungsbedingungen in Staat, Wirtschaft und Gesellschaft ab. Wie *Eucken* (1952, S. 124 ff.) bemerkt, könne das moralische Bemühen für sich die politischen oder wirtschaftlichen Ordnungsdefizite nicht beseitigen, so wie auch die formal-rechtlichen Ordnungsbedingungen eines festen ethisch-moralischen Fundaments bedürften. Deshalb sei das angemessene Verständnis der Interdependenz von politischer, rechtlicher, wirtschaftlicher und moralischer Ordnung die wesentliche Voraussetzung sowohl für die Diagnose als auch für die Lösung des sozialen Ordnungsproblems (vgl. auch *Leipold* 2012).

Das Bewusstsein von der Interdependenz der sozialen Teilordnungen findet sich in analoger Form bei *W. Röpke*. Auch er erkennt im konstitutionell begrenzten Staat mit rechtsstaatlicher Gewaltenteilung das komplementäre Pendant zur wettbewerblich geordneten Marktwirtschaft. Die Komplementarität setze eine Begrenzung der wirtschafts- und sozialpolitischen Aufgaben des Staates voraus. Seine wirtschaftspolitische Hauptaufgabe soll in der Sicherung des Wettbewerbs, des Privateigentums, der Vertrags- und Außenhandelsfreiheit und der Geldwertstabilität bestehen. Die sozialpolitische Aufgabe sieht er in der Sicherung eines Mindestmaßes an sozialer Sicherung für sozial bedürftige Individuen oder Gruppen. Die sozialstaatlichen Leistungen sollten marktkonform und als Hilfe zur Selbsthilfe konzipiert sein.

Deshalb drängte sich die wettbewerblich bewusst geordnete Marktwirtschaft als wirtschaftspolitisches Leitbild für die Neugestaltung der Wirtschaft und indirekt der Politik auf. Die zentrale Einsicht der liberalen Neubesinnung hat *Röpke* (1950, S.142) mit der Feststellung auf den Punkt gebracht, dass die Freiheit der Märkte

> „... einer umfassenden Politik bedarf, die das Feld der wirtschaftlichen Freiheit wie ein Spielfeld streng absteckt, ihre Bedingungen – sozusagen die Spielregeln – sorgfältig bestimmt und mit unparteiischer Strenge für die Respektierung dieses Rahmens der Marktwirtschaft (des Spielfeldes wie der Spielregeln) sorgt."

Diese Synthese setze einen starken und unparteiischen Staat voraus und könne nur dann gelingen, wenn sich der Staat auf seine ureigenen Aufgaben konzentriere. Die Begrenzung der Staatsgewalt auf prinzipiengeleitete elementare ordnungs- und sozialpolitische Aufgaben ist die eine Vorbedingung für die Entfaltung einer produktiven und menschenwürdigen Wirtschaftsordnung, weil sie die Möglichkeiten zum Missbrauch der Staatsmacht zugunsten organisierter und marktmächtiger Sonderinteressen begrenzt.

Die andere komplementäre und nicht weniger wichtige Conditio ist die Existenz und Pflege der moralischen Ordnung, die jenseits von Angebot und Nachfrage ihre stärksten Wurzeln hat. Markt und Wettbewerb erzeugten nicht die für das Funktionieren notwendigen moralischen Reserven, sondern setzten sie voraus (*Röpke* 1958). Mit der Analyse der teils gewachsenen, teils stets neu zu durchdenkenden Interdependenz von Staat, Markt und Moral und mit dem daraus abgeleiteten konzeptionellen Leitbild der Sozialen Marktwirtschaft haben die ordoliberalen Vertreter zwar keine ideale, aber eine bis heute überzeugende Lösung des sozialen Ordnungsproblems aufgezeigt. Dieses Leitbild kulminiert in der Einsicht, dass eine produktive und leistungsgerechte Marktwirtschaft einen festen und partiell politisch gestaltbaren „politisch–rechtlich-moralisch-institutionellen Rahmen" erfordert. (*Röpke* 1950, S. 143).

Obwohl bei *Eucken* und *Röpke* – in bemerkenswerter Entsprechung mit der *Böckenförde*-These – die außerökonomischen Voraussetzungen eines demokratischen Rechtsstaates und einer liberalen Marktwirtschaft benannt werden, ist ihr Vertrauen in die Selbstentfaltung und Sicherung einer freiheitlichen Gesellschaftsordnung eher als gering zu veranschlagen. Deshalb werden der Staat, die Wissenschaft und die Kirchen als die maßgeblichen „ordnenden Potenzen" beschworen. *Eucken* (1952, S. 187) konzediert zwar, dass der moderne Staat keine zureichende ordnende Potenz sei, es jedoch werden könnte, sofern er sich wirtschaftspolitisch gemäß den von ihm angemahnten Ordnungsprinzipien beschränke. In die gleiche Richtung verweist die Anweisung von *Röpke* (1950, S. 142), dass die wettbewerbliche Marktwirtschaft als Aufgabe ständiger staatlicher Politik begriffen werden müsse und der Unterstützung durch die Autorität der Wissenden bedürfe, womit indirekt die Fähigkeiten der normalen Staatsbürger, die Gesellschaft selbstverantwortlich zu ordnen, bezweifelt wird. Diese Zweifel lassen sich im Nachhinein als Relikte einer geistesaristokratischen Haltung und der in Deutschland seit jeher herrschenden staatsgläubigen Tradition erklären.

Heute gilt es, sich von dem Verständnis der Gesellschaft einschließlich der Wirtschaft als staatliche Veranstaltung zu verabschieden. Eine liberal und plural verfasste Gesellschaft hat nur dann und dort eine Chance, wenn sie im Bewusstsein und im Herzen der großen Bevölkerungsmehrheit verankert ist. Insofern ist in einer aktiven und engagierten Zivilgesellschaft die wichtigste und dauerhaft verlässlichste Ordnungspotenz zu sehen. Im Einklang mit der angeführten Separationsthese von *Böckenförde* setzt die Entstehung einer aktiven Zivilgesellschaft zuerst einen Wandel der traditionalen Weltsicht voraus, die der Vorstellung einer natur- oder gottgegebenen Ordnung des menschlichen Zusammenlebens verhaftet ist. Vielmehr muss die Einsicht Platz greifen, dass die Regeln des menschlichen Zusammenlebens veränderbar sind. Die Entzauberung der traditionalen Weltsicht hatte und hat bis heute nur dann und dort eine Erfolgschance, wenn Religion und Staat getrennt werden und wenn religiöse Dogmen, die ja meist die Existenz einer gottgewollten Ordnung legitimieren, entthronisiert werden. Notwendig ist also die Einsicht, dass Religion, Staat und Gesellschaft als relativ autonome Bereiche zu verstehen sind. Erst wenn der religiöse Glaube zur privaten Gewissensentscheidung erklärt und das staatliche Gewalt- und Rechtsmonopol auf die Gleichbehandlung aller Menschen unabhängig von Konfession, Herkunft, Rasse oder Geschlecht verpflichtet und eingeschränkt wird, erst dann kann überhaupt ein öffentlicher Raum für das zivile Engagement zugunsten des Ausbaus und der Festigung des demokratischen Rechtsstaates entstehen. Das zivile Engagement wiederum setzt die Verinnerlichung gemeinschaftsübergreifender, genereller und auf die Gestaltung des gesamten Gemeinwesens orientierter Überzeugungen voraus.

Diese außerökonomischen Voraussetzungen hat *A. Müller-Armack* (1966b) in seiner Begründung des Leitbildes der Sozialen Marktwirtschaft in aller Klarheit erkannt und berücksichtigt. Er definiert dieses Leitbild als Verbindung der Freiheit auf dem Markt mit dem sozialen Ausgleich. Freiheit auf dem Markt steht für elementare Menschen- und Freiheitsrechte. Sie umfassen die Vereinigungs-, Konsum-, Berufs- und Gewerbe-, Niederlassungs-, Außenhandels- und Reisefreiheit. Diese Freiheitsrechte sind am besten im Rahmen einer Marktwirtschaft gewährleistet, in der Menschen in ihrer Rolle als Konsumenten oder Produzenten über ihre Präferenzen, Fähigkeiten und Interessen autonom entscheiden und wechselseitig abstimmen können. Die Rückseite des Strebens nach Freiheit war und ist das Streben nach wirtschaftlicher Macht, damit nach leistungslosen Sondervorteilen und Einkommen zu Lasten der schwächeren Markt- und Tauschpartner. Deshalb erhält die staatliche Sicherung einer Wettbewerbsordnung absolute Priorität.

Zur gesellschaftlichen Akzeptanz einer wettbewerblich geordneten Marktwirtschaft gehört das nicht minder wichtige Postulat des sozialen Ausgleichs. Dieses Postulat meint bei *Müller-Armack* eine in neutraler Diktion formulierte Konzession an die Werte der sozialen Gerechtigkeit und Sicherheit, die sich im Denken der deutschen Bevölkerung seit jeher und gerade in den schwierigen Jahren der Nachkriegszeit einer hohen Wertschätzung erfreuten und bis heute erfreuen. Die Betonung der sozialen Komponente der Marktwirtschaft hat bei *Müller-Armack* eine doppelte Bedeutung und Intention. Sie steht erstens für die Einsicht, dass die Ergebnisse der Marktprozesse zugunsten sozial schwacher und bedürftiger Personengruppen durch staatlich organisierte Sicherungs- und Umverteilungsmaßnahmen zu korrigieren sind. Sie intendiert zweitens eine Versöhnung verschiedener Wertvorstellungen im Sinne einer sozialen Irenik. *Müller-Armack* (1959) ging es also in letzter Instanz um die Versöhnung der liberalen Postulate der Freiheit und Gleichheit mit den von den christlichen Soziallehren und dem demokratischen Sozialismus eingeforderten Werten der Solidarität und der sozialen Gerechtigkeit. Diese Versöhnung soll die gesellschaftliche Akzeptanz einer wettbewerblich und sozial organisierten Marktwirtschaft befördern. Aufgrund der profunden Diagnose der Gesellschafts- und Wirtschaftskrise in der ersten Hälfte des 20. Jahrhunderts kam er zu der Einsicht, dass die Wettbewerbswirtschaft alleine nicht imstande sei, „...die Gesellschaft als Ganzes zu integrieren, gemeinsame Haltungen und Gesinnungen, gemeinsame Wertnormen zu setzen, ohne die eine Gesellschaft nicht zu existieren vermag" (*Müller-Armack* 1966a, S. 235). Die Marktwirtschaft sei deshalb durch eine aktive staatliche Gesellschafts- und Sozialpolitik zu ergänzen.

Bei allen vorgestellten Thesen und konstitutionellen Postulaten ist die eurozentrische Bezogenheit auf die außerökonomischen Entstehungsbedingungen des demokratischen

Rechtsstaates und der freien Marktwirtschaft unübersehbar. Gemäß der ideengeschichtlichen Dependenzthese von *Böckenförde* ist in der Trennung von Glaube und vernunftrechtlichem freien Denken, damit in der Trennung zwischen Religion, Wissenschaft und Recht die entscheidende Vorrausetzung für die Entstehung des europäischen Modells des demokratischen Rechtsstaates und der freien Marktwirtschaft zu sehen. Dessen weltweite Übertragbarkeit wird sich demnach in solchen Ländern als schwieriges Unterfangen gestalten, in denen diese Trennung ideengeschichtlich nur ein schwaches Fundament aufweist.

Diese Frage soll abschließend exemplarisch für die Länder gestellt und überprüft werden, in denen der „arabische Frühling" seinen Ausgang fand. Zumindest seitens der westlichen Öffentlichkeit wird erwartet, dass sich diese Länder bei den anstehenden grundlegenden institutionellen Reformen zugunsten rechtsstaatlich und weitgehend säkular verfassten Demokratien sowie wettbewerblich geordneten und international wettbewerbsfähigen Marktwirtschaften entscheiden. Ist das eine realistische Perspektive? Ist also sowohl für diese als auch für andere islamische Länder Optimismus oder aber eine gehörige Portion Skepsis angesagt?

5. Zur Relevanz der außerökonomischen Voraussetzungen im Islam

Bei den folgenden Ausführungen gilt es zu berücksichtigen, dass es die einheitliche islamische Welt nicht gibt. Es existieren unterschiedliche Glaubensausrichtungen (Sunniten, Schiiten, Alawiten u.a.), ferner eine Vielfalt von Staats- und Gesellschaftsordnungen mit je eigenen Traditionen und ethnischen Identifikationen. Das einzig gemeinsame Element besteht im Glauben, wie er im Koran und in den gottgeleiteten Worten und Taten des Propheten *Mohammed* offenbart und überliefert ist. Insofern ist für den Islam das konstitutiv, was in Koran und Sunna steht. Ungeachtet der kontroversen Interpretationen der beiden Quellen in der Frühzeit des Islam durch unterschiedliche theologische Rechtsschulen, blieben zwei Überzeugungen dominant, die bis heute das islamisch geprägte Weltbild der Gläubigen bestimmen und die sich thesenartig – im Unterschied zur westlichen ideengeschichtlichen Entwicklung – in zwei Dogmen zusammenfassen lassen:

- erstens die Idee der Einheit von Religion, Staat, Recht, Wirtschaft und anderen gesellschaftlichen Bereichen (Al-Islam din wa-daula);
- zweitens der Anspruch der islamischen Religion, im Besitz der einzig wahren, weil gottgewollten Werte, Regeln und Lebensformen zu sein.

Diese beiden Eigenarten erschließen sich nur vor dem Hintergrund der Entstehung des Islam und seiner Frühgeschichte, insbesondere der frühen machtpolitischen Konflikte und der damit eng verbundenen theologischen Debatten (vgl. auch *Leipold* 2006b, S. 176 ff.).

Eine wichtige Inspiration des Propheten *Mohammed* für die Verkündigung einer neuen Glaubenslehre waren die zu seiner Zeit geltenden Verhältnisse und Regeln in Mekka und in Arabien. Mit seiner Glaubensbotschaft wollte er das Stammesdenken mit seiner Vielgötterei sowie die virulenten Stammeskonflikte überwinden und neue stammesübergreifende Werte und Regeln für die Gemeinschaft der Gläubigen postulieren.

Der Glaube an den einen Gott und dessen Offenbarungen sollte zugleich die Vision für eine neue und bessere Lebens- und Gesellschaftsordnung bewirken.

Umständebedingt musste *Mohammed* dann in seiner Doppelrolle als religiöser und politischer Führer in Medina die religiös inspirierten Regeln für die anvisierte neue Gesellschaftsordnung umfassend auf alle potentiell konfliktträchtigen Lebensbereiche ausgestalten und durchsetzen. Für die Bewältigung dieser schwierigen Aufgaben nutzte *Mohammed* seine Autorität als Gesandter Gottes. Wie im Koran (45, 19) festgestellt wird, habe Gott seinen Gesandten für die Verkündigung der göttlichen Gesetze auserwählt, die deshalb als gottgewollte Regeln zu gelten und zu befolgen seien.

Entstehungs- und ausbreitungsbedingt ist die islamische Religion also mehr als eine Glaubenslehre, sondern eine das gesamte Leben und Zusammenleben der Gläubigen regelnde Ordnung. Die politischen Herrscher haben dieser Ordnung Geltung zu verschaffen, wobei die konkrete Herrschaftsform sowie Fragen der Rechtsstaatlichkeit oder der Gewaltenteilung von nachrangiger Bedeutung blieben. Als historisch durchgängig ideale Herrschaftsform galt das theokratisch geordnete Modell von Medina, an dem sich alle islamische Herrschaft zu orientieren habe.

Die frühen gewalttätigen Auseinandersetzungen innerhalb der islamischen Gemeinde entzündeten sich an der Frage nach der legitimen Nachfolge des Propheten und damit der legitimen Machtübernahme und Machtausübung. Alle streitenden Parteien nutzten dabei die Religion als Mittel zur Lösung der politischen Konflikte. Die erste theologisch-politische Debatte wurde durch die Schule der Qadariten ausgelöst (*Nagel* 1994, S. 95 ff. u.a.). Sie postulierten die Bedeutung der Willensfreiheit der Gläubigen und der Verantwortlichkeit der politischen Herrschaft, wobei diese Postulate primär gegen die Dynastie der Omaijaden gerichtet waren, die ihre Herrschaft als Kalifen mit der Anmaßung als „Stellvertreter Gottes" legitimierten. Dieser Anspruch wurde von den Qadariten bestritten, indem sie die für alle Gläubigen geltende Verantwortlichkeit des Handelns vor Gott auch für die politischen Herrscher einforderten. Die Ablösung der Herrschaft der Omaijaden durch die Dynastie der Abbasiden (750 n. Chr.) beendete die erste theologische Debatte, die zugleich eine Debatte über die legitime politische Herrschaft war.

Das offen gebliebene Spannungsverhältnis zwischen Willensfreiheit und Vorherbestimmung wurde von der Schulrichtung der rationalen Theologie aufgegriffen, deren Vertreter schon früh als „Mutaziliten" bezeichnet wurden, was als „die sich Absondernden" verstanden werden kann. Ihr Antrieb war primär theologischer Natur (vgl. *Nagel* 1994 und 2001). Eine vernunftgemäße Auflösung des Spannungsverhältnisses zwischen göttlicher Allwirksamkeit und menschlicher Selbstverantwortlichkeit erachteten sie nur als möglich, wenn göttliches Sein vom irdischen Sein getrennt werde. Gott als Schöpfer, Lenker und Richter müsse also wesensmäßig anders als das irdische Sein und seine Geschöpfe verstanden werden. Gott schaffe und bestimme nur die Seinsbedingungen, die für die Menschen dann vorteilhaft seien, wenn sie ihr irdisches Dasein gottgefällig und gesetzeskonform gestalten. Darüber hinaus lasse sich die wahre Beschaffenheit Gottes mit der begrenzten menschlichen Erkenntnismöglichkeit nicht erfassen. So sei der Koran zwar das authentische Wort Gottes. Er habe jedoch den Status des für den begrenzten menschlichen Verstand offenbarten und geschaffenen Werks.

Letztlich wollten also die Mutaziliten die menschliche Selbstverantwortung mit der Allmacht Gottes vereinbaren. Das war zugleich ein Plädoyer dafür, strittige religiöse Interpretationen und Auslegungen religiöser Fragen mit Hilfe des Verstandes zu klären. Vor dem Hintergrund der Bürgerkriege und religiösen Spaltungen wurde ein Einheitsislam angestrebt, weil doch alle Menschen unabhängig von der Zugehörigkeit zu Stämmen oder Völkern mit dem gleichen Verstand ausgestattet seien. Das Streben nach einem Einheitsislam erklärt, weshalb die Lehre der Mutaziliten Anfang des 9. Jahrhunderts zum Staatsdogma erklärt wurde. Als heikles Problem erwies sich jedoch bald ihr Gottesbild, das partiell im Widerspruch zu den Offenbarungen des Korans stand, wonach Gott ja als allmächtiger Schöpfer, Lenker und Richter des Weltgeschehens fungiert. Deshalb erwies sich die Überzeugung als wirkmächtiger, wonach der Mensch als Teil der göttlichen Schöpfung nicht selbst als eigenverantwortlicher Schöpfer seines Handelns und erst recht nicht seiner Regeln des sozialen Zusammenlebens vorstellbar sei. Vielmehr sei von der göttlichen Vorbestimmung für jedes Tun oder Lassen der Menschen auszugehen, womit den Menschen indirekt eine Gestaltungsohnmacht unterstellt wurde. Die Ideen der Transzendenz und der Immanenz Gottes ließen sich nicht vereinbaren, denn Gottes Gericht und Urteil über das Heil der Individuen bezogen und beziehen sich ja auf das irdische Dasein und Verhalten der Menschen. Damit war das Scheitern der rationalen Theologie vorgezeichnet. Thesenhaft formuliert, ist darin im Nachhinein die eigentliche Ursache für die ideelle und institutionelle Erstarrung der islamischen Welt zu vermuten. Denn mit *Nagel* (2001, S. 47) ist davon auszugehen, dass der Islam eine ganz andere Religion geworden wäre, hätte das mutazilitische Denken in den frühen theologischen Kontroversen triumphiert.

Die theologische Gegenrichtung, die im 9. u. 11. Jahrhundert zum Sunnitentum dogmatisiert wurde, interpretierte die Willens- und Handlungsfreiheit zugunsten der Unterwerfung der Vernunft unter die einzig wahren göttlichen Vorgaben. Diese seien Ausdruck der göttlichen Rationalität, die der begrenzten menschlichen Verstandeskraft überlegen sei. Dadurch verschmolzen Glaube und Vernunft im Weltbild der Muslime zur Einheit, das sich bis heute als theonomes, ganzheitliches Weltbild charakterisieren lässt. Indirekt kommt es in der sich bereits im 10. Jahrhundert verfestigten Überzeugung zum Ausdruck, dass das Tor der vernunftgeleiteten Findung und Auslegung der göttlichen Regeln und Gesetze (Ijtihad) geschlossen sei. Im frühen Sieg und in der nachfolgenden Dominanz des Glaubens über die Vernunft ist die eigentliche Ursache für die Erstarrung (Versiegelung) des islamischen Weltbildes zu vermuten. Deshalb sollte auch die historisch durchgehende und bis heute bestehende Dominanz autoritärer Herrschaftsformen in den Kernländern des islamischen Kulturraumes nicht als historischer Zufall bewertet werden.

Im Verständnis der Institutionenökonomik bilden Systeme, bei denen eine enge Allianz zwischen Politik, Religion, Recht und Wirtschaft besteht, den idealen Nährboden für rentensuchende Gesellschaften bzw. Rentierstaaten, zu denen die islamischen Länder durchgehend bis heute zu zählen sind. Die Kategorie der Rentensuche steht für das Streben, mithilfe der staatlichen Macht partikulare Ausnahmeregelungen, Monopolstellungen oder sonstige Privilegien und Korruptionszahlungen in Gestalt leistungsloser Einkommen zu Lasten anderer Gesellschaftsmitglieder zu erhalten und dauerhaft zu sichern. Das Streben nach monopol- und damit machtbedingten Gewinnen und Einkommen kann sowohl von der herrschenden politischen Elite als auch von marktmächtigen privaten Interessengruppen ausgehen. Wie *Eucken* bereits erkannte, war und ist dieses Streben offensichtlich eine historische Konstante. Deshalb sah er in der Trennung und Ausbalancierung der politischen und wirtschaftlichen Macht in Form des demokratischen Rechtsstaates und der wettbewerblich organisierten Marktwirtschaft eine wichtige Voraussetzung für eine menschenwürdige, gerechte und produktive Gesellschaftsordnung. Deren Entstehung und noch mehr ihre breite Akzeptanz sind jedoch auf eine Reihe außerökonomischer Voraussetzungen angewiesen, wobei in diesem Beitrag stichwortartig die ideengeschichtliche Trennung zwischen geistlicher und weltlicher Ordnung, zwischen religiösen und rational bestimmten Rechtsnormen und zwischen Theologie und Wissenschaft als die entscheidenden Weichenstellungen ausgeführt worden sind. Diese Voraussetzungen sind in anderen Kulturkreisen und insbesondere in der islamischen Kultur nicht oder nur ansatzweise gegeben.

In der Erstarrung des Denkens und damit auch der Institutionensysteme zur Regelung des gesellschaftlichen, politischen und wirtschaftlichen Zusammenlebens ist die tiefere, religiöse Ursache für die jahrhundertlange wirtschaftliche Stagnation, also die geringen Grade der Arbeitsteilung und der Integration in die weltwirtschaftliche Arbeitsteilung und Spezialisierung zu veranschlagen (vgl. zu empirischen Belegen *Leipold* und *Gouda* 2011; ferner *Diner* 2005).

6. Schlussfolgerungen

Weil die Idee der Einheit von Religion, Staat, Recht, Wissenschaft und Wirtschaft in den islamischen Ländern bis heute vorherrscht, gab und gibt es keine zur europäischen Tradition vergleichbare funktionale Separation und Ausdifferenzierung der gesellschaftlichen Teilordnungen. Von daher sind die Übertragbarkeit und die breite Akzeptanz eines demokratischen Rechtstaates und einer freien und wettbewerblich geordneten Marktwirtschaft in den arabischen Ländern eher skeptisch zu beurteilen. Die kritische Voraussetzung ist nicht in der Einführung einer Marktwirtschaft zu vermuten, denn die islamische Wirtschaftsethik steht dem freien Markthandel und der leistungsgerechten und fairen Einkommensverteilung positiv gegenüber. Die problematische Größe ist in der schwachen rechtsstaatlichen Tradition und der mangelnden Teilung der staatlichen Gewalten zu sehen, wodurch die konstitutionelle Teilung von staatlicher und wirtschaftlicher Macht behindert wird.

Die normative Empfehlung für reformwillige Parteien oder gesellschaftliche Gruppen insbesondere in den arabischen Reformländern ist evident: Sie sollten bei ihrem Weg hin zu rechtsstaatlichen Demokratien und produktiven Marktwirtschaften zuerst alle Anstrengungen unternehmen, das Tor der vernunftrechtlich bestimmten Auslegung der religiösen Quellen wieder zu öffnen, das vor gut tausend Jahren aufgrund einer Verkettung politisch-historischer Umstände geschlossen wurde. Dieses Tor stand in der glorreichen Frühzeit des Islam über Jahrhunderte offen. Die erneute Öffnung erscheint am ehesten möglich, wenn die religiösen Quellen in ihrem historischen Entstehungskontext zeitgemäß und kritisch hinterfragt und interpretiert werden. Erst dann erscheint eine Versöhnung zwischen den verschiedenen religiösen (sunnitischen, schiitischen u.a.)

Glaubensgemeinschaften und deren jeweiligen Wert- und Rechtsvorstellungen möglich, deren Unterschiede und Konflikte nach wie vor das alltägliche Zusammenleben in vielen Ländern des Nahen Ostens bestimmen und eine konsensfähige Neuordnung von Staat und Wirtschaft behindern. Warum sollte also in einer wissenschaftlich aufgeklärten und kommunikationstechnisch zusammenwachsenden Welt nicht das möglich sein, was vor tausend Jahren möglich war?

Auch die ökonomische und speziell die institutionenökonomische Theorie sollte die einleitend angeführte Anmahnung von *K.-W. Hartwig* ernster als bisher nehmen, in den wirtschaftlichen Analysen und den ordnungspolitischen Empfehlungen die kulturell verschiedenen Interdependenzen zwischen wirtschaftlichen, politischen und außerökonomischen Faktoren angemessen zu reflektieren.

Literatur

Berman, Harold J. (1991), Recht und Revolution: Die Bildung der westlichen Rechtstradition, Frankfurt a. M.

Böckenförde, Ernst-Wolfgang (1976a), Die Entstehung des Staates als Vorgang der Säkularisation, in: *Ernst-Wolfgang Böckenförde*, Staat, Gesellschaft, Freiheit: Studien zur Staatstheorie und zum Verfassungsrecht, Frankfurt a. M., S. 42-64.

Böckenförde, Ernst-Wolfgang (1976b), Entstehung und Wandel des Rechtsstaatsbegriffs, in: *Ernst-Wolfgang Böckenförde*, Staat, Gesellschaft, Freiheit: Studien zur Staatstheorie und zum Verfassungsrecht, Frankfurt a. M., S. 65-92.

Borchardt, Knut (1977), Der „Property-Rights-Ansatz“ in der Wirtschaftsgeschichte - Zeichen für eine systematische Neuorientierung des Fachs?, in: *Jürgen Kocka* (Hg.), Theorien in der Praxis des Historikers, Göttingen, S. 140-156.

Diner, Dan (2005), Versiegelte Zeit: Über Stillstand in der islamischen Welt, Berlin.

Eucken, Walter (1932), Staatliche Strukturwandlungen und die Krisis des Kapitalismus, in: Weltwirtschaftliches Archiv, Bd. 36, S. 297-321.

Eucken, Walter (1952), Grundsätze der Wirtschaftspolitik, Tübingen.

Fukuyama, Francis (1992), Das Ende der Geschichte: Wo stehen wir?, München

Fukuyama, Francis (2000), Der große Aufbruch: Wie unsere Gesellschaft eine neue Ordnung erfindet, Wien.

Hartwig, Karl-Hans (1987a), Wissenschaftstheoretische Ortsbestimmung ausgewählter Ordnungskonzeptionen, in: Ordnungstheorie: Methodologische und institutionentheoretische Entwicklungstendenzen, Arbeitsberichte zum Systemvergleich, Nr. 11, Marburg, S. 1-31.

Hartwig, Karl-Hans (1987b), Konzeptionen des Systemvergleichs: Gegenstand, Methoden und wissenschaftstheoretische Standards, in: *Alfred Schüller* (Hg.), Theoriebildung und empirische Forschung im Systemvergleich, Berlin, S.11-35.

Hartwig, Karl-Hans (1988), Ordnungstheorie und die Tradition ökonomischen Denkens, in: *Dieter Cassel, Bernd-Thomas Ramb* und *H. Jörg Thieme* (Hg.) Ordnungspolitik, München, S. 31-51.

Haselbach Dieter (1991), Autoritärer Liberalismus und Soziale Marktwirtschaft: Gesellschaft und Politik im Ordoliberalismus, Baden-Baden.

Hegel, Georg Wilhelm Friedrich (1964a), Grundlinien der Philosophie des Rechts oder Naturrecht und Staatswissenschaften im Grundrisse, 4. Aufl., Stuttgart/Bad Canstatt.

Hegel, Georg Wilhelm Friedrich (1964b), Phänomenologie des Geistes, 4. Aufl., Stuttgart/Bad Canstatt.

Jellinek, Georg (1919), Die Erklärung der Menschen- und Bürgerrechte: Ein Beitrag zur modernen Verfassungsgeschichte, München/Leipzig.

Jones, Eric L. (1991), Das Wunder Europa: Umwelt, Wirtschaft und Geopolitik in der Geschichte Europas und Asiens, Tübingen.

Kant, Immanuel (1968), Idee zu einer allgemeinen Geschichte in weltbürgerlicher Absicht, in: Kants Werke (Akademie Textausgabe), Bd. VIII, Berlin, S. 15-32.

Leipold, Helmut (2006a), Grundlegende Institutionenreformen im Spannungsverhältnis zwischen ideellen und materiellen Einflussfaktoren, in: *Thomas Eger* (Hg.), Voraussetzungen für grundlegende institutionelle Reformen, Berlin, S. 15-48.

Leipold, Helmut (2006b), Kulturvergleichende Institutionenökonomik: Studien zur kulturellen, institutionellen und wirtschaftlichen Entwicklung, Stuttgart.

Leipold, Helmut (2008), Funktionen und Formen der Zivilgesellschaft, in: *Helmut Leipold*, Die Ordnung von Wirtschaft und Gesellschaft als zentrale Aufgabe: Ordnungsökonomische und kulturvergleichende Studien, Stuttgart, S. 245-267.

Leipold, Helmut (2012), Zur Interdependenz der ordnungsbedingten Krisenursachen, in: *Christian Müller, Frank Trosky* und *Marion Weber* (Hg.), Ökonomik als allgemeine Theorie menschlichen Verhaltens, Stuttgart, S. 81-99.

Leipold, Helmut und *Moamen Gouda* (2011), Wirtschaftsethik und Wirtschaftssysteme in islamischen Ländern, in: *Ulrich Blum* und *Heinrich Oberreuter* (Hg.), Fünftes und sechstes Forum Menschenwürdige Wirtschaftsordnung: Ökonomie und die Vorstellungen einer gerechten Welt – Soziale Marktwirtschaft und ihre kulturellen Wurzeln, IWH-Sonderheft 1/2011, Halle (Saale), S. 111-128.

Maine, Henry Sumner (1997), Das alte Recht: sein Zusammenhang mit der Frühgeschichte der Gesellschaft und sein Verhältnis zu modernen Ideen, Baden-Baden.

Müller-Armack, Alfred (1959), Soziale Irenik, in: *Alfred Müller-Armack*, Religion und Wirtschaft: Geistesgeschichtliche Hintergründe unserer europäischen Lebensform, Stuttgart, S. 559-578.

Müller-Armack, Alfred (1966a), Die zweite Phase der Sozialen Marktwirtschaft: Ihre Ergänzung durch das Leitbild einer neuen Gesellschaftspolitik, in: *Alfred Müller-Armack*, Wirtschaftsordnung und Wirtschaftspolitik: Studien und Konzepte zur Sozialen Marktwirtschaft und zur Europäischen Integration, Freiburg i. Br., S. 267-291.

Müller-Armack, Alfred (1966b), Das gesellschaftspolitische Leitbild der Sozialen Marktwirtschaft, in: *Alfred Müller-Armack*, Wirtschaftsordnung und Wirtschaftspolitik: Studien und Konzepte zur Sozialen Marktwirtschaft und zur Europäischen Integration, Freiburg i. Br., S. 293-315.

Nagel, Tilman (1994), Geschichte der islamischen Theologie: Von Mohammed bis zur Gegenwart, München.

Nagel, Tilman (2001), Islam: Die Heilsbotschaft des Korans und ihre Konsequenzen, Westhofen.

Oberman, Heiko A. (2003), Zwei Reformationen: Luther und Calvin, Alte und Neue Welt, Berlin.

Röpke, Wilhelm (1950), Maß und Mitte, Erlenbach-Zürich.

Röpke, Wilhelm (1958), Jenseits von Angebot und Nachfrage, Erlenbach-Zürich, Stuttgart.

Rüstow, Alexander (1963), Die staatspolitischen Voraussetzungen des wirtschaftspolitischen Liberalismus, in: *Alexander Rüstow*, Rede und Antwort, Ludwigsburg, S. 249-258.

Ingo Pies (Hg.), Das weite Feld der Ökonomik
Schriften zu Ordnungsfragen der Wirtschaft · Band 98 · Stuttgart · 2013

Resilienz als neues Leitbild gesellschaftlicher Entwicklung?

*Peter Jakubowski**

Inhalt

---

* Herrn Prof. *Hartwig* mit den besten Wünschen zum 65. Geburtstag und einem nochmaligen herzlichen Dank für die zielführende Begleitung meiner Überlegungen zur umweltpolitischen Zielfindung Ende der 1990er Jahre.

> „Geht nun diese ganze Entwicklung in ungebrochener Kontinuität vor sich, gleicht sie der allmählichen, organischen Entfaltung eines Baumes in Stamm und Krone? Die Erfahrung verneint diese Frage." (*Schumpeter* 1912/2006, S. 414)

1. Einleitung

Es gehört zu den wichtigsten Kompetenzen des Menschen, sich an wandelnde Lebensbedingungen anzupassen und sich im Wandel weiterzuentwickeln. So haben es Gesellschaften als lernende soziale Systeme in der Entwicklungsgeschichte immer wieder zu beachtlichem Wohlstand gebracht. Zugleich ist diese durch Lernen erreichte Wohlstandsdynamik oft genug durch Naturkatastrophen, Kriege und undemokratische institutionelle Ordnungen massiv gestört worden – bis hin zum Verschwinden ganzer Hochkulturen.

Deutschland und seine Regionen sind in den letzten 30 Jahren einem intensiven Wandel ausgesetzt gewesen. Mit Blick auf die aktuellen Megatrends gesellschaftlicher Entwicklung wird sich dieser Wandel künftig fortsetzen. Der demographische Wandel, der sich abzeichnende Klimawandel, die eingeleitete Energiewende im Kontext der ‚Peak Oil-Entwicklungen' und der weiter bedeutsame wirtschaftliche und technologische Strukturwandel werden dazu beitragen, dass sich künftig regionale Bedeutungen weiter verschieben, sich die Rolle Deutschlands in Europa und die Rolle Europas im globalen Kontext wandeln wird (z.B. *Friedman* 2009). Es ist zu erwarten, dass sich Neubewertungen von Räumen und die Reaktionen von Menschen und Unternehmen darauf in noch kürzeren Zeiträumen als bisher vollziehen werden. Das bedeutet, dass es in Teilbereichen unserer Volkswirtschaften und in den Regionen zunehmend zu Abweichungen von stetigen Wachstumsentwicklungen kommen wird. Große Teile des Wandels sind in der Regel nicht durch politische Maßnahmen aufzuhalten oder umzukehren – Einzelgesellschaften und -räume sind diesen strukturellen Veränderungen ausgeliefert, müssen sie akzeptieren und sich den neuen Bedingungen anpassen. Je stärker der Wandel das Wohlstandsniveau im Status quo bedrohen kann, desto wichtiger wird es, wirksame Reaktionsmaßnahmen zu ergreifen. Begrifflich kann das Bündel dieser Maßnahmen als Resilienzpolitik bezeichnet werden.[1]

Mit dem Begriff der Resilienz und ersten konzeptionellen Überlegungen zu einer Resilienzpolitik wird ein neues sozioökonomisches Leitbild auf die wissenschaftliche und politische Agenda gesetzt: Während im Mainstream der Nachhaltigkeitsdiskussion bisher das Vermeiden ökologisch-sozialer Krisen und eine auf stetige Entwicklung ausgerichtete Politikgestaltung im Mittelpunkt standen, konzentrieren sich Resilienzkonzepte auf den Umgang mit Krisen und auf Mechanismen zur Erhöhung der Widerstandsfähigkeit gegen Krisen sowie auf die Identifizierung geeigneter Wege zur schnellen Erholung nach schockartigen negativen Entwicklungen (vgl. *Christmann* und *Ibert* 2012, S. 262).

---

[1] Nach *Horx* (2011, S. 309) wird der Begriff ‚Resilienz' in den nächsten Jahren den Begriff der Nachhaltigkeit ablösen. Vgl. auch *Behrendt* et al. (2010).

Die aktuelle Verschuldungs- und Währungskrise in der EU zeigt, wie wichtig es ist, nach Möglichkeit vor Ausbruch einer Krise Reaktions- oder Interventionsmechanismen entwickelt zu haben. Ähnliches gilt für den Umgang mit den heute schon absehbaren Folgen des Klimawandels. Zugleich lenkt diese Perspektive unmittelbar auf ein Dilemma einer resilienten Entwicklung: Wie kann es gelingen, auf heute kaum erkennbare Krisen vorbereitet zu sein? Wie können Ressourcen für vielleicht notwendige Defensivinvestitionen mobilisiert werden? In welchem Maße ist ein rationaler gesellschaftlicher Diskurs unter den Bedingungen von Unsicherheit und Komplexität möglich, und wie kann er organisiert werden?

In der angelsächsischen Literatur zur Regionalentwicklung[2] ist eine theoretische Auseinandersetzung mit dem Begriff der Resilienz in Gang gesetzt worden. Der vorliegende Beitrag gibt einen Einblick in die Diskussion über die Resilienz von Regionen, versucht zentrale Ideen des Resilienzkonzeptes in einen ökonomischen Theorie- und Begriffskontext zu stellen und fragt nach dem Innovationsgehalt der Resilienzdebatte. Denn schon 1912 hat *J. Schumpeter* (1912/2006, S. 423) zu einzelnen Fällen externer Schocks und ihren Auswirkungen auf die Wirtschaftsentwicklung formuliert:

> „Man kann keine Kräfte aufzeigen, die auf sie [gemeint sind Krisen; Anm. d. Verf.] hinarbeiten würden – kurz [...] das sind einfach Unglücksfälle, denen ein prinzipielles Interesse nicht zukommt, so groß auch ihre praktische Bedeutung sein mag."

2. Begriffliche Grundlagen

2.1. Definition und Eingrenzung des Resilienzbegriffs

Der Begriff der Resilienz stammt vom lateinischen Wort resilire ab, das mit ‚zurückspringen' oder ‚abprallen' übersetzt werden kann. Der Begriff wird zur Beschreibung der Art und Weise herangezogen, wie Menschen oder Organisationen bzw. Systeme gegenüber Störungen reagieren. Resilienz beschreibt die Eigenschaft, mit belastenden Situationen umgehen zu können. Der Begriff kann mit Widerstandsfähigkeit, Elastizität oder Spannkraft übersetzt werden (vgl. *Wustmann* 2004, S. 18). Resilienzforschung wird in vielen Fachwissenschaften wie der Entwicklungspsychologie, der Systemanalyse oder der ökologischen Forschung intensiv betrieben und gewinnt langsam in den Regionalwissenschaften an Bedeutung.[3] Hier entwickelt sich ein interdisziplinär angelegter Diskurs zur Erarbeitung eines möglicherweise neuen Leitbildes für die Regionalentwicklung.

In der Psychologie werden Resilienzkonzepte u.a. in der Analyse der kindlichen Entwicklung verwendet. Hier spricht man von Resilienz, wenn sich Personen trotz gravierender Belastungen oder widriger Lebensumstände psychisch gesund entwickeln (vgl. *Fröhlich-Gildhoff* und *Rönnau-Böse* 2009, S. 9). Dabei ist die Resilienz umso stärker ausgeprägt, je weniger die gesunde Entwicklung durch die äußeren Belastungen beeinträchtigt wird. Die Resilienz ist umso höher,

---

[2] Vgl. das Cambridge Journal of Regions, Economy and Society, 2010, 3.

[3] Vgl. auch den Themenband „Vulnerability und Resilience" der Zeitschrift Raumforschung und Raumordnung (2012), Bd. 70 sowie *Bürkner* (2010).

- je weniger eine Person durch diese Einflüsse „aus der Bahn“ geworfen wird oder
- je kürzer die Erholungsphase nach negativen externen Einflüssen ausfällt,
- je weniger es einer Person ausmacht, infolge eines belastenden externen Einflusses eine neue Handlungsrichtung einzuschlagen bzw. sich neu zu organisieren (vgl. *Resilience Alliance* 2002a).

Bezogen auf Organisationen und System, definiert *Bristow* (2010, S. 155) unter Verweis auf weitere Literaturstellen Resilienz wie folgt:

> „Resilience is typically defined as the capacity of a system to absorb disturbance and reorganize while undergoing change, so as to still retain essentially the same function, structure and feedbacks. It is thus a holistic concept that bridges the analysis of people, institutions and economies with the contextspecific natural resources on which they ultimately depend."

In der Definition der *Resilience Alliance* (2002b) werden darüber hinaus noch Aspekte lernender Organisationen und Regionen als zentral hervorgehoben. Außerdem wird darauf hingewiesen, dass Wachstum und Effizienz allein nicht als Kriterium ausreichen, um die Entwicklung von Systemen und auch Regionen beurteilen zu können:

> "A resilient system is forgiving of external shocks. As resilience declines the magnitude of a shock from which it cannot recover gets smaller and smaller. Resilience shifts attention from purely growth and efficiency to needed recovery and flexibility. Growth and efficiency alone can often lead ecological systems, businesses and societies into fragile rigidities, exposing them to turbulent transformation."(*Resilience Alliance* 2002b).

Ein Ziel einer Resilienzpolitik ist es somit, bestehende Systeme innerhalb bestimmter Leitplanken stabil zu halten, um die Bereitstellung der Systemleistungen sicherzustellen oder das betreffende System oder sein institutionelles Setting so zu verbessern, dass es auch unter geänderten Umgebungsbedingungen entsprechende Leistungen erbringen kann. Hierbei stehen also präventive Aspekte im Mittelpunkt. Ein weiteres zentrales Zielfeld einer Resilienzpolitik liegt darin, die Erholung von negativen externen Einflüssen oder Schocks zu unterstützen, wobei u.a. die Flexibilität, sich auf mögliche neue Entwicklungspfade auszurichten, von Bedeutung ist.

Somit lässt sich Resilienzpolitik als die Summe aller Maßnahmen und institutionellen Vorkehrungen definieren, die die Verletzbarkeit eines Systems oder einer Region in Bezug auf externe Schocks möglichst gering halten und im Falle einer Betroffenheit durch den Schock zu einer möglichst schnellen Erholung des Systems oder der Region beitragen. Resilienzpolitik ist zu verstehen als vorsorgende Anpassung komplexer Steuerungs- und Anreizsysteme zur Vermeidung von Entwicklungseinbrüchen durch Krisen und Katastrophen, aber auch zur Linderung von Wohlstandseinbußen infolge eher schleichender struktureller Veränderungen in Wirtschaft, Gesellschaft und Umwelt.

Für analytische Zwecke und zur begrifflichen Verdeutlichung ist es wichtig, die zentralen Anknüpfungspunkte des Resilienzkonzeptes zu markieren (vgl. *Pendall, Foster* und *Cowell* 2010, S. 80 f.). Resilienzbetrachtungen erfordern (1) die Berücksichtigung einer Referenzentwicklung, welche eine angestrebte oder erwartete Entwicklung z.B. des Wohlstands einer Region beschreibt. Gemessen an den allgemeinen gesellschaftlichen Zielen, die auch mit dem Leitbild der nachhaltigen Entwicklung in Einklang stehen, kann dies eine monoton steigende Kurve mit abnehmender Steigung sein (Kurve

RE in Abb. 1), die einen von vielen denkbaren Nachhaltigkeitspfaden abbildet.[4] Zudem ist (2) ein externer Schock anzunehmen, der das Gesamtsystem oder eine Volkswirtschaft erschüttert und zu unterschiedlichen Auswirkungen auf den angestrebten und erwarteten Entwicklungsverlauf der betrachteten Regionalwirtschaft führt. Diese Sicht folgt auch den Ausführungen *Schumpeters* (1912/2006, S. 415 f.), der die Abläufe infolge solcher Schocks wie folgt zusammenfasst:

> „Jene »Gegenbewegungen« hemmen die Entwicklung nicht bloß, sie machen dieser Entwicklung ein Ende. Eine Menge von Werten wird vernichtet, die Grundbedingungen und Voraussetzungen der Pläne der leitenden Männer der Volkswirtschaft werden verändert. Die Volkswirtschaft bedarf einer Rallierung, bevor es wieder vorwärts gehen kann, ihr Wertsystem einer Reorganisation. Und die Entwicklung, die wieder einsetzt, ist eine neue, nicht einfach die Fortsetzung der alten: Wohl lehrt die Erfahrung, dass sie sich im großen und ganzen in ähnlicher Richtung bewegen wird, wie die frühere, aber die Kontinuität des Planes ist unterbrochen."

Diese Auswirkungen lassen sich folgendermaßen systematisieren; der Schock für das Gesamtsystem kann

- keine Auswirkung auf den Entwicklungspfad in der Region haben; in diesem Fall wäre das betreffende System oder die Region vollständig resilient gegenüber einem spezifischen externen Einfluss,
- zu einem moderaten Rückgang der regionalen Wohlfahrt mit vergleichsweise schnellem Erreichen des Referenzpfades führen (vgl. (a) in Abb. 1),
- zu einem starken Rückgang der Wohlfahrt führen, wobei nach relativ kurzer Zeit das Vorkrisenniveau wieder erreicht wird (vgl. (b) in Abb. 1),
- zu einem starken Rückgang der Wohlfahrt führen, und nach dem Schock setzt nur eine sehr langsame Erholung ein, mit der Folge, dass der Pfad der Referenzentwicklung erst sehr spät oder gar nicht mehr erreicht wird (vgl. (c) in Abb. 1),
- zu einem starken Rückgang der Wohlfahrt und einer strukturellen Änderungen der regionalen Entwicklungsstrategie führen mit der Folge, dass die vor der Krise realisierte Wohlfahrtsposition mit einer neuen regionalwirtschaftlichen Ausrichtung wieder erreicht oder sogar übertroffen wird. Dies kann wiederum mit einer kürzeren oder längeren Anpassungszeit als in den betrachteten Vergleichsfällen verbunden sein (vgl. (d) in Abb. 1).

Neben den unterschiedlichen Auswirkungen auf das betrachtete System oder eine Region und der Erholungsdauer ist es für eine systematische Betrachtung von Resilienz auch bedeutend, nach der Art unterschiedlicher Schocks oder negativer externer Einflüsse zu differenzieren und verschiedene Zielbereiche, Schutzobjekte oder Subjekte (wer oder was ist resilient) herauszuarbeiten.

Bei der Art negativer externer Einflüsse stehen schlagartig wirkende Katastrophenereignisse wie Stürme, Überflutungen oder auch terroristische Anschläge eher schleichen-

---

[4] An dieser Stelle ist darauf hinzuweisen, dass für eine handhabbare empirische Operationalisierung von Resilienzkonzepten vielfältige Spezifizierungen von Entwicklungsdeterminanten und bspw. Elementen der Wohlfahrtabbildung notwendig sind.

den, also sich langsam vollziehenden Veränderungen wie dem demographischen Wandel oder der Internationalisierung der Wirtschaft gegenüber.

Abbildung 1: Mögliche Ausprägungen von Resilienz

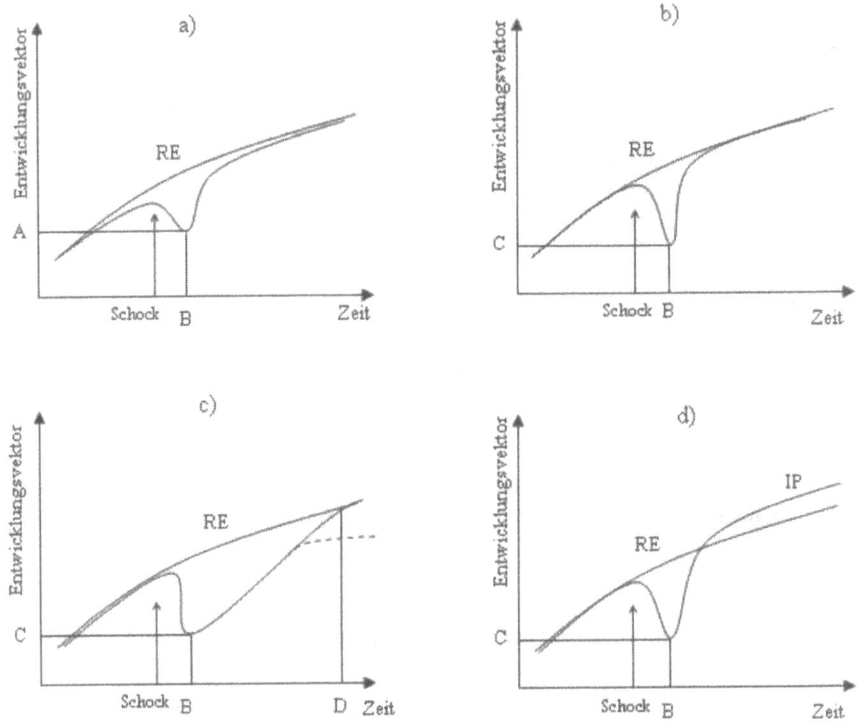

mit: RE = Angenommene Referenzentwicklung und IP = Innovativer Pfad der Regionalwirtschaft

Quelle: Eigene Darstellung in Anlehnung an: *Lukesch, Payer, Winkler* und *Rieder* (2010, S. 11) und *Simmie* und *Martin* (2010, S. 29).

Ebenso relevant ist das konjunkturelle Auf und Ab im Zuge der wirtschaftlichen Konjunkturzyklen. Dabei lassen sich die Arten externer Einflüsse in solche unterteilen, die ihren Ursprung außerhalb des Wirtschaftssystems im engeren Sinne entfalten, und solchen, die endogene Störungen des Wirtschaftssystems darstellen (vgl. hierzu schon *Schumpeter* 1912/2006, S. 425 ff.). Gleichwohl fällt es insbesondere in der klima- und energiepolitischen Debatte sowie in der Diskussion ihrer regulatorischen Auswirkungen schwer, scharf zwischen inneren und äußeren Effekten zu differenzieren. So zählen der Umbau der traditionellen Energieversorgung und auch die Anpassung der Wirtschaft im Umfeld von Klimaschutz und Klimawandel unabhängig von ihrer Zuordnung zu zentralen Reaktionsfeldern aktueller Wirtschaftspolitik (vgl. *Jakubowski* und *Zarth* 2012).

Bezüglich der Schutzobjekte einer Resilienzpolitik kann man Analysen und mögliche Maßnahmen zur Stärkung der Resilienz sowohl auf gesellschaftlich-ökonomische Teilbereiche wie regional bedeutsame Wirtschaftssektoren oder zentrale Infrastrukturen ausrichten oder aber auf den institutionellen Entwicklungskontext einer Region als Ganzes. Wobei davon auszugehen ist, dass eine operationalisierte Resilienzanalyse bspw. für Regionen aus Teilanalysen zusammenzusetzen ist (vgl. *Dawley, Pike* und *Tomaney* 2010, S. 66 f.). Für ein umfassendes Verständnis von Resilienz ist außerdem zu beachten, dass Resilienz eine variable Größe ist und sie situationsspezifisch und kontextabhängig besteht. Die Steigerung von Resilienz ist ein dynamischer Anpassungs- und Entwicklungsprozess, der insbesondere Lernerfahrungen berücksichtigt.[5]

2.2. Anpassungskapazität

Die Resilienz von Systemen oder Gesellschaften lässt sich in wichtigen Teilen über ihre Anpassungskapazität abbilden. In ökologischen Systemen ist die Anpassungskapazität eng verbunden mit der genetischen und biologischen Vielfalt sowie mit der Heterogenität der Landschaftselemente. In sozialen Systemen hingegen ist die Existenz von lernenden Institutionen und Netzwerken, die Erfahrungen sammeln und in unterschiedlichen Kontexten immer wieder neue Problemlösungen hervorbringen können, von großer Bedeutung. Diese durch Interaktion und Kommunikation lernenden Netzwerke können ein hohes Maß an Systemflexibilität hervorbringen und zugleich für den wichtigen Ausgleich der Macht- und Interessenkonstellationen innerhalb des sozialen Systems sorgen. Lernende Institutionen und Netzwerke bilden neben finanziellen Ressourcen den zentralen Teil der Anpassungskapazität sozialer Systeme (vgl. *Christmann* et al 2011, S. 5). Darüber hinaus stellt die gesellschaftliche Solidarität ein wichtiges Element der Resilienz dar. Solidarität und gesellschaftlicher Zusammenhalt bieten insbesondere in Krisenzeiten die Basis für alle Aktivitäten, die zur Erholung von einer Krise notwendig sind. Dabei sind Solidarität und Zusammenhalt sowohl in der Gruppe der direkt von einem Krisenereignis Betroffenen (bspw. in einer von einer Naturkatastrophe betroffenen Region) selbst von großer Bedeutung als auch innerhalb der Gesamtgesellschaft, die direkte und indirekte Unterstützungsleistungen für die Betroffenen bereitstellt.

Systeme mit einer hohen Anpassungskapazität sind in der Lage, sich entsprechend der neuen exogenen Bedingungen neu zu organisieren, ohne dass sich dabei eine starke Einschränkung wichtiger Systemoutputs (z.B. Nahrungsmittelbereitstellung, Sozialsystem, wirtschaftliche Prosperität) ergibt. Ein soziales System, das nicht resilient ist, also nicht über ausreichende Anpassungskapazitäten verfügt, wird langfristig aus Mangel an Handlungs- und Gestaltungsfähigkeit sein ökonomisches Potential weder erkennen noch realisieren können.

Folke et al. (2002) haben im Umgang der Gesellschaft mit externen Schocks und Veränderungen vier kritische Faktoren identifiziert, die in einem Mindestmaß erfüllt sein müssen, damit die Anpassungskapazitäten in ausreichender Form ausgeprägt sind:

- Gesellschaften müssen lernen, mit dem Wandel unter den Bedingungen von Unsicherheit umzugehen.

[5] Vgl. Zentrum für Kinder und Jugendforschung im Internet unter: http://www.resilienz-freiburg.de/de/resilienz/definition-und-merkmale.html, Zugriff am 06.11.2012.

- Vielfalt muss bestmöglich unterstützt werden, um die Resilienz zu erhöhen; d.h. Gesellschaften oder Regionen müssen eine ausgewogene Balance zwischen ökonomischer Spezialisierung und Diversifizierung anstreben (vgl. *Dawley, Pike* und *Tomaney* 2010, S. 6).
- Forschung muss noch stärker interdisziplinär angelegt sein, um relevantes Wissen für lernende Gesellschaften zu generieren.
- Die gesellschaftliche Selbstorganisation ist durch geeignete Maßnahmen zu unterstützen.[6]

2.3. Regionale Anpassungskreisläufe

In der jüngeren Literatur wird zur Verknüpfung zwischen Resilienz und Anpassung ein sog. Anpassungskreislauf in die Diskussion getragen. Dieser Kreislauf soll als Basiskonzept zum tieferen Verständnis insbesondere regionaler Veränderungen der wirtschaftlichen Prosperität dienen und Erkenntnisse für Maßnahmen zur Steigerung der Resilienz von Regionen ermöglichen.

Der in Abbildung 2 skizzierte Kreislauf beinhaltet zwei Schleifen. Hierbei bezieht sich eine auf das Entstehen, die weitere Entwicklung und die Stabilisierung einer bestimmten regionalwirtschaftlichen Struktur und ihren Wachstumspfad. Die andere Schleife innerhalb des Anpassungskreislaufs betrifft eine mögliche Verkrustung und entsprechende Schwächung dieser Wirtschaftsstruktur, das Eruieren neuer potenzieller wirtschaftlicher Betätigungsfelder in der Region, die schließlich umgesetzt werden und in eine Reorganisation der Regionalwirtschaft münden (vgl. *Simmie* und *Martin* 2010, S. 33).

Dieser Anpassungskreislauf ist mit der Grundüberlegung hinterlegt, dass Wachstum und Spezialisierung zu einer zunehmenden Vernetzung und auch Abhängigkeit zwischen Firmen, Behörden und weiteren relevanten Akteuren der Region führen, die u.U. auch eine Verkrustung innerhalb der Regionalwirtschaft mit sich bringt, die wiederum die regionale Anpassungsfähigkeit beeinträchtigt und die Resilienz der Region gegenüber externen negativen Einflüssen oder Schocks mindert.[7] Wenn aber ein wirtschaftlicher Abstieg erkennbar wird und sich über Konjunkturschwankungen hinaus manifestiert, lösen sich zunehmend die vormals festen Netzwerkbindungen in der Region. Netzwerke öffnen sich neuen Lösungen, sie diversifizieren sich und bilden den Anfangspunkt für Neuorganisationen innerhalb der Region. Dies wiederum fördert im Idealfall Experimentierlust, Innovation und auch technologischen Wandel und kann für die Regionalwirtschaft einen neuen Wachstumspfad realisieren. Dabei wird auf Teile der verfügbaren Ressourcen, Kompetenzen und Netzwerke zurückgegriffen, so dass der neue regionale Entwicklungspfad Teil der bisherigen regionalen Identität werden kann (vgl. *Dawley, Pike* und *Tomaney* 2010, S. 7 f.).

---

[6] Vgl. http://www.resalliance.org/index.php/adaptive_capacity; Zugriff am 05.11.2012 und *Folke, Colding* und *Berkes* (2002).

[7] Eine detaillierte Erläuterung zu den Prozessen geben *Simmie* und *Martin* (2010, S. 33) sowie *Pendall, Foster* und *Cowell* (2010, S. 77 f.).

Die Übergänge zwischen den Phasen werden von *Simmie und Martin* (2010) wie folgt beschrieben: In der Erschließungsphase entwickelt sich regionales Wachstum, produktives Kapital (Sachkapital und Wissen) wird akkumuliert; lokale Unternehmen entwickeln zunehmend komparative Vorteile im Wettbewerb, nicht zuletzt durch die Nutzung der spezifischen Standortvorteile. Je länger dieses Wachstum und die neue Spezialisierung anhalten, desto enger wird die Vernetzung zwischen den regionalen Akteuren, was zunächst weitere Spezialisierungsvorteile mit sich bringt, aber zunehmend zu gegenseitigen Abhängigkeiten und abnehmender Flexibilität führt. Die Resilienz der Region gegenüber externen Schocks nimmt deutlich ab. Tritt nun ein solcher Schock auf, wird die bislang erfolgreiche Struktur erschüttert, das Wachstum kann einbrechen, und die bisherigen Standortvorteile sind u.U. entwertet. In der Folge werden Unternehmen schließen, die Netzwerke an Bindungskraft verlieren und Ressourcen freigesetzt. Von diesem Punkt aus – so die Annahme des Denkansatzes – ist die Wahrscheinlichkeit hoch, dass es zu einer ökonomischen Neuerfindung der Regionalwirtschaft kommen kann, was dann zu einer weiteren Anpassungsschleife führt.

Abbildung 2: Vier-Phasen-Modell für einen regionalen Anpassungskreislauf

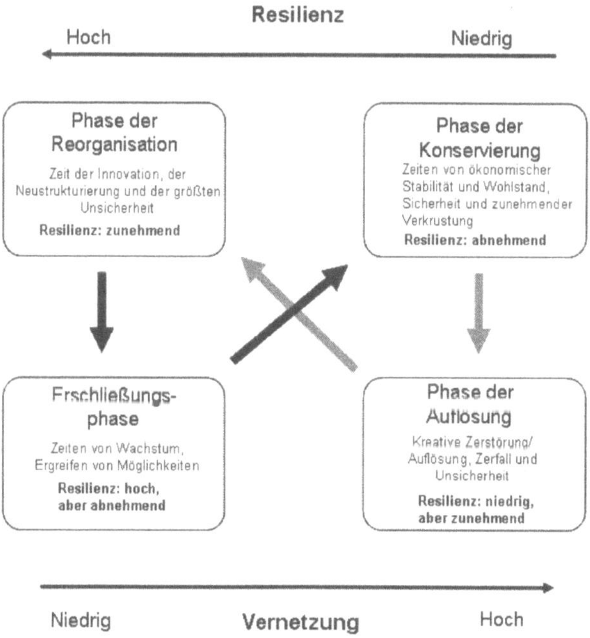

Quelle: In Anlehnung an *Simmie* und *Martin* (2010), S. 33 und die dort aufgeführten Quellen.

3. Ökonomische Anknüpfungspunkte für die Resilienzanalyse

3.1. Die Bedeutung defensiver Kosten

Mit allen betrachteten externen Schocks geht die teilweise oder vollständige Zerstörung oder Entwertung von Kapital einher. Kriege oder terroristische Anschläge führen neben menschlichem Leid zur Zerstörung unterschiedlich großer Teile des technischen Kapitalstocks einer Volkswirtschaft. Ähnliche Auswirkungen können je nach räumlicher Ausdehnung Naturkatastrophen haben. Neben Maßnahmen der akuten Notfallhilfe fallen je nach dem Grad der Zerstörung und in Abhängigkeit von den Präferenzen der Betroffenen Kosten für den Wiederaufbau an. Je nach Absicherung des zerstörten Kapitals durch Versicherungen variieren die Anteile, die bereits über einen Markt abgesichert und quasi ‚vorfinanziert' sind, und diejenigen, die als zusätzliche Ersatzinvestition notwendig werden, um diejenige Kapitalausstattung wieder herzustellen, die vor dem Schadensereignis verfügbar war.[8] Vielfach sind umfangreiche Investitionen zu tätigen, um die entstandenen Schäden auszugleichen (bspw. die jüngsten Elbhochwasser, der Atomunfall in Fukushima oder der Hurrikan Sandy an der US-Ostküste). Zusätzlich ist durch die externen Störungen der Vermögensstand der betrachteten Wirtschaft stark reduziert worden – mit entsprechenden Einflüssen auf die Nachfrageseite der Konsum- und Investitionsgütermärkte.

Obwohl über die einfache Berechnung des BIP Reparaturleistungen als „Wohlfahrts-Zuwachs" interpretiert werden könnten, ist die tatsächliche Wohlfahrtsposition der betrachteten Wirtschaft durch Katastrophenereignisse deutlich negativ beeinträchtigt (vgl. *Wicke* 1991, S. 513). Reparaturen und Wiederaufbau ziehen zwar Investitionen und Beschäftigung nach sich, verkennen aber in einer allzu kurzen Betrachtung, dass Auslöser dieser „Aufträge" Zerstörungen und Vermögensverluste sind. Demnach kann das BIP, das infolge von Reparatur- und Wiederaufbauleistungen entsteht, allenfalls als Anstrengung gewertet werden, ein vorheriges Wohlstandsniveau wieder zu erlangen. Wobei in dem Fall, in dem die Finanzierung dieser Leistungen nicht über Versicherungen gedeckt ist, ein Vermögensverlust unvermeidlich ist.

Betrachtet man vorsorgende Investitionen, die zur Verhinderung von Schadensereignissen führen können, ist davon auszugehen, dass diese sich in dem Sinne rentieren, dass sie – erfolgreiche Prävention vorausgesetzt – den bedrohten Status quo deutlich günstiger erhalten können, als dies über einen Wiederaufbau erreichbar wäre. Gleichwohl ist zu betonen, dass auch diese Defensivinvestitionen der Volkswirtschaft nicht für produktive Zwecke zur Verfügung stehen, also mit entsprechenden Opportunitätskosten einhergehen. Das bedeutet letztlich, je stärker eine Volkswirtschaft gezwungen wird, vorsorgend reaktive Investitionen zur Absicherung ihres Kapitalstocks im Status quo zu tätigen, desto weniger Investitionskapital steht ihr für produktive Zwecke und den Ausbau ihrer Wohlfahrtsposition zur Verfügung. Letztlich sinkt die Produktivität der betrachteten Volkswirtschaft, da für dieselbe Menge an Output ein Mehr an Produktionsfaktoren einzusetzen ist (vgl. hierzu die Argumentation bei *Wicke* 1991, S. 519). Mit einer zunehmenden Umlenkung von Investitionen in die Produktion von Sicherheit steigt aber zugleich der Druck, den weiter produktiv genutzten Anteil investiver Mittel möglichst produktiv und effizient zu nutzen. Denn nur solange es in einer Volkswirtschaft gelingt, die skizzierte, ggf. unumgängliche Umverteilung von Investitionen durch

---

[8] Vgl. für die Auswirkungen der Unterversicherung von Atomkraftwerken *Hennicke* und *Welfens* (2012, S. 91 ff.).

eine Produktivitätssteigerung mindestens auszugleichen, ist eine Wohlfahrtssteigerung überhaupt noch zu erreichen.

Das bedeutet: Sicherheit und Vorsorge im Rahmen einer Resilienzpolitik können gesamtwirtschaftlich relevante Kosten nach sich ziehen und zu neuen Ansprüchen an die Wirtschafts- und Gesellschaftspolitik führen. In welchem Maße eine solche Neuallokation von Ressourcen rational und ökonomisch wie gesellschaftlich legitim und sinnvoll ist, hängt dabei nicht zuletzt von der Eintrittswahrscheinlichkeit von Schadensereignissen, dem potenziellen Schadensausmaß und der kollektiven Risikoeinstellung in der betreffenden Region oder Volkswirtschaft ab. Des Weiteren hängen Legitimität und Effizienz dieser Neuallokation von Ressourcen und Einkommen vom gesellschaftlichen Entscheidungsverfahren ab, das zur Offenlegung und Ableitung der kollektiven Risikopräferenzen beiträgt.[9]

3.2. Faktorspezifität und Resilienz

Wie die Skizze regionaler Anpassungskreisläufe in Kapitel 2.3. gezeigt hat, kommt der Kapitalakkumulation eine wichtige Bedeutung in der Resilienzdiskussion zu. Da Wandelprozesse in der Regel auch zu einer Neubewertung von Investitionen führen, wird die Spezifität von Investitionen (Faktorspezifität), die mit einer Investition verbundene Quasi-Rente, zu einem ökonomischen Gradmesser für die Resilienz. Die Faktorspezifität beschreibt die Verwendbarkeit von Faktoren (Investitionsobjekten) in unterschiedlichen Kontexten. Sie ist umso größer, je höher die Gewinneinbußen ausfallen, die mit der zweitbesten Verwendung des Faktors einhergehen. Sie hängt davon ab, in welchem Maße ein Faktor oder Investitionsobjekt in alternativen Verwendungen oder durch andere Nutzer einsetzbar ist. Es werden u.a. folgende Formen der Faktorspezifität unterschieden:

- Standortspezifität als räumliche Gebundenheit einer Investition,
- Sachkapitalspezifität in Form spezialisierter Maschinen,
- Humankapitalspezifität in Form von Ausbildung und nicht transferierbaren Kenntnissen (spezifisches Wissen) (vgl. *Erlei, Leschke* und *Sauerland* 1999, S. 180 f.).

Die Bedeutung der Spezifität für die Analyse von Resilienz ergibt sich daraus, dass der Wert einer Investition von der Fortdauer einer Austauschbeziehung bzw. einer stabilen Bewertung dieser Austauschbeziehung abhängt (vgl. *Williamson* 1990, S. 60). Würde die Beziehung aufgrund einer Neubewertung der Rahmenbedingungen beendet, hätte dies einen Wertverlust des Investitionsobjektes (in Höhe der Quasirente) zur Folge. In die Resilienzdiskussion übertragen, bedeutet dies, dass Regionen, Sektoren oder Unternehmen, die mit einer hohen Faktorspezifität arbeiten, weniger resilient sind als solche mit geringer Faktorspezifität. Entsprechend sollten diese Regionen, Sektoren oder Unternehmen versuchen, ihre Quasirenten abzusichern. Denkbare Maßnahmen reichen von baulich-technischen Maßnahmen bei definierbaren Risiken und Schutzgütern bis hin zur Reduzierung von wirtschaftlichen Abhängigkeiten durch eine auf Diversifizierung und u.U. auf regionale Produktion ausgerichtete Akquisitionspolitik.

---

[9] Vgl. im Kontext der Festlegung umweltpolitischer Ziele *Jakubowski* (1999, S. 78 ff.).

Ein gutes Beispiel für die Auswirkung der Faktorspezifität auf die Anpassungskosten liefern der Atomausstieg und die weiterreichende Energiewendepolitik in Deutschland: Das mit hoher Faktorspezifität in den traditionellen Kraftwerkpark gebundene Kapital ist grundlegenden Änderungen der rechtlichen Rahmenbedingungen ausgesetzt – faktisch findet eine Neubewertung der realisierten Investitionen statt. Kraftwerke und Technologien sind zumindest in Deutschland nur noch begrenzt ökonomisch verwertbar. Ähnliches gilt für das aktuell verfügbare Humankapital, das nur bedingt auf den Bereich der erneuerbaren Energien übertragen werden kann. Nicht zuletzt wegen der extrem hohen Faktorspezifität im Energiesektor führt die Energiewende zu hohen ökonomischen Anpassungskosten, die neben dem Aufbau der auf erneuerbaren Energien basierenden Energieversorgung auch einen beträchtlichen Ausgleich für die Entwertung der spezifischen Investitionen im traditionellen Energiesektor umfassen. Zugleich wird der Umbau des Energiesystems aber als zentrale Vorsorgemaßnahme gesehen, um dem fortschreitenden Klimawandel entgegenzutreten und den zu erwartenden sehr großen Preissprüngen im Zuge der Peak-Oil-Entwicklungen zu begegnen. Somit ist die Energiewende gesamtwirtschaftlich gesehen eine Strategie zur Steigerung der Resilienz, während sie im traditionellen Energiesektor aufgrund seiner hohen Spezifitäten einen extrem hohen Anpassungsdruck ausübt (vgl. *Scheer* 2010, S. 35 ff. und S. 203 ff.).

Umgekehrt weist die Wirtschafts- und Siedlungsstruktur in Deutschland einen geringen Grad an Spezifität auf. Trotz der großen Bedeutung der Exportwirtschaft verfügt die deutsche Volkswirtschaft über eine breit diversifizierte Sektorstruktur mit dem Effekt, dass sie gegenüber sektoralen Schocks verhältnismäßig resilient ist. Ebenso trägt das Prinzip der dezentralen Konzentration in Deutschland u.a. durch die breite räumliche Verteilung von Agglomerationen und Arbeitsmarktzentren zu einer durchaus resilienten Siedlungsstruktur bei (vgl. hierzu *BBSR* 2012, S. 18 ff.).

3.3. Die Bedeutung von Anreizen

Die Resilienz eines wirtschaftlich-sozialen Teilsystems erfordert sowohl ausreichende Vorsorge als auch eine angemessene Flexibilität, um auf Störungen bzw. neue Rahmenbedingungen angemessen reagieren zu können. Beide Aspekte sind in der ökonomischen Diskussion und in der Literatur eng mit der Frage geeigneter Anreize verbunden. So steht eine angemessene, möglicherweise sogar optimale Vorsorgepolitik in der Regel dem Problem gegenüber, dass vielfach die aus Vorsorgemaßnahmen resultierenden künftigen Nutzen eine geringere Wertschätzung erfahren als die hierfür in der Gegenwart aufzuwendenden Kosten.[10] Das bedeutet zunächst, dass sich im Vorsorgebereich ein optimales Resilienzniveau nicht automatisch über einen Markt einstellen wird. Die Bereiche der Gesundheits- und Altersvorsorge liefern hier über die in vielen Ländern rechtlich festgeschriebenen Pflichtversicherungen ein gutes Beispiel. Neben dem Abzinsungseffekt (*Pearce* und *Turner* 1990, Kap. 14) sind auch die Unsicherheiten in diesem Kontext von großer Bedeutung. Während die Defensivausgaben in der Gegenwart mit Sicherheit anfallen und zu einem entsprechenden sofortigen Nutzenverzicht führen, ist ihr Zusatznutzen vielfach nur schwer abschätzbar, da Schadensereignisse

[10] Vgl. zum Abzinsungsphänomen und der geringeren Wertschätzung künftiger Ereignisse in der allgemeinen ökonomischen Betrachtung *Pearce* und *Turner* (1990, S. 211 f.).

eben allenfalls wahrscheinlichkeitstheoretisch eingrenzbar, aber weder räumlich noch zeitlich vorhersagbar sind. Mit Blick auf Naturereignisse, die Folgen des Klimawandels oder auch wirtschaftliche Krisensituationen ist eine Debatte über geeignete und angemessene Schritte zu Erhöhung der Resilienz von Regionen oder Gesellschaften immer dadurch geprägt, dass es um Vorsorgemaßnahmen geht, die gegen stochastisch nicht ausreichend einschätzbare Risiken ergriffen werden sollen. Da die in der Gegenwart aufzuwendenden Kosten für solche Maßnahmen real sind und die Erträge mit z.T. großer Unsicherheit behaftet sind, sind die individuellen Anreize für diese Art der Vorsorge in der Regel gering. Gleiches gilt auch für die politischen Märkte, auf denen Politiker – so die Grundannahmen der Neuen Politischen Ökonomie – versuchen, ihre Wiederwahlchancen zu maximieren.

In seiner Analyse zum Aufstieg und Niedergang von Nationen legt *Olson* (1991) die These dar, dass Anreize dafür verantwortlich sein können, dass gut organisierte kleine Interessengruppen ihre Partikularinteressen gegenüber den politischen Entscheidern in einem Maße durchsetzen können, dass es zu einem permanenten Zurückdrängen gesellschaftlich wichtiger Ziele großer Gruppen kommt. Durch die Rentseeking-Aktivitäten (vgl. *Mueller* 1989, S. 229 ff.) dieser kleinen Interessengruppen, die sich häufig in der Errichtung von Marktbarrieren und somit in der Einschränkung der dynamischen Marktfunktionen des Produkt- und Verfahrensfortschritts niederschlagen, werden der Volkswirtschaft und der Gesellschaft zunehmend produktiv einsetzbare Ressourcen entzogen, was sich eben auch negativ auf die Anpassungsfähigkeit einer Wirtschaft oder Gesellschaft auswirkt. *Olson* argumentiert weiter, dass der Konkurrenzkampf zwischen Politikern in einer Mehrheitsdemokratie durch das stimmenmaximierende Verhalten der Politiker dazu führt, dass gerade die Förderung der an sich von ihm negativ eingestuften Partikularinteressen unterstützt wird. In der *Olson*schen Analyse bilden Anreize zum Rentseeking im Verein mit den Verhaltensanreizen der Politiker in der Mehrheitsdemokratie die Basis für ein Entwicklungsgesetz zum „Niedergang von Nationen“ infolge einer systematisch begrenzten Anpassungsfähigkeit (vgl. hierzu *Erlei, Leschke* und *Sauerland* 1999, S. 352 ff.). *Becker* tritt dieser Schlussfolgerung *Olson*s allerdings entschieden entgegen.[11] Auch wenn er das Argument der verhältnismäßig großen Durchschlagskraft kleiner Interessengruppen unterstützt, sieht er doch den Wettbewerb zwischen Interessengruppen als Regulativ einseitiger Druckausübung (vgl. hierzu *Erlei, Leschke* und *Sauerland* 1999, S. 354):

> „Voraussetzung für sein Funktionieren ist folglich, dass ein (relativ) freier Zutritt zum politischen Markt besteht. Der Wettbewerbsprozess gewinnt an Effizienz, wenn die Markteintrittsbarrieren niedrig sind und sich viele Gruppen an den Wettbewerbsspiel beteiligen. Damit belebt Becker eine schon auf Bentley (1908) zurückgehende These wieder, die der Olsonschen Behauptung genau entgegensteht: Nach Olson bedeutet eine Zunahme von Interessengruppen stets eine Zunahmen ineffizienten Rent seekings, nach Becker hingegen führt eine Zunahme von Interessengruppen zu einem erhöhten Wettbewerb und zu mehr Chancen für effizienzsteigernde politische Maßnahmen.“

Die Erfahrungen der jüngeren Vergangenheit auch in Deutschland geben Hinweise zur Unterstützung der beiden hier skizzierten Ansichten. So ist es starken Interessen-

[11] Zu einer differenzierten Betrachtung vgl. *Kotte* (2004, S. 141 ff.).

gruppen immer wieder gelungen, Einzelinteressen auf Kosten einer breiten Mehrheit der Gesellschaft durchzusetzen. Dies stützt *Olson*s Sicht. Gleichzeitig sind aber auch vielfach Strukturreformen umgesetzt worden, die ihrerseits für die These *Becker*s sprechen. Für die Begrenzung der Ausbeutung einer Mehrheit durch gut organisierte Interessengruppen ist es von großer Bedeutung, eben diese Rentseeking-Bestrebungen transparent zu machen und in den gesellschaftlichen Diskurs zu tragen. Transparenz, Aufklärung und Diskurs können demnach auch die Anpassungsfähigkeit einer Gesellschaft erhöhen. Dafür bedarf es u.a. Organisationen, die vom tagespolitischen Sektor unabhängig sind und kritische Informationen in den Diskurs einspeisen. Neben einer funktionsfähigen Presselandschaft kann dies durch Umwelt- oder Wohlfahrtsverbände erreicht werden oder grundsätzlich durch alle Maßnahmen, die eine Bürgerbeteiligung über Wahlen hinaus erhöhen (zu Chancen und Grenzen vgl. *Kotte* 2004, S. 144 ff.). Zur Steigerung der Resilienz einer Gesellschaft ist es daher bedeutend, Monopolstellungen einzelner Interessengruppen zu verhindern und den politischen Markt mit Spielregeln zu versehen, die es Politikern schwer machen, Einzelinteressen auf Kosten der Allgemeinheit nachzugeben (vgl. *Erlei, Leschke* und *Sauerland* 1999, S. 364 f. und die dort aufgeführte Literatur).

3.4. Der Einfluss des Wohlstandsniveaus

Neben den bisher aufgeführten ökonomischen Anknüpfungspunkten einer Resilienzanalyse ist auch das Wohlstandsniveau einer betrachteten Volks- oder Regionalwirtschaft bedeutend. Dies ist unmittelbar verständlich, wenn man die Auswirkungen externer Schocks auf die Zerstörung oder Entwertung des Kapitalstocks bezieht. Je höher z.B. das BIP je Einwohner ist, desto leichter fällt es den Betroffenen, die notwendigen Reparaturen oder einen Wiederaufbau zu realisieren, ohne kritische Einschränkungen der Lebensverhältnisse erfahren zu müssen. Umgekehrt ist es offensichtlich, dass Gesellschaften mit sehr geringem BIP unter demselben externen Schock viel stärker zu leiden haben, weil ein Wiederaufbau aus eigener Kraft nicht oder nur unter besonderen Entbehrungen möglich ist.

Neben dem Einkommen ist auch die Möglichkeit der zusätzlichen öffentlichen Kreditaufnahme ein wichtiger Teilindikator zur Abschätzung der Resilienz einer Volks- oder Regionalwirtschaft. Hierbei ist die Kreditwürdigkeit oder Bonität einer betrachteten Gebietskörperschaft an ihre Produktivität sowie ihren aktuellen Verschuldungsgrad gebunden. Allgemein ist davon auszugehen, dass eine Gesellschaft die Auswirkungen negativer exogener Schocks in der Tendenz umso besser ausgleichen kann, je mehr ökonomische Reserven ihr zur Sicherung oder Wiederherstellung ihrer Grundbedürfnisse zur Verfügung stehen. Neben einer hohen ökonomischen Produktivität, die über temporäre Erhöhungen der Staatsausgaben dazu beitragen kann, Schockwirkungen abzumildern, können auch spezifische Vorsorgeinstrumente als gesellschaftliche Versicherungen fungieren.

Ein Beispiel für ein spezielles Vorsorgeinstrument stellt der sog. norwegische ‚Ölfonds' dar. Der Staatliche Pensionsfonds des Königreichs Norwegen (norw.: Statens pensjonsfond) ist einer der weltweit größten Staatsfonds. Das von ihm verwaltete Vermögen belief sich 2011 auf knapp 560 Milliarden US-Dollar. Der Fonds reinvestiert die staatlichen Einnahmen aus der norwegischen Erdölförderung, um so einen Kapitalstock aufzubauen, der in der Zeit nach Ausbeutung der eigenen Ölreserven einen Teil des durch den Erdölexport entstandenen Wohlstands in Norwegen sichern soll (vgl. *Wikipedia* 2012). Der Fonds besteht aus zwei Teilen, die 2006 zusammengeführt wurden:

- Staatlicher Pensionsfonds – Ausland (Statens pensjonsfond – Utland): 1990 wurde der damalige Ölfonds gegründet, der bis heute die direkten Einnahmen aus der Erdölförderung aufnimmt. Formell ist das norwegische Finanzministerium Eigner des Fonds, es entscheidet auch über dessen grundsätzliche strategische Ausrichtung. Die Investitionen unterliegen außerdem grundlegenden ethischen, sozialen und ökologischen Regeln. Dadurch sind Beteiligungen an etlichen Unternehmen ausgeschlossen, etwa in der Rüstungsbranche. Die Verwaltung des Fonds obliegt innerhalb dieser Richtlinien der norwegischen Nationalbank. Die Mittel sind in Aktien, Obligationen und anderen Wertpapieren im Ausland angelegt.
- Staatlicher Pensionsfonds – Norwegen (Statens pensjonsfond – Norge): Dieser Fondsteil verwaltet die Mittel der Sozialversicherung und wurde bereits 1967 eingerichtet. Mit dem Fonds soll gesichert werden, dass die Sozialbeiträge möglichst gewinnbringend angelegt werden (vgl. *Königlich Norwegische Botschaft* 2012).

Auch wenn dieses Instrument (und sein Zustandekommen) an ganz besondere historische Rahmenbedingungen geknüpft ist, macht dieses Beispiel doch deutlich, in welchem Maße das Wohlstandsniveau in der Resilienzdiskussion von Bedeutung ist. Einerseits weist Norwegen wegen seiner Erdölabhängigkeit eine hochgradig spezifische Wirtschaftsstruktur auf, die die Resilienz dieses Landes stark einschränkt. Andererseits aber hat Norwegen mit der Einrichtung des Erdölfonds 1990 ein Instrument eingeführt, das den heute schon absehbaren negativen Effekten der rückläufigen bis ausbleibenden Einnahmen aus den Erdölreserven in der Nordsee ausgleichend entgegenwirken soll. Wichtig ist hierbei, dass es in Norwegen gelungen ist, einen gesellschaftlichen Konsens darüber herzustellen, einen bedeutenden Teil der Erdöleinkommen des Landes entgegen der üblicher Weise in der Ökonomik angenommenen Zeitpräferenzen für künftige Vorsorge- und Anpassungsaufgaben zu verwenden.

4. Resiliente Entwicklung – Alter Wein in neuen Schläuchen?

Betroffenheit, Risikowahrnehmung und Handlungsdruck bestimmen die gesellschaftliche und wissenschaftliche Relevanz von Themen und Leitbildern. Im Angesicht von Katastrophen und Krisen gewinnen genau diese und die Widerstandsfähigkeit gegen Krisenfolgen an Bedeutung. Das gilt natürlich auch für die jüngste Wirtschafts-, Finanzmarkt- und Überschuldungskrise. Im Zusammenspiel mit der Nuklearkatastrophe im japanischen Fukushima und Naturkatastrophen wie den Wirbelsturm Sandy, der Ende Oktober 2012 Milliardenschäden in New York und der umliegenden Ostküste der USA verursachte, oder diversen Extremwetterereignissen in Deutschland und Europa und Dauerthemen wie dem demographischen Wandel ist es gerade in Mittel- und Westeuropa – in dem die Menschen seit gut fünfzig Jahren mit stetig steigendem Wohlstand leben – nicht verwunderlich, dass Resilienz als Leitbild für gesellschaftliche Entwicklung diskutiert wird. Nach der langen Wohlstandsperiode treten plötzlich Perspektiven von Verlust und schmerzlicher Anpassung ins Bewusstsein der westlichen Gesellschaften. Genau dieser Perspektivwechsel weg vom ‚Wachstum gestalten' hin zum ‚Wohlstand bewahren' wird in den wissenschaftlichen Überlegungen zu einer resilienten Entwicklung aufgenommen.

Vor dem Hintergrund der aktuellen Krisendichte und dem Aufkommen der Resilienzdebatte stellt sich zunächst die Frage, ob ähnliche Situationen – jenseits unserer akuten Wahrnehmung – nicht regelmäßig auftreten oder aufgetreten sind. Zum anderen ist zu beantworten, ob und wie Gesellschaft und Wissenschaft darauf reagiert haben. Im letzten Jahrhundert bildeten die beiden Weltkriege die mit Abstand grössten Zäsuren, die vorstellbar sind. Bezogen auf die Wirtschaftswissenschaften, gab es prägende Umbrüche in der Theorie – man denke allein an *Keynes* und den Einfluss seiner Arbeiten auf die Geld- und Wirtschaftspolitik sowie den Theoriediskurs (vgl. *Scherf* 1989, S. 273-291). In der Folge nach dem Zweiten Weltkrieg gewannen z.B. in Deutschland trotz oder gerade wegen des langfristigen Wachstums- und Wohlstandspfades, der sich realisieren ließ, neue Themen und Handlungsfelder Konjunktur: Umweltzerstörung als negative Begleiterscheinung zunehmender Industrieproduktion wurde ebenso zu einem relevanten Thema wie Konjunkturschwankungen und Arbeitslosigkeit, Innovationszyklen und Strukturwandelprozesse oder die Rolle und Effizienz des Staates. Diese ‚kleineren' Krisen haben immer wieder – ohne es so zu benennen – Maßnahmen und Analysen zur Steigerung der Resilienz nach sich gezogen. Das gesamte Feld der Stabilisierungspolitik ist letztlich ein wichtiger Teil der Resilienzpolitik der 1970er Jahre (vgl. *Pätzold* 1991, S. 18 ff. und 206 ff.). Anfang der 1990er Jahre führten die gesellschaftliche Wahrnehmung der Krisensymptome und der Wettbewerb auf den politischen Märkten zu einem breiten Schulterschluss für das Leitbild einer nachhaltigen Entwicklung.

Während sich – bei allen Entwicklungsdefiziten weltweit – der Wohlstand auf unserem Planeten im Durchschnitt kontinuierlich weiter erhöht, besteht vielfach aber die Befürchtung, dass die gleichsam kumulierten Fehlentwicklungen der letzten 30 Jahre (Umwelt, Klima, Verschuldung, Demographie) in Verbindung mit der engmaschigen digitalen globalen Vernetzung zu stärkeren und häufigeren Verwerfungen führen, als das in der Vergangenheit der Fall war. Während mit dem Leitbild der nachhaltigen Entwicklung das Eintreten dieser Friktionen verhindert werden sollte, sehen Argumente für ein Umschwenken auf eine resiliente Entwicklung genau dies als nicht (mehr) erreichbar an. Die Überlegungen zur Resilienz setzen an einem systematisch anderen Punkt an als Nachhaltigkeitsanalysen. Im Mittelpunkt stehen Schocks oder Krisen und die Frage, wie sie auf ein jeweils betrachtetes System wirken. Aus diesen Schockwirkungen sind dann Schutzmechanismen für das System abzuleiten.

Die Betrachtung von Wandel, Erneuerungs- und Anpassungsprozessen und der Widerstands- und Anpassungsfähigkeit von Unternehmen, Räumen und Volkswirtschaften umfasst einen traditionell wichtigen Kern wirtschaftswissenschaftlicher Forschung. Wie die Ausführungen in Kapitel 4 zeigen, gibt es vielfältige wirtschaftswissenschaftliche Ansätze und Instrumente, mit denen sich Resilienz beschreiben und mit Blick auf ihre Steigerung systematisch analysieren lässt. Dabei gilt es, z.B. bei Abwägungen über Defensivinvestitionen möglichst breit deren Wohlfahrtswirkungen und die Bedeutung für die gesamtwirtschaftliche Produktivität zu betrachten. Zur Abschätzung der Resilienz einer Volks- oder Regionalwirtschaft kann der Ansatz der Faktorspezifität in Verbindung mit der Quasirente und ihrer Absicherung verwendet werden. Zudem sind institutionenökonomische Kenntnisse und Methoden zu berücksichtigen, wenn es um Maßnahmen zur Stärkung der Anpassungsfähigkeit und um ihre Beurteilung geht.

Neue oder zusätzliche Entwicklungs- oder Stabilitätsrisiken stellen alle gesellschaftlichen Akteure und Gruppen vor neue Abwägungsentscheidungen. Immer dann, wenn über ein Risiko und zu tätigende Vorsorgeinvestitionen Konsens besteht, werden sich Investitionspfade in Richtung Defensive verschieben und mehr Ressourcen aufgewendet, um denselben Output zu erstellen und ihn zu sichern. Dieser Konsens ist umso einfacher zu erreichen, je höher das Wohlstandsniveau einer Volkswirtschaft ausfällt. Daher sollte eine konsensorientierte Resilienzpolitik immer auch das Ziel der gesamtwirtschaftlichen Produktivitätssteigerung verfolgen, um das Gewicht der Defensivausgaben in Grenzen zu halten. Schwieriger wird ein gesellschaftlicher Vorsorgekonsens, wenn die Neuallokation von Ressourcen mit deutlich spürbaren Einkommensverlusten verbunden ist oder keine sozial ausgewogene Beteiligung an den Vorsorgekosten erreicht wird.

Aus ökonomischer Sicht sollte eine Resilienzpolitik mit dem in diesem Beitrag skizzierten, noch sehr breiten und z.T. wenig operationalisierten Anforderungsprofil konsens- und somit auch präferenzorientiert ausgerichtet sein. Dabei ergeben sich allerdings bis heute nicht gelöste Fragen der Identifizierung, der Aufdeckung und des Zusammenspiels individueller und kollektiver Risikoeinstellungen gegenüber neuen Risiken und Anpassungsnotwendigkeiten (vgl. *Jakubowski, Tegner* und *Kotte* 1997, S. 38 f. und S. 182 ff. sowie *Kotte* 2004, S. 45 ff.). Neben den angedeuteten Potentialen zur stärkeren Beteiligung der Wirtschaftswissenschaften an der Resilienzforschung liegt weiterhin im Bereich der empirisch gestützten Analyse von kollektiven Risikopräferenzen ein wichtiges Forschungsfeld (vgl. schon *Beck* 1986, S. 73 f. sowie *Christmann* und *Ibert* 2012, S. 264).

Literatur

Beck, Ulrich (1986), Risikogesellschaft – Auf dem Weg in eine andere Moderne, Frankfurt a.M.

BBSR (Bundesinstitut für Stadt-, Bau- und Raumforschung) (2012), Raumordnungsbericht 2011, Bonn.

Behrendt, Dieter et al. (2010), Regionale Krisenfestigkeit – Eine indikatorengestützte Bestandsaufnahme auf der Ebene der Kreise und kreisfreien Städte, Hannover.

Bristow, Gillian (2010), Resilient regions: re-'place'ing regional competitiveness, in: Cambridge Journal of Regions, Economy and Society, Vol. 3, S. 153-167.

Bürkner, Hans-Joachim (2010), Vulnerabilität und Resilienz: Forschungsstand und sozialwissenschaftliche Untersuchungsperspektiven, in: Leibniz-Institut für Regionalentwicklung und Strukturplanung, Working Paper 43, Erkner.

Christmann, Gabriela et al. (2011), Vulnerabilität und Resilienz in sozio-räumlicher Perspektive: Begriffliche Klärungen und theoretischer Rahmen, in: Leibniz-Institut für Regionalentwicklung und Strukturplanung, Working Paper 44, Erkner.

Christmann, Gabriela und *Oliver Ibert* (2012), Vulnerability and Resilience in a Socio-Spatial Perspective: A Social-Scientific Approach, in: Raumforschung und Raumordnung (2012), Vol. 70, S. 259-272.

Dawley, Stuart, Andy Pike und *John Tomaney* (2010), Towards the resilient Region? Policy Activism and Peripheral Regional Development, in: Spatial Economics Research Centre, SERC Discussion Paper 53, London.

Erlei, Mathias, Martin Leschke und *Dirk Sauerland* (1999), Neue Institutionenökonomik, Stuttgart.

Folke Carl, Johan Colding und *Fikret Berkes* (2002), Building resilience for adaptive capacity in social-ecological systems, Cambridge University Press, Cambridge, UK.

Friedman, George (2009), Die nächsten 100 Jahre – Die Weltordnung der Zukunft, Frankfurt und New York.

Fröhlich-Gildhoff, Klaus und *Maike Rönnau-Böse* (2009), Resilienz, München.

Hennicke, Peter und *Paul J.J. Welfens* (2012), Energiewende nach Fukushima: Deutscher Sonderweg oder weltweites Vorbild, München.

Horx, Matthias (2011), Das Megatrend Prinzip: Wie die Welt von morgen entsteht, München.

Jakubowski, Peter (1999), Demokratische Umweltpolitik: Eine institutionenökonomische Analyse umweltpolitischer Zielfindung, Frankfurt a.M. u.a.O.

Jakubowski, Peter, Henning Tegner und *Stefan Kotte* (1997), Strategien umweltpolitischer Zielfindung – Eine ökonomische Perspektive, Münster u.a.O.

Jakubowski, Peter und *Michael Zarth* (2012), Klimaschutz und Anpassung an den Klimawandel: Wie schwer wiegen räumliche Überlagerungen?, in: BBSR-Analysen KOMPAKT 5/12, Bonn.

Kotte, Stefan (2004), Politische Transaktionskosten der Demokratie, Frankfurt a.M. u.a.O.

Königlich Norwegische Botschaft (2012), Öleinnahmen werden für kommende Generationen investiert, im Internet unter http://www.norwegen.no/About_Norway/business/Oleinnahmen-werden-fur-kommende-Generationen-investiert/; Zugriff. 29.10.2012.

Lukesch, Robert, Harald Payer und *Waltraud Winkler-Rieder* (2010), Wie gehen Regionen mit Krisen um? Eine explorative Studie über die Resilienz von Regionen, Wien.

Mueller, Douglas C. (1989), Public choice II, A revised edition of Public choice, Cambridge.

Olson, Mancur (1991), Aufstieg und Niedergang von Nationen, 2.A., Tübingen.

Pätzold, Jürgen (1991), Stabilisierungspolitik, 4. A., Bern und Stuttgart.

Pearce, David und *Kerry Turner* (1990), Economics of Natural Resources and the Environment, Baltimore.

Pendall, Rolf, Kathrin A. Foster und *Margarat Cowell* (2010), Resilience and regions: building understanding of the metaphor, in: Cambridge Journal of Regions, Economy and Society, Vol. 3, S. 71-84.

Resilience Alliance (2002a), Key Concepts, im Internet unter http://www.resalliance.org/index.php/key_concepts; Zugriff 30.09.2012.

Resilience Alliance (2002b), Adaptive Capacity, im Internet unter: http://www.resalliance.org/index.php/adaptive_capacity; Zugriff am 05.11.2012;

Scheer, Hermann (2010), Der energethische Imperativ; 100% jetzt: Wie der vollständige Wechsel zu erneuerbaren Energien zu realisieren ist, München.

Scherf, Harald (1989), John Maynard Keynes, in: *Joachim Starbatty* (Hg.), Klassiker des ökonomischen Denkens, Bd. 2, München, S. 273-291.

Schumpeter, Josef (1912/2006), Theorie wirtschaftlicher Entwicklung; Nachdruck der 1. Auflage von 1912, herausgegeben und ergänzt um eine Einführung von *Jochen Röpke* und *Olaf Stiller*, Berlin 2006.

Sennet, Richard (1996), Der flexible Mensch: Die Kultur des neuen Kapitalismus, 6. A., Berlin.

Sennet, Richard (2005), Die Kultur des neuen Kapitalismus, Berlin.

Simmie, James und *Ron Martin* (2010), The economic resilience of regions: towards an evolutionary approach, in: Cambridge Journal of Regions, Economy and Society, Vol. 3., S. 27-43.

Wikipedia (2012), Staatlicher Pensionsfonds Norwegen, im Internet unter: http://de.wikipedia.org/wiki/Statens_pensjonsfond#cite_note-staatsfonds-0; Zugriff am 29.10.2012.

Williamson, Oliver E. (1990), Die ökonomischen Institutionen des Kapitalismus, Tübingen.

Wicke, Lutz (1991), Umweltökonomie, 3 Auflage, München.

Wustmann, Corina (2004), Resilienz: Widerstandsfähigkeit von Kindern in Tageseinrichtungen fördern, Stuttgart.

Zentrum für Kinder und Jugendforschung, im Internet unter: http://www.resilienz-freiburg.de/de/resilienz/definition-und-merkmale.html, Zugriff am 06.11.2012.

Ingo Pies (Hg.), Das weite Feld der Ökonomik
Schriften zu Ordnungsfragen der Wirtschaft · Band 98 · Stuttgart · 2013

Die zivilgesellschaftliche Kampagne gegen Finanzspekulationen mit Agrarrohstoffen – Eine wirtschaftsethische Stellungnahme

Ingo Pies

Inhalt

Einleitung*

Zu Beginn des Jahres 2011 starteten mehrere zivilgesellschaftliche Organisationen in Deutschland eine Kampagne, die bestimmte Finanzmarktakteure und deren Spekulationsgeschäfte auf den Terminmärkten für Agrarrohstoffe mit dem Vorwurf bedachte, für die weltweiten Hungerkrisen der Jahre 2008 und 2011 verantwortlich zu sein. Zu dieser Kampagne soll hier aus wirtschaftsethischer Sicht konstruktiv-kritisch Stellung genommen werden. Die Argumentation wird in fünf Schritten entfaltet, denen jeweils ein Abschnitt gewidmet ist:

- Abschnitt 1 skizziert die Preisentwicklung für Agrarrohstoffe und die von ihr ausgelösten Nahrungskrisen und Hungerrevolten.
- Abschnitt 2 rekonstruiert den Verlauf der öffentlichen Debatte.
- Abschnitt 3 beleuchtet die Kampagne der zivilgesellschaftlichen Organisationen in Deutschland und insbesondere die Studien, auf die sich diese Kampagne stützt.
- Abschnitt 4 skizziert den Erkenntnisstand der wissenschaftlichen Literatur zu diesem Thema.
- Abschnitt 5 diagnostiziert moralische Missstände und stellt aus einer prononciert wirtschaftsethischen Perspektive entsprechende Reformvorschläge zur Diskussion.

Ergänzt wird diese wirtschaftsethische Stellungnahme durch einen persönlichen Erlebnisbericht, der im Anhang dokumentiert ist.

---

* Eigentlich war alles gründlich geplant und von langer Hand vorbereitet: Ich wollte einen Artikel schreiben, der an die Vorarbeiten von *Hartwig* (1993) sowie von *Aufderheide, Backhaus* und *Hartwig* (2007) anknüpft und Überlegungen ausarbeitet, die ich unter dem Stichwort einer „Ordonomik der Liebe" bislang nur kurz angedeutet hatte (vgl. *Pies* 2011, S. 290-294). Sogar der Titel stand schon fest. Die programmatische Überschrift hätte lauten sollen: „Sex in the City: Ethik und Ökonomik als ‚Verkehrs'-Wissenschaften". Diese Überschrift löste bei meinen Mitarbeitern am Lehrstuhl für Wirtschaftsethik ein hinreichend besorgtes Stirnrunzeln aus, um mich in meinem Urteil zu bestärken und nun sogar sicher sein zu lassen, dass dieser Titel *Karl-Hans Hartwig* gefallen hätte. Ein bisschen Spaß muss ja sein … – Doch dann kam alles anders. Ich geriet unversehens in eine öffentliche Auseinandersetzung über Finanzspekulationen mit Agrarrohstoffen, in der ich mit Déjà-vu-Erlebnissen überhäuft wurde: Über Wochen hinweg fühlte ich mich in die Zeit zurückversetzt, in der das drogenpolitische Engagement von *Karl-Hans Hartwig* und mir heftige – und gelegentlich sehr unfreundliche – Reaktionen in der Öffentlichkeit auslöste, insbesondere von Seiten solcher Akteure, die sich in ihrer Argumentationsnot nicht anders zu helfen wussten, als es mit persönlicher Diskreditierung zu versuchen. In der Tat sind die strukturellen Ähnlichkeiten unseres damaligen und meines heutigen Engagements augenfällig: In beiden Fällen geht es um Leben und Tod. In beiden Fällen gibt es in der Bevölkerung tief verwurzelte Vorurteile. In beiden Fällen bestehen Partei-, Organisations- und Verbandsinteressen, die einer sachlich orientierten Diskussion nicht immer förderlich sind. Und in beiden Fällen werden – z.T. in erheblichem Umfang – Emotionen freigesetzt, wenn man darauf aufmerksam macht, dass das Ziel, Menschenleben zu retten, sehr viel besser erreicht werden kann, wenn man sich von nachweislich falschen Vorurteilen verabschiedet. Vor diesem Hintergrund widme ich diesen Aufsatz *Karl-Hans Hartwig* in dankbarer Erinnerung an die gemeinsame Zeit intensiver Erfahrungen mit öffentlicher Politikberatung.

Um unnötige Missverständnisse zu vermeiden, ist es mir wichtig, die zentrale These dieses Beitrags von vornherein klar auszuweisen: Mir geht es nicht um eine Schwächung, sondern um eine Stärkung der Zivilgesellschaft. Zivilgesellschaftliche Organisationen können ihre produktive Aufgabe, auf Missstände hinzuweisen und institutionelle Lernprozesse anzustoßen, allerdings nur dann wahrnehmen, wenn sie glaubwürdig sind. Dafür müssen sie seriös argumentieren und sich so positionieren, dass sie die Wissenschaft an ihrer Seite haben – und nicht als Kontrahentin gegen sich. Im Hinblick auf die Verbotsforderung für Finanzmarktgeschäfte mit Agrarrohstoffen ist da etwas gründlich schiefgelaufen. Vor diesem Hintergrund verstehe ich meine wirtschaftsethische Stellungnahme als einen Akt kritischer Loyalität zur Zivilgesellschaft. Mit ihr will ich konstruktiv dazu beitragen, dass die Zivilgesellschaft ihre wichtigen Funktionen in Zukunft *besser* erfüllt.

1. Der Hintergrund der Kampagne: Agrarpreissteigerungen und Hungerrevolten

(1) Wer sich ein wenig mit europäischer Geschichte auskennt, dem ist bewusst, dass die Französische Revolution des Jahres 1789 von einer städtischen Hungerrevolte ihren Ausgang nahm. Ähnlich verhält es sich mit der Freiheitsbewegung des Jahres 1848. Auch hier standen Nahrungsmittelkrisen im Hintergrund (vgl. hierzu ausführlich *Fischer* 1996). Dieser Zusammenhang von Nahrungsnot und politischem Protest hat auch im 21. Jahrhundert Bestand. Die berühmte Arabellion des Jahres 2011 wurde in ganz ähnlicher Weise durch urbane Hungerkrisen ausgelöst, wie dies bereits im Jahr 2008 der Fall war, als steigende Nahrungsmittelpreise zahlreiche Menschen in Afrika zu politischem Protest auf die Straße trieben. Abbildung 1 vermittelt einen Überblick über das zeitliche Zusammentreffen steigender Nahrungsmittelpreise und politischer Hungerrevolten.

Während extrem niedrige Preise die Agrarproduzenten und damit vor allem die Landbevölkerung in Entwicklungsländern in Not stürzen, werden von extrem hohen Preisen die Nachfrager in Mitleidenschaft gezogen. Hier ist vor allem die Stadtbevölkerung betroffen. Insofern wird die Asymmetrie verständlich, dass nicht Preisentwicklungen nach unten, sondern nur Preisentwicklungen nach oben zu politischen Hungerrevolten geführt haben. Diese politischen Proteste bringen zum Ausdruck, dass insbesondere von extremer Armut betroffene Menschen durch rasant steigende Nahrungspreise in existenzielle Schwierigkeiten gebracht werden.

(2) Im konkreten Fall gibt es eine große Anzahl realwirtschaftlicher Faktoren, die zu erklären vermögen, wie es zu den starken Preisschüben der Jahre 2008 und 2011 kommen konnte. Hier ist eine kurze Liste der – neben starken makroökonomischen Schocks – wohl wichtigsten Punkte:[1]

---

[1] Vgl. hierzu die umfangreichen Überblicksstudien von *Headey* und *Fan* (2010), *Meijerink* et al. (2011) und *Tangermann* (2011). Zusätzlich zu den im Text aufgeführten Punkten wird in dieser Literatur darauf verwiesen, dass mit abnehmenden Forschungsinvestitionen auch die Produktivitätszuwächse in der Landwirtschaft abgenommen haben.

- Das starke Wirtschaftswachstum in Schwellenländern, namentlich in China und Indien, führt dort zu höheren Einkommen. Hiervon gehen zwei Effekte aus, die die globale Nachfrage nach Agrarrohstoffen seit Jahren ansteigen lassen: Einerseits können sich immer mehr ehemals bitterarme Menschen ein ordentliches Essen leisten. Andererseits ändern immer mehr Menschen ihre Ernährungsgewohnheiten und beginnen, Fleisch zu konsumieren, was die Nachfrage nach Agrarrohstoffen überproportional antreibt.
- Die Einführung milliardenschwerer Subventionsprogramme zur Produktion von Biokraftstoffen in den USA und in der EU hat dem Nahrungsangebot beträchtliche Anbauflächen entzogen. In die gleiche Richtung wirken Flächenstilllegungsprogramme, wie sie – ökologisch motiviert – innerhalb der Europäischen Union aufgelegt wurden.
- Auf dem Höhepunkt der Krise haben zahlreiche Länder von einer WTO-Ausnahmeregelung Gebrauch gemacht und Exportverbote für im Inland erzeugte Agrarrohstoffe erlassen. Dies hat auf den Märkten für Panik gesorgt und staatliche Aufkaufprogramme ausgelöst, die ausgerechnet auf dem Höhepunkt der Krise die Preise weiter nach oben gedrückt haben.
- Natürliche Angebotsschocks durch wetterbedingte Ernteausfälle trafen in den Jahren 2008 und 2011 auf historisch niedrige Lagerbestände, so dass die Pufferfunktion ausfiel, die in normalen Zeiten dafür sorgt, dass die kurzfristig unelastische Angebotskurve nicht auf den kurzfristig unelastischen Bereich der Nachfragekurve trifft.

Abbildung 1: Agrarpreisentwicklung und Hungerrevolten

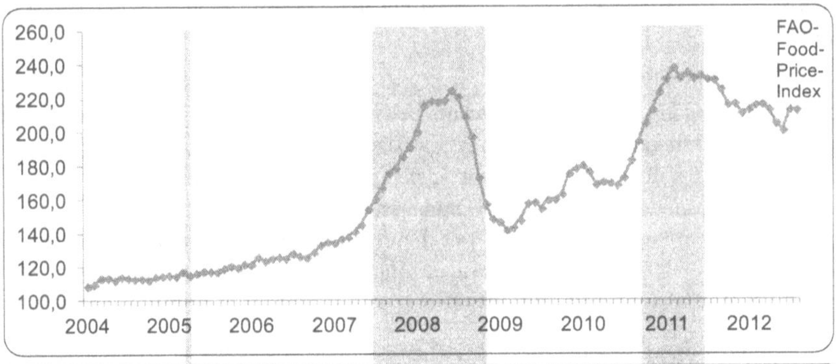

Hungerrevolten 2004 – 2012	Burundi	Somalia, Indien, Mauretanien, Mosambik, Jemen, Kamerun, Sudan, Elfenbeinküste, Haiti, Ägypten, Tunesien	Mosambik, Tunesien, Libyen, Ägypten, Mauretanien, Algerien, Saudi Arabien, Sudan, Jemen, Oman, Marokko, Irak, Bahrain, Syrien, Uganda

Quelle: Eigene Darstellung unter Verwendung der Daten von *FAO* (2012) sowie *Lagi, Bertrand* und *Bar-Yam* (2011).

Abbildung 2 hilft, sich vor Augen zu führen, wie es aufgrund des Zusammenspiels dieser Faktoren zu nicht-linearen Preiseffekten auf dem Markt für Agrarrohstoffe kommen konnte.

Angesichts niedriger Lagerbestände reichen geringfügige Rechtsverschiebungen der Nachfragekurve sowie geringfügige Linksverschiebungen der Angebotskurve aus, um den Schnittpunkt beider Kurven jeweils in ihrem unelastischen Bereich anzusiedeln. Dies führt dann zu extremen Preissteigerungen. In Abb. 2 markieren die grauen Pfeile die Schock-Effekte bei normaler Lagerhaltung, die schwarzen Pfeile hingegen die Schock-Effekte bei niedriger Lagerhaltung.

Abbildung 2: Nicht-lineare Preiseffekte auf dem Markt für Agrarrohstoffe

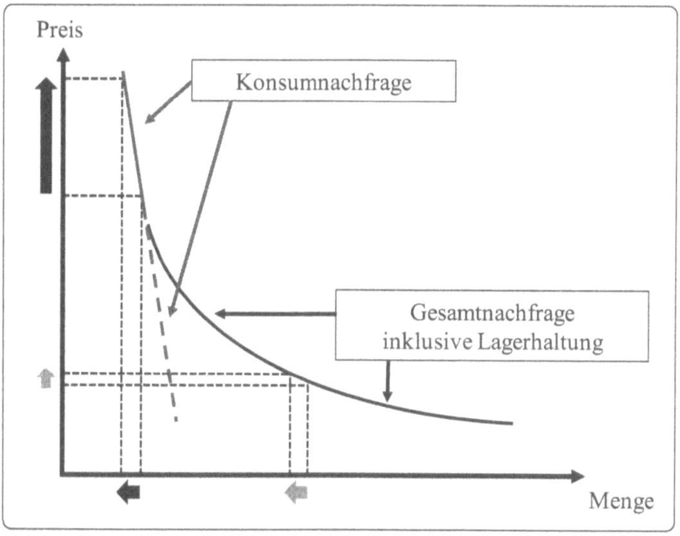

Quelle: Eigene Darstellung in enger Anlehnung an *Wright* (2011, Abb. 7, S. 38).

(3) Gleichwohl gibt es noch einen anderen Faktor, der viel Aufmerksamkeit auf sich gezogen hat: In den Jahren vor 2008 sind neue Akteure auf den Terminmärkten für Agrarrohstoffe aufgetreten. Im Englischen spricht man von „Commodity Index Traders (CITs)“. Hierbei handelt es sich um große Kapitalfonds, die mit Preisänderungsrisiken für Rohstoffe – und insbesondere auch für Agrarrohstoffe – spekulieren, um ganz bestimmte Portfolio-Effekte zu erzielen, z.B. eine besondere Absicherung gegen Inflation.

Zahlreiche zivilgesellschaftliche Organisationen vertreten mittlerweile die Auffassung, dass diese Index-Traders mit ihren Spekulationsaktivitäten das Hungerproblem verursacht oder zumindest verschärft haben. Sie machen sich damit die Masters-Hypothese zu eigen, die im folgenden Abschnitt genauer erläutert wird.

2. Der Vordergrund der Kampagne: Die Masters-Hypothese

(1) *Michael W. Masters* ist ein Hedgefonds-Manager der besonderen Art. Einerseits ist er Gründer der Investmentfirma Masters Capital Management. Andererseits ist er

Gründer der zivilgesellschaftlichen Organisation „Better Markets"[2], die sich für eine umfassende Regulierung der Finanzmärkte und insbesondere für eine drastische Einschränkung der Finanzspekulation mit Agrarrohstoffen einsetzt.

Masters hat in den USA an mehreren parlamentarischen Anhörungen teilgenommen und hierbei aufsehenerregende Thesen vertreten, die ein großes Medienecho ausgelöst haben. Schließlich kommt es ja nicht allzu oft vor, dass Hedgefonds-Manager ihre eigene Zunft bezichtigen, extrem sozialschädliche Geschäfte zu betreiben. Zudem ist es eher selten, dass Hedgefonds-Manager die Politik auffordern, ihren geschäftlichen Aktivitäten durch Verbote ein Ende zu bereiten.

Die folgenden Zitate machen leicht verständlich, warum *Masters* große Aufmerksamkeit fand für seine Hypothese, die Finanzspekulation sei für die erratische Preisentwicklung und damit insbesondere auch für die Hungerrevolten des Jahres 2008 verantwortlich.

Am 20. Mai 2008 ließ er sich vor einem Ausschuss des US-Senats wie folgt vernehmen (*Masters* 2008, S. 6):

> „Index Speculators' trading strategies amount to virtual hoarding via the commodities futures markets. Institutional Investors are buying up essential items that exist in limited quantities for the sole purpose of reaping speculative profits.
>
> Think about it this way: If Wall Street concocted a scheme whereby investors bought large amounts of pharmaceutical drugs and medical devices in order to profit from the resulting increase in prices, making these essential items unaffordable to sick and dying people, society would be justly outraged.
>
> Why is there not outrage over the fact that Americans must pay drastically more to feed their families, fuel their cars, and heat their homes?
>
> Index Speculators provide no benefit to the futures markets and they inflict a tremendous cost upon society."

Am 5. August 2009 gab er zu Protokoll, wie aktiv er in politische Beratungsprozesse eingebunden war (*Masters* 2008, S. 9):

> „In six previous Congressional testimonies and three major reports, I have warned against the damaging effects of Index Speculation in the commodities derivatives markets."

Dieses Engagement fortsetzend, äußerte er am 25. März 2010 vor der „Commodities Futures Trading Commission" folgende Einschätzung (*Masters* 2010, S. 5):

> „Active and passive speculators are two very different animals, and to understand the distinctions between the two is to appreciate the extent of the threat posed by passive speculators. Active speculators add beneficial liquidity to the market by buying and selling futures contracts with the goal of turning a profit. In contrast, passive speculators drain liquidity by buying and holding large quantities of futures contracts – basically acting as consumers who never actually take delivery of goods. Passive speculators "invest" in a commodity or basket of commodities (such as an index), and continuously roll their position, as part of a long-term portfolio diversification strategy. This strategy is completely blind to the supply and demand realities in the market. As such, passive speculators not only undermine, but actually destroy the price discovery function of the market and make way for the formation of speculative bubbles.

---

[2] http://www.bettermarkets.com/home.

Passive speculators are an invasive species that will continue to damage the markets until they are eradicated."

Mit solchen Äußerungen hat *Masters* ganz maßgeblich die in der Literatur inzwischen nach ihm benannte Hypothese propagiert: Ihr zufolge haben Index-Spekulanten Fehlentwicklungen auf dem Terminmarkt für Agrarrohstoffe ausgelöst, die dann auf den Kassamarkt übergeschwappt sind und dort katastrophale Folgen ausgelöst haben, denen man Einhalt gebieten müsse, indem man die Index-Spekulation regulatorisch unterbindet.

(2) Diese *Masters*-Hypothese hat recht schnell prominente Unterstützer gefunden. Die folgenden drei Quellen mögen ausreichen, um dies anschaulich zu belegen.

- Zu den besonders namhaften Verfechtern der *Masters*-Hypothese gehört der Bonner Agrarökonom *Joachim von Braun*. Gestützt auf die Veröffentlichung eines Diskussionspapiers beim international renommierten IFPRI (vgl. *Robles, Torero* und *von Braun* 2009), dem er mehrere Jahre lang in leitender Funktion vorgestanden hatte, ließ er sich am 28. März 2010 in der Presse mit der Aussage zitieren, die Spekulation habe die Preisspitzen verstärkt und auf diese Weise Hunger und Tod verursacht: „»We have good analysis that speculation played a role in 2007 and 2008,« von Braun said. »Speculation did matter and it did amplify, that debate can be put to rest. These spikes are not a nuisance, they kill. They've killed thousands of people.«" (*Ruitenberg* 2010).
- Im September 2010 legte *Olivier de Schutter* in seiner Eigenschaft als UN-Sonderberichterstatter für das Recht auf Nahrung eine Stellungnahme vor, in der er folgende Einschätzung von sich gab: „A significant contributory cause of the price spike was speculation by institutional investors who did not have any expertise or interest in agricultural commodities, and who invested in commodities index funds because other financial markets had dried up, or in order to hedge speculative bets made on those markets." (*de Schutter* 2010 S. 8, im Original hervorgehoben).
- Am 5. Juni 2011 legte UNCTAD gemeinsam mit der Arbeiterkammer Wien eine Studie vor, die zur Regulierung der Terminmärkte für Agrarrohstoffe u.a. folgende Maßnahmen empfahl: (2011, S. 52)
  - Erstens seien zur Eindämmung des Spekulationsvolumens strenge Positionslimits einzuführen.
  - Zweitens solle Banken verboten werden, eigene Positionen auf den Termin- oder Kassamärkten für Agrarrohstoffe aufzubauen.

(3) Dass freilich nicht alle Wissenschaftler der *Masters*-Hypothese zustimmend beipflichten, wurde der Öffentlichkeit spätestens im Juni 2010 zur Kenntnis gebracht. Damals veröffentlichte die OECD ein Diskussionspapier von *Irwin* und *Sanders*, das international für großes Aufsehen sorgte. Die Autoren listeten hier ausführlich theoretische Überlegungen und empirische Hinweise auf, die gegen die *Masters*-Hypothese sprechen. Gestützt auf ihre eigenen Analysen und neuere Untersuchungen in der wissenschaftlichen Journal-Literatur, formulierten sie folgendes Fazit (*Irwin* und *Sanders* 2010, S. 1, H.i.O.):

„[T]he weight of evidence clearly suggests that increased index fund activity in 2006-08 did *not* cause a bubble in commodity futures prices.“

(4) Bereits wenige Tage später, am 30. Juni 2010, veröffentlichte *David Frenk* (2010), ein Angestellter der Organisation „Better Markets“ und mithin ein enger Mitarbeiter von *Michael W. Masters*, im Internet eine 10-seitige Stellungnahme zum OECD-Diskussionspapier von *Irwin* und *Sanders* (vgl. *Frenk* 2010). Sein Kommentar fiel vernichtend aus. Aufgrund mehrerer Einwände gelangte er zu der bemerkenswerten Einschätzung: „The study and its findings can be disregarded ... The overall analysis is superficial and easily refuted by looking at some basic facts.“ (*Frenk* 2010, S. 1). Anstatt die wissenschaftlichen Befunde ernst zu nehmen, empfahl er seinen Lesern, sich auf den bloßen Augenschein zu verlassen, denn das zeitliche Zusammentreffen steigender Finanzspekulation und steigender Agrarpreise sei als schlüssiger Beweis hinreichend, dass an der *Masters*-Hypothese nicht zu rütteln sei (vgl. *Frenk* 2010, S. 10).

Mit dieser Stellungnahme avancierte *David Frenk* zum Kronzeugen der von zivilgesellschaftlichen Organisationen geführten Kampagne gegen die Finanzspekulation mit Agrarrohstoffen. Mehrere der Studien, die im nächsten Abschnitt genauer untersucht werden, berufen sich explizit auf *David Frenks* Papier, andere kolportieren seine Argumente, ohne ihn ausdrücklich zu nennen. Damit begeben sich die zivilgesellschaftlichen Organisationen in einen unhaltbaren Spagat: Sie übernehmen die Einschätzung eines Nicht-Wissenschaftlers, dass die Wissenschaftler falsch liegen, und erwecken gleichzeitig in der Öffentlichkeit den Eindruck, ihre Auffassung sei wissenschaftlich gedeckt und deshalb über jeden Zweifel erhaben. Doch das ist nicht die einzige Merkwürdigkeit, die diese Studien aufweisen. Insofern lohnt es sich, das genauer anzuschauen.

3. Zivilgesellschaftliche Studien als Grundlage der Kampagne

Mehrere der an der Kampagne beteiligten Organisationen haben Studien in Auftrag gegeben und ins Netz gestellt, um die Öffentlichkeit über das Thema aufzuklären und von der Berechtigung und Dringlichkeit der politischen Forderungen nach einer strengen Regulierung bzw. nach einem Verbot der Finanzspekulation mit Agrarrohstoffen zu überzeugen. Einige dieser Studien sollen im Folgenden näher betrachtet werden.

(1) Anders als alle anderen zivilgesellschaftlichen Organisationen in Deutschland hatte sich die Welthungerhilfe entschlossen, einen Wissenschaftler zu beauftragen, zur Finanzspekulation mit Agrarrohstoffen Stellung zu nehmen. Man entschied sich für *Hans-Heinrich Bass*, als Agrarökonom ein ausgewiesener Afrika-Kenner. Noch bevor dieser seine umfangreiche, immerhin über 100 Seiten starke Stellungnahme im Mai 2011 veröffentlichen konnte, hatte die Welthungerhilfe ihre Kampagne jedoch schon gestartet und am 4. Februar 2011 – ähnlich wie andere Organisationen auch – dazu aufgerufen, „rein finanzwirtschaftliche Akteure“ von Terminmarktgeschäften mit Agrarrohstoffen auszuschließen.

Zu dieser Forderung hat *Hans-Heinrich Bass* (2011, S. 91) in seiner Studie explizit Stellung genommen – und zwar *ablehnend*. Er schreibt:

„Das Ausschalten *aller* »rein finanzwirtschaftlichen Akteure« würde aus unserer Sicht ... enorme Liquiditätsengpässe schaffen und Hedgern keine Gegenpositionen ermöglichen. ... Dieser Vorschlag wird ... der Komplexität der Sache nicht gerecht.“

Dies freilich hat die Welthungerhilfe bis heute nicht daran gehindert, an ihrer Verbotsforderung festzuhalten und zugleich zur Begründung ihrer Kampagnenforderung stolz auf die Studie von *Bass* zu verweisen. Damit werden insgesamt zwei Fragenkomplexe aufgeworfen, die nicht nur die Welthungerhilfe, sondern den Sektor zivilgesellschaftlicher Organisationen insgesamt betreffen:

- Wenn die Kampagne begonnen wird, ohne das Vorliegen der Studie abzuwarten, stellt sich die Frage, auf welcher Grundlage die Entscheidung zur Kampagne getroffen worden ist. Welche Person oder welches Gremium war autorisiert, diese Entscheidung zu treffen? Auf welcher Grundlage wurde die Entscheidung getroffen? Welche Kontrollmechanismen waren dabei zu beachten? Wie genau sah das Qualitätsmanagement aus, um sicherzustellen, dass der gute Ruf der Welthungerhilfe nicht leichtfertig gefährdet wird?
- Wie ging die Welthungerhilfe damit um, dass die von ihr in Auftrag gegebene Studie ausgerechnet in dem zentralen Punkt der Verbotsforderung der eigenen Kampagne ausdrücklich und mit entschiedener Deutlichkeit widerspricht? Welche Person oder welches Gremium hat darüber befunden, an der Kampagne trotzdem unverändert festzuhalten? Welche Person oder welches Gremium hat entschieden, als Hintergrundmaterial zur eigenen Kampagne auf die Studie zu verweisen, ohne die Leser darüber zu informieren, dass es hier einen gravierenden Widerspruch gibt? Setzt man darauf, dass das Publikum die umfangreiche Studie nicht lesen wird? Geht man hier bewusst oder unbewusst gravierende Reputationsrisiken ein? Wer ist innerhalb der Organisation für diese Form von Risikomanagement verantwortlich?

(2) Die Organisation „foodwatch“ ist erst vergleichsweise spät zur Gemeinschaftskampagne gegen Finanzspekulation mit Agrarrohstoffen hinzugestoßen. Der von ihr bei dem Wirtschaftsjournalisten *Harald Schumann* in Auftrag gegebene foodwatch-Report „Die Hungermacher“, herausgegeben von *Thilo Bode*, wurde im Oktober 2011 vorgelegt (*Schumann* 2011).

Dieser Report basiert vornehmlich auf Interviews, die *Harald Schumann* mit Nicht-Wissenschaftlern geführt hat (vgl. die Danksagung bei *Schumann* 2011, S. 86). Auf dieser Basis macht sich der Autor die *Masters*-Hypothese zu eigen. Er verlässt sich dabei auf den *Masters*-Mitarbeiter *David Frenk* von „Better Markets“ als Gewährsmann. Mehr noch: *Schumann* (2011, S. 42, S. 44 und insbesondere S. 52) erhebt *Frenk* in den Rang des ausschlaggebenden Kronzeugen: Der foodwatch-Report referiert und übernimmt die Auffassung von *David Frenk*, dass insbesondere die 2010 publizierte OECD-Studie von *Irwin* und *Sanders* sowie die dort zusammengetragenen Forschungsergebnisse nicht weiter beachtet werden müssen.[3]

Aus meiner Sicht ist es ein schwerer handwerklicher Fehler, dass der foodwatch-Report in Kenntnis der OECD-Studie sämtliche Überlegungen, die in diesem Survey

---

[3] *Schumann* (2011, S. 52): „Der Ökonom David Frenk, der früher selbst am Future-Markt gehandelt hat und heute als anerkannter Analyst für die Rohstoffmärkte gilt, urteilte nach Durchsicht der [OECD-]Studie, diese nutze »eine statistische Methode, für die die verwendeten Daten gar nicht geeignet« seien und ihre Ergebnisse könnten »mit ein paar einfachen Fakten leicht widerlegt werden«.“

zusammengetragen werden, einfach vom Tisch wischt. Jedenfalls erfolgt keine inhaltliche Auseinandersetzung mit den in der wissenschaftlichen Literatur dokumentierten Gegenargumenten zur *Masters*-Hypothese. Stattdessen entscheidet sich der Report für eine Polemik gegen die Lehrbuchökonomik, der vorgeworfen wird, die Theorie sei interessen- bzw. ideologiegetrieben und verstehe nichts von der Praxis.[4]

Der foodwatch-Report polemisiert insbesondere auch gegen *Paul Krugman*.[5] Diesem Nobelpreisträger für Wirtschaftswissenschaften wird vorgeworfen, den Zusammenhang zwischen Terminmarkt und Kassamarkt nicht zu kennen. Und als schlagender Beweis für diese kühne These wird dann ein Bauer auf Rügen befragt, der als Praktiker genau jene Antwort gibt, die der foodwatch-Report für theoretisch richtig hält (vgl. *Schumann* 2011, S. 47). Eine solche Argumentation – bzw. Argumentationsverweigerung – überschreitet, wenn auch unfreiwillig, die Grenzen zur Komik.

Die folgenden vier Punkte verweisen auf weitere schwere handwerkliche Fehler, die dem foodwatch-Report anzulasten sind:

- Der foodwatch-Report beruft sich auf eine „wissenschaftliche Auswertung" (*Schumann* 2011, These 8, S. 8) der Daten und behauptet, „erdrückende Belege" für die These zu liefern, „dass die Nahrungsmittelspekulationen an den Rohstoffbörsen die Preise treiben und Hunger verursachen" (Vorwort, S. 4). Diese Ankündigungen werden inhaltlich nicht eingelöst. Hier wird mit leeren Versprechungen gearbeitet.
- Der foodwatch-Report ist 85 Seiten lang. Er zitiert 30 Quellen. Davon ist nur eine einzige ein wissenschaftlicher Aufsatz aus einer Zeitschrift mit Peer-Review.[6] Alles andere sind statements von Organisationen oder working papers aus der grauen Literatur. Insofern bewegt sich der Report schon rein formal auf denkbar dünnem Eis.
- Inhaltlich kommt der foodwatch-Report über die bloße Behauptung nicht hinaus, dass der auf dem Terminmarkt beobachtbare Anstieg der Finanzspekulation mit Agrarrohstoffen in einem zeitlichen Zusammenhang steht mit extremen Preisentwicklungen auf dem Kassamarkt. Und daraus schließt er dann, die Finanzspekulation müsse regulatorisch untersagt werden. Mit der wissenschaftlichen Literatur, die das

---

[4] Vgl. *Schumann* (2011, insbesondere S. 14, S. 15, Fußnote 16, S. 26, S. 32, S. 50, S. 59 et passim).

[5] Vgl. *Schumann* (2011, These 8, S. 8). Vgl. ferner ebd. (2011; S. 46-50).

[6] Zitiert wird der Journal-Artikel von *Gilbert* (2010a). Ferner zitiert wird das Diskussionspapier von *Gilbert* (2010b). – Hierzu sind vier Punkte anzumerken: Erstens vertritt *Gilbert* (2010a) die These, dass die extremen Preisereignisse des Jahres 2008 durch makroökonomische Schocks ausgelöst wurden. Zweitens spricht er sich ausdrücklich nicht für ein Verbot der Finanzspekulation aus. Drittens ist mittlerweile bekannt, dass die spekulationskritischen Befunde von *Gilbert* (2010b) – sowie die von *Masters* (2008) – auf einer fehlerhaften Datenspezifikation beruhen. Vgl. hierzu ausführlich *Irwin* und *Sanders* (2012, S. 268). Viertens gelangt *Gilbert* (2012, S. 11) in neueren Untersuchungen explizit zu dem Schluss, dass die *Masters*-Hypothese aus wissenschaftlicher Sicht abgelehnt werden muss: „[W]e have failed to find any evidence for the *Masters* (2008) hypothesis that the major increase in commodity index investments over the past decade has contributed to increased volatility. Although negative, this conclusion is important since a number of commentators, including Masters himself, have called for the suppression or discouragement of index based investment."

explizit anders sieht, setzt er sich argumentativ nicht auseinander – wenn man von der anti-ökonomischen Polemik absieht, die ja gerade eine solche inhaltliche Auseinandersetzung vermeidet. Stattdessen beruft man sich für die radikalen Regulierungsforderungen auf das Vorsorgeprinzip, offenbar ohne zu bemerken, dass gerade dieses Prinzip dagegen spricht, Maßnahmen zu befürworten, die keinen erkennbaren Nutzen stiften, aber sehr wohl erkennbaren Schaden anrichten würden.

– Der foodwatch-Report zitiert zustimmend die von *Hans-Heinrich Bass* im Mai 2011 für die Welthungerhilfe vorgelegte Studie (vgl. *Schumann* 2011, S. 41 und S. 64). Allerdings wird dem interessierten Leser nicht verraten, dass *Bass* sich explizit *gegen* die nicht nur von der Welthungerhilfe, sondern auch von foodwatch erhobene Forderung wendet, Finanzmarktspekulation drastisch einzuschränken oder gar zu verbieten. Gar nicht erst erörtert wird das ökonomisch solide Argument, auf das sich *Bass* stützt: dass nämlich eine solche (Über- und Fehl-)Regulierung die Funktionsfähigkeit des Terminmarkts unnötig einschränken würde und damit das Gegenteil von dem bewirke, was man eigentlich bewirken wolle (vgl. hierzu nochmals *Bass* 2011, S. 90 f.).

Diese Auflistung der diversen handwerklichen Mängel des foodwatch-Reports lässt sich zu einem einzigen Kritikpunkt verdichten: Zivilgesellschaftliche Akteure wie foodwatch und die diversen Partnerorganisationen der Kampagne müssen sich prinzipiell entscheiden, wie sie argumentieren wollen. Entweder vertreten sie den Standpunkt, dass die „wissenschaftliche Auswertung" der verfügbaren Daten die *Masters*-Hypothese stützt. Dann aber müssten sie diese These auch mit wissenschaftlicher Literatur belegen, was der foodwatch-Report jedoch unterlässt. Oder aber sie gehen den Weg, den der foodwatch-Report faktisch beschritten hat, und setzen darauf, dass die Gewährsleute, auf die sie sich berufen, über die Zusammenhänge auf den Termin- und Kassamärkten besser Bescheid wissen als die zuständigen Fachwissenschaftler, deren Urteile als ideologiebeladen und falsch vom Tisch gefegt werden.

Ich will hier nicht missverstanden werden: Als Wissenschaftler habe ich nichts dagegen und halte es für prinzipiell legitim, dass man der Wissenschaft kritisch begegnet. Aber als Ethiker – und auch als Bürger – habe ich etwas dagegen und halte es für prinzipiell illegitim – genauer: ich halte es für zugleich unredlich und unklug –, wenn man der Öffentlichkeit gegenüber den irreführenden Eindruck zu erwecken versucht, die eigene Position sei wissenschaftlich gedeckt, obwohl sie faktisch darauf beruht, die wissenschaftlichen Einwände in den Wind zu schlagen und geradewegs das Gegenteil von dem zu fordern, was die zuständigen Fachökonomen für sinnvoll halten.

(3) Oxfam ist gleich mit zwei Studien an die Öffentlichkeit getreten – allerdings erst deutlich nach dem Kampagnenstart in Deutschland. Zum einen gibt es das im Auftrag der englischen Mutter-Organisation erstellte „Oxfam Issue Briefing" von *Herman, Kelly* und *Nash*, das am 3. Oktober 2011 veröffentlicht wurde; zum anderen die von der Tochter-Organisation „Oxfam Deutschland" erstellte Studie von *Hachfeld, Pohl* und *Wiggerthale*, die unter dem Titel „Mit Essen spielt man nicht" im Jahr 2012 veröffentlicht wurde.

Die englische Studie argumentiert mit großer Offenheit, dass die Kampagne darauf beruht, Verdachtsmomente gemäß einer bestimmten Interpretation des Vorsorgeprinzips zum Anlass für Regulierungsforderungen zu nehmen:

> „[T]here is an emerging case for the existence of a link between increased speculation and higher volatility and, in some cases, higher prices in physical markets in food. The precise impact of speculation on food prices today remains disputed and cannot currently be proven, not least because of the lack of transparency of financial markets. However, this should not preclude action on the basis of legitimate and well-founded concerns. … [B]ecause food price volatility can be a matter of life and death, a precautionary approach must be taken to speculating on agricultural commodities."[7]

Im Vergleich dazu ist die deutsche Studie ein deutlicher Rückschritt im Hinblick auf die inhaltliche Substanz. Zwar erheben *Hachfeld, Pohl* und *Wiggerthale* (2012, S. 10) hier u.a. die konkrete Forderung, „Indexfonds an den Agrarrohstoffmärkten zu verbieten oder zumindest besonders strikte Positionslimits für diese Händlerklasse als Gesamtheit einzuführen". Allerdings mangelt es hierfür an Begründung: So weit ich sehe, wird auf den mehr als 50 Seiten dieser Studie kein einziger Journal-Artikel mit Peer Review zitiert.[8] Anstatt auf wissenschaftliche Studien, stützt man sich auf zahlreiche im Netz abrufbare Zeitungsartikel und Pressemitteilungen sowie mit immerhin 5 Zitationen auf die Stellungnahmen von *Michael Masters* und der von ihm gegründeten Organisation „Better Markets". Ebenfalls zitiert wird der foodwatch-Report von *Harald Schumann*. Zudem beruft man sich auf den Bericht von *de Schutter* (2010) und auf die *UNCTAD*-Studie (2011). Die OECD-Studie von *Irwin* und *Sanders* (2010)wird jedoch nicht einmal erwähnt. Ebenfalls nicht erwähnt werden die in der wissenschaftlichen Journal-Literatur reich dokumentierten Befunde, die gegen die *Masters*-Hypothese sprechen. Stattdessen begnügt man sich mit der ungedeckten Behauptung: „Unter Finanzanalysten wird die Existenz von Blasen auf den Rohstoffterminbörsen kaum bezweifelt. Nur die Frage, wann die nächste Blase platzt, ist heftig umstritten." (*Hachfeld, Pohl* und *Wiggerthale* 2012, S. 19 f.).

Verglichen mit der Studie der Welthungerhilfe und dem Report von foodwatch, aber auch mit dem Issue Briefing der eigenen Mutter-Organisation, dokumentiert die Studie von Oxfam Deutschland einen deutlichen Abfall des inhaltlichen Niveaus.

(4) Ein nochmals deutlich abgestuft niedrigeres Argumentationsniveau weist die von Misereor bei *Dirk Müller* in Auftrag gegebene Stellungnahme „Unschuldsmythen" auf, die im Oktober 2011 – also ebenfalls deutlich nach dem Start der deutschen Kampagne – veröffentlicht wurde. Es handelt sich um ein eindrucksvolles Dokument der Entfremdung dieses bischöflichen Hilfswerks von den Prinzipien und Serioritätsstandards der Katholischen Soziallehre, wie die folgenden Punkte belegen:

---

[7] *Hermann, Kelly* und *Nash* (2011, S. 2). – Interessanterweise wird in der hier zitierten Textpassage auf ein „Oxfam research paper" verwiesen, das von *H. Marone* verfasst wurde und auf April 2011 datiert wird. Vgl. hierzu *Hermann, Kelly* und *Nash* (2011, Endnote 7, S. 10). Leider war es – auch auf Nachfrage – nicht möglich, Zugang zu diesem Papier zu erhalten. Vgl. hierzu auch meinen Erlebnisbericht im Anhang.

[8] Vgl. das 77 Einträge umfassende Literaturverzeichnis bei *Hachfeld, Pohl* und *Wiggerthale* (2012, S. 56 f.).

- Die 10-seitige Stellungnahme von *Dirk Müller* (2011, S. 2), der sich gern auch als *„Mister Dax"* bezeichnen lässt, verzichtet von vornherein auf jede Auseinandersetzung mit wissenschaftlicher Literatur. Stattdessen setzt sie auf die kühne Behauptung:

  „Wie die folgende Analyse zeigt, ist der zentrale Einfluss der Spekulation auf die Preisentwicklung bei Grundnahrungsmitteln in Entwicklungsländern kaum zu leugnen. Zwar werden vor allem von Seiten der Spekulanten immer wieder laute Argumente vorgebracht, die nicht nur die »Unschuld«, sondern darüber hinaus die produktive Funktion der Spekulation hervorheben. Doch ein Minimum an Kenntnissen zur Funktionsweise der Finanzwelt reicht aus, um diese Mythen zu entzaubern." (*Müller* 2011, S. 3).

- Die sog. „Analyse" von *Dirk Müller* gipfelt in folgender Aussage: „Es gibt keinen einzigen volkswirtschaftlichen oder gar humanitären Grund, warum es Finanzinvestoren erlaubt sein sollte, in Grundnahrungsmittel zu investieren." (S. 8 und nochmals besonders hervorgehoben auf S. 6).

- Und aus dieser „Analyse" zieht *Müller* (2011, S. 10) dann folgende Schlussfolgerung gezogen:

  „Es gibt keine Notwendigkeit für die Agrarindustrie oder die Volkswirtschaft, dass sich private Investoren virtuell Weizensäcke in ihr Depot legen und somit eine künstliche Nachfrage schaffen! Der Weltmarkt für Lebensmittel steht ... ohnehin unter einem extremen Nachfragestress, dem die Agrarindustrie jedoch durch Produktionssteigerungen begegnen kann. Kommt jetzt jedoch eine zusätzliche und vollkommen unnötige Nachfrage durch private Investoren hinzu, kann dieses Gleichgewicht kippen. Besonders sensible Soft-Commodities, in erster Linie Mais und Weizen, sollten daher gar nicht in Fonds gehandelt werden dürfen."

Wer, ausgestattet mit einem „Minimum an Kenntnissen zur Funktionsweise der Finanzwelt", diese von *Dirk Müller* vorgelegte „Analyse" liest, mit der Misereor zur öffentlichen Aufklärung beizutragen beansprucht, könnte leicht den Eindruck erhalten, als ginge es bei der Finanzspekulation darum, dass sich „Investoren virtuell Weizensäcke in ihr Depot legen" und damit mutwillig – durch „eine zusätzliche und vollkommen unnötige Nachfrage" – armen Menschen die Nahrung streitig machen.

Hier wird ohne jede Rücksicht auf den wissenschaftlichen ‚state of the art' der zuständigen Fachdisziplin – einfach nur die *Masters*-Hypothese kolportiert: „Index Speculators provide no benefit to the futures markets and they inflict a tremendous cost upon society." (*Masters* 2008, S. 6). Ebenfalls kolportiert, d.h. ungeprüft und ungefiltert wiedergegeben, wird die von *Masters* (2008, S. 6) vertretene Auffassung, die Finanzspekulation der Index Traders am Terminmarkt sei „virtual hoarding".

In der Tat: Wenn es so wäre, bestünde tatsächlich Grund zur Empörung. Dass es aber keineswegs so ist, wie *Michael Masters* und *Dirk Müller* ihre Leser glauben machen wollen, und dass sich der Sachverhalt vielmehr ganz anders darstellt, zeigt ein Blick in die wissenschaftliche Literatur.

4. Die Finanzspekulation mit Agrarrohstoffen im Spiegel der wissenschaftlichen Literatur

Innerhalb der Wissenschaft ist die *Masters*-Hypothese mit großer Sorgfalt theoretisch analysiert und empirisch überprüft worden. Man hat das zugrunde liegende Argument in fünf Glieder zerlegt, die eine Gedankenkette bilden. Demzufolge beruht die Hypothese auf folgenden Vermutungen:

1. Die Zunahme der Finanzspekulation war exzessiv.
2. Diese exzessive Finanzspekulation hat zu Fehlentwicklungen auf dem Terminmarkt geführt.
3. Diese Fehlentwicklungen sind vom Terminmarkt auf den Kassamarkt übergeschwappt.
4. Es sind nicht primär realwirtschaftliche Gründe, sondern vorwiegend rein spekulative Fehlentwicklungen, die für die extremen Preissteigerungen und damit für den Hunger verantwortlich sind.
5. Deshalb muss die Finanzspekulation drastisch eingedämmt oder gar verboten werden.

Jede einzelne dieser Vermutungen ist gründlich untersucht worden. Hier ist meine Lesart der Ergebnisse, wobei ich jeweils nur eine einzige Quelle anführe, weil das ausreicht, um zu belegen, dass wirklich ausnahmslos jedes Glied der Argumentationskette geprüft worden ist:

1. Die Finanzspekulation hat in den letzten Jahren stark zugenommen, aber sie war – gemessen an den üblichen Indikatoren – nicht exzessiv.[9]
2. Die empirische Evidenz zum Terminmarkt spricht dagegen, dass die gestiegene Finanzspekulation (a) einen Trend zu höheren Preisen[10] oder (b) einen Trend zu höherer Volatilität[11] oder (c) einen Trend zur Blasenbildung[12] ausgelöst hat.

---

[9] Vgl. *Sanders, Irwin* und *Merrin* (2010, S. 92): „Several notable trends or shifts in market participation are observed in the data. First, agricultural commodity futures markets have experienced a rapid increase in open interest that started in late 2004 and continues into 2008 for many markets. For most markets, the index funds' percentage of open interest peaked in 2006 and has since stabilized. Second, traditional speculative measures do not show any material changes or shifts over the sample period. In most markets, the increase in long speculative positions was equaled or surpassed by an increase in short hedging. Thus, even after adjusting speculative indices for index fund positions, values are within the historical ranges reported in prior research."

[10] *Irwin* und *Sanders* (2011, S. 24): „Overall, the results of the studies reviewed in this section provide no systematic evidence of a relationship (statistically or economically) between positions of index funds and the level of commodity futures prices or spreads between commodity futures prices. This finding is consistent across a variety of commodity futures markets, measures of index fund activity, statistical tests, sample periods, and time horizons. Of particular note is the robustness of the results across combined on- and off-exchange index fund positions, netted or non-netted swap dealer positions, and individual ETF positions."

[11] *Bohl, Javed* und *Stephan* (2012, S. 14 f.): „[W]ith respect to twelve increasingly financialized grain, livestock, and soft commodities, we do not find robust evidence that CITs can be held responsible for making their futures prices more volatile. Instead, we detect volatility persis-

3. Die empirische Evidenz spricht dagegen, dass negative Trends vom Terminmarkt auf den Kassamarkt übergeschwappt sind. Insbesondere ist nicht zu erkennen, dass die Finanzspekulation die Volatilität der Spotpreise erhöht hat.[13]

4. Es sind ganz überwiegend, wenn nicht sogar ausschließlich, realwirtschaftliche Gründe, die für die extremen Preissteigerungen und damit für den Hunger verantwortlich sind (vgl. hierzu die ausführliche Überblicksstudie von *Tangermann* 2011).

5. Innerhalb der Wissenschaft spricht man sich nicht für, sondern explizit gegen eine drastische Eindämmung bzw. ein Verbot der Finanzspekulation mit Agrarrohstoffen aus. Hierfür nur ein Beispiel (*Bohl, Javed* und *Stephan* 2012, S. 15):

> „Our econometric findings have important policy implications. As generally accepted, futures trading is a valuable activity since it improves price discovery, enhances market efficiency, increases market depth and informativeness, and contributes to market completion. However, in order to justify their demand for curbing commodity speculation, for instance by implementing position limits, politicians, regulators, and part of the media regularly take increased price volatility as a major concern. Based on our empirical results, we argue that taking such measures in response to the allegedly destabilizing impact of CITs on agricultural futures prices is unwarranted."

Das Studium der einschlägigen Forschungsliteratur führt zwangsläufig zu der Einschätzung, dass es nach anfänglicher „mixed evidence" vor allem die neueren, leistungsfähigeren Studien sind, die ganz überwiegend Entwarnung geben. Die neueren Studien sind besser, weil sie auf einer solideren Datengrundlage basieren und leistungsfähigere Analyseverfahren zum Einsatz bringen, als das bei den ersten Studien der Fall war, die überwiegend von Praktikern vorgelegt wurden. Insofern kommt es darauf an, sorgfältig zur Kenntnis zu nehmen, was die neueren Studien der auf diesem Gebiet international führenden Wissenschaftler zu sagen haben:

- Gegen die spekulationskritischen Analysen von *Masters* (2008), *Gilbert* (2010b) und *Singleton* (2011) gibt es den gut begründeten Einwand von *Irwin* und *Sanders*

tence and a positive effect of unexpected overall trading volume, confirming prior results in the literature." Vgl. ferner *Irwin* und *Sanders* (2011, S. 24): „[T]here is mild evidence of a negative relationship between index fund positions and the volatility of commodity futures prices, consistent with the traditional view that speculators reduce risk in the futures market and therefore lower the cost of hedging."

[12] Vgl. *Liu, Filler* und *Odening* (2012). Vgl. ferner *Irwin* und *Sanders* (2012, S. 269, H.i.O.): „[M]arkets were sufficiently liquid to absorb the large order flow of index funds in recent years, at least over daily or longer time horizons. Traders in commodity futures markets also did not confuse index fund position changes with signals about market fundamentals; rather, they reacted rationally to the market activity of index funds. The evidence strongly suggests that index funds – while a sizable participant – did *not* in fact harm price discovery in commodity futures markets. From this vantage point, recent regulatory plans to impose speculative position limits on index fund investors in all U.S. commodity futures markets appear to be ill-conceived."

[13] *Bohl* und *Stephan* (2012, S. 15): „We ... document whether the speculative impact on conditional volatility has increased. However, with respect to the six heavily traded agricultural and energy commodities examined, we do not find robust evidence that this is the case. We thus conclude that the increasing financialization of raw material markets over the last decade has not made them more volatile."

(2012, S. 262 und S. 263), dass in den verwendeten Datensätzen gravierende Fehler enthalten sind.

- Der Überblicksartikel von *Fattouh* et al. (2012) erläutert empirische und theoretische Fehler, die in der Literatur über Energierohstoffe unterlaufen sind. Ähnliche Fehler liegen in der Literatur über Agrarrohstoffe vor. Dies legt den Schluss nahe: Die Entwarnungsstudien sind robust, die spekulationskritischen Befunde hingegen sind es nicht.
- Für die ganze Debatte ist es von entscheidender Bedeutung, dem bloßen Augenschein zu misstrauen und nicht vorschnell von Korrelation auf Kausalität zu schließen. Aber selbst Fachleute haben manchmal Schwierigkeiten, ihre Befunde von Granger-Kausalität richtig zu interpretieren. Da gibt es eine wichtige Asymmetrie, die nicht immer beachtet wird: Wenn man findet, dass die Preise den Indexpositionen zeitlich vorauslaufen, spricht das als Indiz gegen eine Blasenbildung. Findet man jedoch das Gegenteil, so ist dies noch lange kein Beweis für eine Blasenbildung. Und zwar deshalb nicht, weil nicht ohne Weiteres klar ist, warum spekuliert wurde. Es ist ja auch möglich, dass die Spekulation lediglich reflektiert, dass sich die Fundamentaldaten und damit die Erwartungen verändert haben. In diesem Fall sind die Spekulanten nicht die Verursacher, sondern lediglich die Überbringer, die Boten, verschärfter Knappheit – und erfüllen genau damit eine wichtige gesamtwirtschaftliche Funktion.[14]
- Einige Autoren produzieren „mixed evidence“, d.h. sie kommen in unterschiedlichen Aufsätzen zu unterschiedlichen Ergebnissen. Da muss man sorgfältig darauf achten, wie sie selbst das interpretieren.

Auch hierfür möge ein einziges Beispiel genügen. Es betrifft *Hamilton* und *Wu* (2011). Die beiden Autoren hatten 2011 Spekulationseffekte identifiziert, kommen 2012 jedoch zu einem anderen Ergebnis und schreiben dann:

> „Our overall conclusion is … consistent with most of the previous literature: we find little evidence that commodity index-fund investing is exerting a measurable effect on commodity futures prices.“

Ich will hier noch auf einige weitere Aspekte hinweisen, die vielleicht besser verständlich werden lassen, warum ich die *Masters*-Hypothese für falsch halte – und warum ich mir, gestützt auf die wissenschaftliche Literatur, meiner Sache so sicher bin, dies auch öffentlich zu bekunden:

- Man kann die Agrarrohstoffe in drei Gruppen unterteilen. Für die erste Gruppe gibt es ausgeprägte Terminmärkte. Für die zweite Gruppe sind die Terminmärkte wenig entwickelt. Und für die dritte Gruppe gibt es überhaupt keine Terminmärkte. Wäre die *Masters*-Hypothese zutreffend, so müsste man erwarten, dass die Preissteigerungen, die die Hungerrevolten 2008 ausgelöst haben, für die erste Gruppe der Agrarrohstoffe wesentlich stärker ausgeprägt waren als bei der zweiten Gruppe und

[14] Für einen leicht verständlichen Überblick hierzu vgl. *Dwyer, Holloway* und *Wright* (2012).

hier wiederum stärker als bei der dritten Gruppe. Dies ist jedoch nicht der Fall.[15] Um es konkret zu machen: Von Januar 2006 bis April 2008 ist der Preis für Mais um 175 % angestiegen, der Preis für in Chicago gehandelten Weizen um 159 %. Das spricht auf den ersten Blick für die Version, die *Masters* vertritt, denn Mais und Weizen sind Standardprodukte, die vom Indexhandel erfasst werden. Allerdings gibt es auch Entwicklungen, die gar nicht zu dieser Version passen wollen. Ebenfalls vom Indexhandel erfasst werden Baumwolle und Rinder. Und dort sind die Preise nur um 36 % gestiegen bzw. sogar um 5 % gefallen. Und es geht noch weiter: Reis wird vom Indexhandel nicht erfasst, hat aber eine Preissteigerung um 168 % aufzuweisen. Und für Äpfel und Bohnen gibt es nicht mal einen Terminmarkt. Trotzdem sind hier die Preise um 58 % und sogar 78 % angestiegen. Das zeigt: Die *Masters*-Hypothese passt einfach nicht zu den Fakten.

- In der wissenschaftlichen Literatur wurden und werden zwei unterschiedliche Diskurse geführt, die interessanterweise zur gleichen Erkenntnis gelangen. Auf der einen Seite haben Ressourcenökonomen sich mit der Frage beschäftigt, ob die Finanzmarktspekulation die Märkte für Energierohstoffe – insbesondere Öl – negativ beeinflusst hat.[16] Auf der anderen Seite sind Agrarökonomen der analogen Frage nachgegangen, ob die Finanzmarktspekulation negative Auswirkungen auf die Märkte für Agrarrohstoffe hatte. Beide Literaturen kommen weitgehend unabhängig voneinander zum selben Ergebnis: Sie geben Entwarnung. Das ist in meinen Augen ein außerordentlich starker Hinweis darauf, der *Masters*-Hypothese gründlich zu misstrauen. In Wissenschaftskreisen gilt die Position, die die zivilgesellschaftlichen Organisationen (immer noch) vertreten, mittlerweile als verlässlich falsifiziert (vgl. *Irwin* und *Sanders* 2012).
- Dies gilt insbesondere auch für das folgende Argument: In der Kampagne der zivilgesellschaftlichen Organisationen wird immer wieder eine ganz bestimmte Aussage bemüht. Danach sei es selbstverständlich, dass die gestiegene Spekulationsnachfrage auf dem Terminmarkt zu einem Preisauftrieb geführt habe. Dazu ist klarzustellen: Diese Aussage beruht auf einem klassischen Denkfehler, weil hier eine Alltagserfahrung per Analogie auf einen Markt übertragen wird, auf dem die in Anspruch genommene Gesetzmäßigkeit gerade nicht gilt. Ich will das kurz erläutern: Auf einem Markt für physische Güter ist es generell richtig, dass eine steigende Nachfrage auch die Preise ansteigen lässt. Das liegt daran, dass die Produktion physischer Güter Kosten verursacht und dass eine durch steigende Nachfrage erforderlich gemachte Zusatzproduktion nur zu steigenden Zusatzkosten zu haben ist. Nun werden aber auf dem Terminmarkt nicht physische Güter gehandelt, sondern Preisänderungsrisiken. Hier kommt es zu Tauschakten, bei denen Akteure mit unterschiedlichen Erwartungen einen Vertrag abschließen, der für die eine Seite – den Spekulanten – einer Wette gleichkommt, während er für die andere Seite – den Hedger – einer Versicherung entspricht. Der entscheidende Punkt ist nun der Folgende: Auf

---

[15] Die folgenden Zahlenangaben entnehme ich dem Artikel von *Irwin, Sanders* und *Merrin* (2009, Tabelle 2, S. 383).

[16] Vgl. z.B. *Plante* und *Yücel* (2011a) und (2011b) sowie den ausführlichen Überblick bei *Fattouh, Kilian* und *Mahadeva* (2012).

dem Terminmarkt entwickeln sich Nachfrage und Angebot immer im Tandem, weil das getauschte Gut – anders als ein physisches Gut – nicht unabhängig vom Tauschakt existiert, sondern erst durch diesen Tauschakt geschaffen wird. Aufgrund dieser Besonderheit kann die effektive Nachfrage nicht steigen, ohne dass zugleich auch das effektive Angebot steigt. Die Preiswirkung ist offen. Deshalb ist es ein Fehlschluss, wenn behauptet wird, es sei selbstverständlich, dass eine steigende Nachfrage auf dem Terminmarkt den Terminpreis ansteigen lasse.

Vor diesem Hintergrund vertrete ich die Lesart, dass die neuere – qualitativ hochwertige – Literatur im Hinblick auf die Finanzmarktspekulation mit Agrarrohstoffen ganz überwiegend Entwarnung gibt. Gestützt auf diesen Befund, lässt sich der Alarm der zivilgesellschaftlichen Organisationen in diesem konkreten Fall als Fehl-Alarm einstufen.[17]

5. Wie lassen sich gesellschaftliche Lernprozesse fördern? – Reformbedarf und Reformvorschläge aus wirtschaftsethischer Sicht

(1) Nimmt man die in der wissenschaftlichen Literatur zusammengetragenen Einsichten unbefangen zur Kenntnis, so lässt sich die *Masters*-Hypothese mit soliden Argumenten ablehnen. Als trivial falsch zurückweisen lässt sich insbesondere die Aussage, Terminmarktgeschäfte seien mit virtueller Hortung gleichzusetzen, und sie erfüllten keine volkswirtschaftliche (und auch keine humanitäre) Funktion. Das Gegenteil ist der Fall: Terminmärkte dienen dazu, einen Versicherungsbedarf zu decken. Insofern operieren sie im Modus *institutionalisierter Solidarität*. Die empirischen Untersuchungen gelangen zu dem Befund, dass die Index-Spekulanten den Terminmarkt mit Liquidität versorgt haben und dass von ihnen keine verzerrenden Preissignale ausgegangen sind. Sie reduzieren die Volatilität und verbilligen die Versicherungsleistung. Im Klartext: Die Finanzspekulation hat den Terminmarkt für Agrarrohstoffe besser funktionieren lassen.

Vor diesem Hintergrund bricht die gesamte Argumentation der Öffentlichkeitskampagne in sich zusammen: Die zivilgesellschaftlichen Organisationen berufen sich ja primär auf das Vorsorgeprinzip. Sie unterstellen dabei, dass Aktivitäten, die keinen Nutzen stiften, aber möglicherweise Schaden anrichten, vorsichtshalber verboten werden sollten. In Wirklichkeit verhält es sich jedoch so, dass die Aktivitäten, die hier verboten werden sollen, mit Sicherheit Nutzen stiften, so dass ihre Unterbindung unausweichlich Schaden anrichten würde, während der Nutzen des Verbots extrem fraglich ist. Insofern spricht das Vorsorgegebot dafür, die hier leichtfertig empfohlene Medizin sicherheitshalber im Giftschrank zu belassen.

Hinzu kommt eine weitere Überlegung, die in der öffentlichen Diskussion oft übersehen wird. Selbst wenn man der Finanzspekulation kritisch gegenübersteht, weil man von ihr negative Effekte befürchtet, so folgt daraus noch lange nicht, dass ein Verbot sinnvoll wäre. Ein Beispiel: Wenn es regnet, benutzen wir üblicherweise einen Regen-

---

[17] Diese von mir erstmals im Sommer 2012 öffentlich vertretene Auffassung ist durch die zwischenzeitlich erschienene Studie von *Will* et al. (2012), die die internationale Forschungsliteratur zu diesem Thema auswertet, bestätigt worden.

schirm. Wir bekämpfen damit nicht die Ursache, sondern die Folge des Regens. Analog haben wir im vorliegenden Fall gute Gründe, die Finanzspekulation nicht verbieten zu *wollen* und uns stattdessen auf die Bekämpfung der unliebsamen Folgen der starken Preissteigerung für Agrarrohstoffe zu konzentrieren. Wie kann das gehen?

Im akuten Notfall lässt sich dem Hunger in dieser Welt nur entgegentreten, indem man den Armen mittels Einkommenstransfers das Geld gibt, mit dem sie sich teure Lebensmittel kaufen können, oder indem man ihnen die benötigten Lebensmittel per Subvention oder Geschenk verfügbar macht. Wer jenseits einer kurzfristigen humanitären Katastrophenhilfe den globalen Hunger auch nachhaltig bekämpfen will, muss konsequent auf Angebotsausdehnung setzen, um die in absehbarer Weise steigende Lebensmittelnachfrage zu befriedigen. Hierfür sind meiner Einschätzung nach zahlreiche Maßnahmen geeignet. Die folgende Liste ist wahrscheinlich nicht erschöpfend, spiegelt aber meine subjektive Einschätzung der Prioritäten:

- Förderung von „Good Governance" (Rechtsstaatlichkeit und Demokratie) in Ländern mit extremer Armut.
- Abbau der institutionellen Fehlanreize, mit denen ausgerechnet viele arme Länder ineffizient kleine Produktionseinheiten und veraltete Produktionsmethoden fördern.
- Stärkung der Leistungsanreize für größere Investitions- und Produktionsanstrengungen.
- Verbesserung der technischen und organisatorischen Infrastruktur, um möglichst vielen Agrarproduzenten einen freien Zugang zu Märkten zu ermöglichen.
- Aufbau der öffentlichen Lagerhaltung für humanitäre Hilfsmaßnahmen, aber nicht zur kontinuierlichen Preisregulierung, sondern nur zur Bekämpfung punktuell auftretender Hungersnöte.
- Abbau des Agrarprotektionismus, und zwar sowohl in der Form von Importverboten als auch in der Form von Exportverboten.
- Förderung der Agrarproduktivität durch wissenschaftliche Forschung und unternehmerischen Know-How-Transfer.
- Überprüfung und gegebenenfalls vorübergehende Suspendierung ökologisch motivierter Flächenstilllegungsprogramme zugunsten einer humanitär begründeten Angebotsausdehnung.
- Nicht unbedingt ein Verbot, aber doch eine gründliche Überprüfung der subventionierten Produktion von Bio-Energie: Eine etwaige Ausdehnung der hierfür innerhalb der EU beanspruchten Flächen muss in Zukunft sorgsam darauf abgestimmt werden, ob die weltweite Ernährungslage dies erlaubt. Andernfalls würde eine skandalöse Praxis fortgesetzt, die ich nur als „ökologischen Eurozentrismus" kritisieren kann.
- Regulierung der Finanzmärkte durch Transparenzvorschriften, aber nicht um sie durch ein Verbot außer Kraft zu setzen, sondern um sie durch größere Informationseffizienz besser in Kraft zu setzen, als dies gegenwärtig der Fall ist.

Aus meiner Sicht gehört es zu den besonders bedauerlichen Folgen der Kampagne gegen die Finanzspekulation mit Agrarrohstoffen, dass sie die öffentliche Aufmerksamkeit auf ein eher nebensächliches Thema gerichtet und so davon abgelenkt hat, vornehmlich solche Optionen ins Blickfeld zu nehmen, die zur Bekämpfung des Hungers wirklich wichtige Beiträge leisten könnten.

(2) Dass die Öffentlichkeit derart irregeführt werden konnte, ist ein besorgniserregender Tatbestand. Die folgenden vier unbequemen Befunde – sowie insbesondere ihr zeitliches Zusammentreffen und systematisches Zusammenspiel – dürften dafür verantwortlich sein:

- Die zivilgesellschaftlichen Organisationen haben versagt: Sie haben ohne die nötige Sorgfalt gearbeitet und eine Kampagne in die Welt gesetzt, die mit falschen Informationen dafür sorgt, dass sich Bürger über die Finanzspekulation mit Agrarrohstoffen moralisch empören.
- Die Medien haben versagt: Sieht man von Teilen der Qualitätspresse ab, haben Zeitungen sowie Fernsehen und Rundfunk in beträchtlichem Umfang Falschinformationen in Falschmeldungen umgesetzt, anstatt gründlich zu recherchieren. So wurde die Botschaft, dass Finanzspekulation für Hunger und Tod verantwortlich sei, massenmedial unters Volk gebracht.
- Auch die Wissenschaft selbst hat versagt: Sie hat es zugelassen, dass die öffentliche Diskussion von Falschinformationen und Falschmeldungen dominiert wird, ohne dem laut und vernehmlich entgegenzutreten. Insbesondere von der Zunft der Agrarökonomen hätte man erwarten dürfen, dass sie sichtbare Anstrengungen unternimmt, die Öffentlichkeit über den strittigen Sachverhalt aufzuklären.[18]
- Versagt haben aber auch die Unternehmen und ihre Verbände: Die einschlägigen Unternehmen der Finanzbranche haben es versäumt, ihr Geschäftsmodell zur Finanzspekulation mit Agrarrohstoffen der Öffentlichkeit so zu erklären, dass Zweifel ausgeräumt werden. Und auch die einschlägigen Wirtschaftsverbände haben die öffentliche Diskussion eher resignativ vermieden als offen geführt. Aufgrund dieser intellektuellen Kapitulation wurde das Feld der Öffentlichkeit anderen überlassen.

Diese vier Versagenstatbestände legen den Schluss nahe, dass die Kommunikation zwischen Wirtschaft und Zivilgesellschaft und ferner die Scharnierfunktion zwischen Wissenschaft und Öffentlichkeit nicht richtig funktioniert (hat) und institutionell gestärkt werden muss. Insbesondere in Deutschland benötigen wir eine verbesserte Infrastruktur von Vereinen, Bürgerinitiativen, Stiftungen, Think Tanks usw., die sich des demokratischen Anliegens annehmen, das Niveau öffentlicher Auseinandersetzungen systematisch anzuheben, indem sie aktiv dazu beitragen, dass es für alle am diskursiven Meinungsstreit Beteiligten im eigenen Interesse liegt, gewisse Seriositätsstandards einzuhalten.

---

[18] Dieser Punkt ist mittlerweile korrigiert worden. Vgl. hierzu den von 40 Wissenschaftlern gezeichneten offenen Brief an Bundespräsident *Gauck*: www.iamo.de/publikation/offenerbrief-gauck

Hierzu will ich einen konkreten Vorschlag unterbreiten: Die in Halle ansässige Leopoldina wurde am 14. Juli 2008 zur Nationalen Akademie der Wissenschaften ernannt.[19] Zur ihren Aufgaben gehört die Politikberatung. Insofern ist diese Organisation in idealer Weise dazu geeignet, eine Art Schiedsgerichtsfunktion zu übernehmen, indem sie ein integeres Verfahren aufsetzt und mit ihrer eigenen Reputation dafür einsteht, dass dieses Verfahren als Beitrag zur öffentlichen Meinungsbildung auf einem hohen Kompetenzniveau offen, transparent und fair durchgeführt wird. Folgende Punkte scheinen mir geeignet zu sein, einen funktionsfähigen Prozess zu konstituieren:

- Wenn, wie im vorliegenden Fall, massive Vorwürfe im Raum stehen, die von öffentlichem Interesse sind, sollte die Leopoldina die streitenden Parteien – hier: die Kampagnen-Koalition zivilgesellschaftlicher Organisationen auf der einen Seite und die kritisierten Unternehmen bzw. ihre Verbände auf der anderen Seite – einladen, ihre jeweilige Position schriftlich zu begründen. Ferner sollten diese Positionspapiere den streitenden Parteien wechselseitig zur Kenntnis gebracht und von ihnen bei einer ersten Anhörung schriftlich und mündlich kommentiert werden, so dass sämtliche Argumente und Gegenargumente auf dem Tisch liegen.
- Anschließend organisiert die Leopoldina einen „Faktencheck“: Sie stellt ein Team zusammen, das damit beauftragt wird, die wissenschaftliche Literatur aufzuarbeiten, mit Vertretern aus Theorie und Praxis Interviews zu führen und sich so ein umfassendes und solides Meinungsbild zu verschaffen. In Zweifelsfällen werden eigene Studien in Auftrag gegeben, um bestimmte Fragen besonders gründlich untersuchen zu lassen.
- Auf dieser Basis formuliert die Leopoldina eine eigene Stellungnahme, die von den streitenden Parteien in einer zweiten Anhörung nochmals kommentiert werden kann. Danach wird der gesamte Prozess dokumentiert und der Öffentlichkeit zur Verfügung gestellt. Die Stellungnahme der Leopoldina würde eine Auflistung enthalten, welche Argumente haltbar und welche unhaltbar sind, welche Punkte als geklärt gelten können und welche beim derzeitigen Stand der Erkenntnis als noch offene Fragen ausgewiesen werden müssen. Für die demokratische Diskussionskultur in Deutschland wäre dies nicht nur ein Beitrag zur Befriedung von Streitigkeiten, sondern auch ein Beitrag zur nachhaltigen Anhebung des Diskussionsniveaus.

Um nicht missverstanden zu werden, möchte ich einige Aspekte besonders betonen, auch um den Blick auf die dynamischen Anreizwirkungen zu lenken, die ein solches Schiedsverfahren – als Beitrag zur öffentlichen Streitschlichtung – zu leisten vermag:

- Meinem Vorschlag liegt nicht die wissenschaftsgläubige Hoffnung zugrunde, dass eine Nationale Akademie der Wissenschaften politische Streitfragen entscheiden kann. Genau darum geht es gerade nicht. Vielmehr geht es allein darum, die Informationsgrundlage für demokratische Politikprozesse zu verbessern, damit es den zuständigen Entscheidungsinstanzen leichter fällt, ihrer Verantwortung gerecht zu werden. Mein Vorschlag zielt also nicht auf einen szientistischen Politikersatz, sondern auf eine wissenschaftliche Politikberatung.

---

[19] http://www.leopoldina.org/de/ueber-uns/ueber-die-leopoldina/rolle-der-leopoldina/.

- Parlamentsanhörungen oder in Zeitungsredaktionen ausgetragene Streitgespräche sind kein Ersatz für eine wissenschaftlich seriöse Schiedsgerichtsbarkeit, die sich primär durch ihr Verfahren legitimiert. Und genau darauf kommt es in ganz besonderer Weise an: Die Leopoldina haftet mit ihrem guten Namen. Das heißt nicht, dass sie sich nicht irren kann. Aber falls sie sich irrt, wird dieser Irrtum vergleichsweise schneller aufgedeckt, weil alle relevanten gesellschaftlichen Akteure – von investigativen Journalisten bis hin zu Nachwuchsforschern – ein Interesse daran haben, Stellungnahmen der Leopoldina besonders gründlich unter die Lupe zu nehmen. Dies voraussehend, wird sich die Leopoldina bei ihren Stellungnahmen besondere Mühe geben.
- Indem die Leopoldina dafür sorgt, dass wissenschaftliche Erkenntnisse zusammengetragen und öffentlichkeitswirksam aufbereitet werden, trägt sie dazu bei, einem Strukturdefizit des – zumal deutschen – Wissenschaftsbetriebs entgegenzuwirken: Die Art und Weise, wie die wissenschaftlichen Disziplinen organisiert sind, liegt oft quer zu den Themen, die auf gesellschaftliches Interesse stoßen. Im vorliegenden Fall scheint es so zu sein, dass die Frage der Finanzmarktregulierung von Termingeschäften mit Agrarrohstoffen in das Bermudadreieck zwischen den wissenschaftlichen Subdisziplinen der Agrarökonomen, Ressourcenökonomen und Finanzmarktökonometriker gefallen ist. Jede dieser drei Gruppen hat zwar zu diesem Thema geforscht. Aber offenbar sah sich keine dieser drei Gruppen in der Lage, die eigenen Forschungsergebnisse so zu kommunizieren, dass die demokratische Öffentlichkeit davon hätte Kenntnis nehmen können (oder gar hätte Kenntnis nehmen müssen). Gerade dort also, wo die Wissenschaft, aus welchen Gründen auch immer, ihrer gesellschaftlichen Bringschuld nicht aus eigenem Antrieb nachkommt, kann das gezielte Abrufen wissenschaftlicher Erkenntnisse durch eine Nationale Akademie der Wissenschaften – quer über Disziplingrenzen hinweg – eine wichtige Funktion erfüllen.
- Mit dem skizzierten Schiedsverfahren würde die Leopoldina ein Forum bereitstellen, auf dem sich Akteure argumentativ auseinandersetzen, die traditionell lieber *über*einander als *mit*einander sprechen. Für beide Seiten – für die Unternehmen und ihre Wirtschaftsverbände ebenso wie für die zivilgesellschaftlichen Organisationen und ihre Gemeinschaftsinitiativen – würde hiervon der heilsame Druck ausgehen, ihre rhetorischen Strategien zu überdenken und die öffentliche Auseinandersetzung mit Aussagen zu bestreiten, die einer neutralen Überprüfung auch tatsächlich standhalten können. Dies wäre ein wichtiger Beitrag nicht nur zur Befriedung, sondern auch zur demokratischen Zivilisierung politischer Diskurse.

(3) Als Wirtschaftsethiker interessiere ich mich besonders für die Frage, wie angesichts moralischer Missstände die Selbstheilungskräfte des Marktes – und innerhalb von Märkten: die Selbstheilungskräfte von Unternehmensorganisationen – durch ein „enabling environment" gezielt aktiviert und gestärkt werden können.[20]

---

[20] Zum Thema „Korruptionsprävention" vgl. z.B. *Pies* (2008a und 2008b).

Ähnliche Fragen beschäftigen uns auch innerhalb des Wissenschaftsprozesses. Hier gibt es – analog zur Wirtschaft – Wettbewerbskräfte, die institutionell kanalisiert werden müssen, damit sie sich nicht gemeinwohlschädlich, sondern gemeinwohlfördernd auswirken. Dies wurde mittlerweile erkannt, und in der Folge haben Wissenschaftsorganisationen die Initiative ergriffen, international gültige Regeln aufzustellen, die angesichts konkreter Gefährdungen dafür sorgen sollen, dass die Integrität des Wissenschaftsprozesses gewahrt bleibt (vgl. IAC und IAP 2012).

Einen ähnlichen Prozess möchte ich für zivilgesellschaftliche Organisationen vorschlagen. Denn auch sie sehen sich mit einem Problem konfrontiert, das strukturanalog ist zu den Schwierigkeiten, die die Wirtschaft und die Wissenschaft zu bewältigen haben: Ohne klare Regeln findet nicht derjenige öffentliches Gehör, der die besten Argumente hat, sondern vielmehr derjenige, der am lautesten schreit. Genau diese Logik aber stürzt die zivilgesellschaftlichen Organisationen in einen ruinösen Wettbewerb, in ein „race to the bottom", in eine Abwärtsspirale, die in absehbarer Weise dazu führt, dass es zu einer kollektiven Selbstschädigung dieser Organisationen kommt und mithin gesellschaftliche Lernprozesse beeinträchtigt werden.

Im konkreten Fall ist der gravierende Missstand ja mittlerweile offenkundig: Hier hat sich eine große Koalition schlagkräftiger Organisationen zusammengefunden, die ihr traditionelles Arbeitsgebiet – das Thema Nahrung und insbesondere Nahrungssicherheit in Entwicklungsländern – verlassen hat, um sich auf dem Gebiet der Finanzmarktregulierung zu engagieren. Die Organisationen begeben sich damit auf ein ihnen unbekanntes Gelände. Sie bearbeiten ein neues Thema, das nicht in ihr traditionelles Kompetenzfeld gehört. Vor diesem Hintergrund wäre eigentlich zu erwarten gewesen, dass die zivilgesellschaftlichen Organisationen mit extremer Sorgfalt darauf bedacht sind, den guten Ruf, den sie in der Öffentlichkeit genießen, nicht leichtfertig zu riskieren. Im vorliegenden Fall wird diese Erwartung jedoch drastisch enttäuscht: Gemessen an den gravierenden handwerklichen Mängeln, die ich hier dokumentiert habe, fällt es schwer, die Öffentlichkeitskampagne als Ausdruck eines verantwortlichen Risiko- und Qualitätsmanagements zu interpretieren. Eher gleicht sie einem Hasardeurverhalten, bei dem selbst elementare Vorsichtsmaßnahmen und Sicherheitsvorkehrungen außer Acht gelassen wurden.

Erinnert sei daran, dass die Studien dem Kampagnenstart nicht vorlaufen, sondern nachlaufen; dass sie Tatsachenbehauptungen in die Welt setzen, die nachweislich falsch sind – und von denen man zum Zeitpunkt der Publikation längst hätte wissen können, dass sie falsch sind. Erinnert sei ferner daran, dass sich die zivilgesellschaftlichen Organisationen vor allem mit ihren radikalen Kampagnenforderungen nach einem Spekulationsverbot so positioniert haben, dass sie die Wissenschaft nicht als Unterstützung an ihrer Seite, sondern als Kontrahentin gegen sich haben. Kurz: Diese Öffentlichkeitskampagne offenbart ein immenses Selbstgefährdungspotential der Zivilgesellschaft. Hier droht genau jenes Glaubwürdigkeitskapital leichtfertig verspielt zu werden, auf das die zivilgesellschaftlichen Organisationen konstitutiv angewiesen sind – und ohne das sie ihre gesellschaftliche Funktion nicht wahrnehmen können, auf Missstände hinzuweisen, um gesellschaftliche Lernprozesse anzustoßen.

Deshalb wäre es ideal, wenn die zivilgesellschaftlichen Organisationen – vielleicht mit Unterstützung von außen – einen Prozess in Gang setzen würden, in dem sie sich wechselseitig darüber verständigen, an welchen Standards sie sich in Zukunft orientieren wollen.[21] Dies betrifft zum einen rein organisationsinterne Regeln, zum anderen Regeln für Gemeinschaftsaktionen. Über u.a. folgende Fragen wäre eine Verständigung herbeizuführen:

- Mit welcher internen Kompetenzzuordnung – und vor allem: auf welcher Datengrundlage – wird künftig über Öffentlichkeitskampagnen entschieden? Sollte man hier die gutachterliche Stellungnahme eines wissenschaftlichen Beirats einholen? Auf welche Routinemaßnahmen zur Qualitätssicherung will man sich vorab öffentlich festlegen?
- Welche Rolle sollen eigene Studien für die Öffentlichkeitskampagnen spielen? Sollen sie die eigene Entscheidung fundieren? Oder sollen sie lediglich als Marketinginstrument eingesetzt werden?
- Welche Seriositätsstandards sollen die Studien erfüllen, damit zukünftig sichergestellt wird, dass die eigenen Kampagnenforderungen dem wissenschaftlichen Erkenntnisstand nicht diametral widersprechen?
- Wie – und vor allem: wie offen und transparent – geht man künftig damit um, wenn die in Auftrag gegebenen Studien vielleicht andere Ergebnisse produzieren, als zunächst erwartet wurde?
- Wie – und vor allem: wie selbstkritisch – geht man damit um, wenn während der Kampagne wissenschaftliche Gegenevidenzen und Gegenargumente veröffentlicht werden? Wie erkenntnisoffen – und mithin: wie reversibel – ist die eigene Strategie ausgerichtet?
- Welche Maßstäbe legt man an, wenn man andere Akteure kritisiert? Und analog: Welche Maßstäbe legt man an, wenn man darauf reagiert, von anderen Akteuren kritisiert zu werden?
- Welche Kriterien müssen erfüllt sein, um die mutige – aber im Sinne einer verantwortlichen Reputationspflege: kluge – Entscheidung zu treffen, eine bereits begonnene Kampagne abzubrechen?
- Welche Kriterien müssen erfüllt sein, um sich in der Öffentlichkeit für begangene Fehler zu entschuldigen, damit die eigene Glaubwürdigkeit – und angesichts gravierender Versäumnisse: die moralische Integrität der Organisation – wiederhergestellt wird?

[21] Erste Anläufe hierzu hat es bereits gegeben. Sie müssten aufgegriffen und systematisch weiterentwickelt werden, um die Integrität, Reputation und Funktionsfähigkeit des zivilgesellschaftlichen Sektors in Deutschland zu stärken. Ein mögliches Vorbild hierfür ist die „International Non Governmental Organisations Accountability Charter", die am 20. Dezember 2005 verabschiedet wurde: http://www.ingoaccountabilitycharter.org/wpcms/wp-content/uploads/INGO-Accountability-Charter.pdf.

Die Liste dieser Fragen ist sicher nicht vollständig, aber sie verweist auf einige wichtige Punkte, die geklärt werden müssen, damit der immense Vertrauensvorschuss, den zivilgesellschaftliche Organisationen bei zahlreichen Bürgern genießen, nicht leichtfertig aufs Spiel gesetzt wird. Denn auch für die Zivilgesellschaft gilt: Irren ist menschlich. Fehler können passieren. Worauf es ankommt ist, aus Fehlern zu lernen (vgl. *Pies* 2012 f).

Die Öffentlichkeitskampagne offenbart, dass es im Sektor zivilgesellschaftlicher Organisationen ganz erhebliche Governance-Probleme gibt, die derzeit ungelöst sind. Deshalb setze ich auf eine forcierte Professionalisierung des Qualitäts-, Risiko- und Reputationsmanagements zivilgesellschaftlicher Organisationen, damit sie ihre wichtige Funktion, kritische Impulse für institutionelle Lernprozesse zu geben, in Zukunft noch besser erfüllen können. Vor diesem Hintergrund möchte ich meine Kritik als konstruktive Kritik verstanden wissen. Sie soll die zivilgesellschaftlichen Organisationen nicht schwächen, sondern stärken.

Anhang: Ein persönlicher Erlebnisbericht

Zu Beginn des Sommersemesters 2012 wurde ich von Studierenden der Martin-Luther-Universität Halle-Wittenberg gefragt, ob ich für ein Interview zur Verfügung stünde. Allerdings hatten sie einen konkreten Themenwunsch. Sie wollten mit mir über die Finanzspekulation mit Agrarrohstoffen sprechen. Ich sagte ihnen zu unter der Bedingung, etwas Zeit zu benötigen, um mich kundig zu machen.

Das sehr ausführliche Interview wurde umfassend dokumentiert (vgl. *Pies* 2012a). Eine gekürzte Version erschien mittlerweile in der studentischen Zeitschrift „auf und ab“ (vgl. *Pies* 2012e). Über meine Thesen in diesem Interview wurde in der Süddeutschen Zeitung berichtet (vgl. *Rexer* 2012). Ich habe diese Thesen daraufhin in einem ganzseitigen FAZ-Artikel einem breiteren Publikum verfügbar gemacht (vgl. *Pies* 2012b). Das zugehörige Diskussionspapier ergänzt die Textgrundlage für den FAZ-Artikel um ein ausführliches kommentiertes Literaturverzeichnis (vgl. *Pies* 2012c). Anschließend hat die Süddeutsche Zeitung bei mir für ein Streitgespräch mit *Thilo Bode* angefragt, das ein paar Wochen später auch stattgefunden hat und in Auszügen dokumentiert worden ist (vgl. *Süddeutsche Zeitung* 2012). In der Zwischenzeit gab es einen Austausch Offener Briefe sowie weitere Korrespondenz. Insgesamt hatte ich mehrere Erlebnisse, die mich sehr nachdenklich gestimmt haben. Hierüber will ich im Folgenden kurz berichten.

(1) Am Freitag, den 31. August, erhielt ich um 18.24 Uhr per Mail einen zweiseitigen Brief von dem Leiter der Lobby- und Kampagnenarbeit von Oxfam Deutschland. Er nahm Bezug auf den 5 Tage zuvor erschienenen Bericht in der Süddeutschen Zeitung und stellte mir ein paar Fragen, verbunden mit folgender Zusicherung: „Oxfam Deutschland ist immer an kritischen Debatten und am Austausch über seine Arbeit interessiert.“

Dieses Gesprächsangebot ernst nehmend, stellte ich Oxfam Deutschland zur Beantwortung der gestellten Fragen gleich am nächsten Tag, also am Samstag, den 1. September 2012, um 14.39 Uhr per Mail einen ebenfalls zweiseitigen Brief zu. Dem Brief angefügt war das ausführliche Interview (*Pies* 2012a) sowie meine Textgrundlage für den am 30. August veröffentlichten FAZ-Artikel, ergänzt um ein umfängliches und kommentiertes Literaturverzeichnis zur Dokumentation des wissenschaftlichen ‚state of the art‘ (*Pies* 2012c). Ich wiederholte einige wichtige Argumente und verband dies mit der Bitte, mir das in der Oxfam-Studie von *Kelly* und *Nash* (vgl. *Herman, Kelly* und *Nash* 2011, Endnote 7, S. 10) zitierte Oxfam Research Paper von *H. Marone* zugänglich zu machen, das ich im Internet leider nicht hatte auftreiben können.

Danach habe ich längere Zeit nichts mehr von Oxfam Deutschland gehört. Als ich am 12. September per Mail nachhakte, ob mein Brief angekommen sei, erhielt ich postwendend noch am gleichen Tag folgende Antwort:

> „Sehr geehrter Herr Prof. Pies,
>
> ja, Ihre schnelle Antwort-Mail vom 1.9. habe ich erhalten. Vielen Dank!

> Da ich danach auf Reisen war und mich mit meinen Kollegen noch mal abstimmen wollte, habe ich noch nicht geantwortet. Bitte entschuldigen Sie dies! ...
>
> Mit dem Text von H. Marone können wir Ihnen nicht weiterhelfen. Es war ein internes Papier, das nach unseren Informationen nicht veröffentlicht wurde.
>
> Mit freundlichen Grüßen"

Ebenfalls postwendend schrieb ich noch am 12. September zurück:

> „Sehr geehrter Herr ...,
>
> gerade sehe ich zu meiner Überraschung, dass Sie Ihren Brief an mich ins Internet eingestellt haben.
>
> Im Sinne einer an der Sache orientierten und fairen Auseinandersetzung möchte ich Sie daher bitten, meinen Antwortbrief an Sie dort ebenfalls einzustellen.
>
> Mit freundlichen Grüßen"

Dies wurde mir schriftlich zugesichert, ist jedoch – soweit ich sehen kann – bis heute nicht erfolgt.

Bei mir erweckt dies den Eindruck, dass der offiziell an mich adressierte Oxfam-Brief vom 31. August in Wirklichkeit gar nicht an mich gerichtet war, sondern an die Leser der Oxfam-Website, auf der er umgehend eingestellt wurde. Der Brief sollte also nicht, wie eigentlich angekündigt, eine inhaltliche Auseinandersetzung um die Sache voranbringen. Wenn ich es richtig einschätze, zielte er stattdessen auf die Beruhigung der eigenen Klientel, die durch meine Kritik womöglich beunruhigt worden war. Das alles trägt deutliche Züge eines Alibi-Charakters, und die anschließende Reaktion bzw. Nicht-Reaktion von Oxfam auf meinen Antwortbrief vermeidet die inhaltliche Auseinandersetzung, die führen zu wollen versprochen wird.

Im Übrigen finde ich es gelinde gesagt unstatthaft – und mit dem guten Ruf einer seriös arbeitenden Organisation absolut unvereinbar –, in eigenen Veröffentlichungen, die an die Öffentlichkeit gerichtet sind, Studien zu zitieren, die man selbst in Auftrag gegeben hat, wenn man sich anschließend weigert, diese Studien öffentlich zugänglich zu machen.

(2) Am 6. September 2012 erhielt ich per Mail von *Markus Henn*, dem Finanzmarktexperten von WEED, einen mehrseitigen Kommentar zu meinem ausführlichen Interview (*Pies* 2012a) sowie zu meiner ausführlichen Textgrundlage für den FAZ-Artikel (*Pies* 2012c). Ich habe darauf mit einem Offenen Brief reagiert.[22] Herr *Henn* hat seinerseits mit einem Offenen Brief erwidert, den ich dann nochmals mit einem zweiten Offenen Brief beantwortet habe.[23]

Wer sich die Mühe macht, diesen Austausch von Dokumenten zu verfolgen, wird leicht einsehen, dass ich diesen Schriftwechsel eher als positives Erlebnis zu verbuchen geneigt bin, denn hier wird dokumentiert, dass es gelingen kann, zumindest in der Form der Auseinandersetzung Fortschritte zu erzielen. Jedenfalls empfinde ich es als Fortschritt, wenn der Spontanreflex wüster Beschimpfungen erkennbar dem Versuch Platz

---

[22] Vgl *Pies* (2012d). Im Anhang zu meinem Brief ist der Kommentar von *Henn* mit seiner Zustimmung abgedruckt worden.

[23] Vgl. *Pies* (2012e). Im Anhang zu meinem zweiten Offenen Brief ist der Offene Brief von *Henn* mit seiner Zustimmung abgedruckt worden.

macht, sich inhaltlich mit meinen Argumenten auseinanderzusetzen. Ich glaube, dass man dem Schriftwechsel diese Entwicklung zum Positiven hin deutlich entnehmen kann.

So weit zur Form. Was den Inhalt anbelangt, habe ich gelernt, wie schwer es jemandem fällt, der selbst nicht Wissenschaftler ist, die wissenschaftliche Literatur richtig einzuordnen, und zwar auch dann, wenn er sehr belesen ist und sich sichtbar Mühe gibt. Ich will das hier nur mit einem einzigen Beispiel belegen.

In der sachlichen Auseinandersetzung spielt es eine große Rolle, ob ein Preisauftrieb auf dem Terminmarkt auf den Kassamarkt überschwappen kann, ohne die Lagerhaltung ansteigen zu lassen. *Markus Henn* verweist hierzu in seinem Offenen Brief an mich auf einen entsprechenden wissenschaftlichen Artikel (*Tilton, Humphreys* und *Radetzki* 2011). Nicht verwiesen hingegen wird auf die beiden Kommentare von *Östensson* (2011 und 2012), in denen schlagend bewiesen wird, dass den Ko-Autoren des von *Henn* angeführten Artikels gravierende Fehler in der Argumentation unterlaufen sind.

(3) Zu den vergleichsweise eher negativen Erfahrungen zähle ich das Streitgespräch mit *Thilo Bode*. Dieses insgesamt 90-minütige Gespräch fand am 5. Oktober 2012 in den Redaktionsräumen der Süddeutschen Zeitung statt und wurde – in kurzen, notgedrungen selektiven Auszügen – in der Ausgabe vom 13. Oktober dokumentiert.[24] Meine Enttäuschungen – bzw. Ent-Täuschungen – beziehen sich vor allem auf die folgenden drei Punkte:

- Wenn ich richtig zähle, war dies nicht das erste und auch nicht das zweite, sondern innerhalb weniger Monate mindestens das dritte Mal, dass *Thilo Bode* sich in einem Streitgespräch von Inhabern ökonomischer Lehrstühle sagen lassen musste, dass seine Thesen nicht dem Stand der wissenschaftlichen Erkenntnis entsprechen.[25]
- Da mir an einer fairen Auseinandersetzung gelegen war, hatte ich Herrn *Bode* meine Unterlagen (*Pies* 2012a und 2012c) bereits vier Wochen vor unserem Streitgespräch zugestellt, unmittelbar nachdem der Termin festgelegt worden war. In diesen Unterlagen ist umfassend dokumentiert, dass der wissenschaftliche Mainstream der agrarökonomischen – und komplementär dazu: der Mainstream der ressourcenökonomischen – Forschung anderer Auffassung ist als er und dass die Experten ausdrücklich davor warnen, die von ihm erhobenen Forderungen nach Positionslimits und Verboten regulatorisch umzusetzen. Herr *Bode* hatte meine Unterlagen sorgfältig durchgearbeitet, ging aber in der Diskussion nicht darauf ein. Stattdessen hielt er an Tatsachenbehauptungen fest, von denen er nunmehr wissen musste, dass sie unhaltbar und sogar nachweislich falsch sind.
- Als langjähriger Chef von Greenpeace hat *Thilo Bode* – Stichwort: Brent Spar – Erfahrung damit, wie man eine Kampagne führt, für die sich die eigene Organisation anschließend in aller Form entschuldigen muss, weil die Argumentation auf

---

[24] Vgl. *Süddeutsche Zeitung* (2012). Vgl. auch das zugehörige Ankündigungs-Video auf: http://www.sueddeutsche.de/wirtschaft/steigende-lebensmittelpreise-boese-spekulanten-gute-spekulanten-1.1494851.

[25] Vgl. *FAZ* (2012), *Handelsblatt* (2012) und *Süddeutsche Zeitung* (2012).

Falschaussagen aufgebaut war. So ein Fehler sollte einem verantwortungsbewussten Manager allerhöchstens einmal im Leben unterlaufen.

Das ostentativ unbeirrbare Festhalten an Aussagen, von denen er selbst längst wissen musste, dass sie falsch sind, mag für die Chuzpe eines erfahrenen „Campaigners" sprechen, stellt jedoch der Glaubwürdigkeit von *Thilo Bode* – und insbesondere dem Qualitätsmanagement der Organisation, die er führt – ein denkbar schlechtes Zeugnis aus. Moralische Integrität geht anders. Hier werden in eklatanter Weise genau jene Seriositätsstandards der Aufrichtigkeit, Wahrhaftigkeit und intellektuellen Sorgfalt verletzt, die man geflissentlich von anderen einfordert.

Als foodwatch-Chef schlägt *Thilo Bode* in der aktuellen Auseinandersetzung die Warnungen der Wissenschaft leichtfertig in den Wind. Offenbar setzt er darauf, dass die Medien mitspielen und seine Botschaft verbreiten, anstatt investigativ zu recherchieren. Eine solche Hasardeur-Strategie mag vielleicht auf die kurze Frist einträglich sein. Aber auf Dauer wird das wohl nicht gutgehen. Es ist doch allenfalls eine Frage der Zeit, bis die breite Öffentlichkeit merkt, dass er mit seiner Kampagne ungedeckte Schecks ausgestellt hat, die angesichts der massiven Kritik durch Wissenschaftler in absehbarer Weise platzen werden. – Oder irre ich mich vielleicht? Vertritt *Thilo Bode* am Ende gar ein Erfolgsmodell? Kommt er damit durch, eine Kampagne zu führen, von der er wissen muss, dass sie auf falschen Aussagen beruht, die einer wissenschaftlichen Überprüfung nicht standhalten?

Literatur

Aufderheide, Detlef, Klaus Backhaus und *Karl-Hans Hartwig* (2007), Szenen einer Ehe – Was kooperierende Unternehmen aus dem Ehealltag lernen können, in: Zeitschrift für Führung + Organisation, Bd. 75 (1), S. 31-40.

Bass, Hans-Heinrich (2011), Finanzmärkte als Hungerverursacher? – Studie für die deutsche Welthungerhilfe e.V., Bonn, am 1. August 2012 im Internet unter: http://www.welthungerhilfe.de/fileadmin/media/pdf/Themen/Studie_Nahrungsmittelspekulation_Bass.pdf.

Bohl, Martin T., Farrukh Javed und *Patrick M. Stephan* (2012), Do Commodity Index Traders Destabilize Agricultural Futures Prices?, Diskussionspapier. Am 28. September 2012 im Internet unter: http://papers.ssrn.com/sol3/papers.cfm?abstract_id=2088426.

Bohl, Martin T. und *Patrick M. Stephan* (2012), Does Futures Speculation Destabilize Spot Prices? New Evidence for Commodity Markets, Diskussionspapier, am 28. September 2012 im Internet unter: http://papers.ssrn.com/sol3/papers.cfm?abstract_id=1979602.

de Schutter, Olivier (2010), Food Commodities Speculation and Food Price Crises: Regulation to Reduce the Risks of Price Volatility, Briefing Note 02 by the United Nations Special Rapporteur on the Right to Food, am 1. August 2012 im Internet unter: http://www.srfood.org/images/stories/pdf/otherdocuments/20102309_briefing_note_02_en_ok.pdf.

Dwyer, Alexandra, James Holloway und *Michelle Wright* (2012), Commodity Market Financialisation: A Closer Look at the Evidence, in: Bulletin der Reserve Bank of Australia, March Quarter 2012, S. 65-77, am 28. September 2012 im Internet unter: http://www.rba.gov.au/publications/bulletin/2012/mar/pdf/bu-0312-8.pdf.

FAO (2012), FAO Food Price Index Januar 2004 bis Juli 2012, am 28. September 2012 im Internet unter: http://www.fao.org/fileadmin/templates/worldfood/Reports_and_docs/Food_price_indices_data.xls.

Fattouh, Bassam, Lutz Kilian und *Lavan Mahadeva* (2012), The Role of Speculation in Oil Markets: What Have We Learned So Far?, hrsg. vom Oxford Institute for Energy Studies, Working Paper 45, am 1. August im Internet unter: http://www.oxfordenergy.org/wpcms/wp-content/uploads/2012/03/WPM-45.pdf.

FAZ (2012), „Die Spekulanten sind Schuld" – „Ach was". Streitgespräch zwischen Thilo Bode und Harald von Witzke, in: Frankfurter Allgemeine Zeitung Nr. 81 vom 4. April 2012, S. 12, am 1. August 2012 im Internet unter: http://www.hffa.info/files/bode_hvw.pdf.

Fischer, David Hackett (1996), The Great Wave. Price Revolutions and the Rhythm of History, Oxford u.a.O.

Frenk, David (2010), Review of Irwin and Sanders 2010 OECD Reports, Better Markets (Hrsg.), am 1. August 2012 im Internet unter: http://www.iatp.org/files/451_2_107621.pdf.

Gilbert, Christopher L. (2010a), How to Understand High Food Prices, in: Journal of Agricultural Economics 61(2), S. 398-425, am 1. August 2012 im Internet unter: http://onlinelibrary.wiley.com/doi/10.1111/j.1477-9552.2010.00248.x/pdf.

Gilbert, Christopher L. (2010b), Speculative Influences on Commodity Futures prices 2006-2008, UNCTAD Discussion paper No. 197, am 28. September 2012 im Internet unter: http://unctad.org/en/Docs/osgdp20101_en.pdf.

Gilbert, Christopher L. (2012), Speculative impacts on grains price volatility, Paper prepared for the123rd EAAE Seminar, Dublin, am 1. August 2012 im Internet unter: http://ageconsearch.umn.edu/bitstream/122540/2/Gilbert.pdf.

Hachfeld, David, Christine Pohl und *Marita Wiggerthale* (2012), Mit Essen spiel man nicht! Die deutsche Finanzbranche und das Geschäft mit dem Hunger, Oxfam Deutschland (Hrsg.), Berlin, am 1. August 2012 im Internet unter: http://www.oxfam.de/sites/www.oxfam.de/files/20120511_mit-essen-spielt-man-nicht.pdf.

Hamilton, James D. und *Jing Cynthia Wu* (2011), Risk Premia in Crude Oil Futures Prices, Working Paper, am 1. August 2012 im Internet unter: http://dss.ucsd.edu/~jhamilto/hw4.pdf.

Hamilton, James D. und *Jing Cynthia Wu* (2012), Effects of index-fund investing on commodity futures prices, working paper, am 1. August 2012 im Internet unter: http://dss.ucsd.edu/~jhamilto/commodity_index.pdf.

Handelsblatt (2012), „Jeder kleine Landwirt spekuliert". Streitgespräch zwischen Thilo Bode und Michael Schmitz, am 30.4.2012 im Internet unter: http://www.handelsblatt.com/finanzen/zertifikate/nachrichten/streitgespraech-ueber-rohstoffe-jeder-kleine-landwirt-spekuliert/6559222.html.

Hartwig, Karl-Hans (1993), Partnerschaften – Ökonomie zwischenmenschlicher Beziehungen, in: *Bern-Thomas Ramb* und *Manfred Tietzel* (Hg.): Ökonomische Verhaltenstheorie, München, S. 33-61.

Headey, Derek und *Shenggen Fan* (2010), Reflections on the Global Food Crisis. How Did It Happen? How Has It Hurt? And How Can We Prevent the Next One?, hrsg. vom International Food Policy Research Institute (IFPRI), IFPRI Research Monograph 165, am 1. August 2012 im Internet unter: http://www.ifpri.org/sites/default/files/publications/rr165.pdf.

Herman, Marc Olivier, Ruth Kelly und *Robert Nash* (2011), Not a Game: Speculation vs. Food Security. Regulating Financial Markets to Grow a Better Future. Oxfam Issues Briefing, October 3, 2011, am 1. August 2012 im Internet unter: http://www.oxfam.org/sites/www.oxfam.org/files/ib-speculation-vs-food-security-031011-en.pdf.

IAC und *IAP* (2012), Responsible Conduct in the Global Research Enterprise. A Policy Report. Erstellt vom InterAcademy Council und InterAcademy Panel, am 28. September 2012 im Internet unter: http://www.leopoldina.org/uploads/tx_leopublication/2012_10_17_IAC-IAP_Report_Science_Reasearch_Integrity.pdf.

Irwin, Scott H. und *Dwight R. Sanders* (2010), The impact of index and swap funds on commodity futures markets: preliminary results, Food, Agriculture and Fisheries Working Paper No. 27, hrsg. von der OECD, Paris, am 1. August 2012 im Internet unter: http://www.oecd.org/trade/agriculturaltrade/assessingagriculturalmarkets/45534528.pdf.

Irwin, Scott H. und *Dwight R. Sanders* (2011), Index Funds, Financialization, and Commodity Futures Markets, in: Applied Economic Perspectives and Policy 33(1), S. 1-31, am 1. August 2012 im Internet unter: http://aepp.oxfordjournals.org/content/33/1/1.full.pdf+html.

Irwin, Scott H. und *Dwight R. Sanders* (2012), Testing the Masters Hypothesis in Commodity Futures Markets, in: Energy Economics, Vol. 34, No. 1, S. 256-269, am 1. August 2012 im Internet unter: http://ac.els-cdn.com/S0140988311002362/1-s2.0-S0140988311002362-main.pdf?_tid=e9411f7a-f20b-11e1-93ff-00000aacb362&acdnat=1346267057_46a5e5a3e0819f720183b27ea01c54c4.

Irwin, Scott H., Dwight R. Sanders und *Robert P. Merrin* (2009), Devil or Angel? The Role of Speculation in the Recent Commodity Price Boom (and Bust), in: Journal of Agricultural and Applied Economics, 41(2), S. 377–391, am 1. August 2012 im Internet unter: http://ageconsearch.umn.edu/bitstream/53083/2/jaaeip3.pdf.

Lagi, Marco, Karla Bertrand und *Yaneer Bar-Yam* (2011), The Food Crises and Political Instability in North Africa and the Middle East, Diskussionspapier, am 1. August im Internet unter: http://arxiv.org/pdf/1108.2455.pdf.

Liu, Xiaoliang, Guenther Filler und *Martin Odening* (2012), Testing for Speculative Bubbles in Agricultural Commodity Prices: A Regime Switching Approach, Diskussionspapier, am 28. September 2012 im Internet unter: http://ageconsearch.umn.edu/bitstream/122554/2/Liu.pdf.

Masters, Michael W. (2008), Testimony before the "Committee on Homeland Security and Governmental Affairs" des United States Senate am 20. Mai 2008, am 1. August 2012 im Internet unter: http://www.hsgac.senate.gov//imo/media/doc/052008Masters.pdf?attempt=2.

Masters, Michael W. (2009), Testimony before the Commodities Futures Trading Commission am 5. August 2009, am 1. August 2012 im Internet unter: http://www.nefiactioncenter.com/PDF/masterscftctestimony090805.pdf.

Masters, Michael W. (2010), Testimony before the Commodities Futures Trading Commission am 25. März 2010, am 1. August 2012 im Internet unter: http://www.capitolconnection.net/capcon/cftc/032510/Presentations/Panel%204/Masters%20CFTC%20Metals%20Testimony.pdf.

Meijerink, Gerdien, Siemen van Berkum, Karl Shutes und *Gloria Solano* (2011), Price And Prejudice. Why Are Food Prices So High?, LEI report 2011-035, hrsg. vom Landbouw-Economisch Instituut (LEI), den Haag, am 1. August 2012 im Internet unter: http://www.lei.dlo.nl/publicaties/PDF/2011/2011-035.pdf.

Müller, Dirk (2011), Unschuldsmythen. Wie die Nahrungsspekulation den Hunger anheizt. Hrsg. von Misereor, Aachen, am 1. August 2012 im Internet unter:

http://www.misereor.de/fileadmin/redaktion/Analyse_Nahrungsmittelspekulation_111005.pdf.

Östensson, Olle (2011), Comment: Investor Demand and Spot Commodity Prices, in: Resources policy 36(4), S. 372-374, am 1. August 2012 im Internet unter: http://ac.els-cdn.com/S0301420711000535/1-s2.0-S0301420711000535-main.pdf?_tid=249ca546-2b94-11e2-9503-00000aacb35d&acdnat=1352592784_b7c0e3cd7fda3c6e8cd14f9c5adad657.

Östensson, Olle (2012), Reply: Investor Demand and Spot Commodity Prices, in: Resources Policy 37(3), S. 400-402, am 1. August 2012 im Internet unter: http://ac.els-cdn.com/S0301420712000116/1-s2.0-S0301420712000116-main.pdf?_tid=9ce9b52a-2b94-11e2-96f9-00000aab0f6b&acdnat=1352592986_61331a563d88e971a890e8c78f97e3bf.

Oxfam Deutschland (2012), Mit Essen spiel man nicht! Die deutsche Finanzbranche und das Geschäft mit dem Hunger, Berlin, am 1. August 2012 im Internet unter: http://www.oxfam.de/sites/www.oxfam.de/files/20120511_mit-essen-spielt-man-nicht.pdf.

Pies, Ingo (2008a), Wie bekämpft man Korruption? Lektionen der Wirtschafts- und Unternehmensethik für eine ‚Ordnungspolitik zweiter Ordnung', Berlin.

Pies, Ingo (2008b), Korruptionsprävention: Wie aktiviert man die Selbstheilungskräfte des Marktes? Diskussionspapier Nr. 2008-9 des Lehrstuhls für Wirtschaftsethik an der Martin-Luther-Universität Halle-Wittenberg, Halle, am 28. September 2012 im Internet unter: http://wcms.uzi.uni-halle.de/download.php?down=9012&elem=1986353.

Pies, Ingo (2011), System und Lebenswelt können sich wechselseitig „kolonisieren"! – Eine ordonomische Diagnose der Moderne, in: *Lino Klevesath* und *Holger Zapf* (Hrsg.): Demokratie – Kultur – Moderne. Perspektiven der Politischen Theorie, München, S. 281-298.

Pies, Ingo (2012a), Ethik der Spekulation: Wie (un-)moralisch sind Finanzmarktgeschäfte mit Agrarrohstoffen? – Ein ausführliches Interview mit einem Ausblick auf die Rolle zivilgesellschaftlicher Organisationen, Diskussionspapier Nr. 2012-12 des Lehrstuhls für Wirtschaftsethik an der Martin-Luther-Universität Halle-Wittenberg, Halle, am 28. September 2012 im Internet unter: http://wcms.uzi.uni-halle.de/download.php?down=25700&elem=2599037.

Pies, Ingo (2012b), Die Moral der Agrar-Spekulation, in: Frankfurter Allgemeine Zeitung (FAZ) Nr.203, 31. August 2012, S. 12, im Internet unter: http://www.faz.net/aktuell/wirtschaft/menschen-wirtschaft/lebensmittelpreise-die-moral-der-agrar-spekulation-11873351.html.

Pies, Ingo (2012c), Wirtschaftsethik konkret: Wie (un)moralisch ist die Spekulation mit Agrarrohstoffen?, Diskussionspapier Nr. 2012-15 des Lehrstuhls für Wirtschaftsethik an der Martin-Luther-Universität Halle-Wittenberg, Halle, am 28. September 2012 im Internet unter: http://wcms.uzi.uni-halle.de/download.php?down=25900&elem=2602684.

Pies, Ingo (2012d), Offener Brief an Markus Henn (WEED), Diskussionspapier Nr. 2012-16 des Lehrstuhls für Wirtschaftsethik an der Martin-Luther-Universität Halle-Wittenberg, Halle, am 28. September 2012 im Internet unter: http://wcms.uzi.uni-halle.de/download.php?down=25959&elem=2603907.

Pies, Ingo (2012e), Zweiter Offener Brief an Markus Henn (WEED), Diskussionspapier Nr. 2012-17 des Lehrstuhls für Wirtschaftsethik an der Martin-Luther-Universität Halle-Wittenberg, Halle, am 28. September 2012 im Internet unter: http://wcms.uzi.uni-halle.de/download.php?down=26222&elem=2608520.

Pies, Ingo (2012f), Skandal! Warum nicht?, in: Frankfurter Allgemeine Zeitung (FAZ) Nr. 77, 30. März 2012, S. 9, im Internet unter: http://wcms.uzi.uni-halle.de/download.php?down=26484&elem=2614765.

Pies, Ingo (2012g), Ethik der Spekulation: Wie (un-)moralisch sind Finanzmarktgeschäfte mit Agrarrohstoffen? – Ein ausführliches Interview mit einem Ausblick auf die Rolle zivilgesellschaftlicher Organisationen mit Prof. Dr. Ingo Pies, in: auf+ab, 32. Ausgabe Oktober 2012, S. 16-27, im Internet unter: http://www.boersenkreis-halle.de/index_htm_files/aufundab%20WS%202012-2013.pdf.

Plante, Michael D. und *Mine K. Yücel* (2011a), Did Speculation Drive Oil Prices? Futures Market Points to Fundamentals, in: Economic Letters 6(10), S. 1-4, am 1. August 2012 im Internet unter: http://www.dallasfed.org/assets/documents/research/eclett/2011/el1110.pdf.

Plante, Michael D. und *Mine K. Yücel* (2011b), Did Speculation Drive Oil Prices? Market Fundamentals Suggest Otherwise, in: Economic Letters 6(11), S. 1-4, am 1. August 2012 im Internet unter: http://www.dallasfed.org/assets/documents/research/eclett/2011/el1111.pdf.

Rexer, Andrea (2012), Fehlalarm! Ein Wirtschaftsethiker wirft Foodwatch und Oxfam vor, schlampig zu recherchieren – Spekulation mit Nahrung sei nicht für den Hunger in der Welt verantwortlich, in: Süddeutsche Zeitung, Samstag, 25. August 2012, S. 26.

Robles, Miguel, Maximo Torero und *Joachim von Braun* (2009), When Speculation Matters. Herausgegeben vom International Food Policy Research Institute (IFPRI), IFPRI Issue Brief 57, 2009, am 1. August 2012 im Internet unter: http://www.ifpri.org/sites/default/files/publications/ib57.pdf.

Ruitenberg, Rudy (2010), Global Food Reserve Needed to Stabilize Prices, Researchers Say. Am 1. August 2012 im Internet unter: http://www.bloomberg.com/apps/news?sid=au9X.0u6VpF0&pid=newsarchive.

Schumann, Harald (2011), foodwatch-Report: Die Hungermacher. Wie Deutsche Bank, Goldman Sachs & Co. auf Kosten der Ärmsten mit Lebensmitteln spekulieren, *Thilo Bode* (Hg.), Berlin. Am 1. August 2012 im Internet unter: http://foodwatch.de/foodwatch/content/e10/e45260/e45263/e45318/foodwatch-Report_Die_Hungermacher_Okt-2011_ger.pdf.

Sanders, Dwight R., Scott H. Irwin, und *Robert P. Merrin* (2010), The Adequacy of Speculation in Agricultural Futures Markets: Too Much of a Good Thing?, in: Applied Economic Perspectives and Policy, Vol. 32(1), S. 77–94, am 28. September 2012 im Internet unter: http://aepp.oxfordjournals.org/content/32/1/77.full.pdf+html.

Shutes, Karl und *Gerdien W. Meijerink* (2012), Food prices and agricultural futures markets: A literature review, hrsg. von der Wageningen School of Social Sciences (WASS), WASS Working PAPER No. 3, Wageningen, am 1. August 2012 im Internet unter: http://www.wass.wur.nl/NR/rdonlyres/BBB88923-562C-4C26-800E-F8916DD5251D/163888/WWP03.pdf.

Singleton, Kenneth (2011), Investor Flows and the 2008 Boom/Bust in Oil Prices, Diskussionspapier, am 28. September 2012 im Internet unter: http://papers.ssrn.com/sol3/papers.cfm?abstract_id=1793449.

Süddeutsche Zeitung (2012), Böse Spekulanten, gute Spekulanten. Streitgespräch zwischen *Thilo Bode* und *Ingo Pies*, in: Süddeutsche Zeitung vom 13. Oktober 2012, S. 33, am 28. Oktober 2012 im Internet unter: http://wcms.uzi.uni-halle.de/download.php?down=26471&elem=2614644.

Tangermann, Stefan (2011), Policy Solutions to Agricultural Market Volatility: A Synthesis, ICTSD Issue Paper No. 33, hrsg. vom International Centre for Trade and Sustainable Development (ICTSD), Genf, am 1. August 2012 im Internet unter: http://ictsd.org/downloads/2011/12/policy-solutions-to-agricultural-market-volatilty.pdf.

Tilton, John E., David Humphreys und *Marian Radetzki* (2011), Investor Demand and Spot Commodity Prices, in: Resources Policy, Vol. 36(3), S. 187–195, am 1. August 2012 im Internet unter: http://ac.els-cdn.com/S0301420711000079/1-s2.0-S0301420711000079-

main.pdf?_tid=930b481c-2b93-11e2-a82e-00000aab0f6c&acdnat=1352592540_54ad97cf90143fe67a67dccdb86891cf.

UNCTAD und *Arbeiterkammer Wien* (2011), Price Formation in Financialized Commodity Markets. The Role of Information, am 1. August 2012 im Internet unter: http://unctad.org/en/docs/gds20111_en.pdf.

Will, Matthias Georg, Sören Prehn, Ingo Pies und *Thomas Glauben* (2012), Schadet oder nützt die Finanzspekulation mit Agrarrohstoffen? – Ein Literaturüberblick zum aktuellen Stand der empirischen Forschung, Diskussionspapier Nr. 2012-26 des Lehrstuhls für Wirtschaftsethik an der Martin-Luther-Universität Halle-Wittenberg, Halle, am 27. November 2012 im Internet unter: http://wcms.uzi.uni-halle.de/download.php?down =26926&elem=2624087

Wright, Brian D. (2011), The Economics of Grain Price Volatility, in: Applied Economic Perspectives and Policy, Vol. 33(1), S. 32-58, am 1. August 2012 im Internet unter: http://aepp.oxfordjournals.org/content/33/1/32.full.pdf+html.

Ingo Pies (Hg.), Das weite Feld der Ökonomik
Schriften zu Ordnungsfragen der Wirtschaft · Band 98 · Stuttgart · 2013

Sind Ökonomen doch fairer, als man denkt? Ökonomische Bildung und die Fairnessbeurteilung von Allokationsmechanismen im Nahverkehr

Christian Müller, René Ruske und *Johannes Suttner**

Inhalt

* Die Autoren danken *Nathalie Amegaschie*, *Nathalie Schittenhelm* und *Lisa Schlesewsky* für ihre Hilfe bei der Datenerhebung.

1. Von kleinen und noch kleineren Verkehrsökonomen

Karl-Hans Hartwig ist ein überaus vielseitiger Ökonom. Zu seinen Arbeitsgebieten gehören so unterschiedliche Forschungsfelder wie die Ordnungs- und Institutionenökonomik (z.B. *Hartwig* 1988), die Transformationstheorie (z.B. *Hartwig* und *Thieme*, Hg., 1991), die Umweltökonomik (z.B. *Hartwig* 1992), die ökonomische Theorie von Ehe und Partnerschaft (*Hartwig* 1993), die Wissenschaftstheorie (v.a. *Hartwig* 1977), die Drogenpolitik (v.a. *Hartwig* und *Pies* 1995) oder die Theorie der Geldpolitik (*Hartwig* 1995). Vor allem aber ist *Hannes Hartwig*, wie er mit selbstironischem Understatement zu sagen pflegt, „ein kleiner Verkehrsökonom", der in zahlreichen wissenschaftlichen Publikationen und Gutachten das ganze Spektrum des Faches – von der Schiene bis zur Straße, von der Lkw-Maut bis zum Emissionshandel für Pkw – ausfüllt.

Im vorliegenden Beitrag wollen wir *Hannes Hartwig*s verkehrswissenschaftlichen Forschungsschwerpunkt mit unserem eigenen Arbeitsgebiet verbinden, dem er sich, soweit wir wissen, nicht (auch noch) in seiner Forschung gewidmet hat, dem er aber über viele Jahre durch seine Beteiligung an der Münsteraner Lehrerausbildung im Fach Sozialwissenschaften stets verbunden war: mit der ökonomischen Bildung. Das empirisch orientierte Schrifttum erzielte seit geraumer Zeit immer wieder das Ergebnis, dass sich Menschen, die über eine (akademische) Wirtschaftsbildung verfügen, in Bezug auf ihr Fairnessempfinden und -verhalten deutlich von anderen Menschen unterscheiden. Ökonomen neigen nach diesen Forschungen dazu, Gerechtigkeitsaspekten einen geringeren Stellenwert einzuräumen als Nicht-Ökonomen. Akademisch ausgebildete Wirtschaftswissenschaftler sind mit einer höheren Wahrscheinlichkeit „unsozial": In sozialen Dilemmasituationen wählen sie häufiger eine Free-Riding-Strategie, oder sie machen als Probanden in Experimenten zum sog. Ultimatumspiel (*Güth, Schmittberger* und *Schwarze* 1982) besonders ungleiche Verteilungsofferten. Die einschlägige Literatur legt nach alledem nahe, dass Ökonomen das Modell des kühl kalkulierenden Rationalentscheiders, der die positive Theorie ihrer Disziplin prägt, als normative Leitlinie (miss-)verstehen: Was eigentlich als *Erklärung* durchschnittlichen Verhaltens gemeint war, nehmen sie als *Norm*.

Die Beschäftigung mit dem Modell des Homo oeconomicus, das auch *Hannes Hartwig* (1989) mit guten Argumenten verteidigt, führt, so scheint es, bei den Adressaten ökonomischer Hochschulbildung zu einer charakterlichen Veränderung, um nicht zu sagen: Deformation. Dies ist die sog. *Indoktrinationsthese*, mit der ein Teil der Literatur das Phänomen zu erklären sucht.[1] Was aber, wenn die Kausalität in Wahrheit genau umgekehrt wäre? Nicht die Volkswirtschaftslehre lehrte dann die Menschen, Marktallokationen für gerecht zu halten; vielmehr machten Studierende, die den Markt favorisieren, die Volkswirtschaftslehre zu ihrem Fach. Nicht Indoktrination durch das Homo-

---

[1] Ein früher Vertreter dieser Indoktrinationsthese ist *Stigler* (1959, S. 528): „The main reason for the conservatism [of economists; die Verf.] surely lies in the effect of the scientific training the economist receives. He is drilled in the problems of all economic systems and in the methods by which a price system solves these problems."

oeconomicus-Modell wäre dann der Grund für das abweichende Verhalten von akademisch gebildeten Ökonomen, sondern ein Prozess der *Selbstselektion*.

Welcher dieser beiden Effekte – der Indoktrinations- oder der Selbstselektionseffekt – tatsächlich gilt, ist nicht allein von akademischer Relevanz. Mit diesen Begriffen wird vielmehr ganz praktisch (Bildungs-)Politik gemacht. So befürchten *Famulla* et al. (2011, S. 50), dass Schülerinnen und Schüler, die im Kontext individueller und kollektiver Entscheidungssituationen mit dem ökonomischen Rationalverhaltensansatz konfrontiert werden, Gefahr laufen, selbst zum „kühl kalkulierende[n] homo oeconomicus in allen Lebensbereichen" zu mutieren. In eine ähnliche Richtung gehen gewerkschaftliche Warnungen, die in der Auseinandersetzung mit aktuellen wirtschaftsdidaktischen Konzeptionen eine „Erziehung zum homo oeconomicus" befürchten (*Wolter* 2011). Es dürfte nach alledem nicht übertrieben sein zu vermuten, dass es trotz des desolaten Stands des Schülerwissens in ökonomischen Fragen (dazu erst jüngst *Erner, Goedde-Menke* und *Oberste* 2011; 2011a) auch nach jahrzehntelanger Diskussion (siehe z.B. *Krol* 2001) in vielen Bundesländern, wie z.B. in Nordrhein-Westfalen, immer noch kein eigenes Schulfach für Wirtschaft gibt, weil einschlägige Autoren bei Schülern einen nachhaltigen Indoktrinationseffekt der Beschäftigung mit dem ökonomischen Rationalverhaltensansatz in Richtung eines wie auch immer definierten „Neoliberalismus" befürchten.

Obwohl fraglos ungleich kleinere Verkehrsökonomen als der Jubilar, wagen sich die Verfasser mit der vorliegenden Studie auf dessen ureigenstes Terrain (siehe aus *Hartwigs* „Haus" z.B. die Studie zur Preisbildung bei Semestertickets von *Peistrup* und *Stingel* 2007) und analysieren die Streitfrage um den Indoktrinations- oder Selbstselektionseffekt ökonomischer Bildung erstmals im verkehrswirtschaftlichen Kontext anhand einer Problemstellung im Öffentlichen Personennahverkehr. An der Universität Münster befragten wir hierzu knapp 400 Studierende des ersten Semesters in wirtschaftswissenschaftlichen und anderen Studiengängen nach ihrer Fairnesseinstellung in Bezug auf alternative Allokationsmechanismen in einem Beispielsfall aus dem öffentlichen Nahverkehr. Nach einem kurzen Überblick über die relevante Literatur (Abschnitt II.) stellen wir in Abschnitt III. unser Untersuchungsdesign und unseren Datensatz deskriptiv (Abschnitt IV.) und im Wege der Regressionsanalyse (Abschnitt V.) vor.

Überraschenderweise bestätigen sich die in der Literatur gemachten Beobachtungen nicht. So finden wir *keinen* Selektionseffekt. Daraus ziehen wir den Schluss, dass das unterschiedliche Verhalten von Ökonomen und Nicht-Ökonomen maßgeblich vom Gut abhängt, für welches ein fairer Allokationsmechanismus gesucht wird. Ökonomen, könnte man sagen, haben ein besseres „Gefühl" dafür, was bei der Fairnessbewertung eine Rolle spielt. Ob und inwieweit im vorliegenden Zusammenhang auch ein Indoktrinationseffekt in dem Sinne wirkt, dass die Beschäftigung mit der Rational-Choice-Theorie zu einer Veränderung der Fairnessdispositionen der Betroffenen führt, muss dabei zunächst noch offen bleiben.

2. Sind Ökonomen anders?

Die Einschätzung, dass insbesondere Individuen mit einem wirtschaftswissenschaftlichen Ausbildungshintergrund zu einer vergleichsweise hohen Eigennutzorientierung und marktliberalen Einstellung tendieren, wird bis heute von einem überwiegenden Anteil der Bevölkerung geteilt. Tatsächlich bestätigen zahlreiche internationale empirische Studien, die sich mit den unterschiedlichen Präferenzen bzw. dem unterschiedlichen Sozialverhalten von Ökonomen und Nicht-Ökonomen und den dafür verantwortlichen Hintergründen auseinander gesetzt haben, diesen Eindruck einer buchstäblich verkehrten Ökonomenwelt. Methodisch wurde dieses Ergebnis in Umfragen, Experimenten und Feldstudien erzielt.

a) Die erste Studie, die sich mit der Einstellung von Ökonomen gegenüber dem Markt- und Preissystem beschäftigte, war die Umfrage von *Kearl* et al. (1979). In dieser befragten die Autoren rund 600 Angehörige der American Economic Association, ob diese an die korrekte Funktion des Markt- und Preismechanismus glaubten. Im Ergebnis sprach sich, wie zu erwarten, eine überwiegende Mehrheit der Ökonomen für die Vorteilhaftigkeit und das Funktionieren der Marktallokation aus.

Zu vergleichbaren Ergebnissen kamen auch weitere an *Kearl* et al. angelehnte Umfragen von *Bobe und Etchegoyen* (1981) unter französischen Ökonomen, von *Frey* et al. (1982) unter Schweizer Ökonomen, von *Schneider* et al. (1983) unter (west-)deutschen Ökonomen, sowie unter österreichischen Ökonomen durch *Pommerehne* et al. (1983).[2] *Kahneman* et al. (1986) untersuchten ebenfalls mithilfe einer Umfrage, jedoch in ihrem Fall unter privaten kanadischen Haushalten, inwiefern diese den Preismechanismus im Hinblick auf die Fairness des zustande kommenden Allokationsmechanismus bewerteten. Zu diesem Zweck wurde ein fiktives Beispiel einer winterlichen Extremsituation beschrieben, in deren Folge es zu einer gesteigerten Nachfrage nach Schneeschaufeln kam. Wie sich zeigte, betrachtete eine Mehrzahl der Haushalte den marktlichen Vorgang des knappheitsbedingten Preisanstiegs von Schneeschaufeln in einer solchen Situation als unfair, während die ausgebildeten Ökonomen darin zumeist kein Problem sahen.

Gorman und *Kehr* (1992) nutzen wiederum dieselbe Umfrage wie *Kahneman* et al. (1986), um diese ein weiteres Mal unter leitenden Angestellten in der freien Wirtschaft durchzuführen. Im Vergleich zu den kanadischen Haushalten zeigte sich bei ihren Probanden eine weitaus größere *Affinität* gegenüber dem Preismechanismus.

Frey und *Pommerehne* (1993) führten in ihrer Studie in zwei weiteren Schritten zunächst einen weiteren Durchlauf der Umfrage von *Kahneman* et al. (1986) unter 150 privaten Haushalten in der Schweiz durch, anschließend eine modifizierte Version derselben unter 400 privaten Haushalten in Deutschland und der Schweiz. Im Detail bestand die Modifikation im zweiten Durchlauf der Umfrage darin, dass den Befragten

---

[2] Einen tiefergehenden Überblick zu den genannten internationalen Umfragen bietet z.B. *Frey* et al. (1984).

mehrere alternative marktnahe bzw. -ferne Allokationsmechanismen[3] zur Fairnessbewertung vorgelegt wurden. Wiederum zeigte sich im Ergebnis, dass die Mehrzahl der Nicht-Ökonomen-Haushalte den marktnahen Mechanismen eher abgeneigt gegenüber standen.

Jüngste Befragungsstudien, die ihrerseits methodisch auf den Arbeiten von *Kahneman* et al. (1986) bzw. *Frey* und *Pommerehne* (1993) basierten, erlauben erstmalig auch Hinweise auf die Hintergründe, die für die unterschiedlichen Präferenzen von Ökonomen und Nicht-Ökonomen verantwortlich gemacht werden können. Neben soziodemographischen Variablen wie Alter, Geschlecht, Nationalität etc. lag der Fokus dieser Arbeiten vor allem auf der Klärung der relativen Gewichtung von Indoktrinations- und Selektionseffekt. Hinweise auf einen Selbstselektionseffekt fanden sich folglich in den Umfragen von *Frey* et al. (1993), *Cipriani* et al. (2009), *Haucap* und *Just* (2010), *Ruske* und *Suttner* (2012) sowie *Müller, Ruske* und *Suttner* (2012); Hinweise auf einen signifikanten Indoktrinationseffekt hingegen einzig bei *Cipriani* et al. (2009) sowie bei *Haucap* und *Just* (2010).

Im Jahr 2006 legte *Rubinstein* den Fokus seiner Umfrage erstmals auf die nähere Analyse des unterschiedlichen Profitmaximierungsverhaltens von Ökonomen und Nicht-Ökonomen. Zu diesem Zweck befragte er Studierende verschiedener Fachrichtungen der Universität Tel Aviv, Doktoranden der Ökonomik der Universität Harvard sowie eine Stichprobe von Lesern der Wirtschaftszeitung „Globes", inwiefern diese zum Wohle einer fiktiven Firma Entlassungen der Belegschaft in Kauf nehmen würden. Er konnte zeigen, dass die Ökonomik-Studierenden der Universität Tel Aviv durchschnittlich 47 % der Belegschaft entlassen hätten, die Studierenden anderer Fachrichtungen hingegen lediglich 21 %. Die Leser der „Globes" kamen im Mittel auf 28 % Entlassungen zum Wohle des Profits der Firma. Eine Überraschung lieferten hingegen die Harvard-Doktoranden, die je nach „Framing" der Fragestellungen zwischen 27 und 51 % der Belegschaft entlassen hätten und im Mittel trotz des fortgeschrittenen Ausbildungsniveaus mit 39 % Entlassungen weit hinter den Ökonomik-Studierenden der Universität Tel Aviv zurücklagen. Eine Aussage zum Einfluss von Selbstselektion und Indoktrination konnte aufgrund der hierzu fehlenden Datenbasis in dieser Studie nicht getroffen werden.

b) Auch Laborexperimente wurden herangezogen, um potenzielle Unterschiede des Sozialverhaltens von Ökonomen und Nicht-Ökonomen bzw. ihres Fairness- und Profitmaximierungsverhaltens zu analysieren. 1981 führten *Marwell* und *Ames* erstmalig ein solches Laborexperiment unter amerikanischen Erstsemesterstudierenden der Ökonomik und Highschool-Schülern (in diesem Fall der entsprechenden Vergleichsgruppe an Nicht-Ökonomen) durch. Im Genaueren analysierten sie das allgemeine Trittbrettfahrerverhalten beider Gruppen, indem sie deren jeweilige Bereitschaft überprüften, zu einem fiktiven Kollektivgut beizutragen. Sie konnten zeigen, dass eine deutliche Mehrheit der Trittbrettfahrer der Gruppe der Ökonomen zuzurechnen war. Auf eine Untersu-

---

[3] Eine genaue Darstellung der alternativen Allokationsmechanismen liefern wir in Kapitel II.1 des vorliegenden Beitrages.

chung von Selbstselektion oder Indoktrination wurde auch bei diesem Experiment wiederum aufgrund der fehlenden Datenbasis verzichtet.

Carter und *Irons* (1991) untersuchten die gleiche Fragestellung im Laborexperiment mithilfe der Durchführung eines Ultimatumspiels. Zu diesem Zweck schlüpften in ihrem Versuch abwechselnd Ökonomen und Nicht-Ökonomen in die Rolle eines „Vorschlagenden" (Proposer), der eine vorher festgelegte Geldsumme zwischen sich und einem Empfänger (Rezipient) aufteilen sollte. Nur wenn der Empfänger hierbei mit der vorgeschlagenen Aufteilung des Geldbetrages zufrieden war, nahm dieser das Angebot an. Lehnte er es ab, so gingen beide Parteien leer aus. Die Gelegenheit der vorherigen Absprache beider Parteien wurde dabei systematisch ausgeschlossen. Die Standard-Spieltheorie lässt erwarten, dass ein rationaler Proposer zu Zwecken der eigenen Profitmaximierung dem Rezipienten lediglich den kleinstmöglichen Geldbetrag, also z.B. ein Cent, anbietet, da sich auch der Rezipient nach dem Axiom der Nichtsättigung hierdurch besser stellen würde. Die Empirie zeigt hingegen, dass sich die Angebote der Individuen im Mittel vielmehr anhand der 50:50-Regel (*Ockenfels* 1999, S. 141-143) orientieren. Aufgrund der in der Realität vorherrschenden Fairnessvorstellungen der Mehrheit der Individuen sinkt die Ablehnungswahrscheinlichkeit der Rezipienten folglich mit der Höhe des vom Proposer gemachten Angebotes (*Bolton* und *Zwick* 1995), aber auch mit der sinkenden absoluten Größe des aufzuteilenden „Kuchens" (*Slonim* und *Roth* 1998, S. 590 f.).

Tatsächlich ließ sich auch im Experiment von *Carter* und *Irons* (1991) sowohl von den Nicht-Ökonomen als auch von den Ökonomen kein strikt rationales Verhalten im Sinne der standard-spieltheoretischen Voraussage beobachten. Dennoch zeigten letztere erwartungsgemäß eine immer noch deutlich höhere Tendenz des „Rationalverhaltens", da ihre vorgeschlagenen Geldmengen an die Rezipienten deutlich geringer ausfielen. Die Verhaltensunterschiede konnten *Carter* und *Irons* in diesem Fall auf Selbstselektionseffekte zurückführen. *Selten* und *Ockenfels* (1998) verwendeten zur Klärung der Fragestellung in ihrem Laborexperiment ein sog. Solidaritätsspiel. Hierbei wurde die Bereitschaft von Ökonomen und Nicht-Ökonomen, freiwillig einen Anteil eines vorher erlangten Gewinns an die übrigen, leer ausgegangenen Gruppenmitglieder zu stiften, analysiert. Es zeigte sich, dass auch bei diesem Experiment die Solidarität der Nicht-Ökonomen deutlich über der der Ökonomen lag, da diese im Mittel höhere Beträge an die Verlierer des Spiels abgaben. Die genauere Analyse der Hintergründe für die Verhaltensdifferenzen ergab in diesem Fall, dass neben einem erkennbaren Selbstselektionseffekt auch ein Indoktrinationseffekt, wenngleich nur unter männlichen Studenten, vorlag.

Frank und *Schulze* (2000) testeten experimentell die Korruptionsneigung beider Gruppen mithilfe einer Stichprobe von ca. 190 Studierenden aus verschiedenen Fachrichtungen der Universität Hohenheim. Konkret wurde deren Bestechungsverhalten mithilfe einer gestellten Situation überprüft, in der die Probanden als Bevollmächtigte des universitätseigenen Filmclubs eine Dienstleistung zu vergeben hatten. Je teurer dabei das Angebot der in Frage kommenden Firmen ausfiel, umso höher fiel infolgedessen auch eine durch die Firmen bezahlte Provision (Bestechungsgeld) aus. Handelten die Probanden also im Sinne des Filmclubs und engagierten einen günstigen Anbieter für die Dienstleistung, fiel ihre „Provision" verhältnismäßig gering aus und vice versa. Als Ergebnis zeigte sich, dass auch im Hinblick auf die Korruptionsanfälligkeit die Ökonomen signifikant vor den Nicht-Ökonomen lagen, wobei die Korruptionsneigung bei den männlichen Ökonomen am deutlichsten ausgeprägt war. *Frank* und *Schulze* fanden hierbei wie *Carter* und *Irons* (1991) lediglich Hinweise auf einen Selbstselektionsprozess der Ökonomen.

c) Als grundsätzliche Alternative zu den Laborexperimenten, aber auch als Kritik im Hinblick auf die externe Validität der in Umfragen und in Laboren erzielten Ergebnisse, vertrauen schließlich manche Autoren der empirischen Ökonomen- vs. Nicht-Ökonomen-Forschung einzig auf die Forschungsstrategie der sog. Natur- oder Feldexperimente.[4] In diesen soll, anstatt nur über Präferenzen zu „reden" bzw. diese in Spielsituationen zu offenbaren (*Kirchgässner* 2005, S. 549), vielmehr das tatsächliche Verhalten beider Gruppen in Alltagssituationen analysiert werden.

Völlig verkehrt scheint das Denken und Handeln von Ökonomen im Vergleich zu Nicht-Ökonomen indes nicht zu sein. So führten *Yezer* et al. (1996) ein sog. „Lost Letter"-Experiment (grundlegend *Milgram* et al. 1965) unter Studierenden der George-Washington-Universität in Washington D.C. durch. Zu diesem Zweck wurden zahlreiche Briefumschläge, die mit einem Geldbetrag von je zehn Dollar gefüllt und mit einer Adresse versehen waren, in jeweils 32 Ökonomik-Vorlesungen sowie in 32 Vorlesungen anderer Fächer vor Beginn der Veranstaltungen verteilt. Überraschenderweise zeigte sich hierbei ein grundlegend anderes Ergebnis: Die Ökonomen sendeten mit 56 % mehr Briefe an die Absender zurück als die Nicht-Ökonomen mit einer Rückgabequote von lediglich 31 %. Auf die Untersuchung bezüglich möglicher Indoktrinationseffekte musste aufgrund des einheitlichen Ausbildungsniveaus der getesteten Ökonomen allerdings verzichtet werden.

Auch *Laband* und *Beil* (1999) fanden widersprüchliche Evidenz zu den in Umfragen und Laborexperimenten erlangten Erkenntnissen. In ihrem Feldexperiment analysierten sie die Zahlungsmoral von amerikanischen Professoren verschiedener Fachbereiche, indem sie die Einhaltung der anteilig von deren Gehältern abzuführenden Abgaben an die „American Science Association" überprüften. So zeigten die Ökonomie-Professoren, dass deren Zahlungsmoral, was die Höhe sowie den rechtzeitigen Zahlungseingang anging, den Kollegen der anderen Fachbereiche in nichts nachstand. Eine nähere Betrachtung von Selbstselektions- und Indoktrinationseffekten fand auch in diesem Experiment nicht statt.

Blais und *Young* (1999) führten während der kanadischen Regierungswahlphase im Jahr 1993 eine Feldstudie über den isolierten Einfluss des Rational-Choice-Ansatzes zum rationalen Wählen durch. Hierbei wurde einem Teil einer großen Gruppe Studierender in einer kurzen Präsentation das Modell des rationalen (Nicht-)Wählens (für eine Übersicht siehe z.B. *Mueller* 2003) näher gebracht. Während der Wahl wurde schließlich das reale Wahlverhalten der gesamten Stichprobe, also derjenigen mit und ohne

---

[4] Für eine genauere Auseinandersetzung mit der Methodenkritik der einzelnen Forschungsstrategien siehe z.B. *Kirchgässner* (2005).

Schulung, verglichen, und es zeigte sich, dass die Wahlbeteiligung derjenigen Studierenden mit Schulung, d.h. der „Indoktrinierten", um sieben Prozent geringer ausfiel.

Eine weitere (Feld-)Studie von *Frey* und *Meier* (2003 und 2005) analysierte jeweils die Bereitschaft von Schweizer Studierenden verschiedener Fächer, zu einem Sozialfonds der Universität Zürich beizutragen. Hier wurde das Spendenverhalten von Ökonomen und Nicht-Ökonomen über den Zeitraum des Wintersemesters 1998/99 bis zum Wintersemester 2000/01 beobachtet und festgestellt, dass wiederum in Einklang mit den Umfragen und der experimentellen Laborforschung die Ökonomen insgesamt betrachtet eine geringere Bereitschaft zu spenden zeigten, was in diesem Fall abermals auf Selbstselektionseffekte zurückzuführen war.

3. Die Umfrage

Für unsere eigene Untersuchung im verkehrsökonomischen Kontext wählen wir die Umfragemethode, um die Vergleichbarkeit unserer Ergebnisse mit den Studien der jüngeren Vergangenheit zu gewährleisten. Zu Beginn des Wintersemesters 2012/2013 befragten wir an der Universität Münster Studierende der Fachbereiche Wirtschaftswissenschaften, Medizin, Germanistik und Katholische Theologie. Die Stichprobe der Wirtschaftswissenschaftler setzt sich aus Teilnehmern der Vorlesung „Mikroökonomik" am Centrum für Interdisziplinäre Wirtschaftsforschung der Universität Münster zusammen. Hierzu zählen Studierende der Ein-Fach-Bachelor-Studiengänge „Politik und Wirtschaft" (zu 29,2 %), „Wirtschaft und Recht" (zu 34,8 %) sowie der Zweifach-Bachelor-Studiengänge „Ökonomik" (zu 30,4 %) und „Wirtschaftslehre/Politik" (5,6 %). Die hieraus resultierenden Daten betreffen damit zwar nicht Studierende, die ausschließlich Wirtschaftswissenschaften studieren. Dennoch ist das Modul für eine Untersuchung des Selektions- und des Indoktrinationseffektes ökonomischer Bildung geeignet, insofern es für die Teilnehmer in aller Regel der erste und im ersten Semester auch der einzige Kontakt mit dem Ansatz des strikt zweckrational kalkulierenden Homo oeconomicus ist. Es lassen sich somit die Auswirkungen von Rational-Choice-Inhalten isolieren. Geeignet ist das Modul zur Mikroökonomik auch deshalb, weil in keinem der beteiligten Studiengänge weitere Veranstaltungen mit Rational-Choice-Inhalten stattfinden. Die einzige parallel veranstaltete wirtschaftswissenschaftliche Vorlesung ist „Betriebliches Rechnungswesen", die, soweit ersichtlich, keine Rational-Choice-Bestandteile enthält.

Im betrachteten Semester findet die Vorlesung zur Mikroökonomik vierstündig pro Woche statt; zusammen mit der ergänzenden Übung, die ihrerseits zweistündig veranstaltet wird, bildet sie das Modul „Mikroökonomik". Die Befassung mit mikroökonomischen Fragestellungen ist mit insgesamt sechs Semesterwochenstunden also sehr intensiv.

Neben der persönlichen Fairness-Einstellung der Studierenden erheben wir zusätzlich weitere Kontrollvariablen wie Alter, Geschlecht, Nationalität, Abiturnote, Abiturjahrgang sowie das Bundesland der allgemeinen Hochschulreife. Des Weiteren erheben wir parallel studierte Studienfächer (zusätzlich zum ersten angegebenen Studienfach), das aktuelle Fachsemester sowie eine eventuell bestehende ökonomische Vorbildung, die beispielsweise durch ein vorangegangenes Studium mit wirtschaftswissenschaftlichen Inhalten oder durch schulische ökonomische Vorbildung erlangt wurde. Hinzu kommt abschließend die Abfrage nach der politischen Einstellung auf einer Likert-Skala von 1 (= links) bis 5 (= rechts).

Die konkrete Fragestellung lautete:

Aus Münster fährt jeden Tag um 8 Uhr ein Zug nach Telgte. Der Zug bietet lediglich Raum für 150 Fahrgäste. Ein Ticket kostet 2,10 EUR. Aufgrund der bevorstehenden Sanierung der Hauptverkehrsverbindung für den Straßenverkehr nach Telgte erwarten die Stadtwerke in den kommenden Wochen insgesamt 300 Fahrgäste, die diesen als Pendel-Zug zur Arbeit nutzen wollen.

Bitte beurteilen Sie die folgenden Allokationsmechanismen, nach denen die Zugtickets den Fahrgästen angeboten werden sollen:

a) Der Preis pro Zugticket wird auf 4,20 Euro erhöht.

b) Ein Zugticket wird für jeweils 2,10 Euro an die ersten 150 Fahrgäste verkauft nach dem Motto „Wer zuerst kommt, mahlt zuerst".

c) Ein Zugticket wird für jeweils 2,10 Euro an die 150 Fahrgäste verkauft, deren Nachnamen zufällig zwischen A und K beginnen.

d) Die örtliche Gemeinde kauft 150 Zugtickets für jeweils 2,10 Euro auf und verteilt sie nach eigenem Ermessen.

Den Befragten steht hierbei die Möglichkeit zur Verfügung, die einzelnen Allokationsmechanismen Markt, Windhundverfahren („Wer zuerst kommt, mahlt zuerst"), Zufall und behördliche Zuteilung jeweils als „sehr gerecht", „akzeptabel", „ungerecht" oder als „sehr ungerecht" zu bewerten.

4. Deskriptive Statistik

Für die weitere Analyse verwenden wir die Fragebögen von 375 Studierenden, wobei der Anteil der Ökonomen mit 89 Studierenden 25,3 % der Gesamtstichprobe ausmacht. Nachfolgende Tabelle 1 fasst weitere deskriptive Statistiken zu den einzelnen Vorlesungen zusammen.

Tabelle 1: Deskriptive Statistiken zu einzelnen Vorlesungen

Gruppe	Anzahl	Frauenanteil	Mittelwert Abiturnote	econschool = 1	econlect = 1	aus NRW
Gesamt	375	68,4 %	1,92	59,6 %	6,6 %	78,4 %
Mikro-ökonomik	89	50,0 %	1,92	56,8 %	15,3 %	66,7 %
Medizin	72	70,4 %	1,29	75,0 %	0,0 %	84,1 %
Germanistik	105	79,0 %	2,04	53,4 %	3,9 %	89,2 %
Theologie	109	71,6 %	2,22	57,5 %	6,5 %	74,1 %

Quelle: Eigene Darstellung.

Insgesamt liegt der Anteil der Frauen unserer gesamten Stichprobe bei 68,4 %, wobei der Anteil der Mikroökonominnen mit 50 % darunter liegt. Bei den Theologen liegt der Anteil der Frauen weiterhin bei 71,6 %, bei den Germanisten bei 79 % und bei den Medizinern bei 70,4 %. Den besten Abiturschnitt besitzen mit 1,29 die Mediziner, gefolgt von den Mikroökonomen mit 1,92 und den Germanisten mit 2,04. Der Durchschnitt der gesamten Stichprobe liegt wiederum mit einem Schnitt von 1,92 exakt auf dem Niveau der Gruppe der Mikroökonomen.

Ein Schulfach mit wirtschaftswissenschaftlichen Inhalten (*econschool* = 1) besuchten 59,6 % der Befragten, wobei dieser hohe Wert dadurch relativiert werden muss, dass 78,4 % der Befragten aus Nordrhein-Westfalen stammen. Dort besteht kein eigenständiges Fach Wirtschaft, sondern (lediglich) das Fach Sozialwissenschaften, in dem die Ökonomik gemeinsam mit der Politik und der Soziologie nur als Teilfach aufgeht. Die Anteile derjenigen, die eine wirtschaftswissenschaftliche schulische Vorbildung besitzen, liegen bei den Ökonomen bei 56,8 %, bei den Germanisten bei 53,4 %, bei den Theologen bei 57,5 % sowie bei den Medizinern bei 75 %. Vorlesungen mit wirtschaftswissenschaftlichen Inhalten (*econlect* = 1) besuchten insgesamt nur 6,6 % der Befragten, wobei der Anteil unter der Mikroökonomen mit 15,3 % deutlich darüber liegt.

Tabelle 2 gibt nachfolgend eine erste Übersicht über das Antwortverhalten der einzelnen Gruppen zu dem Preissystem als Allokationsverfahren. Ausgewiesen werden hierbei die Anteile der Gruppen, die das Preissystem entweder als „sehr gerecht" oder „akzeptabel" bewerten.

Tabelle 2: Anteile einzelner Gruppen, die das Preissystem als „sehr gerecht" oder „akzeptabel" qualifizieren

Gruppe	Anzahl	Anteil an der Bewertung als „sehr gerecht" oder „akzeptabel"
Gesamt	375	20,6 %
Mikroökonomik	89	25,3 %
Medizin	72	22,9 %
Germanistik	105	17,1 %
Theologie	109	18,6 %
Männer	118	33,6 %
Frauen	255	14,6 %
Politisch links (1, 2)	111	14,5 %
Politisch neutral (3)	210	22,2 %
Politisch rechts (4, 5)	36	33,3 %

Quelle: Eigene Darstellung.

Es lässt sich erkennen, dass der größte Anteil derjenigen, die das Preissystem als gerecht bzw. akzeptabel bewerten, mit 25,3 % bei den Mikroökonomen liegt. Dies deutet auf einen – wenngleich auch sehr schwach ausgeprägten – Selbstselektionseffekt unter den Ökonomen hin. Da uns zum aktuellen Zeitpunkt noch keine Daten zu Vorlesungsende der Mikroökonomievorlesung vorliegen, ist es uns ferner leider nicht möglich, auch auf einen Indoktrinationseffekt bei den Teilnehmenden der Mikroökonomievorlesung zu testen.[5]

Weiterhin ist zu erkennen, dass das „starke Geschlecht" mit 33,6 % der Fairness des Preissystems deutlich zugeneigter gegenübersteht als die Frauen mit lediglich 14,6 %. Dies deckt sich wiederum mit den Erkenntnissen vorangegangener Studien in diesem Kontext, die sich mit geschlechtsspezifischen Analysen auseinandergesetzt haben (siehe z.B. *Frey* et al. 1993 sowie *Cipriani* et al. 2009).

Die Zuordnung zur politischen Einstellung erhalten wir durch Aggregieren der Skala. Die Gruppe der „politisch Linken" ergibt sich dabei aus den Ausprägungen 1 und 2, die Gruppe der „politisch Neutralen" aus der Ausprägung 3 sowie die Gruppe der „politisch Rechten" aus den Ausprägungen 4 und 5. Auffallend hierbei ist, dass je weiter die Befragten politisch rechts zuzuordnen sind, sie den Preismechanismus für verhältnismäßig fairer halten.

5. Regression

Nun interessieren wir uns für die Variablen, die Erklärungsgehalt für die Einstellung zum Preissystem besitzen. Zu diesem Zweck führen wir eine binäre Logit-Regression durch, wobei wir die Antworten „sehr gerecht" und „akzeptabel" mit 1 und die Antworten „ungerecht" und „sehr ungerecht" mit 0 zusammenfassen. Wir erhalten das in Tabelle 3 berichtete Ergebnis.

Das Ergebnis muss überraschen: Wir stellen fest, dass nur das Geschlecht einen (höchst) signifikanten Einfluss auf die Einstellung zum Preissystem hat. Männlich zu sein, erhöht die Wahrscheinlichkeit, das Preissystem für gerecht zu halten (ähnlich bereits *Ruske* und *Suttner* 2012; *Müller, Ruske* und *Suttner* 2012). Im Gegensatz dazu scheint in der vorliegenden Untersuchung die Teilnahme an der Mikroökonomik-Vorlesung (Variable *econ_stud*) keinen signifikanten Einfluss auf das Fairnessverhalten zu besitzen.

In vorangegangenen Studien (*Ruske* und *Suttner* 2012; *Müller, Ruske* und *Suttner* 2012) hatten wir indes einen ausgeprägten Selektionseffekt gefunden: Personen mit hoher Präferenz für marktliche Allokationsverfahren wählen mit großer Wahrscheinlichkeit ein Ökonomikstudium. Das Untersuchungsdesign glich dabei dem hier vorliegenden: Wir hatten ca. 600 Studierende aus den gleichen Vorlesungen der Universität Münster befragt, wie sie eine Erhöhung des Preises einer knappen Ressource bewerten. Dabei verwendeten wir die Fragestellung von *Frey* et al. (1993), auf die später auch *Haucap* und *Just* (2010) zurückgriffen. Bei der knappen Ressource handelte es sich um

---

[5] In der vergleichbaren Studie von *Ruske* und *Suttner* (2012) wurde an dieser Stelle ein schwach ausgeprägter Einfluss der „Indoktrination" festgestellt, da sich der Anteil derjenigen Mikroökonomen, die das Preissystem als „sehr gerecht" und „akzeptabel" hielten, noch einmal um 9,3 % auf insgesamt 52,4 % erhöhte.

Wasserflaschen, die auf einer Aussichtsplattform durstigen Wanderern angeboten werden. Da in der den Befragten zur Entscheidung vorgelegten Geschichte ein heißer Tag bevorsteht, werden doppelt so viele Wanderer erwartet. Bei der den Teilnehmern vorgeschlagenen Allokation über das Marktsystem verdoppelt sich der Preis pro Flasche (bei *Haucap* und *Just* 2010 von zwei auf vier Euro). Darüber hinaus werden noch vier weitere Nichtmarkt-Allokationsmechanismen vorgeschlagen, deren Bewertung wir im Folgenden nicht weiter berücksichtigen. Für unsere Studie konfrontierten wir Studenten aus Vorlesungen der Ökonomik, der Medizin, der Theologie und der Germanistik mit dieser Fragestellung. Die Umfrage führten wir direkt zu Beginn des Semesters durch, um bei den Ökonomen Indoktrinationseffekte durch das Studium auszuschließen. Aus diesem Grund fragten wir alle Teilnehmer auch nach bereits in früheren Semestern besuchten Veranstaltungen aus den Wirtschaftswissenschaften sowie nach ökonomischer Vorbildung in der Schule.

Tabelle 3: Ergebnis der binären Logit-Regression für das Preissystem

intercept	-0,67
	(-0,17)
econ_stud	0,19
	(0,46)
med_stud	-0,23
	(-0,46)
theo_stud	0,27
	(0,59)
econlect	0,86
	(1,55)
econschool	0,30
	(0,93)
pol_att	0,16
	(0,67)
male	1,02
	(3,02)***

econ_stud =	Teilnahme an Mikroökonomik-Vorlesung (Dummy)
med_stud =	Teilnahme an Medizin-Vorlesung (Dummy)
theo_stud =	Teilnahme an Theologie-Vorlesung (Dummy)
econlect =	Besuch anderer wirtschaftswissenschaftlicher Vorlesungen (Dummy)
econschool =	Besuch von Wirtschaftsunterricht in der Schule (Dummy)
pol_att =	politische Einstellung von 1 (= links) bis 5 (=rechts)
male =	Geschlecht (0 = weiblich, 1 = männlich)

Signifikanzniveaus: *** (1%), ** (5%), * (10%). In Klammern sind jeweils die dazugehörigen z-Werte angegeben. Die Regression enthält weitere Kontrollvariablen, die wir der Übersichtlichkeit halber nicht berichten.

Quelle: Eigene Darstellung.

Allein beim Antwortverhalten zeigte sich, dass die Ökonomen zu einem deutlich höheren Anteil als die anderen Gruppen in der Preiserhöhung ein gerechtes Allokationsverfahren sehen: Rund 48 % von ihnen qualifizierten die Preiserhöhung als „sehr gerecht“ oder „akzeptabel“, während es bei den Medizinern nur 25 %, bei den Germanisten 19 % und bei den Theologen sogar nur 17 % waren. Um nach möglichen anderen Effekten zu kontrollieren, führten wir zusätzlich noch Ordered-Probit-Regressionen (*Ruske* und *Suttner* 2012) bzw. eine Logit-Regression (*Müller, Ruske* und *Suttner* 2012) für das Preissystem durch. Dabei konnten wir jeweils einen eindeutigen Selektionseffekt ausmachen: Ökonomen sind bereits vor ihrem Studium marktaffiner als ihre Kommilitonen anderer Fachrichtungen und wählen wohl deshalb das Ökonomik-Studium. Diesen Effekt konnten wir mithilfe von Dummy-Variablen für die einzelnen Vorlesungen nachweisen. Ansonsten besaßen in der vorangegangenen Studie noch die politische Einstellung sowie das Geschlecht signifikanten Erklärungsgehalt für die Einstellung zum Preismechanismus.

Für den hier vorliegenden Fall des Öffentlichen Personennahverkehrs erwarteten wir daher ein ähnliches Ergebnis: Da Ökonomen bereits ohne Ökonomik-Studium marktaffin sind, werden sie vermutlich auch in diesem Fall eher der Marktlösung zugeneigt sein als ihre Kommilitonen aus anderen Disziplinen. Das aber ist nicht der Fall.

Bereits in Tabelle 1 haben wir gesehen, dass sich das Antwortverhalten der Ökonomen kaum von dem der Nicht-Ökonomen unterscheidet. Die vertiefende Analyse bestätigt die erste Vermutung. Alles in allem können wir anhand der vorliegenden Untersuchung *keinen* Selbstselektionseffekt herauslesen. In Bezug auf den verkehrswissenschaftlichen Kontext zeigen die Erstsemesterstudierenden der Ökonomik *keine* höhere Präferenz für die Marktallokation als ihre Kommilitonen aus anderen Fächern. Wie aber deckt sich das mit unseren bisherigen Ergebnissen und jenen aus der übrigen Literatur? Warum schwimmen die Ökonomen, die sich doch sonst so robust für die Marktallokation ausgesprochen hatten, hier so stark mit der Masse mit? Und warum finden Ökonomen eine Preiserhöhung bei der Verknappung von Wasser gerechter als bei der Verknappung eines Transportmittels? Was, wenn nicht die Ökonomen, ist anders im vorliegenden Kontext?

Wir haben die Vermutung, dass der Grund für das hier erzielte Ergebnis in dem Gut des Nahverkehrs zu suchen ist, um dessen Zuteilung es hier geht. Um daher diesen Effekt für unsere Fragestellung zu isolieren, fügen wir das Sample aus unserer Vergleichsstudie mit dem hiesigen zusammen und kontrollieren für das abgefragte Gut. Wir finden heraus, dass das zur Verteilung anstehende Gut – in diesem Fall Wasser im Vergleich zum Bahnticket – eine signifikante Rolle spielt (siehe Tabelle 4). Die anderen Signifikanzen, die sich im Unterschied zu Tabelle 3 ergeben, resultieren aus dem Teilsample unserer Vergleichsstudie (die Wasserfrage). Dort waren die sonstigen hier als signifikant aufgeführten Variablen ebenfalls signifikant.

Bei näherer Betrachtung ist dies auch durchaus plausibel: Der öffentliche Verkehr ist ein absolut inferiores Gut mit einer negativen Einkommenselastizität, die *Schumann, Meyer* und *Ströbele* (2007, S. 77) mit -0,31 angeben. Wasser dagegen ist ein etwas höherwertiges – ein nur relativ inferiores – Gut. Leitungswasser (*Wong* 1972), erst recht aber Mineralwasser, hat eine Einkommenselastiztität zwischen 0 und 1 (*Hesse, Hoff-*

mann und *Thiele* 2002, S. 57). Ein Gut wie das Mineralwasser, das man – wie im Beispiel unserer Vorgängerstudie – an einem Aussichtspunkt erwerben kann, dürfte als ein entbehrliches Gut sogar einkommenssuperior sein (mit einer Einkommenselastizität größer als 1). Das deuten auch *Haucap* und *Just* (2010, S. 243) an, wenn sie darauf hinweisen, dass es bei der Versorgung mit Mineralwasser am Wandererrastplatz nicht um Leben und Tod gehe. Vielleicht bekommen die Wanderer das Wasser an einer anderen Stelle sogar noch etwas billiger und müssen dafür nur noch ein wenig weiter laufen. Mit anderen Worten: Bei einem gegebenen niedrigen Einkommen könnten Individuen problemlos auf das Mineralwasser am Wegesrand ihrer Wanderung verzichten, nicht hingegen auf den Nahverkehrszug, der sie zu ihrer Arbeit bringt.

Tabelle 4: Ergebnis der binären Logit-Regression für das Preissystem

econ_stud	0,85
	(3,43)***
econlect	0,76
	(2,29)**
econschool	0,00
	(0,03)
pol_att	0,39
	(3,14)***
male	0,64
	(3,74)***
water	0,39
	(2,08)**

econ_stud =	Teilnahme an Mikroökonomik-Vorlesung (Dummy)
econlect =	Besuch anderer wirtschaftswissenschaftlicher Vorlesungen (Dummy)
econschool =	Besuch von Wirtschaftsunterricht in der Schule (Dummy)
pol_att =	politische Einstellung von 1 (= links) bis 5 (=rechts)
male =	Geschlecht (0 = weiblich, 1 = männlich)
water =	Dummy für Fragestellung (Wasser = 1, Zug = 0)

Signifikanzniveaus: *** (1%), ** (5%), * (10%). In Klammern sind jeweils die dazugehörigen z-Werte angegeben. Die Regression enthält weitere Kontrollvariablen, die wir der Übersichtlichkeit halber nicht berichten.

Quelle: Eigene Darstellung.

Damit hätte die fehlende Signifikanz des Selektionseffektes in dem von uns gewählten verkehrsökonomischen Kontext (neben unserer Enttäuschung über das unaufregende Resultat) doch noch eine positive Seite: Ökonomen wären dann nämlich gar nicht um jeden Preis anders. Sie sind es nur dann, wenn die Frage, um die es geht, nicht so dringlich ist. Dann präferieren sie – im Gegensatz zu Studierenden anderer Fachrichtungen – den Preismechanismus; möglicherweise liegt der Grund darin, dass sie ihm eine höhere Allokationseffizienz zuschreiben als anderen Verfahren. Wenn es aber „ans Eingemachte" geht, dann sehen auch sie im Preismechanismus kein allzu gerechtes Verfahren, vielleicht weil sie unterstellen, dass die Entfaltung von Nachfrage am Markt nicht nur ein Bedürfnis voraussetzt, sondern auch die materielle Fähigkeit, es zu befriedigen.

6. Ökonomen haben auch Gefühle

Wer *Hannes Hartwig* schon einmal mit seiner E-Gitarre auf der Bühne erlebt hat, wusste es eigentlich schon vorher: Auch Ökonomen haben Gefühle. Nach unserer hier vorliegenden Untersuchung haben sie – in einer zugegebenermaßen etwas gedehnten Interpretation – unter bestimmten Umständen sogar mehr „Gefühl" als andere Menschen: Sie haben offenbar ein besseres Gespür dafür, was fair ist und was nicht.

Im Wintersemester 2012/2013 befragten wir an der Universität Münster knapp 400 Studierende wirtschaftswissenschaftlicher Studiengänge sowie Studierende der Fächer Medizin, Germanistik und Katholischer Theologie, um die relative Fairnesseinstellung von Ökonomikstudierenden im Vergleich zu anderen Studierenden zu erheben. Die Studierenden hatten dabei auf einem Fragebogen die Aufgabe, die (Un-)Gerechtigkeit der alternativen Allokationsmechanismen Markt, Windhundverfahren, Zufall und behördliche Zuteilung zu beurteilen. Erstmals führten wir eine solche Untersuchung im Kontext eines verkehrswirtschaftlichen Beispiels durch.

Das Ergebnis ist überraschend: Ökonomen und Nicht-Ökonomen unterscheiden sich in ihrem Verhalten nicht signifikant voneinander. In der Literatur gibt es stattdessen die Beobachtung, dass sich Menschen mit ökonomischer Hochschulbildung scheinbar egoistischer verhalten und in stärkerem Maße Marktallokationen präferieren als Akademiker anderer Fachrichtungen. Im Kontext unserer Untersuchung ließ sich jedoch zumindest ein *Selektionseffekt* nicht feststellen, nach dem Menschen mit einer höheren Affinität zu Marktlösungen eher ein Ökonomikstudium aufnehmen als Personen, die andere Allokationsverfahren präferieren. Ökonomen sind, wie es scheint, danach nicht – wie in der Literatur nahegelegt – weniger fair als andere Individuen; sie sind statt dessen nur besser in der Lage, die individuelle Relevanz der zu alloziierenden Güter für die Betroffenen einzuschätzen, insofern sie – mindestens intuitiv – auch die Unterschiede in den Einkommenselastizitäten absolut inferiorer Güter wie des öffentlichen Nahverkehrs und den in den Beispielsfällen in der Literatur herangezogenen höherwertigen Gütern (zumeist Mineralwasser) berücksichtigen. Bei nur relativ inferioren oder superioren Gütern, die ein Mensch nicht unbedingt zum Leben benötigt, präferieren sie den Markt; bei absolut inferioren Gütern indes, die bei einem gegebenen geringen Einkommen weniger leicht substituierbar sind, votieren sie – wie alle anderen Menschen – eher für nichtmarktliche Zuteilungsverfahren.

Ökonomen haben, wie es aussieht, ein besseres „Gefühl" dafür, was bei der Bewertung eine Rolle spielt. Sie sind somit nicht weniger fair als andere Menschen; sie sind – was die Einschätzung der Folgen alternativer Allokationsverfahren betrifft – nur sensibler als diese. Es mag nicht überraschen, dass das nach Tabelle 3 in besonderem Maße für die weiblichen Ökonomikstudierenden gilt.

Die Frage, ob sich zumindest ein *Indoktrinationseffekt* ökonomischer Bildung nachweisen lässt – ob sich also die Fairnesseinstellung von Ökonomen im Vergleich zu

Nichtökonomen im Prozess der Auseinandersetzung mit der Rational-Choice-Theorie in Richtung auf ein tendenziell egoistischeres Verhalten verändert –, muss indes noch offen bleiben. Lägen *Hannes*' 65. Geburtstag und damit die Drucklegung dieser Geburtstagsgabe auch nur sechs Wochen später, so könnten wir an dieser Stelle wohl schon mehr berichten. Zum Redaktionsschluss dieses Bandes (Weihnachten 2012) aber ist das Wintersemester 2012/2013 noch nicht zu Ende. Eine zweite Befragung der Ökonomen, wie sich ihre Einstellung durch die Beschäftigung mit dem Modul Mikroökonomik verändert hat, steht somit noch aus. In unserer Studie des letzten Jahres (*Müller, Ruske* und *Suttner* 2012) ließ sich für das Beispiel des Mineralwassers am Ausflugsort ein äußerst moderater Indoktrinationseffekt der Beschäftigung mit dem Rational-Choice-Ansatz feststellen: Die Fairnesseinstellungen der Ökonomikstudierenden hatten sich im Verlauf des Semesters nur maßvoll geändert. Ob dies auch im vorliegenden Fall eines absolut einkommensinferioren Gutes geschieht, wird ein interessanter Test sein für die Robustheit unserer Vermutung, dass Ökonomen relativ mehr „Gefühl" haben bei der Einschätzung der Fairness zur Wahl stehender Allokationsmechanismen.

Literatur

Blais, André und *Robert Young* (1999), Why do people vote? An experiment in rationality, in: Public Choice, Vol. 99, S. 39-55.

Bobe, Bernhard und *Alain Etchegoyen* (1981), Economistes en desordre: consensus et dissensions, Paris.

Bolton, Gary E. und *Rami Zwick* (1995), Anonymity versus Punishment in Ultimatum Bargaining, in: Games and Economic Behavior, Vol. 1, S. 95-121.

Carter, John und *Michael Irons* (1991), Are economists different, and if so, why?, in: Journal of Economic Perspectives, Vol. 5/2, S. 171-177.

Cipriani, Giam Pietro, Diego Lubian und *Angelo Zago* (2009), Natural born economists?, in: Journal of Economic Psychology, Vol. 30, 455-468.

Erner, Carsten, Michael Goedde-Menke und *Michael Oberste* (2011), Curriculumäquivalente Lernstandserhebung Ökonomischer Bildung – Objektiver Stand und subjektive Selbsteinschätzung in der Jahrgangsstufe 10, Arbeitspapier Universität Münster.

Erner, Carsten, Michael Goedde-Menke und *Michael Oberste* (2011a), Let the kids decide! The importance of decision making for economic literacy, Arbeitspapier Universität Münster.

Famulla, Gerd-E., Andreas Fischer, Reinhold Hedtke, Birgit Weber und *Bettina Zurstrassen* (2011), Bessere ökonomische Bildung: problemorientiert, pluralistisch, multidisziplinär, in: Aus Politik und Zeitgeschichte, Heft 12/2011, S. 48-54.

Frank, Robert H., Thomas Gilovich und *Dennis T. Regan* (1993), Does studying economics inhibit cooperation?, in: Journal of Economic Perspectives, Vol. 7/2, S. 159-171.

Frank, Robert H., Thomas Gilovich und *Dennis T. Regan* (1996), Do Economists Make Bad Citizens?, in: Journal of of Economic Perspectives, Vol. 10/1, S. 187-192.

Frank, Björn und *Günther G Schulze* (2000), Does economics make citizens corrupt?, in: Journal of Economic Behaviour and Organisation, Vol. 43, S. 101– 113.

Frey, Bruno S. und *Stephan Meier* (2003), Are political economists selfish and indoctrinated? Evidence from a natural experiment. in: Economic Inquiry, Vol. 41, S. 448-462.

Frey, Bruno S. und *Stephan Meier* (2005), Selfish and Indoctrinated Economists?, in: European Journal of Law and Economics, Vol. 19, S. 165-171.

Frey, Bruno S. und *Werner W. Pommerehne* (1993), On the fairness of pricing: an empirical survey among the general population, in: Journal of Economic Behaviour and Organisation, Vol. 20, S. 295-307.

Frey, Bruno S., Werner W. Pommerehne, Friedrich Schneider und *Guy Gilbert* (1984), Consensus and dissension among economists: an empirical inquiry, in: American Economic Review, Vol. 74, S. 986-994.

Frey, Bruno S., Werner W. Pommerehne, Friedrich Schneider und *Hannelore Weck* (1982), Welche Ansichten vertreten Schweizer Ökonomen?, in: Schweizerische Zeitschrift für Volkswirtschaft und Statistik, Vol. 118, S. 1-40.

Frey, Bruno S., Werner W. Pommerehne und *Beat Gygi* (1993), Economics indoctrination or selection? Some empirical results, in: Journal of Economic Education, Vol. 24, S. 271-281.

Gorman, Raymond und *James B. Kehr* (1992), Fairness as a constraint on profit seeking: Comment, in: American Economic Review, Vol. 82, S. 355-358.

Güth, Werner, Rolf Schmittberger und *Bernd Schwarze* (1982), An experimental analysis of ultimatum bargaining, in: Journal of Economic Behaviour and Organization, Vol. 3, S. 367-388.

Hartwig, Karl-Hans (1977), Kritisch-rationale Methodologie und ökonomische Forschungspraxis. Zum Gesetzesbegriff in der Nationalökonomie, Frankfurt am Main u.a.

Hartwig, Karl-Hans (1988), Ordnungstheorie und die Tradition des ökonomischen Denkens, in: *Dieter Cassel, Bernd T. Ramb* und *H. Jörg Thieme* (Hg.), Ordnungspolitik, München, S. 7-34.

Hartwig, Karl-Hans (1989), Zur Rationalität des Rationalprinzips, in: *Ingo Pies* und *Martin Leschke* (Hg.), Gary Beckers ökonomischer Imperialismus, Tübingen, S. 181-184.

Hartwig, Karl-Hans (1992), Umweltökonomie, in: Vahlens Kompendium der Wirtschaftstheorie und Wirtschaftspolitik, Band 2, 5. Auflage, München, S. 123-162.

Hartwig, Karl-Hans (1993), Partnerschaften: Ökonomie zwischenmenschlicher Beziehungen, in: *Bernd T. Ramb* und *Manfred Tietzel* (Hg.), Die ökonomische Logik des menschlichen Handelns, München, S. 33-61.

Hartwig, Karl-Hans (1995), Geldmengensteuerung und Bundesbankverhalten, in: *Jürgen Siebke* und *H. Jörg Thieme* (Hg.), Geldpolitik: Zwanzig Jahre Geldmengensteuerung in Deutschland, Baden-Baden, S. 69-92.

Hartwig, Karl-Hans und *Ingo Pies* (1995), Rationale Drogenpolitik in der Demokratie, Tübingen.

Hartwig, Karl-Hans und *H. Jörg Thieme* (Hg.) (1991), Transformationsprozesse in sozialistischen Wirtschaftssystemen: Ursachen, Konzepte, Instrumente, Berlin u.a. 1991.

Haucap, Justus und *Tobias Just* (2010), Not guilty? Another look at the nature and nurture of economic students, in: European Journal of Law and Economics, Vol. 29, S. 239-254.

Hesse, Klaus, Claudia Hoffmann und *Silke Thiele* (2002), Änderungen der Struktur der Nachfrage nach Nahrungs- und Genußmitteln privater Haushalte und deren Bedeutung für die Ernährungs- und Agrarwirtschaft Schleswig-Holsteins, Forschungsbericht im Auftrag der Stiftung Schleswig-Holsteinische Landschaft, Institut für Ernährungswirtschaft und Verbrauchslehre der Christian-Albrechts-Universität Kiel.

Kahneman, Daniel, Jack L. Knetsch und *Richard H. Thaler* (1986), Fairness as a constraint on profit seeking: Entitlements in the market, in: American Economic Review, Vol. 76, S.728-741.

Kearl, James R., Clayne L. Pope, Gordon C. Whiting und *Larry T. Wimmer* (1979), A confusion of economists?, in: American Economic Review, Vol. 69.2, S. 28-37 (Papers and Proceedings).

Kirchgässner, Gebhard (2005), (Why) are economists different?, in: European Journal of Political Economy, Vol. 21, S. 543-562.

Krol, Gerd-Jan (2001), „Ökonomische Bildung" ohne „Ökonomik"? Zur Bildungsrelevanz des ökonomischen Denkansatzes, in: Sowi-onlinejournal. Zeitschrift für Sozialwissenschaften und ihre Didaktik 2, Ausgabe 1/2001, http://www.jsse.org/2001/2001-1/pdf/krol.pdf.

Laband, David N. und *Richard O. Beil* (1999), Are Economists More Selfish Than Other "Social" Scientists?, in: Public Choice, Vol. 100, S. 85-100.

Marwell, Gerald und *Ruth E. Ames* (1981), Economists free ride, does anyone else? Experiments on the provision of public goods, IV, in: Journal of Public Economics, Vol. 15, S. 295-310.

Milgram, Stanley, Leon Mann und *Susan Harter* (1965), The lost-letter technique: a tool of social research, in: Public Opinion Quarterly, Vol. 29, S. 437-438.

Müller, Christian, René Ruske und *Johannes Suttner* (2012), Menschenbild und Moralität: Der Selektions- und Indoktrinationseffekt ökonomischer Bildung, in: *Michael Schuhen, Michael Wohlgemuth* und *Christian Müller* (Hg.), Ökonomische Bildung und Wirtschaftsordnung, Schriften zu Ordnungsfragen der Wirtschaft, Band 96, Stuttgart, S. 139-155.

Mueller, Dennis C. (2003), Public Choice III, Cambridge.

Ockenfels, Axel (1999), Fairneß, Reziprozität und Eigennutz: Ökonomische Theorie und experimentelle Evidenz. Tübingen.

Peistrup, Matthias und *Susanne Stingel* (2007), Preisbildung bei Semestertickets bezieht alle Studenten mit ein, in: Internationales Verkehrswesen, Bd. 59, S. 386-391.

Pommerehne, Werner W., Friedrich Schneider und *Bruno S. Frey* (1983), Quot homines, tot sententiae? A Survey among Austrian Economists, in: Empirica, Vol. 15, S. 93-127.

Rubinstein, Ariel (2006), A sceptic's comment on the study of economics, in: The Economic Journal, Vol. 116, S. C1–C9.

Ruske, René und *Johannes Suttner* (2012), Wie (un-)fair sind Ökonomen? Neue empirische Evidenz zur Marktbewertung und Rationalität, in: ORDO – Jahrbuch für die Ordnung von Wirtschaft und Gesellschaft, Bd. 63, S. 179-194.

Schneider, Friedrich, Werner W. Pommerehne und *Bruno S. Frey* (1983), Relata referimus: Ergebnisse und Analyse einer Befragung deutscher Oekonomen, in: Zeitschrift für die gesamte Staatswissenschaft, Bd. 139, S. 19-66.

Schumann, Jochen, Ulrich Meyer und *Wolfgang Ströbele* (2007), Grundzüge der mikroökonomischen Theorie, 9. Auflage, Heidelberg u.a.

Selten, Reinhard und *Axel Ockenfels* (1998), An experimental solidarity game, in: Journal of Economic Behaviour and Organisation, Vol. 34, S. 517-539.

Slonim, Robert und *Alvin Roth* (1998), Learning in High Stakes Ultimatum Games: An Experiment in the Slovak Republic, in: Econometrica, Vol. 3, S. 569-596.

Stigler, George J. (1959), The politics of political economists, in: Quarterly Journal of Economics, Vol. 73, S. 522-532.

Williams, Richard (2006), General ordered logit/partial proportional odds models for ordinal dependent variables, in: The Stata Journal, Vol. 6/1, S. 58-82.

Wolter, Philipp (2011), Erziehung zum Homo oeconomicus, in: Magazin Mitbestimmung, Bd. 57, Heft 05/2011, S. 50-52.

Wong, S. T. (1972), A Model on Municipal Water Demand: A Case Study of Northeastern Illinois Author(s), in: Land Economics, Vol. 48, S. 34-44.

Yezer, Anthony M., Robert S. Goldfarb und *Paul J. Poppen* (1996), Does economics discourage cooperation? Watch what we do, not what we say or how we play, in: Journal of Economic Perspectives, Vol. 10/1, S. 177-186.

Ingo Pies (Hg.), Das weite Feld der Ökonomik
Schriften zu Ordnungsfragen der Wirtschaft · Band 98 · Stuttgart · 2013

Data Streaming im Verkehr

Gottfried Vossen und *Till Haselmann*[*]

Inhalt

---

[*] Dieser Beitrag ist *Karl-Hans („Hannes") Hartwig* gewidmet, denn auch der Verkehrswissenschaftler darf keine Angst vor Daten und Datenströmen haben.

> „There is a tendency to mistake data for wisdom, just as there has always been a tendency to confuse logic with values, intelligence with insight. ... The computer can provide a correct number, but it may be an irrelevant number until judgment is pronounced."
>
> *Norman Cousins*[1]

1. Motivation

In der Informationstechnik ist etwa seit Beginn des Jahres 2012 das Schlagwort „Big Data" in aller Munde. Man versteht darunter im Wesentlichen Datenmengen, die gekennzeichnet sind durch hohes Volumen, hohe Varietät und hohe Geschwindigkeit ihres Entstehens sowie der dadurch motivierten möglichst umgehenden Verarbeitung. Big Data geht üblicherweise über die Speicher- und Verarbeitungsmöglichkeiten eines einzelnen Unternehmens hinaus, sodass neue Ansätze zum Umgang damit erforderlich sind und derzeit auf breiter Front entwickelt werden oder bereits im Einsatz sind (*Jacobs* 2009). Die Anwendungsbereiche für und von Big Data sind vielfältig; sie reichen von der Finanzbranche über die Telekommunikationsindustrie, Online-Handel, soziale Netzwerke, Online-Gaming, Gesundheitswesen, Weltraumforschung bis zu mobilen ortsbasierten Diensten und Anwendungen in und um Automobile (s. z. B. *Cooper* 2012; *Freire* 2012). So werden etwa in der Formel 1 heute massive Rechenkapazitäten eingesetzt, um die rund 130 Sensoren, die ein Formal-1-Auto an Bord hat, in Realzeit auswerten zu können und die Taktik während des Rennen optimal an die unter Umständen schnell veränderten Gegebenheiten anzupassen. Autonome Fahrzeuge, die sich derzeit noch in der Erprobung befinden und die sich fahrerlos durch den Verkehr bewegen können, bewegen sich nicht nur aufgrund einer kontinuierlichen Auswertung der im Fahrzeug anfallenden Daten, mit denen u. a. das Funktionieren der On-Board-Systeme überwacht wird, sondern auch unter Einbeziehung von Umgebungsdaten und von Daten zur Kommunikation mit anderen im Verkehr befindlichen Fahrzeugen (*Markoff* 2010).

Ein wesentlicher Unterschied zu traditionellen Anwendungen, die mit Daten umgehen und diese strukturiert in einer Datenbank ablegen, wie sie heute in Unternehmen weit verbreitet sind, besteht darin, dass viele der in Big Data-Anwendungen anfallenden Daten automatisch erzeugt werden (etwa durch Web-Server, Sensoren, Kameras oder Messgeräte) und dass die hohe Geschwindigkeit ihrer Erzeugung ein dauerhaftes Speichern in Datenbanksystemen praktisch unmöglich macht. Auf der anderen Seite sind viele dieser Daten nur kurzzeitig von Bedeutung, sodass auch die Notwendigkeit einer langfristigen Speicherung nicht gegeben ist. In dieser Situation kommen sogenannte *Datenstromsysteme* (anstelle von Datenbanksystemen) zum Einsatz, von denen im Rest dieses Papiers die Rede sein soll.

In Abschnitt 2 stellen wir das Konzept der Datenstromsysteme (DSS) vor und grenzen es von Datenbanksystemen ab. In Abschnitt 3 diskutieren wir verschiedene Anwen-

---

[1] Quelle: *Cousins* (1981), zitiert nach „Columbia World of Quotations", Abruf 28.11.2012, http://quotes.dictionary.com/There_is_a_tendency_to_mistake_data_for.

dungen von DSS im Verkehr, und in Abschnitt 4 fassen wir unsere Ausführungen zu einer Gesamtsicht zusammen. Abschnitt 5 beschließt unsere Betrachtungen mit einem kurzen Ausblick.

2. Datenstromsysteme

Traditionelle Datenbank-Anwendungssituationen folgen grundsätzlich der in Abb. 1 gezeigten (stark vereinfachten) Situation (Vossen 2008); wir abstrahieren hier von den unterschiedlichen Ebenen, auf denen ein Datenbanksystem üblicherweise betrachtet wird, und konzentrieren uns auf den Umgang mit dem System. Daten werden initial oder in bestimmten Abständen geladen, Anfragen (zumeist in SQL formuliert) werden zu unterschiedlichen Zeitpunkten an die Datenbank gesandt und auf dem jeweils aktuellen Datenbankinhalt ausgewertet; sodann werden die Ergebnisse an den betreffenden Benutzer oder die Anwendung zurückgeliefert. Die Abbildung deutet an, dass mehrere Anfragen im Allgemeinen nacheinander an die Datenbank zur Auswertung geschickt werden; die Auswertung ein und derselben Anfrage (etwa nach den Bestellungen eines bestimmten Kunden) zu verschiedenen Zeitpunkten wird meistens unterschiedliche Ergebnisse liefern.

Abb. 1: Traditionelles Datenbanksystem-Szenario.

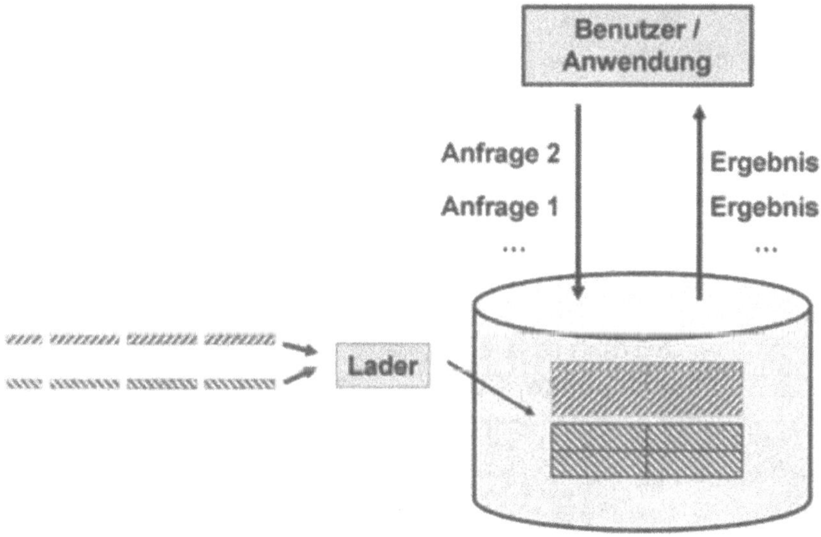

Quelle: *Vossen* (2008, S. 760).

In Anwendungen wie der Verkehrsüberwachung oder dem Börsenhandel liegt demgegenüber eine andere Situation vor: Es treten periodische oder kontinuierliche Folgen von Daten, Signalen oder Datensätzen auf, deren Ende im Allgemeinen nicht vorherzusehen ist und welche mit so hoher Rate produziert werden, dass sie nicht vollständig dauerhaft gespeichert werden können. Man spricht dann nicht mehr von einzelnen Datensätzen, sondern von *Datenströmen* (engl. *Data Streams*). Das jetzt vorliegende Szenario ist in Abb. 2 gezeigt.

Die Daten treffen jetzt kontinuierlich oder zumindest periodisch ein und werden ebenso ausgewertet. Eine Anfrage an den Datenstrom muss dem Anfrageprozessor des betreffenden Systems daher vorab bekannt sein; sie wird im Allgemeinen im System *registriert*. Der Strom-Anfrageprozessor wertet registrierte Anfragen permanent aus und liefert an den Benutzer oder die Anwendung, welche die Anfrage registriert hat, kontinuierlich Ergebnisse.

Abb. 2: Datenstrom-Szenario.

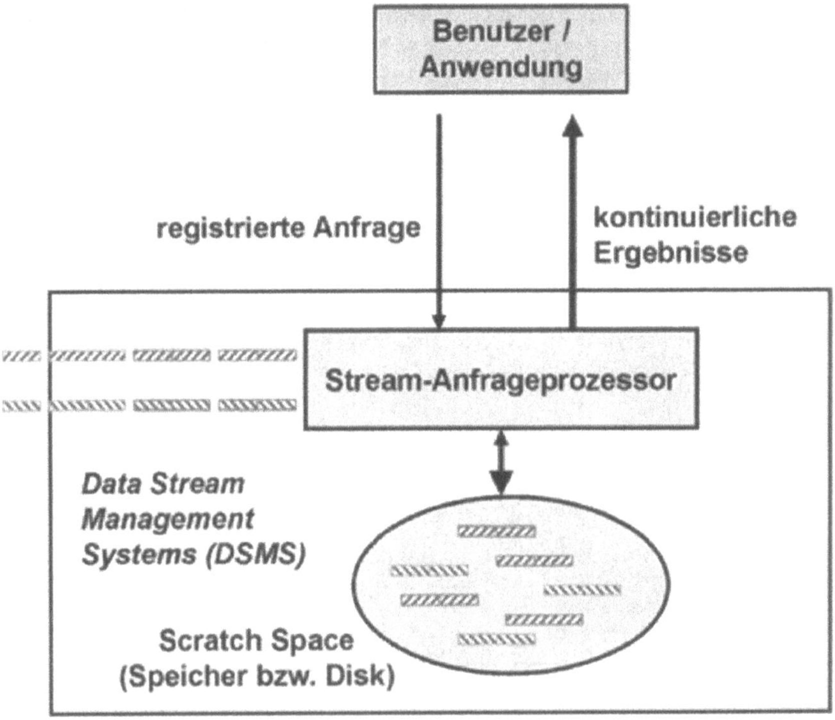

Quelle: *Vossen* (2008, S. 761).

Beispiele für Anwendungen, in welchen Datenströme entstehen, sind neben dem Börsenhandel und Verkehrsüberwachungssystemen mit ihren zahlreichen Sensor-Daten Verbindungsdaten im Telefon- oder Netzwerkverkehr, Fertigungsstraßen, Wetterüberwachung, Click-Streams und Weblog-Daten im elektronischen Handel, Spielzüge in Multiplayer-Online-Spielen oder Status-Aktualisierungen in sozialen Netzwerken. Aufgrund ihrer hohen Quantität (es handelt sich durchweg bei diesen Anwendungen um Big Data-Anwendungen) und ihrer meist nur kurzzeitigen Aktualität müssen Daten-ströme im Allgemeinen sofort verarbeitet werden, da man sie nicht vollständig speichern kann oder will, sodass man im Gegensatz zu gespeicherten Sätzen in einer Datenbank nie den

„Blick auf das Ganze“ haben kann. Auswertungen und darauf basierende Entscheidungen müssen innerhalb eines kleinen Zeitfensters und mit limitiertem Speicherplatz, der in diesem Zusammenhang als *Scratch Space* bezeichnet wird und im Hauptspeicher des betreffenden Systems realisiert werden kann, herbeigeführt werden. Diese Komponenten bilden insgesamt ein *Data Stream Management System* (DSMS).

In einem Sensor-Netzwerk z. B. wird eine große Zahl von preiswerten, drahtlosen Sensoren eingesetzt, um bestimmte Messungen (z. B. Temperatur, Geschwindigkeit, Luftdruck) vorzunehmen. Die Messwerte können dabei ungenau sein oder durch Störungen bei der Übertragung verfälscht werden. Falls das Netzwerk etwa eine Fertigungsstraße überwacht, ist es wesentlich, Abweichungen von vorgegebenen Soll-Werten schnell erkennen zu können; allerdings muss eine beobachtete Abweichung nicht unbedingt dauerhaft gespeichert werden. Hier bietet ein DSMS eine angemessene technische Unterstützung (*Gehrke* und *Madden* 2004).

Ein DSMS wird im Allgemeinen nicht nur Datenströme verarbeiten, sondern oft hybrid aufgebaut und damit in der Lage sein, auch Datensätze fest zu speichern und z. B. in Tabellenform als Anfrageergebnis zu liefern (*Gehrke* 2003). Man erhält damit die in Abb. 3 gezeigte Situation.

Abb. 3: Hybrides Datenstrom/Datenspeicher-Szenario.

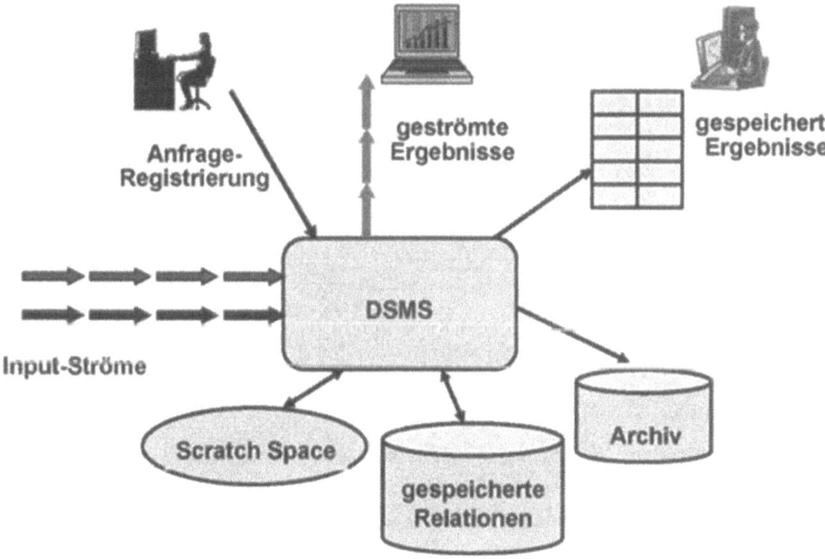

Quelle: *Vossen* (2008, S. 762).

Neben dauerhaft gespeicherten Tabellen müssen in einem solchen System also auch transiente Ströme verarbeitet werden, auf die nicht wahlfrei, sondern streng sequentiell zugegriffen wird. In manchen Anwendungen ist die Eintreffreihenfolge der Elemente eines Datenstroms wesentlich, sodass in gewissem Umfang dann eine Historie verwaltet werden muss. Grundsätzlich hat man jedoch in einem solchen Szenario Realzeitanforderungen, d. h. höchstmögliche Verarbeitungsgeschwindigkeit ist wesentlich.

Man unterscheidet bei Big Data transaktionale Datenströme, bei denen Interaktionen zwischen zwei Parteien protokolliert sind (z. B. Telefongespräche, Kreditkartentransaktionen), von Messungsströmen, bei denen die Veränderung eines Zustands (z. B. einer Verkehrskreuzung oder einer Wetterstation) gemessen wird. Anfrageprozessoren gerade bei Messungsströmen bedienen sich häufig einer sogenannten *Sliding Window-Technik*, bei welcher ein bestimmter Teil des relevanten Datenstroms in einem „Fenster", welches im Puffer-Speicher bzw. im Scratch Space realisiert wird, zur Verfügung steht. Das Fenster umfasst bei „richtiger" Größe den Teil eines Datenstroms, anhand dessen bereits sinnvolle Aussagen (bzw. Ergebnisse für registrierte Anfragen) möglich sind. Der Strom selbst wird durch das Fenster geschoben bzw. das Fenster über den Strom; dies ist in Abb. 4 illustriert.

Abb. 4: Sliding Window-Ansatz zur Stromverarbeitung.

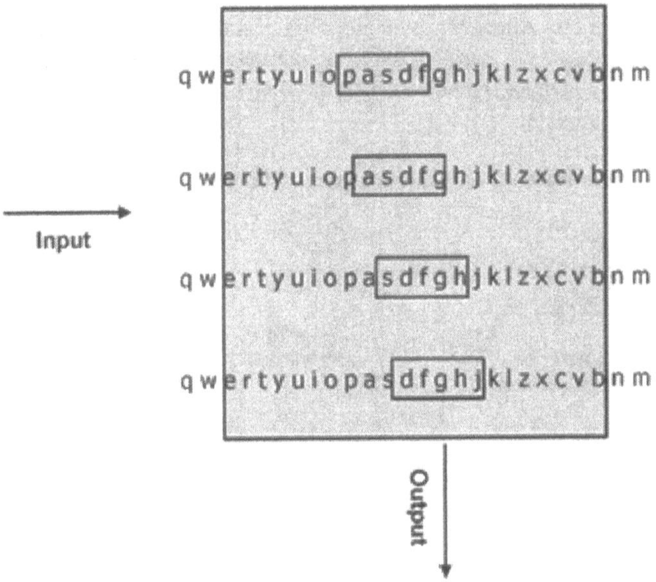

Quelle: *Vossen* (2008, S. 763).

Im Unterschied zu einem *Sliding* Window, dessen Inhalt kontinuierlich erneuert wird, wird ein *Shifting* Window als Ganzes auf einem Datenstrom vorgeschoben bzw. auf einen Schlag komplett erneuert. Daneben gibt es verschiedene andere Techniken zur Anfrageverarbeitung (*Muthukrishnan* 2005).

3. Datenströme im Verkehr – Status quo und Zukunftsvisionen

Datenströme im Verkehr treten an verschiedenen Stellen auf verschiedenen Kommunikationswegen auf. Im Folgenden werden wir uns systematisch „von innen nach außen" arbeiten, indem wir

– Datenströme innerhalb eines Fahrzeugs,

- Datenströme zwischen benachbarten Fahrzeugen,
- Datenströme innerhalb einer Fahrzeugflotte und schließlich
- Datenströme zwischen Fahrzeugen und Infrastruktur

betrachten. Die vorgestellten Szenarien sind überwiegend noch Zukunftsvisionen, die jedoch oft bereits einem Feldtest unterzogen werden.

3.1. Datenströme innerhalb eines Fahrzeugs

Moderne Fahrzeuge sind heutzutage mit einer Vielzahl von Steuergeräten ausgestattet, die aus diversen Sensoren, Aktuatoren und generischen Prozessoren bzw. spezialisierten Chips bestehen; dies gilt nicht nur für die eingangs erwähnten Formel-1-Autos. Die Sensoren dieser Systeme liefern beständig Daten über den Zustand verschiedenster Aspekte des Fahrzeugs und der Umgebung. Beispielsweise wird vom elektronischen Stabilitätsprogramm (ESP) der Straßenzustand, insbesondere die Traktion, gemessen, Beschleunigungssensoren können Unfälle erfassen oder Airbags auslösen, Sensoren im Motorraum geben Auskunft über diverse Parameter, von der Effizienz der Verbrennung bis hin zum Füllstand notwendiger Flüssigkeiten. Die aktuelle Position des Fahrzeugs kann anhand eines GPS-Geräts ermittelt werden. Abstandssensoren, die den Nahbereich um das Fahrzeug per Radar erfassen und z. B. selbstständiges Einparken des Fahrzeugs ermöglichen, gehören inzwischen selbst bei Mittelklasse-Wagen zur Serienausstattung. Moderne Oberklasse-Autos erfassen sogar Straßenschilder im Vorbeifahren und können den Fahrer auf per Wärmebildkamera identifizierte, schlecht sichtbare Fußgänger oder Radfahrer hinweisen. Zudem wurden Systeme entwickelt, die einen Sekundenschlaf oder einen erhöhten Alkoholspiegel des Fahrers erkennen. Bei Nutzfahrzeugen können zusätzlich Informationen über die Ladung (z. B. eine Warnung bei Verrutschen) sowie über den Zustand von Anhänger oder Auflieger erfasst werden.

Natürlich müssen einige der Sensoren aus Sicherheitsgründen direkt mit Aktuatoren verdrahtet werden; dies betrifft alle *zeitkritischen* Systeme eines Fahrzeugs. So muss bspw. das Erkennen eines Unfalls durch einen Beschleunigungssensor ohne Verzögerung zur Auslösung der Airbags führen.

Die Datenströme aller Systeme können jedoch prinzipiell (ggf. zusätzlich) in einem zentralen *Fahrzeug-DSMS* zusammengeführt werden. Hier können „klassische" Techniken zur Analyse von Datenströmen, wie sie in Abschnitt 2 skizziert wurden, angewendet werden. Nahe liegt z. B. das kontinuierliche Abfragen von kombinierten Messwerten, um aus mehreren Datenquellen zuverlässigere oder komplexe Fakten abzuleiten, etwa ein Abgleich des Benzinverbrauchs der letzten gefahrenen Stunde mit der Straßenbeschaffenheit und der aktuellen Fahrweise zwecks Abschätzung der verbleibenden Reichweite. Relevante Ergebnisse werden dem Fahrer auf geeignete Weise gemeldet, bspw. mittels einer Warnleuchte auf dem Armaturenbrett oder einer textuellen Meldung auf einem Head-Up-Display.

Neben der Analyse der „durchströmenden", transienten Daten ist es sinnvoll, gefilterte und aggregierte Teile der Daten in einem permanenten Speicher abzulegen (vgl. Abb. 3). Dadurch können einerseits historische Abfragen zu Fahrten oder Fahrzeug beantwortet werden – z. B. um einen Unfallhergang zu rekonstruieren (wie es in Taiwan mit Hilfe von Kameras in nahezu jedem Auto bereits praktiziert wird). Andererseits liegen so auch Informationen für die nächste Wartung vor, die eine Fehlerdiagnose oder präventive Wartung erleichtern; die heutige Autowerkstatt liest ja den Zustand eines Motors – z. B. per OBD2-Schnittstelle – nur noch aus (*Kossel* 2012).

3.2. Datenströme zwischen „benachbarten" Fahrzeugen (C2C)

Obwohl die verschiedenen Datenströme innerhalb eines Fahrzeugs bereits ein Gesamtsystem mit signifikanter Komplexität darstellen, eröffnet erst die Kommunikation mit anderen Verkehrsteilnehmern wirklich interessante, neue Möglichkeiten. Dabei ist besonders die Kommunikation mit Fahrzeugen, die sich in unmittelbarer Nähe (d. h. in einem Umkreis von ca. 50-100m) befinden, von Bedeutung. Man spricht von *Car-to-Car-Kommunikation* (C2C).[2] Bei C2C werden in der Regel relativ kurzfristig interessante Informationen ausgetauscht, die oft mit nur geringer Verzögerung übermittelt werden müssen, um Nutzen zu stiften. Beispielsweise experimentieren Autohersteller mit C2C-Systemen, die folgende Fahrzeuge bei einer Vollbremsung warnen oder die einen akuten Unfall melden, sobald der Airbag auslöst; diese Informationen sind natürlich nur innerhalb eines recht kurzen Zeitfensters nützlich. Ähnlich zeitkritisch ist die Übermittlung, wenn ein Fahrradfahrer per C2C-Nachricht seine Anwesenheit einem Lkw-Fahrer mitteilt, der ihn aufgrund des toten Winkels nicht sehen kann.

Weniger kurzfristig, aber ebenso nützlich, ist die Möglichkeit, Nachrichten über die vorausliegende Strecke vom Gegenverkehr zu erhalten. Dieser sammelt im Vorbeifahren Statusmeldungen oder Umweltmessungen der gegenüberliegenden Spur und kann diese kurz darauf an die nachfolgenden Fahrzeuge übermitteln. So können u. a. Warnungen vor Straßenglätte, Nebel, Staus oder andere Verkehrsbehinderungen weitergereicht werden. In Abb. 5 wird schematisch der Fall gezeigt, in dem ein Auto (unten links, weiß) vor einem Stauende in einer nicht einsehbaren Kurve gewarnt wird. Ursprünglich fährt das weiße Auto mit unverminderter Geschwindigkeit, weil die Strecke frei zu sein scheint. Gleichzeitig haben die dunkelgrauen Autos automatisch erkannt, dass sie sich in einem Stau befinden, und melden dies als Warnung für nachfolgende Fahrzeuge an alle in Reichweite befindlichen Verkehrsteilnehmer, u. a. an den hellgrauen Gegenverkehr (1). Das weiße Fahrzeug ist nicht in der recht begrenzten Reichweite einer direkten C2C-Kommunikation. Der hellgraue Gegenverkehr leitet die Warnung jedoch weiter (2), sodass diese auch das weiße Auto rechtzeitig erreichen kann (3). Das Auto kann nun seinen Fahrer warnen und ggf. automatische Vorsichtsmaßnahmen einleiten, wie ein Deaktivieren des Tempomats, ein Rütteln am Lenkrad oder ein sanftes Anbremsen (4). Ähnliche Warnungen sind bei Unfällen, Pannen oder sonstigen Gefährdungen des Verkehrs denkbar.

---

[2] Im Kontext von Informationssystemen würde man diese Kommunikation allgemeiner als *Peer-to-Peer* bezeichnen, da sich mehrere gleichberechtigte Parteien untereinander verständigen.

Abb. 5: Schematischer Ablauf einer Stauwarnung mithilfe des Gegenverkehrs.

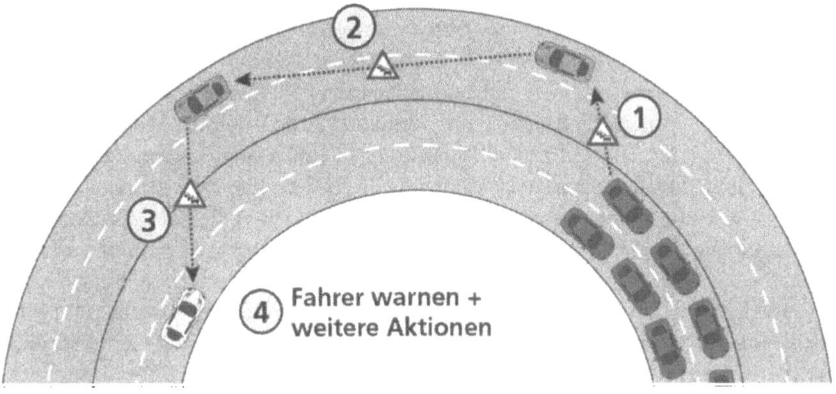

Quelle: Eigene Darstellung.

3.3. Datenströme innerhalb einer Fahrzeugflotte

Im Rahmen einer C2C-Kommunikation, bei der wie erwähnt alle Teilnehmer gleichberechtigt Informationen austauschen, werden vertraulichere Daten oder solche, die nur einen sehr begrenzten Interessentenkreis aufweisen, nicht kommuniziert. Jedoch kann es sinnvoll sein, dass im Rahmen eines Flottenmanagements alle Fahrzeuge eines Unternehmens einen zusätzlichen Kommunikationskanal verwenden, um ebendiese Art von Informationen auszutauschen. Ein offensichtlicher Anwendungsfall ist die Meldung von Fahrzeugposition (ermittelt per GPS) und Fahrzeugzustand (z. B. Füllstand des Dieseltanks, technische Probleme bzw. notwendige Wartungen, aktuelle Temperatur im Kühlraum) an eine Unternehmenszentrale. Diese kann z. B. die aktuellen Positionen der Fahrzeuge auf einer Karte visualisieren und Fahrzeiten unter Berücksichtigung der aktuellen Verkehrssituation prognostizieren. Gegebenenfalls können bei Staus oder Großereignissen entsprechende Routenänderungen an die Flotte gemeldet werden. Eine so gewonnene Flexibilität kann es auch vereinfachen, Ad-hoc-Aufträge oder kurzfristige Routenänderungen einzuplanen. Logistikunternehmen machen von derartigen Systemen heutzutage bereits umfassend Gebrauch, um ihre Routenplanung sowie Fahrzeugauslastung dynamisch zu optimieren oder mittels Data-Mining Muster und Regeln aus den Daten abzuleiten (*Han* et al. 2011).

3.4. Datenströme zwischen Fahrzeug und Infrastruktur (C2I) bzw. Leitzentrale

Verkehrsleitzentralen machen sich bereits seit vielen Jahren die Informationen aus Sensoren der Verkehrsinfrastruktur (insbesondere auf Autobahnen) zunutze, um Staus oder zähfließenden Verkehr zu erkennen und mithilfe von *Wechselverkehrszeichen* (WVZ), also dynamisch zu verändernden Verkehrszeichen, z. B. gebotene Geschwindigkeitsbegrenzungen vorzunehmen. Mit dem *Traffic Message Channel* (TMC) existiert zudem ein etablierter Ein-Weg-Kanal für die Meldung von identifizierten Verkehrsstörungen an Radios oder Navigationsgeräte.

Spannende Möglichkeiten eröffnen sich darüber hinaus, wenn man auch einen Rückkanal für die Kommunikation von Fahrzeug zur Infrastruktur bzw. zur Leitzentrale vorsieht; man spricht dann von *Car-to-Infrastructure-Kommunikation* (C2I). Zum einen können so Fahrzeuge als Lieferanten von Messdaten das Sensornetzwerk der Infrastruktur erheblich erweitern; im Wesentlichen würden die C2C-Nachrichten in aggregierter Form auch einer Verkehrsleitzentrale zur Verfügung gestellt werden, welche so zusätzliche, genauere Informationen zu Verkehrsstörungen erhält. Zum anderen könnten Fahrzeuge mithilfe eines Rückkanals auch individuelle Anfragen an die Verkehrsleitzentrale stellen, z. B. eine Prognose von Reisezeiten auf Basis der aktuellen und historischen Verkehrssituation für eine bestimmte Strecke oder die Frage nach der optimalen Geschwindigkeit für die Grüne Welle auf einer Bundesstraße (*Schwan* 2011). Im Kontext der Formel 1 wird C2I u. a. für die Steuerung des sogenannten Drag Reduction System (DRS), einem System, welches Überholvorgänge durch Reduzierung des Luftwiderstands erleichtern soll, verwendet. Das DRS wird im Vorfeld von der Rennleitung konfiguriert und während eines Rennens unter bestimmten Voraussetzungen für jedes Fahrzeug individuell per C2I-Kommunikation freigeschaltet.

Eine Erweiterung der Kommunikationsmöglichkeiten zwischen Infrastruktur (bzw. Leitzentrale) und Verkehrsteilnehmern ist auch in anderer Hinsicht wünschenswert. So können durch kooperative Kommunikation der Verkehrsteilnehmer in Verbindung mit passender Infrastruktur bspw. Kreuzungen sicherer gemacht werden. Mittels Radar- oder Laser-Sensoren können Verkehrsteilnehmer erfasst werden. Diese Informationen werden dann an andere Teilnehmer gemeldet, die so z. B. Fußgänger wahrnehmen können, die sich außerhalb des Sichtfelds hinter einem parkenden Auto befinden. Derartige Kreuzungen wurden bereits z. B. in Dortmund und Aschaffenburg erprobt.

Eine weitere Möglichkeit besteht darin, Lichtsignalanlagen (LSA), vulgo Ampeln, auf Basis der aktuellen Verkehrssituation zu beeinflussen. Bei hohem Verkehrsaufkommen in einer Richtung könnten dann z. B. Grünphasen verlängert bzw. verkürzt werden, um den Verkehrsfluss aufrecht zu erhalten oder Staus an ungünstigen Stellen zu verhindern. Forscher attestieren vor allem den immer weiter verbreiteten Smartphones eine wichtige Rolle hierbei, indem sie eine intelligente Routenführung auf der Basis von C2I, C2C und weiteren Kontextinformationen ermöglichen. Mit dem sim^{TD}-Projekt gibt es seit Mitte 2012 nun auch einen der ersten groß angelegten Feldversuche im öffentlichen Straßenverkehr, bei dem über 100 mit C2C und C2I ausgestattete sim^{TD}-Fahrzeuge auf speziell vorbereiteten Strecken im Großraum Frankfurt am Main am täglichen Verkehrschaos teilnehmen.

4. Eine Gesamtsicht

Die verschiedenen in Abschnitt 3 beschriebenen Szenarien lassen sich zu einer Gesamtarchitektur für Datenströme in einem modernen Straßenverkehr zusammenfassen. Abb. 6 zeigt eine solche Gesamtsicht, in der sich alle Teilaspekte wiederfinden:

- Innerhalb des Fahrzeugs fließen Daten in einem Fahrzeug-DSMS zusammen. Wichtige Fakten werden über Fahrerassistenzsysteme dem Fahrzeugführer zur Kenntnis gebracht.

- Das Fahrzeug-DSMS ist zudem mit der Infrastruktur verbunden (C2I) und kann bspw. Warnungen oder Hinweise für einen besseren Verkehrsfluss erhalten. Die Infrastruktur wird dabei von einer Verkehrsleitzentrale gesteuert, mit welcher ein Fahrzeug – z. B. über ein Mobilfunknetz – ebenfalls direkten Kontakt aufnehmen kann, um komplexere Anfragen zu stellen, bspw. hinsichtlich der prognostizierten Reisezeit. Leitzentralen haben zudem die Möglichkeit, z. B. auf Basis von Ozon- oder Feinstaubmessungen bestimmte Umleitungen oder Sperrungen vorzunehmen, und stehen in direktem Kontakt mit Polizei und Rettungsdiensten.
- Mit Fahrzeugen im direkten Umfeld kann das Fahrzeug-DSMS mittels C2C-Technologie kommunizieren und Warnungen oder Informationen zu den Straßenverhältnissen erhalten.
- Im Rahmen eines Flottenmanagements können alle Fahrzeuge eines Unternehmens über eine zentrale Stelle koordiniert werden.

Abb. 6: Gesamtarchitektur von Datenströmen im Verkehrswesen.

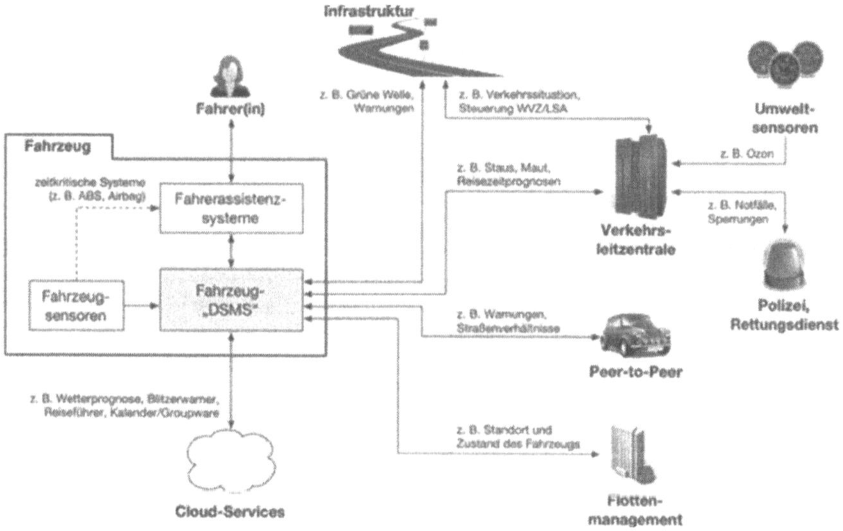

Quelle: Eigene Darstellung.

Die Abbildung deutet über diese bereits besprochenen Themen noch zwei weitere Aspekte an. Zum einen ist es wahrscheinlich, dass Benutzer nicht nur auf die C2x-Systeme bauen, sondern mittels Smartphone o. Ä. auch persönliche Dienste aus „der Cloud" einbinden werden (*Vossen* et al. 2012). So ist es z. B. denkbar, dass ein Smartphone aufgrund der aktuellen Reisezeitprognose den Teilnehmern einer anstehenden Konferenz einen Hinweis zukommen lässt, dass der Fahrer es leider nicht mehr zu dem Termin schaffen wird, und einen alternativen Termin vorschlägt.

Zum anderen können auf Basis der C2x-Systeme auch variable Maut-Gebühren realisiert werden, um Verkehrsknotenpunkte zu entlasten. So wird bereits daran geforscht, dass man bestimmte Routen zur Rush-Hour verteuert (man spricht von *Variable Toll*

Roads bzw. *Congestion Pricing*), damit Pendler alternative Strecken befahren und evtl. großräumig ausweichen. Zu anderen Zeiten könnten diese Strecken aber sogar kostenlos befahrbar sein, weil die Infrastruktur bei weitem nicht ausgelastet ist. Auch dieser Aspekt ist in Abb. 6 bereits angedeutet.

5. Ausblick

Noch sind die beschriebenen Anwendungsfälle weitgehend Zukunftsvisionen. Auch wenn viele der Ideen nicht mehr nur im Labor, sondern bereits unter mehr oder weniger realistischen Bedingungen getestet werden, sind die meisten Ideen noch ein gutes Stück von einer Serienreife entfernt. Zudem muss eine kritische Masse von Fahrzeugen mit entsprechenden Systemen ausgestattet werden, damit diese einen spürbaren Effekt erzeugen.

Neben diesen „technischen" Problemen gibt es jedoch noch eine Reihe von anderen Themen, die einer (schnellen) weiten Verbreitung im Wege stehen. So äußern Datenschützer bereits Bedenken ob der Vielzahl von personenbezogenen Informationen, die in diesem Zusammenhang erhoben und verarbeitet werden müssten (*Klimas* 2012). Auch die Sicherstellung der Vertrauenswürdigkeit von C2C-Informationen ist eine ungeklärte Frage, da falsche Informationen („Unfall 10m voraus") womöglich gefährliche Reaktionen des Fahrzeugs (automatische Vollbremsung) zur Folge haben können. Wie alle technischen Systeme sind auch C2x-Systeme nicht vor Hackern und Missbrauch geschützt; so wie sich heute bereits bei einigen Fahrzeugen die elektronische Motorabregelung bei einer bestimmten Geschwindigkeit (nicht selten 250 km/h) per Funk abschalten lässt, so ist vorstellbar, dass Hacker nach Eindringen in ein Fahrzeug-Informationssystem auch z. B. die Bremsen abschalten, um dadurch einen Unfall zu provozieren oder die – eigentlich als Diebstahlsicherung gedachte – Abschaltfunktion von OnStar-Autos zu aktivieren (*Klimas* 2012). Allerdings ergeben sich auch für die Sicherheitsbehörden neue Möglichkeiten; man denke hier nur an die bereits heute mögliche Lokalisierung gestohlener Fahrzeuge über eine GPS-Ortung.

Bei allem Für und Wider lässt die zunehmend prekäre Verkehrssituation in Ballungsgebieten jedoch die Nachfrage nach intelligenten Verkehrsmanagementlösungen weiter steigen. Langfristig ist zu erwarten, dass vor allem *intermodale* Ansätze, die *alle* Verkehrsmittel – vom Auto über die Bahn und das Leihfahrrad bis hin zum Fußweg – berücksichtigen, erfolgreich sein werden (*Donner* 2011). Sicher ist aber vor allem eins: Die Datenströme, die in diesem Zusammenhang eine Rolle spielen werden, sind heute weder nach Art noch Umfang zuverlässig abzuschätzen, und aus Big Data im Verkehr wird bereits in Kürze Bigger Data werden.

Literatur

Cooper, Brian F. (ed.) (2012), Special Issue on Big Data War Stories, IEEE Bulletin of the Technical Committee on Data Engineering, 35(2).

Cousins, Norman (1981), Freedom as Teacher, in: Human Options: An Autobiographical Notebook, New York, NY.

Donner, Susanne (2011), Intelligente Verkehrssysteme, in: Technology Review Online, 2011-04-27, http://heise.de/-1230080.

Freire, Juliana (ed.) (2012), Special Issue on Data Management beyond Database Systems, IEEE Bulletin of the Technical Committee on Data Engineering, 35(3).

Gehrke, Johannes (2003), Special issue on data stream processing, IEEE Bulletin of the Technical Committee on Data Engineering, 26(1).

Gehrke, Johannes und *Samuel Madden* (2004), Query processing in sensor networks, IEEE Pervasive Computing, Vol. 3(1), pp. 46–55.

Han, Jiawei, Micheline Kamber und *Jian Pei* (2011), Data Mining: Concepts and Techniques, 3rd edition, San Francisco, CA, Morgan Kaufmann.

Jacobs, Adam (2009), The Pathologies of Big Data, in: Communications of the ACM, Vol. 52(8), pp. 36–44, New York, NY, USA, ACM.

Klimas, Liz (2012), Big Brother? OnStar shuts down stolen car during police chase, in: The Blaze, online, 2012-07-18, http://www.theblaze.com/stories/cant-just-shut-it-off-anywhere-onstar-stops-stolen-camaro-during-police-chase/.

Kossel, Axel (2012), Bordcomputer Handy: Das Smartphone als Zusatzinstrument im Auto, in: c't Magazin für Computertechnik, 22/2012, Hannover, pp. 138–141.

Markoff, John (2010), Google Cars Drive Themselves, in Traffic, in: NY Times Online, 2010-10-09, https://www.nytimes.com/2010/10/10/science/10google.html?_r=2&.

Muthukrishnan, S. (2005), Data Streams: Algorithms and Applications, Foundations and Trends in Theoretical Computer Science, Vol. 1, Issue 2, Hanover, MA, pp. 117-236.

Schwan, Ben (2011), Personalisierte Stauvorschau, in: Technology Review Online, 2011-06-03, http://heise.de/-1254411.

Vossen, Gottfried (2008), Datenmodelle, Datenbanksprachen und Datenbankmanagementsysteme, 5. Aufl., München und Wien.

Vossen, Gottfried, Till Haselmann und *Thomas Hoeren* (2012), Cloud-Computing für Unternehmen: Technische, wirtschaftliche, rechtliche und organisatorische Aspekte, Heidelberg.

Teil II:

Wirtschaftsordnung und Wirtschaftspolitik

Ingo Pies (Hg.), Das weite Feld der Ökonomik
Schriften zu Ordnungsfragen der Wirtschaft · Band 98 · Stuttgart · 2013

Mutmaßungen über die Ziele der Wirtschaftspolitik

Martin Leschke[*]

Inhalt

[*] *Hannes Hartwig* habe ich bereits als Student in Münster kennengelernt. Er war es, der neue Ansätze der Mikrotheorie uns Studenten vorstellte und diese mit uns kritisch diskutierte. Später als Assistent schätzte ich die konstruktiv-kritische Sichtweise in seinen Aufsätzen zur Wissenschaftstheorie und zur Wirtschaftspolitik sehr. In meinem kleinen Beitrag zu den Zielen der Wirtschaftspolitik habe ich versucht, eine ähnlich zielführende Perspektive zu wählen.

1. Einleitung

Die „Ziele der Wirtschaftspolitik" haben einen festen Platz innerhalb des Lehr- und Forschungsbereichs „Theorie der Wirtschaftspolitik". Dennoch wird diesen Zielen zumeist relativ wenig Raum gewidmet. Autoren wie *Berg, Cassel* und *Hartwig* (2003) oder auch *Donges* und *Freytag* (2001) stellen ein Zielsystem aus allgemeinen gesellschaftlichen und konkreteren wirtschaftlichen Zielen vor. Als gesellschaftliche Ziele werden „Freiheit", „Sicherheit" und „Gerechtigkeit" (zuweilen auch Fortschritt) genannt. Die Maximierung der Wohlfahrt oder des Wohlstands findet als (wirtschaftliches) Oberziel Erwähnung. Als wirtschaftspolitische Ziele werden dann zumeist die Ziele des magischen Vierecks (angemessenes und stetiges Wachstum, Vollbeschäftigung, Preisniveaustabilität und außenwirtschaftliches Gleichgewicht) oder Sechsecks (zusätzliche Ziele: Verteilungsgerechtigkeit und Umweltschutz) genannt. Bisweilen wird auch ein Strukturziel erwähnt (*Berg, Cassel* und *Hartwig* 2003, S. 239).

Wie auch immer die Ziele beschrieben werden, eines ist auffällig: Ihre Legitimation wird zumeist recht stiefmütterlich behandelt. Der Grund könnte darin liegen, dass die Stärke der Ökonomik eher die positive Analyse ist. Ziel-Analysen erscheinen vielen Ökonomen „suspekt"; sie gehören zum Bereich normativer Ökonomik, ein Bereich, in dem sich nicht sehr viele Ökonomen zu Hause fühlen. Dennoch ist gerade dieser Bereich immer wieder neuen Herausforderungen ausgesetzt. Eine sehr aktuelle Herausforderung stellt beispielsweise die ökonomische Glücksforschung dar. Hier wird von einigen Vertretern gefordert, die Politik und insbesondere auch die Wirtschaftspolitik nicht primär an wirtschaftlichen Aggregaten, wie dem Bruttoinlandsprodukt pro Kopf, auszurichten, sondern an einem breiteren Lebenszufriedenheitsindex.

In den folgenden Abschnitten soll versucht werden, das Zielsystem der Ökonomik zu diskutieren und zu legitimieren. Begonnen wird hierbei mit der Problematisierung des Oberziels, der Maximierung der Wohlfahrt (Abschnitt 2). Anschließend wird auf die gesellschaftlichen Ziele (Abschnitt 3), die ökonomischen Ziele (Abschnitt 4) und auf die Herausforderungen der ökonomischen Glücksforschung (Abschnitt 5) eingegangen. Den Abschluss des Beitrags (Abschnitt 6) bildet eine resümierende Zusammenfassung.

2. Was ist das Oberziel?

Als das Oberziel der Wirtschaftspolitik (eigentlich sogar aller Politik) wird zumeist die „Maximierung der gesellschaftlichen Wohlfahrt" genannt. Was ist damit gemeint? Geht man davon aus, dass der Nutzen der Individuen kardinal messbar ist, so könnte man ihn einfach aggregieren. Die Politik könnte sich dann daran messen lassen, wie gut es ihr gelingt, eine möglichst hohe Nutzenzahl zu generieren. Diese Vorgehensweise wurde von *Abram Bergson* (1938) und *Paul Samuelson* (1947) bekannt gemacht, sie wird von der modernen (individualistischen) paretianischen Wohlfahrtsökonomik jedoch abgelehnt. Nutzen ist in diesem Theoriegebäude nicht kardinal, sondern nur ordinal messbar und nicht aufsummierbar, weil man die Nutzwerte zweier Individuen nicht vergleichen kann.

Eine Wohlfahrtsfunktion zur Beschreibung des Gesamtnutzens der Bevölkerung in einer Volkswirtschaft, die aus der Aggregation der Nutzenfunktionen der einzelnen Individuen hervorgeht (die *Bergson-Samuelson*-Wohlfahrtsfunktion) wird also heute von den meisten Ökonomen abgelehnt. Stattdessen wendet man die „Idee der idealen Koordination" an. Das bedeutet: Man versucht, Verfahren zu finden, so dass die Individuen auf Basis der vorhandenen Ausstattungen (Ressourcen, Produktionstechniken) ein Maximum an Nutzen für sich „rausholen" können. Da hierfür eine optimale Allokation knapper Ressourcen und ein optimaler Tausch nötig sind, bietet sich der Marktmechanismus als Koordinationsmechanismus an. Diesbezüglich haben Ökonomen wie *Walras, Arrow* und *Debreu* (u.a.) mit ihren mathematischen Modellen fundierte Hinweise gegeben, dass der Marktmechanismus für eine optimale Allokation der Ressourcen und für eine pareto-optimale Allokation der Güter sorgt: Aus den gegebenen Ausstattungen wird so viel „herausgeholt", dass es nicht möglich ist, jemanden besser zu stellen, ohne ein anderes Individuum schlechter zu stellen. Das Verteilungsergebnis kann aber je nach Anfangsausstattung höchst unterschiedlich ausfallen.

Dieses Optimal-Ergebnis der marktlichen Allokation kann aber nur eintreten, wenn kein Marktversagen vorliegt, also

- keine Externalitätenprobleme,
- keine Probleme mit meritorischen und/oder demeritorischen Gütern,
- keine Kollektivgutprobleme,
- keine Probleme mit natürlichen Monopolen,
- keine Probleme asymmetrischer Information

vorhanden sind.[1] Es ist nun aber eine Tatsache, dass Märkte ohne ein sie einbettendes ideales Regel- und Regulierungssystem immer von Externalitäten- und Informationsproblemen durchsetzt sind. Die Schaffung und Durchsetzung von Eigentumsrechten und Regulierungen setzen Märkte erst in Kraft und machen sie funktionstüchtig. Daraus folgt: Die Güte der Marktergebnisse hängt maßgeblich von den Regeln des Marktes und auch von den staatlichen Vorleistungen ab (Bildungseinrichtungen, Infrastrukturleistungen, Gestaltung des sozialen Netztes). Das bedeutet: Wenn man von einem Wohlfahrtsoptimum (in der Realität) spricht, müssten alle Kollektivgüter optimal bereit gestellt werden, und auftretendes Marktversagen müsste optimal durch staatliches Handeln beseitigt werden. Aber auch dann könnte noch der Fall eintreten, dass Unzufriedenheiten mit der Verteilung vorhanden sind.

Die Etablierung funktionsfähiger Märkte (Regelsetzung, sonstige Leistungen bereitstellen, Marktversagen eindämmen) ist ein Problem kollektiven Handelns. Von der Güte des kollektiven bzw. staatlichen Handelns (es muss nicht der Nationalstaat sein, es kann auch eine höher oder niedriger gelagerte Ebene sein) hängt es somit ab, ob Märkte die erwünschte Koordinationsleistung erbringen oder nicht. Und von der Güte des kollektiven bzw. staatlichen Handelns hängt es auch ab, ob die Güter und Leistungen, die nicht über Märkte koordiniert werden können, in einem erwünschten Umfang und einer er-

[1] Vgl. zum Marktversagen und zur Wirtschaftspolitik grundlegend *Fritsch* (2011).

wünschten Qualität bereitgestellt werden. Insofern ist die Gleichung „Wohlfahrtsoptimum = Pareto-Effizienz = Marktkoordination" in der Realität sicherlich nie so erfüllt, wie es in den Modellen der Wohlfahrtsökonomik dargelegt ist. Die Wohlfahrt hängt vom kollektiven Handeln ab. Bereits die Inkraftsetzung von Märkten ist eine Aufgabe kollektiven Handelns.[2]

Wer also an individueller Wohlfahrt, am Nutzen der Individuen, interessiert ist, muss das Augenmerk auf das kollektive Handeln lenken. Auf dieser Ebene entscheidet sich, wie Interaktionsprobleme durch Institutionen(setzung) gelöst werden, wie Kollektivgüter bereit gestellt werden und wie die Bedingungen für die Zukunft festgelegt werden.

Wie beurteilt sich nun aber das kollektive Handeln selbst? Wenn es keine aggregierte Nutzengröße als Orientierungsmaßstab gibt, muss man für eine realitätsnahe Wirtschaftspolitik wohl oder übel ein vages Oberziel formulieren, das etwa so lauten könnte: Ziel der Politik muss es sein, für die Individuen Rahmenbedingungen zu schaffen, so dass sie größtmögliche Chancen erhalten, ihre unterschiedlichen Ziele zu verwirklichen.[3] Eine solche Formulierung enthält eine zentrale Erkenntnis: Jedes Individuum ist letztlich selbst verantwortlich für sein Wohlbefinden, das kollektive (überindividuelle, ggf. staatliche) Handeln kann nur versuchen, bestmögliche Bedingungen hierfür zu schaffen.

Diese Formulierung eines Oberziels für die (Wirtschafts-)Politik entfernt sich semantisch ein Stück weit von der neoklassischen Standardökonomik und ist eher anschlussfähig an die Konstitutionenökonomik (in der Tradition *von James Buchanan* und *Friedrich A. von Hayek*). Akzeptiert man diese Zielformulierung, so müssen sich alle konkreteren weiteren Ziele im Hinblick auf dieses Oberziel legitimieren lassen. Mit dieser Perspektive im Hinterkopf sollen nun die weiteren Ziele untersucht werden.

3. Die gesellschaftlichen und wirtschaftlichen Ziele

3.1. Die gesellschaftlichen Ziele

Freiheit, Sicherheit und Gerechtigkeit sind Ziele, die oft als die gesellschaftlichen Oberziele (neben der Wohlfahrtsmaximierung) genannt werden (vgl *Berg, Cassel* und *Hartwig* 2003, S. 238 ff.). Wie – in welcher Form – lassen sie sich legitimieren?

Freiheit

Der liberale Philosoph *Isaiah Berlin* (1958) hat die Unterscheidung von negativer und positiver Freiheit grundlegend diskutiert. Negative Freiheit ist die Freiheit von etwas, positive Freiheit die Freiheit zu etwas. Mit der „Freiheit von" haben sich zweifelsohne viele liberale Denker beschäftigt. Hier soll im Folgenden vor allem auf die Ausführungen des berühmten Liberalen *F.A. von Hayek* rekurriert werden. Bei der „Freiheit zu" wird vorwiegend auf die Werke von *Amartya Sen* und *John Rawls* zurückgegriffen.

---

[2] Dies erkennen *Homann* und *Suchanek* (2005). Vorreiter einer solchen Perspektive ist *James Buchanan* (1959).

[3] Dieses Kriterium steht hinter den gesellschaftstheoretischen Arbeiten von *Hayeks*. Vgl. von *Hayek* (1960). Solche Rahmenbedingungen entsprechen dann m.E. auch dem *Buchanan*schen Konsenskriterium. Vgl. *Buchanan* (1987).

Friedrich August von Hayek (1960) definiert die Freiheit als die Abwesenheit von willkürlichem Zwang. Freiheit steht mithin in einer unmittelbaren Verbindung zum Rechtssystem. Nur ein Rechtssystem, das auf der Idee der „Rule of Law“ beruht, kann nach *Hayek* Freiheit schützen, denn ein solches System besteht aus allgemeinen abstrakten Verbotsregeln, die unabhängig von Zeit, Ort und Person gelten. Solche Regeln schaffen Erwartungssicherheit; sie sind die Basis für Investitionen und Verträge, wie dies auch *Buchanan* (1975) hervorhebt. Sie ermöglichen die Entstehung eines freiheitlichen Systems marktwirtschaftlicher Transaktionen, die – wie *Adam Smith* (1776) bereits analysierte – durch Arbeitsteilung und Wettbewerb zu hoher Produktivität und großem Wohlstand führen. *Hayek* (1945) hebt zudem hervor, dass eine marktwirtschaftliche Ordnung das Wissen der Individuen vergleichsweise gut nutzt. Die frei planenden und entscheidenden Unternehmen müssen unter Wettbewerb, der auch zu einer freien Ordnung gehört, ständig nach neuen (besseren) Verfahren und Produkten suchen, denn die Möglichkeit, durch Konkurrenten vom Markt verdrängt zu werden, kann immer eintreten. Folglich ist es der Wettbewerb, der die entscheidenden Anreize generiert, um stets mit neuen Verfahren, Produkten und Dienstleitungen zu experimentieren. Der Wettbewerb fungiert als Entdeckungsverfahren (*Hayek* 1968).

Daraus folgt: Freiheit ist im Grunde genommen ein gesellschaftlicher Wert, weil sie in Verbindung mit dem Wettbewerb das zentrale Mittel ist, um zivilisatorischen Fortschritt zu sichern. Es geht bei der Gewährung von Freiheit (als Abwesenheit von willkürlichem Zwang) nicht nur darum, dass Individuen eine Präferenz für freie Entfaltung haben, sondern auch darum, dass Freiheit das entscheidende Mittel für gesellschaftlichen und wirtschaftlichen Fortschritt ist. Es ist das Verdienst *Hayeks* und von anderen Liberalen, auf diese positiven Wirkungen der Freiheit überzeugend hingewiesen zu haben.

Der indische Wirtschaftswissenschaftler und Philosoph *Amartya Sen* (1985) hat kritisiert, dass das Konzept der formalen Freiheit (Freiheit von) nicht ausreicht, um individuelle und gesellschaftliche Potenziale auszuschöpfen. Vielmehr komme es auf die materielle Freiheit (Freiheit zu) genauso an. Hierunter versteht *Sen* die Freiheit, Lebensplanungen zu gestalten und individuelles wie kollektives Entscheiden erfolgreich zu planen. Eine solche Verwirklichung ist nach *Sen* nur möglich, wenn allen Individuen grundsätzlich der freie Zugang zu

- Bildungseinrichtungen,
- dem Gesundheitssystem,
- der politischen Partizipation,
- Foren kritischer Auseinandersetzung mit der Politik

gewährt wird. Dies ist der Kerngedanke des freiheitlichen „Capability Approach“ (Verwirklichungschancen-Ansatz) von *Sen* (1993).

Der liberale Philosoph *John Rawls* (1973, S. 60 ff.) hat zudem darauf hingewiesen, dass neben den formal-rechtlichen Freiheiten (Freiheit von) und den von *Sen* diskutierten Freiheiten (zu) vor allem auch die Freiheit zur Partizipation in der Politik von zentraler Bedeutung ist. So hebt *Rawls* hervor, dass Grundfreiheiten wie beispielsweise die

Rede- und Pressefreiheit nur um der Freiheit willen und nicht etwa um des bloßen Friedens oder der staatlichen Selbsterhaltung Willen eingeschränkt werden dürfen. Zudem umfasst die politische Freiheit nach *Rawls* auch den freien Zugang zu öffentlichen Ämtern für alle Individuen. Nur wenn das kollektive Handeln nicht einer „Closed-Shop-Gemeinschaft", einer sich selbst bestärkenden Elite überlassen bleibt, kann man von einer freiheitlichen Demokratie sprechen.

Abschließend lässt sich resümierend festhalten, dass die meisten liberalen Denker Freiheit nicht als Wert setzen, sondern die Freiheit als ein im höchsten Maße wertvolles Mittel rekonstruieren, das von fundamentaler Bedeutung für die individuelle und gesellschaftliche Entwicklung ist.

Sicherheit

Das Ziel „Sicherheit" weist mehrere Facetten auf. Sicherheit kann einmal die individuelle Absicherung gegen die Unwägbarkeiten des Lebens bedeuten. Dies kann in einer Marktwirtschaft, die immer Risiken wie den Arbeitsplatzverlust beinhaltet, ein soziales Netz leisten, d.h. ein Netz von Versicherungsleistungen, die ggf. privat oder – wenn der Markt in diesem Bereich nicht funktioniert – staatlich bereitgestellt werden.[4] Für viele Probleme dieser Art dürfte eine Kombination aus staatlicher Regulierung und privatem Angebot eine gute Lösung sein.

Darüber hinaus ist für das individuelle Entscheiden und Handeln auch ein gewisses Maß an Erwartungssicherheit notwendig. Investitionen und andere in die Zukunft reichende Entscheidungen können nur dann vernünftig und mit Aussicht auf Erfolg geplant werden, wenn ein gewisses Maß an Erwartungssicherheit vorliegt. Diese Erwartungssicherheit kann in einer freiheitlichen Marktwirtschaft nie in Gänze gewährt werden. Es ist ja gerade das Wesen einer freiheitlichen Marktwirtschaft, dass Wettbewerber jedem Akteur erworbene Positionen streitig machen können. Es muss jedoch auch in einer Marktwirtschaft sichergestellt werden, dass durch die zur Geltung gebrachten Regeln illegitime Instrumente zur Erlangung von Wettbewerbsvorteilen ausgeschlossen werden. Die Regeln des Rechtsstaates müssen bzw. sollen daher nicht nur Freiheit gewähren, sondern zugleich auch ein gewisses Maß an Sicherheit. Oder anders formuliert: Die rechtsstaatlichen Regeln haben neben der Freiheitssicherung die Aufgabe, dass das Maß an Unsicherheit in gewissen Bereichen kalkulierbar bleibt. Die Akteure können verlässliche Erwartungen darüber bilden, was die Wettbewerber und auch staatliche Instanzen nicht tun. Auch der Staat als Akteur muss sich an die von ihm gesetzten Regeln halten, um verlässlich zu sein, d.h. Erwartungssicherheit zu generieren.

Gerechtigkeit

Eine freie Gesellschaft, in der Positionen und Besitzstände immer auch von Konkurrenten angegriffen werden können, ist sicherlich keine Gesellschaft, in der Einkommen und Vermögen gleich verteilt sind. Wenn man für Freiheit und für ein gewisses Maß an

---

[4] Neo-Liberale wie *Hayek* und *Buchanan* befürworten (im Gegensatz zu den Alt-Liberalen) die Sozialstaatlichkeit. Dass Sozialpolitik letztlich durch die Sicherheit, die sie gewährt, die Akzeptanz und Funktionsfähigkeit des Marktsystems stärkt, heben *Homann* und *Pies* (1996) hervor.

Eigenverantwortung eintritt, kann man nicht zugleich für eine strikte Gleichverteilung eintreten. Eine Gleichverteilung von Einkommen und Vermögen ist nicht vereinbar mit einer freien Gesellschaft und kann folglich auch kein Ziel sein, wenn man für eine freie Gesellschaft eintritt. „Gerechtigkeit als Gleichverteilung“ scheidet somit als ein legitimes Ziel in einer freien Gesellschaft aus.

Vielmehr muss man als Verfechter der freien, marktwirtschaftlich organisierten Gesellschaft bis zu einem gewissen Grad das Prinzip der Leistungsgerechtigkeit akzeptieren, auch wenn der Erfolg im Markt zum Teil auf Glück beruht. D.h. man muss zumindest tolerieren, dass Akteure mit Tätigkeiten, die man möglicher Weise gar nicht selbst wertschätzt, sehr hohe Einkommen erzielen. Solange viele andere Individuen freiwillig Geld für die Leistung zahlen und solange die erfolgreichen Akteure sich an die Spielregeln halten, sollte man die Leistung als gerecht honorieren, denn sehr viele Menschen haben eine Zahlungsbereitschaft, die es zu respektieren gilt.

„Leistungsgerechtigkeit“ wird jedoch von den Individuen, deren Anstrengungen mit vergleichsweise geringem Erfolg gekrönt sind, nur dann akzeptiert werden, wenn auch „Verfahrensgerechtigkeit“ und ein gewisses Maß an „Bedarfsgerechtigkeit“ vorhanden sind. Verfahrensgerechtigkeit stellt auf das Verfahren ab, wie Ergebnisse zustande kommen. Sofern man die Dominanz des Rechtsstaats für die Gestaltung der Rahmenordnung anerkennt, bedeutet Verfahrensgerechtigkeit nichts anderes als Regelgerechtigkeit. Sieht man die Regeln, unter denen Ergebnisse in einem freien marktwirtschaftlichen System zustande kommen, als funktional und gerecht an, so muss man auch die Ergebnisse, die sich unter den Regeln ergeben, als gerecht ansehen (alles andere wäre inkonsistent – vgl. *Vanberg* 2005). Unerwünschte Ergebnisse lassen sich folglich vermeiden, indem man die universell geltenden Regeln entsprechend ändert. Der Versuch, durch punktuelle Interventionen Einzelfallgerechtigkeit herzustellen, ist mit dem Konzept der Verfahrens- oder Regelgerechtigkeit nicht vereinbar. Solche Interventionen, die nicht an Regeln gebunden sind und nicht mit allgemeinen Regeln vereinbar sind, können weder als fair angesehen werden, noch stehen sie in Einklang mit dem Prinzip der Erwartungssicherheit (weil sie willkürlich sind). Vor diesem Hintergrund ist es nachvollziehbar, dass man in einer großen Gesellschaft nur über allgemeine Regeln und Prinzipien weitgehende Übereinstimmung erzielen kann, nicht jedoch über Einzelfallergebnisse (*Hayek* 1939, S. 10 ff.).

Ein Marktsystem, das vielen Akteuren Chancen bietet und viele wünschenswerte Güter und Dienstleistungen hervorbringt, wird letztlich nur dann von der breiten Masse akzeptiert (werden können), wenn viele Individuen an den Marktprozessen erfolgreich teilnehmen (können). Mit anderen Worten: Es muss ein gewisses Maß an Chancengerechtigkeit oder Chancengleichheit vorhanden sein. Die in einer freien Marktwirtschaft unvermeidbaren Ungleichverteilungen werden von der großen Mehrheit der Bevölkerung solange als relativ unproblematisch angesehen, wie Chancengleichheit (und damit auch Chancen für Erfolg) in einem befriedigenden Umfang besteht (bestehen). Wenn die meisten Individuen davon ausgehen, dass sie mit gewissen Anstrengungen ihre persönliche Einkommenssituation verbessern können, werden sie unter relativ hohen Gini-Koeffizienten wenig leiden. Das marktwirtschaftliche System wird in einem viel stärkeren Maß akzeptiert, wenn allen Menschen gewisse Berufs- und Aufstiegschancen (natürlich auf Basis der jeweiligen Talente) in Aussicht gestellt werden. Die Akzeptanz und Stabilität der Marktwirtschaft hängen somit auch ganz entscheidend von der Sozialpolitik und der Bildungspolitik ab. Sozialer Friede und eine Akzeptanz der Marktwirtschaft sind letztlich nur gegeben, wenn die Ungleichheiten der Chancen nicht aus dem Ruder laufen (*Leschke* 2011, Abschnitt 3.1).

Intergenerative Gerechtigkeit ist ein weiterer Gerechtigkeitsaspekt, der in Verbindung mit politischem und marktlichem Handeln von vielen Individuen als extrem wichtig angesehen wird. Politische und wirtschaftliche Entscheidungen werden oft unter starkem „Druck" (Wettbewerbsdruck) getroffen. Dadurch entstehen nicht selten Dilemmasituationen, die eine Dominanz kurzfristiger Interessen und die Verschiebung von Kosten auf zukünftige Generationen individuell rational erscheinen lassen (*Leschke* 2008). Nur das kollektive Handeln (rechtsstaatliches Handeln, international bindende Abkommen) kann in solchen Fällen Regeln generieren, durch die solche Dilemmata aufgebrochen werden. Die Regelsetzung ermöglicht dann eine Entwicklung in Einklang mit dem Prinzip der Generationengerechtigkeit. Die Bedürfnisse der heutigen Generation werden beachtet, ohne die Möglichkeiten künftiger Generationen zu gefährden. In diesem Zusammenhang wird oft das Prinzip der Nachhaltigkeit angeführt. Das Leitbild einer nachhaltigen Entwicklung wurde als Maxime auf der UN-Konferenz für Umwelt und Entwicklung in Rio de Janeiro 1992 verabschiedet. Es weist die Richtung für politische, gesellschaftliche, wirtschaftliche und technologische Fortschritte, um kommenden Generationen eine möglichst intakte Umwelt und ausreichende Ressourcen sowie auch soziale Stabilität zu hinterlassen.

3.2. Die wirtschaftlichen Ziele

Überblick über die wirtschaftlichen Zielgrößen

In deutschsprachigen Lehrbüchern zur (Theorie der) Wirtschaftspolitik werden als wirtschaftliche Ziele zumeist die Ziele des magischen Vier- und Sechsecks genannt. Zum magischen Viereck werden die Ziele angemessenes und stetiges Wachstum, Vollbeschäftigung, Preisniveaustabilität und außenwirtschaftliches Gleichgewicht gezählt. Diese Ziele werden nicht nur in Universitätslehrbüchern zur Wirtschaftspolitik diskutiert, sondern auch in Unterrichtsmaterialien zum Schulfach „Recht & Wirtschaft". Die Ziele des magischen Vierecks sind im Stabilitätsgesetz von 1967 verankert:

> „§ 1 Bund und Länder haben bei ihren wirtschafts- und finanzpolitischen Maßnahmen die Erfordernisse des gesamtwirtschaftlichen Gleichgewichts zu beachten. Die Maßnahmen sind so zu treffen, dass sie im Rahmen der marktwirtschaftlichen Ordnung gleichzeitig zur Stabilität des Preisniveaus, zu einem hohen Beschäftigungsgrad und außenwirtschaftlichen Gleichgewicht bei stetigem und angemessenem Wirtschaftswachstum beitragen."

Weitere Ziele des magischen Sechsecks sind der Umweltschutz und eine gerechte Einkommensverteilung. Das Ziel des Umweltschutzes ist in Art 20a des Grundgesetzes verankert. Dort heißt es:

> „Der Staat schützt auch in Verantwortung für die künftigen Generationen die natürlichen Lebensgrundlagen und die Tiere im Rahmen der verfassungsmäßigen Ordnung durch die Gesetzgebung und nach Maßgabe von Gesetz und Recht durch die vollziehende Gewalt und die Rechtsprechung."

Der Begriff einer gerechten Einkommensverteilung findet sich zwar nicht im Grundgesetz, allerdings kann man dieses Ziel aus dem Sozialstaatsgedanken des Artikels 20, Absatz 1 ableitet werden. Dort heißt es: „Die Bundesrepublik Deutschland ist ein demokratischer und sozialer Bundesstaat." Man kann die soziale Gerechtigkeit als Teilhabeprinzip auslegen. Demnach soll der Staat jedem Bürger eine gesellschaftliche Teilhabe im Sinne der rechtlichen Gleichstellung, sozialen Anerkennung und Beteiligung am sozialen, kulturellen und ökonomischen Leben garantieren. Wenn einem hierfür die Mittel fehlen und man sie nicht selbst erwirtschaften kann, soll der Staat mittels Umverteilung für eine hinreichende Basisausstattung sorgen.

Diese rechtlichen Grundlagen der Ziele des magischen Vierecks sind zwar nicht uninteressant, schließlich (beg)leitet das Recht die Regierung und die Verwaltung in ihrem Handeln. Die ökonomische Legitimation dieser Ziele ist damit jedoch nicht zwingend gegeben. Bei der ökonomischen Ziellegitimation müssen überzeugende (möglichst allgemein geteilte) Gründe vorgebracht werden, warum eine Orientierung der Wirtschaftspolitik an diesen Zielen im Interesse des Gemeinwohls liegt, also den Individuen mehr Chancen gibt, ihre (unterschiedlichen) Ziele zu erreichen.

Bevor wir derartige Überlegungen anstellen, soll darauf hingewiesen werden, dass in einer freien Gesellschaft Makrogrößen wie das BIP, die Arbeitslosenquote, Inflation, die Gesamtemissionen u.a. nicht von den Individuen und korporativen Akteuren geplant werden. Sie ergeben sich vielmehr als nicht geplantes Bei-Produkt des individuellen Handelns. Es handelt sich somit um nicht-intendierte Resultate intentionalen Handelns. Das kann mit Hilfe der *Coleman*schen Badewanne veranschaulicht werden (siehe Abbildung 1).

Abbildung 1: Die *Coleman*sche Badewanne (vgl. auch *Coleman* 1995, S. 417)

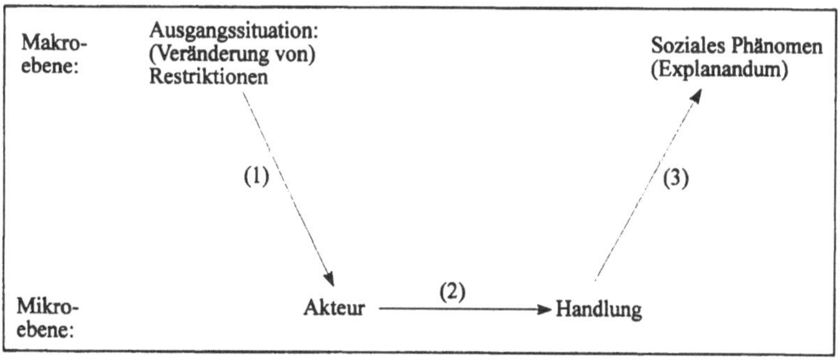

Quelle: *Gerecke* (1998, S. 174).

Die Ziele des magischen Vierecks[5]

Die Individuen treffen unter den gegebenen (sich ggf. ändernden) Umständen (Rahmenbedingungen, Institutionen) laufend Entscheidungen. Die daraus resultierenden Handlungen führen nun ihrerseits zu neuen (ungeplanten) Makrogrößen (sozialen Phä-

[5] Die staatlichen Eingriffe in die Wirtschaft auf Basis der Ziele des magischen Vierecks werden recht ausführlich in *Klump* (2006, Teil 3) erläutert.

nomenen). Man könnte daraus schließen, dass Makroziele überbewertet werden. Man könnte ja (wie *Hayek* es fordert) das Augenmerk auf die Regeln des Zusammenlebens, also auf die institutionellen Umgebungen der zahlreichen Interaktionen lenken und nicht (so sehr) auf Makrogrößen. Wenn man dem folgt, muss man sich allerdings die Frage stellen, woran wir feststellen sollen, ob die Regelsysteme in Gänze erfolgreich sind oder nicht. Die hier vertretene These ist, dass die Makroziele Orientierungsgrößen darstellen, um sich über die Güte der Institutionen ein Bild zu machen. Unter diesem Blickwinkel sollen nun kurz die einzelnen Zielgrößen betrachtet werden.

Das Ziel eines hohen Beschäftigungsstands geht davon aus, dass die arbeitsfähigen Individuen in einer freiheitlichen Gesellschaft mehrheitlich entweder arbeiten müssen oder – sofern sie sonstwie über Einkommen verfügen – arbeiten wollen. Arbeit hat neben dem Einkommenserwerb für die meisten Individuen weitere Vorteile: Man ist eingebettet in ein soziales Netz, und man erfährt (wenn man sich in die Arbeitswelt erfolgreich integriert) Anerkennung. Dies könnte dafür sprechen, dass eine sehr geringe Arbeitslosenquote (von vielleicht 0,5 % bis 1 %) als wünschenswert angesehen wird. Berücksichtigt man jedoch, dass in einem freiheitlichen marktwirtschaftlichen System immer wieder Prozesse der schöpferischen Zerstörung (*Schumpeter* 1912) mit nachfolgenden Strukturanpassungen auftreten, so ist klar, dass eine Arbeitslosenquote von deutlich über 1 % akzeptiert werden muss. Arbeitslosenquoten von mehr als 5 % sollten auf der anderen Seite jedoch ein Warnsignal sein. Man sollte dann nach den (institutionellen) Ursachen forschen und gegebenenfalls institutionelle Änderungen vornehmen.

Relativ unstrittig ist (zumindest aus deutscher Sicht) auch das Ziel der Preisniveaustabilität. Zwar ist es denkbar, dass kurzzeitig der berühmte Phillipskurven-Tradeoff (ein Tradeoff zwischen dem Stabilitätsziel und dem Vollbeschäftigungsziel) auftreten kann. Mittel- und langfristig dominiert jedoch der Nutzen daraus, dass Kosten der Inflation und der Deflation vermieden werden und die Notenbank daher den Stabilitätsauftrag (verfassungsmäßig) zugewiesen bekommt, die Inflationsrate auf einem niedrigen Niveau (in Euroland knapp unter 2 %) zu halten.

Das Ziel eines angemessenen und stetigen Wachstums beinhaltet zwei Aspekte: zum einen, den Wachstumspfad stabil auf einem gewissen Niveau zu halten oder ggf. zu erhöhen, und zum anderen den Aspekt der Konjunkturglättung.

Die Konjunkturglättung ist das Programm des Keynesianismus. Das Werk von *Keynes* (1936), dessen Ziel es war, die theoretische Unterfütterung für eine Bekämpfung gravierender Krisen zu liefern, wurde nach seinem Tod mehr und mehr missbraucht, um eine Konjunkturfeinsteuerung zu legitimieren. Nimmt man die damit zusammenhängenden Probleme der Time-Lags (Wirkungsverzögerungen), des Rent Seeking (Streben nach unproduktiven Zuwendungen durch den Staat) und des zunehmenden staatlichen Schuldenanstiegs ernst (und das sollte man), so muss man eigentlich zwangsläufig zu dem Schluss kommen, eine aktive staatliche Nachfragepolitik auf echte Krisen (also deutliche Kontraktionen des BIP) zu beschränken und für die normale Konjunkturglättung auf die „Built-in-Stabilisatoren" (z.B. die Progression im Steuersystem, potentialorientierte Ausgabenplanung des Staates) zu vertrauen.

Erscheint es über eine Krisenpolitik hinaus denn sinnvoll, (wenn schon keine aktive Konjunkturpolitik, dann aber wenigstens) eine Wachstumspolitik zu betreiben? Und wenn ja, wie kann und sollte sie aussehen?

Der Staat bestimmt maßgeblich durch Setzung der allgemeinen Regeln und der Regulierung die Anreize für Investitionen in Sachkapital und Humankapital. Vor diesem Hintergrund erscheint die Aussage banal, die institutionellen Strukturen permanent danach zu überprüfen, ob hinreichend Anreize für wünschenswerte Investitionen existieren. Ggf. müssen durch institutionelle Reformen die Anreizstrukturen verbessert werden. Daneben muss sichergestellt werden, dass der Staat seine Aufgaben im Bereich der Bereitstellung von kollektiven Leistungen (Infrastrukturbereich, Bildungsbereich) zufriedenstellend erfüllt.

Eine solche Politik kann zwar kurzfristig keine hohen Wachstumsraten garantieren, gibt aber den privaten Akteuren alle Möglichkeiten, innovativ und investiv tätig zu werden. Dass die Politik grundsätzlich (d.h. von der institutionellen Seite her) eine „Politik pro Innovation und Investition" sein sollte, hängt nicht nur mit unserem Geldsystem zusammen (Vorfinanzierung vor Investitionen über den Kredit, was bedeutet, dass der Investor durch produktiven Einsatz des Kapitals mindestens den Zins verdienen muss). Eine solche Politik ermöglicht auch Fortschritte bei zahlreichen Gütern und Leistungen, die letztlich allen zugutekommen.

Unter einem außenwirtschaftlichen Gleichgewicht versteht man nicht nur eine ausgeglichene Zahlungsbilanz (die ist bei flexiblen Wechselkursen ohnehin automatisch ausgeglichen), sondern die Leistungsbilanz auf der einen und die Kapitalverkehrsbilanz auf der anderen Seite sollen ebenfalls ausgeglichen sein. Als Indikatoren werden etwa der Außenbeitrag oder der Leistungsbilanzsaldo verwandt – häufig in Relation zum Bruttoinlandsprodukt. Was ist nun aber der Grund, ausgeglichene Teilbilanzen anzustreben?

Ein ständig negativer Außenbeitrag geht bei flexiblen Wechselkursen einher mit einem Kapitalverkehrsbilanzüberschuss. Das bedeutet, dass die Ausländer laufend Forderungstitel gegenüber Inländern erwerben. Ein stetiges Anwachsen der Auslandsverschuldung zur Finanzierung kann das Inland in eine unerwünschte Abhängigkeit vom Ausland bringen. Zudem kann der relativ hohe Import zu Arbeitslosigkeit im Inland führen. Bei festen Wechselkursen muss die Gegenfinanzierung des negativen Außenbeitrags nicht über die Kapitalverkehrsbilanz erfolgen, sie kann auch über die Devisenbilanz erfolgen. In diesem Fall würde die Zentralbank die Devisen bereitstellen. In jedem Fall hat eine solche Situation eine negative Rückwirkung für die heimische Wirtschaft (Zinsdruck, geringe Investitionen, ggf. Arbeitslosigkeit).

Ein Leistungsbilanzüberschuss wird von den meisten Politikern dagegen positiv bewertet. Schließlich steigt dadurch das Einkommen, die Konjunktur wird angetrieben, der Arbeitsmarkt belebt. Aber trotzdem können Nachteile damit verbunden sein. Zum einen steigen bei flexiblen Wechselkursen die Forderungen gegenüber dem Ausland. Wenn diese nicht bedient werden, muss das Inland den Ausfall tragen. Zum anderen könnten durch die hohe Nachfrage Lohn- und Preissteigerungen initiiert werden, die sich auf andere Sektoren übertragen (Problem der holländischen Krankheit) und schließlich auch die Konsumenten schädigen.

Vor diesem Hintergrund bieten sich flexible oder sprungfixe Wechselkurse zwischen Staaten an, um die angesprochenen Probleme durch Wechselkursanpassungen zu entschärfen. Wenn jedoch eine Währungsunion vorliegt, gibt es drei Möglichkeiten, auftretende Probleme zu entschärfen: (1) Flexible Arbeitsmärkte müssen über Wanderungen und Lohnanpassungen die Ungleichgewichte abpuffern. (2) Es wird zur Stabilisierung der Defizitstaaten ein Finanzausgleichssystem errichtet. (3) Es wird ein temporärer Exit für Defizitstaaten (Austritt aus der Union mit der Möglichkeit des späteren Eintritts nach Wiedererlangung der Wettbewerbsfähigkeit) institutionalisiert. Durch diese Mechanismen können Probleme, die aus außenwirtschaftlichen Ungleichgewichten resultieren, weitgehend geheilt werden.

Auf die Ziele der Nachhaltigkeit bzw. Generationengerechtigkeit wurde bereits eingegangen, genau wie auf das Ziel der sozialen Gerechtigkeit oder Verteilungsgerechtigkeit. An dieser Stelle sei nur noch ergänzt, dass man für Chancengerechtigkeit und die Verteilungssituation sowie auch für die intergenerative Gerechtigkeit makroökonomische Daten benötigt, um einen Eindruck über diese Bereiche zu gewinnen.

3.3. Zwischenfazit

Die betrachteten und diskutierten gesellschaftlichen und wirtschaftlichen Ziele können nun auf folgende Weise sinnvoll interpretiert werden:

Das oberste Ziel kollektiven bzw. staatlichen, zwischenstaatlichen oder auch supranationalen Handelns ist es, den Individuen mehr Chancen zu geben, ihre unterschiedlichen Ziele (Lebensplanungen) zu erreichen.

Dies lässt sich nach heutigen theoretischen und auch empirischen Kenntnissen am besten durch eine freie Gesellschaft verwirklichen. Eine freie Gesellschaft führt unmittelbar zu einer freien Marktwirtschaft, in der die Produktions- und Konsumentscheidungen über (relative) Preise koordiniert werden. „Freiheit“ im formellen und materiellen Sinn (Freiheit von Zwang, aber auch Freiheit zur Teilnahme an gesellschaftlichen Prozessen) ist so gesehen ein Wert, weil Freiheit wertvoll ist, sie ist ein elementar wichtiges „Instrument“, um zivilisatorischen Fortschritt zu ermöglichen.

Freiheit kann jedoch nicht ohne Regeln und Basisausstattung (an Bildung und ggf. einem Mindesteinkommen oder einer Unterkunft) gedacht werden. Nur geschützte Freiheit ist wirkliche Freiheit. Daher müssen „Schutzmaßnahmen“ vorhanden sein, die als funktional und gerecht (fair) angesehen werden. Hierzu gehört nicht nur die Idee der „Rule of Law“ (Herrschaft des Gesetzes in Form allgemeiner, abstrakter Regeln), sondern auch eine Chancengerechtigkeit und eine intergenerationale Gerechtigkeit. Daraus folgt, dass die Facetten der Gerechtigkeit ein weiteres wertvolles Mittel sind, um das Oberziel zu erreichen. Weiterhin wurde argumentiert, dass Freiheit ohne Gerechtigkeit nicht denkbar ist. Freiheit und Gerechtigkeit gehören zusammen und erfordern zudem auch ein gewisses Maß an individuellem Verantwortungsbewusstsein.

Ein weiterer Aspekt, der das individuelle Planen, Entscheiden und Investieren ungemein erleichtert, ist die Sicherheit. Sicherheit zeigt sich einmal in der Verlässlichkeit der institutionellen Ordnung, aber auch in der Verlässlichkeit der Bedingungen für die materielle Freiheit. Insofern gehört die Sicherheit auch untrennbar zu Freiheit und Gerechtigkeit und kann daher ebenfalls als drittes wertvolles Instrument interpretiert werden. Betont werden muss hier jedoch abermals, dass die Sicherheit nie so weit gehen kann und sollte, dass der Einzelne von seiner Eigenverantwortlichkeit entbunden wird. Dies wäre kontraproduktiv, denn jedes Individuum kennt i.d.R. die Umfeldbedingungen für seine Entscheidungen immer noch besser als eine öffentliche Einrichtung.

Nun könnte man argumentieren, dass mit der Einigung auf das Oberziel und die anderen gesellschaftlichen Ziele eine hinreichende Richtschnur für die Politik in der Demokratie geliefert werde. Das ist jedoch nicht der Fall. Man benötigt Makrodaten wie das Bruttoinlandsprodukt (pro Kopf), die Arbeitslosenquote, die Inflationsrate, die Zahlungsbilanz, ferner Informationen auch über die Einkommens- und Vermögensverteilung sowie über die Generationengerechtigkeit und die Nachhaltigkeit – und dies im Querschnitt und Längsschnitt möglichst vieler Staaten, um sich ein Bild über die gesellschaftlichen Zustände zu machen. Nur so lassen sich Missstände (öffentlichkeits)wirksam aufdecken. Insofern sind auch die Ziele des magischen Vierecks bzw. Sechsecks wichtig, um eine Idee dafür zu entwickeln wie die gesellschaftlichen Institutionen weiter zu entwickeln sind. Deshalb sind Makrodaten zum magischen Sechseck zentrale Orientierungsdaten für die Politik.

Allerdings sollten Abweichungen von angestrebten „benchmarks" nicht zu einem politischen Automatismus oder zu einem hektischen Aktionismus führen. Vielmehr sollte die Datenlage bzw. die Datenentwicklung herangezogen werden, um Problembereiche zu identifizieren und Therapievorschläge (institutionelle Änderungen) zu entwickeln.

In diesem Zusammenhang gibt es in den letzten Jahren vermehrt Stimmen, die eine zu einseitige Orientierung an wirtschaftlichen Makrodaten – insb. am BIP pro Kopf – kritisieren und stattdessen die Politik an Glücksindikatoren ausrichten möchten. Diese Option soll im kommenden Abschnitt diskutiert werden.

4. Die Herausforderungen der ökonomischen Glücksforschung

Die ökonomische Glücksforschung (Happiness Economics) führte trotz der Arbeiten von *Easterlin* (1974) u.a. in den 1970er Jahren und *Veenhoven* (1984) in den 1980er Jahren sehr lange ein Schattendasein. Sie wurde vor etwa 10 Jahren durch die Arbeiten von *Frey* und *Stutzer* (2000/2002), sowie *Layard* (2005) u.a. erneut in den Fokus der Ökonomik und Politik gerückt. Mittlerweile ist dieser Bereich „schwer in Mode".

4.1. Was ist Glück?

Bevor auf einzelne Erkenntnisse der ökonomischen Glücksforschung eingegangen wird und deren wirtschaftspolitische Implikationen diskutiert werden, müssen die Fragen „Was ist eigentlich Glück?" und „Wie kann man es messen?" beantwortet werden.

Glück ist zuallererst einmal eine subjektive Kategorie. Es handelt sich um das Wohlbefinden eines Individuums. Es geht also um einen Gemütszustand („State of Mind"), von dem wir uns wünschen, dass er Fortbestand hat. Doch wie misst man dieses Wohlbefinden („Well-Being"), und zwar auf eine Art und Weise, dass es sich von der kurzfristigen Euphorie abgrenzt? Ohne Zweifel hängt das Wohlbefinden oder die Zufriedenheit von den äußeren Umständen (Lebensqualität) und den inneren Fähigkeiten einer Person ab, sein Leben zu meistern, das Beste aus den äußeren Qualitäten und eigenen Talenten zu machen (*Veenhoven* 2011). Grundsätzliche Zufriedenheit mit dem Leben wird in der ökonomischen Literatur am ehesten als „Glück" bezeichnet. Hier findet bei den Individuen eine Abwägung statt zwischen dem, was man will (den Erwartungen), und dem, was man hat.

Glück im Sinne von Lebenszufriedenheit oder Wohlbefinden wird in den meisten Fällen durch direkte Befragung der Betroffenen empirisch erhoben (vgl. *Grimm* 2006, S. 5 ff.). Im General Social Survey, das in den USA verwendet wird, sind drei Antwort-Stufen vorgegeben (Taken all together, how would you say things are these days – would you say that you are very happy, pretty happy or not too happy?). Vier Antwortmöglichkeiten gestattet das Eurobarometer Survey (On the whole, are you very satisfied, fairly satisfied, not very satisfied, or not at all satisfied with the life you lead?). Der World Value Survey enthält eine sehr ähnliche Frage (All things considered, how satisfied are you with your life as a whole?), auf die mit einer Skala von 1 (dissatisfied) bis 10 (satisfied) geantwortet wird. Dieselbe Frage wird im deutschen Sozioökonomischen Panel (SOEP) gestellt, die Antworten rangieren hier von 0 bis 10.

Auch wenn diese Messmethoden ohne Zweifel Fehler beinhalten – das zeigen wiederholte Fragen oder Gegenchecks mit anderen Methoden (Befragungen von Freunden, Tagebuchauswertungen, Hirnstrommessungen) – , so scheinen sie doch so valide zu sein, um auf aggregierter Ebene die Einflüsse verschiedener Faktoren zu testen. Ein Problem ist allerdings auffallend. Vergleiche des durchschnittlichen Glücks auf der Makroebene, also der Glücksindizes einzelner Länder, sind genau wie Vergleiche der Glücksziffern einzelner Individuen mit Vorsicht zu genießen. Die Mittelwerte können durch kulturelle und andere Faktoren spürbar voneinander abweichen. So findet vielleicht ein Durchschnittsdeutscher, dass auf einer Glücksskala von 0 bis 10 ein Wert von 6,5 ein deutliches Glücksgefühl ausdrückt, während ein Italiener ein deutliches Glückssignal erst bei einem Wert von 7,5 sieht. Solche Verzerrungen muss man bei Vergleichen berücksichtigen.

4.2. (Wirtschafts-)Politik und Glück

Wenn man die Glücksmessungen auf aggregierter Ebene wirtschaftspolitisch verwerten möchte, muss man die Einflussfaktoren auf das Glück kennen. Auch wenn die Einflussfaktoren von einzelnen Individuen differieren (aufgrund unterschiedlicher „set-points") und auch unterschiedlich gewichtet werden, so lassen sich auf der Makroebene doch einige valide Faktoren benennen (vgl. hierzu das umfassende Werk von *Layard* 2005), nämlich

- familiäre Beziehungen,
- die finanzielle Lage,
- Arbeit und soziale Beschäftigung,
- das soziales Umfeld (Freunde, Familie, Vereine, sonstige Netze),
- Gesundheit,

- persönliche Freiheit,
- eine Lebensphilosophie, die das Gemeinwohl über Eigeninteresse und Leistungsdruck stellt,
- Abwesenheit von Sozialneid.

Es sei nun einmal angenommen, dieser Befund sei valide (bei aller Problematik der Gewichtung der einzelnen Faktoren). Und wir wollen weiterhin annehmen, dass eine Regierung, inspiriert durch die Kritik am Indikator „BIP pro Kopf" sowie durch die Erkenntnis, dass in reichen Staaten das durchschnittliche Glück mit steigendem Einkommen nicht mehr einfach mitwächst (*Easterlin*-Paradox, vgl. Easterlin 1974), ihre Politik an den Einflussfaktoren des Glücks ausrichten möchte. Wie kann sie nun die Einflussfaktoren sinnvoll steigern? Einige Ökonomen wie *Richard Layard* (2005) oder im deutschsprachigen Raum *Karlheinz Ruckriegel* (2010) fordern eine direkte und unmittelbare Ausrichtung der Politik an den oben genannten Faktoren. So könnte man Arbeit stärker besteuern, weil Freizeit, die man mit Freunden verbringt glücklicher macht. Man könnte zudem durch eine stärkere Umverteilungspolitik den Sozialneid abbauen und das Glücksgefühl im Durchschnitt anheben. Man könnte auch alle unglücklich machenden Wettbewerbsprozesse um Positionsgüter (*Veblen* 1899, *Frank* 1985) verbieten oder verschiedene Positionsgüter drastisch durch Besteuerung verteuern. Ach, man könnte so vieles von staatlicher Seite versuchen, um die Leute glücklicher zu machen ...

Mehrere Argumente sprechen jedoch gegen eine solche interventionistische Politik des „Glücklichmachens": Zum einen treten bei den Interventionen nicht selten nicht intendierte Zweitrundeneffekte auf, die ihrerseits das Glück wieder schmälern. So kann eine Politik der Arbeitsbesteuerung, der Besteuerung von Positionsgütern oder der Umverteilung zur Folge haben, dass ein Land seine Standortbedingungen verschlechtert. Investitionen und Beschäftigung können abnehmen, was wiederum für diejenigen, die ihren Arbeitsplatz verlieren, eine starke Abnahme des Glücks bedeutet. Weiterhin kann der Staat gar nicht alle unglücklich machenden Wettbewerbsprozesse verhindern. Man könnte zwar Schuluniformen und einheitliche Universitätskleidung vorschreiben. Aber dann findet der Positionsgüterkampf eben über die Handys oder andere Dinge statt. Schließlich verbietet man am Ende Gespräche über den Urlaub. Die damit einhergehende Freiheitseinschränkung dürfte kaum glücklich machen. Hier scheint es doch viel vernünftiger, schon den Kindern zu vermitteln, dass man einen gewissen Status oder ein gewisses Ansehen nicht mit Äußerlichkeiten gewinnt, sondern mit Handlungen, die nicht nur für einen selbst, sondern auch für andere hilfreich sind. Wenn Werte wie Fairness und Hilfsbereitschaft einen höheren Stellenwert bekommen, schränkt dies Rattenrennen wirksamer ein als Verbotsspiralen. Darüber hinaus muss man bedenken, dass der einzelne viel besser weiß als der Staat, was ihn glücklich macht und wie er sein Glück erreichen kann. Die paternalistischen Eingriffe zur Glückskorrektur nehmen dem einzelnen mündigen Bürger immer mehr die Eigenverantwortung, ein vernünftiges Selbstmanagement zu betreiben, um seine Ziele zu erreichen.

In dem Maße, wie der Staat mehr und mehr durch eine interventionistische Politik die Verantwortung für Glück und Unglück übernimmt, drängt er die Eigenverantwortung zurück; die Bürger werden zu unmündigen Individuen transformiert, letztlich leidet darunter auch die Demokratie.

Zu guter Letzt muss in aller Deutlichkeit angezweifelt werden, dass es dem Staat überhaupt gelingen kann, eine an Glücksindikatoren ausgerichtete Politik mit Bedacht durchzuführen. Man möge sich nur vorstellen, welche absurden Versprechungen, die gar nicht eingehalten werden können, eine Regierung (und Opposition) macht und welche Ad-hoc-Maßnahmen, die mittelfristig keinerlei positive Wirkungen entfalten, vor Wahlen ergriffen werden, wenn das aggregierte Glück zum Maßstab der Politik wird.

Diese Ausführungen bedeuten nun aber im Umkehrschluss nicht, dass man die Erkenntnisse der Glücksforschung aus der Wirtschaftspolitik verbannen sollte. Man sollte jedoch daran denken, dass bei direkten staatlichen Interventionen viele Probleme durch nicht intendierte Resultate auftreten. Der Staat sollte sich daher auf die Gestaltung der Rahmenordnung konzentrieren und versuchen, die oben diskutierten Ziele zu verfolgen, von denen alle das Glück (mehr oder weniger direkt) positiv beeinflussen. Auch die Formulierung des Oberziels sollte m.E. eher auf Chancen verweisen als auf die Steigerung des Glücks. Der einzelne ist seines Glückes Schmied. Der Staat sollte ihm dazu weitreichende Chancen geben. Ob die Individuen die Chancen wahrnehmen oder nicht, ob sie eine für sich zufriedenstellende Lebensbilanz erreichen oder nicht, liegt jenseits der staatlichen Möglichkeiten.

5. Resümee

Die Ziele der (Wirtschafts-)Politik werden zwar in jedem Buch zur (Theorie der) Wirtschaftspolitik erwähnt, jedoch wird ihre Legitimation zumeist sehr stiefmütterlich diskutiert. Der vorliegende Beitrag verfolgt daher das Ziel, für die Legitimation der wirtschaftspolitischen Ziele einige Denkanstöße zu liefern. Es wurde argumentiert, dass das Oberziel, oft als Wohlfahrtsmaximierung bezeichnet, folgendermaßen formuliert werden sollte: Es ist die Aufgabe des Staates und supranationalen Handelns, die (institutionellen) Rahmenbedingungen für die Interaktionen der Akteure so festzulegen, dass ihnen größtmögliche Chancen gegeben werden, ihre unterschiedlichen Ziele zu erfüllen. Hierfür sind die weiteren (oft genannten) Ziele Freiheit, Sicherheit und Gerechtigkeit wichtige „Mittel", die dem Oberziel dienen und daher wertvoll sind.

Die Ziele des magischen Vierecks wurden als grundsätzlich wichtige Orientierungsgrößen für die Wirtschaftspolitik interpretiert. Eine Problemdiagnose, die jedem Einsatz wirtschaftspolitischer Maßnahmen vorangehen sollte, darf sich jedoch nicht einseitig an einem Indikator (wie z.B. dem BIP) orientieren, sondern muss vor dem Hintergrund der gesellschaftlichen und wirtschaftlichen Ziele Informationen sammeln und auswerten. Eine Wirtschaftspolitik, die das beherzigt, schafft damit auch die Grundlagen für die Individuen, ein glückliches Leben zu planen und zu führen. Eine unmittelbare Ausrichtung der (Wirtschafts-)Politik an Glücksindikatoren, gepaart mit interventionistischen staatlichen Eingriffen zur Glücksförderung, wurde als eine „gefährliche Option" abgelehnt.

Literatur

Berg, Hartmut, Cassel, Dieter und *Karl-Hans Hartwig* (2003), Theorie der Wirtschaftspolitik, in Vahlens Kompendium der Wirtschaftstheorie und Wirtschaftspolitik, München, S. 243-368.

Bergson, Abram (1938), A Reformulation of Certain Aspects of Welfare Economics, in: The Quarterly Journal of Economics, Vol. 52, S. 310-334.

Berlin, Isaiah (1958), Two Concepts on Liberty, Oxford.

Buchanan, James M. (1959), Positive Economics, Welfare Economics, and Political Economy, in: Journal of Law and Economics, Vol. 2, S. 124-138.

Buchanan, James M. (1975), Limits of Liberty: Between Anarchy and Leviathan, Chicago.

Buchanan, James M. (1987), The Constitution of Economic Policy, in: American Economic Review, Vol. 77, S. 243-250.

Coleman, James S. (1995), Grundlagen der Sozialtheorie: Körperschaften und moderne Gesellschaften, Band 2, München.

Donges, Juergen B. und *Andreas Freytag* (2001), Allgemeine Wirtschaftspolitik, Stuttgart.

Easterlin, Richard (1974), Does Economic Growth Improve the Human Lot? Some Empirical Evidence; in: *Paul A. David* und *Melvin W. Reder* (eds.), Nations and Households in Economic Growth: Essays in Honor of Moses Abramovitz, New York, S. 89-125.

Frank, Robert (1985), Choosing the Right Pond: Human Behavior and the Quest for Status, New York.

Frey Bruno S. und *Alois Stutzer* (2000), Happiness, Economics and Institutions, in: The Economic Journal, Vol. 110, S. 918-938.

Frey, Bruno S. und *Alois Stutzer* (2002), Happiness and economics: How the economy and institutions affect well-being, Princeton.

Fritsch, Michael (2011), Marktversagen und Wirtschaftspolitik, 8. Auflage, München.

Gerecke, Uwe (1998), Rational-choice-Theorie und die Intransparenz der psychischen Systeme, Korreferat zu Norman Braun, in: *Ingo Pies* und *Martin Leschke* (Hg.): Gary Beckers ökonomischer Imperialismus, Tübingen, S. 174-180.

Grimm, Jordis (2006), Ergebnisse der Glücksforschung als Leitfaden für politisches Handeln?, Discussion Paper Nr. 14, Universität Flensburg, im Internet unter: http://www.iim.uni-flensburg.de/cms/upload/discussionpapers/14_Grimm_Gluecksforschung-gesamt_2.pdf.

Hayek, Friedrich .A. von (1939), Freedom and the Economic System, Public Policy Pamphlet 29, ed. by *H.D. Gideonse*, Chicago.

Hayek, Friedrich A. von (1945), The Use of Knowledge in Society, in: American Economic Review, Vol. 4, S. 519-530.

Hayek, Friedrich A. von (1960), The Constitution of Liberty, Chicago.

Hayek, Friedrich A. von (1968), Der Wettbewerb als Entdeckungsverfahren, in: Internationales Institut „Österreichische Schule der Nationalökonomie“ (Hg.): Die Österreichische Schule der Nationalökonomie. Texte – Band II von Hayek bis White, Wien, S. 119-137.

Homann, Karl und *Andreas Suchanek* (2005), Ökonomik: Eine Einführung, Tübingen.

Homann, Karl und *Ingo Pies* (1996), Sozialpolitik für den Markt: Theoretische Perspektiven konstitutioneller Ökonomik, in: *Ingo Pies* und *Martin Leschke* (Hg.): James Buchanans konstitutionelle Ökonomik, Tübingen, S. 203-238.

Keynes, John Maynard (1936), The General Theory of Employment, Interest and Money, London.

Klump, Rainer (2006), Wirtschaftspolitik. Instrumente, Ziele und Institutionen, München u.a.O.

Layard, Richard (2005), Happiness - lessons from a new science, New York.

Leschke, Martin (2008), Nachhaltigkeit und Institutionen – eine wirtschaftswissenschaftliche Sicht, in: *Wolfgang Kahl* (Hg.), Nachhaltigkeit als Verbundbegriff, Tübingen, S. 297-325.

Leschke, Martin (2011), Die (zukünftigen) Herausforderungen der Marktwirtschaft: Diagnose und Handlungsoptionen aus institutionenökonomischer Sicht, in: *Theresia Theurl* (Hg.): Institutionelle Hintergründe von Krisen, Berlin, S. 169-191.

Rawls, John (1973), A Theory of Justice, Oxford.

Ruckriegel, Karlheinz (2010), Glücksforschung – Erkenntnisse und Konsequenzen, in: WISU, 39. Jg., S. 1140-1147.

Samuelson, Paul (1947), Foundations of Economic Analysis, Harvard.

Schumpeter, Joseph (1912), Theorie der wirtschaftlichen Entwicklung, Berlin.

Sen, Amartya (1985), Well-being, Agency and Freedom: The Dewey Lectures 1984, in: Journal of Philosophy, Vol. 82, S. 169-221.

Sen, Amartya (1993), Capability and Well-Being, in:, *Amartya Sen* und *Martha Nussbaum* (eds.): The Quality of Life, Oxford, S. 30-53.

Smith, Adam (1776), An Inquiry into the Nature and Causes of the Wealth of Nations, London.

Vanberg, Viktor J. (2005), Marktwirtschaft und Gerechtigkeit: Zu F.A. Hayeks Kritik am Konzept der „sozialen Gerechtigkeit", Freiburger Diskussionspapiere zur Ordnungsökonomik, 05/11.

Veblen, Thorstein (1899), The Theory of the Leisure Class: An Economic Study of Institutions, New York.

Veenhoven, Ruut (1984), Conditions of Happiness, Boston.

Veenhoven, Ruut (2011), Glück als subjektives Wohlbefinden: Lehren aus der empirischen Forschung, in: *Dieter Thomä, Christoph Henning* und *Olivia Mitscherlich-Schönherr* (Hg.), Glück: Ein interdisziplinäres Handbuch, S. 396-404.

Ingo Pies (Hg.), Das weite Feld der Ökonomik
Schriften zu Ordnungsfragen der Wirtschaft · Band 98 · Stuttgart · 2013

Zur Bedeutung der Ordnungsökonomik für eine moderne, ökonomiebasierte Wettbewerbspolitik

Oliver Budzinski

Inhalt

1. Einleitung

In der europäischen und nachfolgend auch in der deutschen Wettbewerbspolitik hat in den letzten gut 10 Jahren ein starker Wandel stattgefunden. Unter Schlagworten wie „More Economic Approach“, „Modern Economic Approach“ (MEA) oder auch „Effects Based Approach“ (EBA) sollte die Wettbewerbspolitik stärker ökonomisch fundiert und auf modernere ökonomische Füße gestellt werden.[1] Dabei variierte die Argumentation insofern, als mitunter die bis dahin praktizierte Wettbewerbspolitik als ‚unökonomisch‘ bzw. als auf ‚außerökonomischen‘ Grundlagen beruhend bezeichnet wurde, während andere Autoren betonten, dass ‚lediglich‘ die bisher verwendeten ökonomischen Theorien und Konzepte veraltet seien und daher eine Modernisierung der verwendeten Ökonomik notwendig wäre. In beiden Fällen jedoch zielte die Kritik – oftmals implizit, manchmal aber auch explizit (vgl. hier insbesondere *Ahlborn* und *Padilla* 2008) – unter anderem auch gerade auf ordoliberale bzw. ordnungsökonomische Einflüsse in der Wettbewerbspolitik, welche jener geforderten Modernisierung im Wege ständen und daher zurückzudrängen seien. Moderne Wettbewerbsökonomik im Sinne der Reformbefürworter beinhaltete dabei einen Kanon aus (i) Konsumentenwohlfahrt als einzigem Ziel der Wettbewerbspolitik, (ii) moderner Industrieökonomik als theoretischer Leitlinie zur Abgrenzung von pro- und antiwettbewerblichen Verhaltensweisen und Arrangements und (iii) einem Fokus auf fallweisen Analysen und Beurteilungen gemäß der individuellen Wohlfahrtseffekte einer Kollusion, eines Zusammenschlusses oder einer unilateralen Verhaltensweise. Vormals populäre ordnungsökonomische Konzepte wie (i) Wettbewerbsfreiheit als (Zwischen-)Ziel, (ii) Fairness- und Entmachtungsargumentationen und (iii) der Fokus auf eine regelbasierte Politik, basierend mehr auf typischen als auf besonderen Effekten eines Falls, wurden in diesem Zusammenhang kritisiert. Die tatsächliche Entwicklung der europäischen – und in eingeschränkter Weise auch der deutschen – Wettbewerbspolitik folgte weitgehend diesem Modernisierungskanon und hat in vielen Bereichen eine Kombination aus MEA und EBA implementiert. Dies gilt allerdings für die Fusionskontrolle und für die Kartellpolitik in stärkerem Ausmaße als für die Missbrauchsaufsicht.

Der vorliegende Beitrag analysiert die so skizzierte Entwicklung kritisch, indem gefragt wird, ob die Ordnungsökonomik tatsächlich veraltet ist und für eine moderne, ökonomiebasierte Wettbewerbspolitik nicht mehr von Bedeutung sein sollte. Dabei wird weder infrage gestellt, dass Wettbewerbspolitik ökonomiebasiert praktiziert und ausgestaltet werden sollte, noch eine inhaltliche oder methodologische Kritik moderner Industrieökonomik vorgenommen. Auch geht es nicht um eine dogmenhistorisch geleitete Aufarbeitung des (tatsächlichen) ordoliberalen Einflusses auf die deutsche und europäische Wettbewerbspolitik. Stattdessen wird erstens hinterfragt, welche Kritikpunkte an der Ordnungsökonomik in Bezug auf die Ausgestaltung der Wettbewerbspolitik gerechtfertigt sind und in welchem Ausmaße (Abschnitt 2). Zweitens wird anhand eines Beispiels – der Fusionskontrolle – untersucht, welchen Beitrag moderne Ordnungsöko-

---

[1] Zu dieser Diskussion vgl. n.v.a. die wohl umfassendste und am tiefsten gehende Analyse von *Christiansen* (2010) sowie als maßgebliche Reformbefürworter *Neven* (2006), *Röller* und *Stehmann* (2006) sowie für eine kritische Perspektive *Schmidt* und *Voigt* (2006, 2007).

nomik zu einer Verbesserung der Ökonomiebasierung moderner Wettbewerbspolitik leisten könnte (Abschnitt 3). Die Argumentation zeigt, dass ordnungsökonomische Erkenntnisse keinesfalls durchgängig veraltet sind und, ganz im Gegenteil, die aktuelle Politik der Zusammenschlusskontrolle auf beiden Seiten des Atlantiks von ordnungsökonomischen Einflüssen erheblich profitieren könnte. Dabei besteht – anders als im Zuge des Reformprozesses behauptet – gerade kein Widerspruch zwischen moderner Industrieökonomik und moderner Ordnungsökonomik; diese sind vielmehr als komplementär zu betrachten. Der Beitrag schließt mit einem Ausblick auf eine Reihe von wettbewerbspolitikrelevanten Fragen für die ordnungsökonomische Forschung (Abschnitt 4).

2. Ordnungsökonomik, Wettbewerbsökonomik und Wettbewerbspolitik

2.1. Wettbewerbsökonomische Kritik an der Ordnungsökonomik

Ein erster, immer wieder vorgebrachter Kritikpunkt an der Ordnungsökonomik besteht darin, dass das Konzept des vollständigen Wettbewerbs als veraltet bezeichnet wird. Diese Kritik bezieht sich insbesondere auf die Argumentation von *Eucken* (1952), dass eine freie Entfaltung der Marktkräfte innerhalb der Wettbewerbsordnung (Wettbewerbsfreiheit) dazu führt, dass auf allen Märkten die Marktform der sogenannten vollständigen Konkurrenz entsteht, welche wiederum ein allgemeines Gleichgewicht herbeiführt. Dabei beruht das Konzept der vollständigen Konkurrenz ganz wesentlich auf der Mikroökonomik des homogenen Polypols, einer Marktform, die etwas irreführend mitunter auch als vollkommene Konkurrenz bezeichnet wird. *Vollständige* Konkurrenz unterscheidet sich von *vollkommener* Konkurrenz dabei insbesondere durch drei Aspekte:

- Erstens wird die Forderung nach einer Homogenität der Güter aufgegeben und auch heterogene Polypole zugelassen (ohne dass allerdings eventuelle Auswirkungen heterogener Güter auf Marktergebnisse und Wohlfahrt ausführlich analysiert werden).
- Zweitens wird die Bedingung der vollkommenen Markttransparenz gelockert.
- Drittens ist vollständige Konkurrenz mit einer ungefähren Gleichverteilung der Marktanteile auf der Angebots- und auf der Nachfrageseite vereinbar und verlangt keine perfekte Gleichverteilung.

Diese drei Aspekte sind dabei so zu lesen, dass Märkte, welche heterogene Güter, imperfekte Markttransparenz sowie eine ungefähre Gleichverteilung der Marktanteile aufweisen und ansonsten die Bedingungen der vollkommenen Konkurrenz erfüllen, als vollständig wettbewerblich einzustufen sind und keiner wettbewerbspolitischen Korrektur bedürfen.

Im Zuge der Diskussion um eine moderne Ausgestaltung der Wettbewerbspolitik wird typischerweise kritisiert, dass durch neuere Entwicklungen in der Industrieökonomik, insbesondere durch die spieltheoretische Reformulierung und signifikante Erweiterung der neoklassischen Oligopoltheorie, aber auch durch die Betrachtung von Innovationen und dynamischer Effizienz, das Konzept des vollständigen Wettbewerbs obsolet geworden und in der Wissenschaft durch überlegene Theorien verdrängt worden sei. Da die ‚alte' Wettbewerbspolitik auf diesem wissenschaftlich überholten ordnungsökonomischen Wettbewerbsverständnis beruhe, müsse sie im Zuge der Reform von ihrem ordnungsökonomischen Ballast befreit werden und stattdessen auf ein modernes Wettbewerbsverständnis kalibriert werden. Dazu gehört dann insbesondere auch die Fokussierung auf Wettbewerbsfreiheit als hinreichendem Zwischenziel, um Wohlfahrt zu maximieren. Da neuere ökonomische Theorien, aber hier insbesondere neuere Methoden und Instrumente (Ökonometrie, Simulationen), anders als in früheren Zeiten eine direktere Berechnung und Bewertung der Effekte unternehmerischer Strategien und Arrangements auf die Konsumentenwohlfahrt ermöglichen würden, könne das Zwischenziel Wettbewerbsfreiheit nunmehr durch eine direkte Maximierung der Konsumentenwohlfahrt ersetzt werden, wodurch aufgrund der Überlegenheit der Analyse der tatsächlichen Effekte eine Wohlfahrtssteigerung resultiere.[2]

Ein zweiter Kritikpunkt macht sich an der Unterscheidung zwischen Leistungs- und Behinderungswettbewerb als Trennlinie zwischen prowettbewerblichen und antikompetitiven Unternehmensstrategien und Arrangements fest. Hier wird insbesondere kritisiert, dass die Beispiele, welche *Eucken* (1952, insb. S. 295-298) als typische Fälle von Behinderungswettbewerb aufführt (u.a. Preisdifferenzierung, bestimmte Bündelungsstrategien, bestimmte Rabattmuster), aus der Perspektive der heute aktuellen Industrieökonomik keinesfalls zwangsläufig oder auch nur mehrheitlich wohlfahrtsschädliche Strategien und Verhaltensweisen darstellen (*Ahlborn* und *Grave* 2006, S. 214-216, *Ahlborn* und *Padilla* 2008). Daher sei das ordnungsökonomisch begründete wettbewerbspolitische Vorgehen gegen solche Strategien schädlich und bedürfe der Reform.

Als ein dritter Kritikpunkt wird gerne die grundsätzliche Fokussierung der Ordnungsökonomik auf Per-se-Regeln vorgebracht. Diese seien ungeeignet, weil sie fallspezifische Besonderheiten nicht berücksichtigen würden. Damit gingen Per-se-Regeln mit einer erheblichen Anzahl von Fehlentscheidungen einher, da nicht (hinreichend) differenziert würde, wie eine unternehmerische Strategie oder ein Arrangement zwischen Unternehmen in dem konkreten Markt und in der konkreten Ausgestaltung auf den Wettbewerb wirken würde. Insbesondere würden positive Wirkungen wie Effizienzen ignoriert oder zumindest unterbelichtet (*Ahlborn* und *Padilla* 2008). Allgemein gesagt wird bemängelt, dass Per-se-Regeln ein zu allgemeines Kriterium seien, um komplexe Wettbewerbswirkungen mit minimalen Fehlentscheidungszahlen zu beurteilen.

Selten wird zusätzlich kritisiert (viertens), dass die stete Warnung *Eucken*s und anderer Ordnungsökonomen vor der Gefahr einer Aushöhlung bzw. Unterminierung der Wettbewerbsordnung durch private Macht ein, so wörtlich, „doomsday scenario" darstelle und in den modernen Marktwirtschaften nicht mehr bestehe (*Ahlborn* und *Padilla* 2008). Es sei aber auch betont, dass nahezu alle Kritiker einmütig die Verdienste *Eucken*s und der anderen Ordnungsökonomen der ersten Generation um die Etablierung

---

[2] Vgl. zur gesamten Argumentation stellvertretend *Ahlborn* und *Grave* (2006, S. 212-213). Um die Frage, ob Wettbewerbsfreiheit als (Zwischen-)Ziel der Wettbewerbspolitik obsolet geworden sei, hat sich in Deutschland eine kontroverse Diskussion entwickelt. Vgl. *Hellwig* (2006); *Haucap* (2007); *Weizsäcker* (2007); *Budzinski* (2008a); *Schmidt* (2008); *Vanberg* (2011).

der Sozialen Marktwirtschaft in Deutschland und auch der deutschen und europäischen Wettbewerbsordnung hervorheben.

2.2. Ist die Kritik gerechtfertigt?

Um die Kritik ihrerseits einer kritischen Analyse zu unterziehen, lässt sie sich in drei systematische Argumente bündeln:

- a. Die Ordnungsökonomik ist wirtschaftstheoretisch veraltet und überholt.
- b. Per-se-Regeln sind ungeeignet.
- c. Die wirtschaftlichen Verhältnisse haben sich so geändert, dass bestimmte ordnungsökonomische Argumente nicht mehr zutreffend sind.

Argument a ist in einer Hinsicht zunächst einmal vorbehaltlos zuzustimmen: Konzepte wie jenes der vollständigen Konkurrenz sind in der Tat ökonomietheoretisch veraltet und überholt – ebenso wie sein Vorbild, das Konzept der vermeintlich vollkommenen Konkurrenz. Dies gilt jedenfalls insofern, als Analysen realer Märkte angestrebt werden, aus welchen wettbewerbspolitische Handlungsempfehlungen abgeleitet werden sollen. Reale Wettbewerbsmärkte sind im Kern durch eine strategische Interdependenz der Wettbewerber gekennzeichnet, wie sie die moderne Oligopoltheorie modelliert. Und natürlich auch im Bereich der Analyse dynamischer Wettbewerbskräfte und Wettbewerbswirkungen hat die Ökonomik in den vergangenen 60 Jahren signifikante und relevante Fortschritte gemacht. Die aus beiden Bereichen resultierenden Einsichten und Erkenntnisse dürfen in der aktuellen Wettbewerbspolitik in der Tat nicht vernachlässigt oder gar ignoriert werden.[3]

Nichtsdestoweniger unterliegt die so gerichtete Kritik an der Ordnungsökonomik zwei erheblichen Irrtümern. Erstens verstehen die Kritiker die Ordnungsökonomik (nur) als Theorie der Wettbewerbswirkungen (und in diesem engen Sinne als Wettbewerbstheorie). Dies verkennt, dass die Ordnungsökonomik immer in erster Linie eine Theorie der Umsetzung der Wettbewerbswirkungstheorien (bspw. der Industrieökonomik) in die Wettbewerbspolitik war und bis heute ist. Als solche baut sie jeweils auf dem aktuellen Stand der wettbewerbsökonomischen Forschung auf. Dies ist auch genau das, was *Eucken* (1952) macht: Er nimmt den wettbewerbstheoretischen Stand seiner Zeit und – darin besteht seine wissenschaftliche Leistung – setzt ihn unter Beachtung umsetzungsrelevanter Aspekte in ein wettbewerbspolitisches Konzept um. Es ist offensichtlich nicht sinnvoll, ihn dafür zu kritisieren. Und selbstverständlich baut eine moderne ordnungsökonomische Analyse auf den heute aktuellen Theorien der Wettbewerbswirkungen auf, mithin der modernen Industrieökonomik.

Sehr deutlich wird dieses Missverständnis, wenn – wie in Abschnitt 2.1 geschildert wurde – die konzeptionelle Unterscheidung von Leistungs- und Behinderungswettbewerb anhand der von *Eucken* aufgeführten Beispiele kritisiert wird. Welche unternehmerischen Strategien und Arrangements unter welchen Konstellationen Leistungswettbewerb darstellen und welche Behinderungswettbewerb, muss selbstverständlich vor

---

[3] Vgl. zur Leistungsfähigkeit, aber auch zu den Grenzen moderner Industrieökonomik für die praktische Wettbewerbspolitik *Budzinski* (2011) und *Rubinfeld* (2011).

dem Hintergrund des jeweils aktuellen Standes der Forschung entschieden werden. Da dieser immer vorläufig ist (*Budzinski* 2008b), kann diese Klassifizierung nie für alle Zeiten erfolgen. Das macht aber die Konzepte Leistungs- und Behinderungswettbewerb als wettbewerbsökonomische Kategorien nicht sinnlos!

Der zweite und ebenso gravierende Irrtum besteht darin, die Ordnungsökonomik auf das Werk *Euckens* und seiner Generation zu reduzieren. Um es einmal drastisch auszudrücken: Die Ordnungsökonomik anhand des Standes von 1952 als veraltet zu kritisieren ist ähnlich fehlerhaft und unzutreffend, als wenn man die Industrieökonomik anhand des Standes der 1890 von *Marshall* veröffentlichten „Principles of Economics" kritisieren wollte! Kritiker, welche dies tun, ignorieren die neuere ordnungsökonomische Forschung, welche in einigen Bereichen erheblich von dem Stand der 1950er Jahre abweicht bzw. über ihn hinausgeht.[4] Dazu gehört gerade auch die Einbeziehung modernerer wettbewerbsökonomischer Konzepte und insbesondere auch dynamischer Wettbewerbstheorien (vgl. beispielweise *Kerber* 1997) Auch das gerne kritisierte Konzept der Wettbewerbsfreiheit ist seit *Eucken* weiterentwickelt worden (n.v.a. *Hoppmann* 1967/ 1988, *Vanberg* 1999).

Zusammenfassend kann also festgehalten werden, dass das Argument, die Ordnungsökonomik sei veraltet wegen des Konzepts der vollständigen Konkurrenz oder wegen einer konkreten Bewertung unternehmerischer Strategien und Arrangements in den 1950er Jahren, nicht den wissenschaftlichen Kern der Ordnungsökonomik trifft. Diese Kritik kann nur dann treffen, wenn Ordnungsökonomik sich darauf beschränken würde, *Eucken* zu rezitieren und ihn ohne Beachtung des zeithistorischen Kontexts auszulegen (und dann trifft sie zu Recht); sie geht aber an moderner Ordnungsökonomik völlig vorbei. Im Grunde wird seitens der Kritiker ‚lediglich' und zutreffenderweise konstatiert, dass selbstverständlich neue Erkenntnisse über Wettbewerbswirkungen in die Wettbewerbspolitik einfließen müssen. Damit übersehen die Kritiker hier aber den eigentlichen Beitrag der Ordnungsökonomik zur Wettbewerbspolitik.

Letzterem kommt der Kritikstrang b, die Frage der Eignung von Per-se-Regeln, schon näher. Die Frage der Regelbasierung der Wettbewerbspolitik stellt in der Tat einen der Kernpunkte ordnungsökonomischen Denkens dar. Dabei darf allerdings nicht übersehen werden, dass auch die Wettbewerbspolitik vor den jüngeren Reformen keinesfalls durchgängig oder auch nur überwiegend aus Per-se-Regeln bestand. Auch wird eine rein auf Per-se-Regeln basierende Wettbewerbspolitik in der Wissenschaft kaum mehr gefordert.[5] Gerade auch Ordnungsökonomen weisen stattdessen darauf hin, dass sich tatsächliche Wettbewerbspolitik typischerweise auf einem Kontinuum zwischen stärkerer Regelbasierung und stärkerer Einzelfallbasierung bewegt (*Christiansen* und *Kerber* 2006, *Christiansen* 2010, S. 395-502), ohne dass aber die extremen Endpunkte dieses Kontinuums die wesentliche Rolle spielen. So wäre es dann auch ein Zerrbild zu

---

[4] Vgl. beispielweise die jährlich erschienenen Bände des Forschungsseminar Radeins, welche den Fortschritt und die Evolution ordnungsökonomischen Denkens illustrieren, oder auch stellvertretend für viele die wissenschaftstheoretischen Reflektionen von *Hartwig* (1987/ 1988). Übersichten über weitere Einflüsse liefern u.a. allgemein *Budzinski* (2000, S. 30-69) und mit Blick auf die Wettbewerbspolitik *Budzinski* (2008b, S. 305-313).

[5] Eine Ausnahme stellt *Mantzavinos* (2006) dar.

argumentieren, dass im Zuge der Reformdiskussion und des Reformprozesses es darum gegangen wäre, strikte Per-se-Regeln durch idealtypische Rules-of-Reason zu ersetzen. Worum es aber tatsächlich ging und geht, ist eine graduelle Verschiebung der Wettbewerbspolitik weg von einer stärker regelbasierten Politik hin zu einer stärker einzelfallbasierten Politik im Zuge des EBA.

Die Frage allerdings, ob Regelbasierung oder Einzelfallbasierung vorteilhaft ist, ist durchaus umstritten. Zwar eröffnet eine einzelfallbasierte Wettbewerbspolitik die Möglichkeit, jeden einzelnen Fall anhand seiner tatsächlichen bzw. zu erwartenden Wettbewerbswirkungen ‚richtig' zu entscheiden, während eine stärker regelbasierte Wettbewerbspolitik bestenfalls die Mehrheit der typischen Fälle richtig beurteilt. Allerdings stellt dies zunächst einmal nur ein Potenzial, eine Möglichkeit dar. Eine tatsächliche Ausschöpfung dieses Potenzials bedingt, dass eine Einzelfallanalyse tatsächlich auch zu einer richtigen Entscheidung kommt, d.h. die fallindividuellen Wettbewerbswirkungen korrekt erfassen und messen kann – insbesondere auch jene, welche in der Zukunft liegen, und solche, die auf kontrafaktischen Analysen beruhen.[6] Gelingt dies nicht oder nur unzureichend – oder resultieren sogar systematische Fehler und Verzerrungen –, so ist nicht klar, dass Einzelfallanalysen weniger Fehlentscheidungen produzieren als regelbasierte Entscheidungen; es kann dann sehr wohl auch anders herum sein. Zudem gehen Einzelfallanalysen mit erheblich höheren Kosten einher, so dass auch außerhalb ordnungsökonomischer Argumentationsmuster davor gewarnt wird, Regelbindungen aufgrund der Möglichkeit der Fehlentscheidung weniger Sonderfälle aufzugeben (*Breyer* 2009).

Die moderne Ordnungsökonomik ergänzt die Diskussion um eine Reihe von Argumenten. So weist die Ökonomik der Wirkungen von Regeln darauf hin, dass eine regelgebundene Politik einen besseren Abschreckungseffekt bewirkt als eine einzelfallorientierte Politik. Dieser Abschreckungseffekt – das Unterlassen wettbewerbswidriger Verhaltensweisen und Arrangements, um einer Sanktionierung zuvorzukommen – stellt, empirisch belegt, den größten Teil der Wohlfahrtseffekte der Wettbewerbspolitik dar. Ähnlich gelagert ist der Fall der Funktion von Regeln als Orientierung (und auch als Instrument der Schaffung von Rechtssicherheit). Eine einzelfallbasierte Politik, die jeden Fall ergebnisoffen angeht, verführt die Normadressaten dazu, an der Grenze der Wettbewerbswidrigkeit zu experimentieren und diese auszutesten, da sie hoffen können, mit ihren Strategien und Arrangements durchzukommen, wenn sie entweder nur geschickt genug asymmetrische Informationen ausnutzen oder genügend Lobbyeinfluss walten lassen. Eine regelbasierte Politik frustriert diese Verhaltensweisen aufgrund der größeren Antizipierbarkeit der Entscheidungen und erzielt über die Konstanz der Wettbewerbspolitik positive Wohlfahrtseffekte. Damit einher geht auch die Akzeptanz von Grenzen des Wissens über (insbesondere zukünftige und kontra-faktische) Wettbewerbseffekte[7], welche vor einem zu ambitionierten Glauben an die exakte und eindeutige (sowie eben auch gerichtstaugliche) Berechenbarkeit von konkreten Wettbewerbseffekten im Einzelfall warnt (Anmaßung von Wissen) (vgl. hierzu auch *Budzinski* und

[6] In der Fusionskontrolle liegen die allermeisten relevanten Effekte in der Zukunft und beruhen auf kontrafaktischen Analysen.

[7] Hier hat *Hayek* (1945/1975) die ordnungsökonomische Argumentation beeinflusst.

Ruhmer 2010, und *Budzinski* 2011). Schließlich weist die Ordnungsökonomik auf die Interdependenz der Ordnungen hin: Eine regelbasierte Wettbewerbspolitik passt besser zu den Stärken und Schwächen der Rechtsordnung (Beweisstandards, Beweislastenallokation, Verfahrensweisen, Wissen der Richter, Eigeninteressen des Gerichtes usw.) als der EBA.

Im Grunde geht es bei der Frage Einzelfallbasierung versus Regelbasierung um die Domäne der Ordnungsökonomik, nämlich darum, *wie* moderne industrieökonomische Erkenntnisse in die Wettbewerbspolitik einfließen sollten.[8] Sollen die Erkenntnisse der modernen Industrieökonomik dazu verwendet werden, die Wettbewerbswirkungen jedes Einzelfalls ausführlich zu analysieren (EBA), oder dazu, bessere Regeln zu formulieren? Das Anwendungsbeispiel in Kapitel 3 befasst sich genau mit dieser Problematik und zeigt, wie ordnungsökonomische Erkenntnisse hier helfen können, moderne, ökonomiebasierte Wettbewerbspolitik zu verbessern. Ordnungsökonomik weist in der Tat auf zentrale Schwächen eines einzelfall- und effektbasierten Ansatzes hin und betont die ökonomischen Vorteile einer regelbasierten Wettbewerbspolitik.

Argumentation c, dass sich die wirtschaftlichen Verhältnisse so geändert hätten, dass bestimmte ordnungsökonomische Argumente nicht mehr zutreffend seien, spielt in der Diskussion um die Reform der europäischen Wettbewerbspolitik zwar keine allzu prominente Rolle, dennoch soll hier aber zumindest kurz darauf eingegangen werden. Kern der Argumentation ist, dass die Ordnungsökonomik bei bestimmten Abwägungen, wie beispielsweise Fairness versus Effizienz oder Freiheit vs. Effizienz, nicht streng eine kurzfristige Wohlfahrtsmaximierung verfolge, sondern über langfristige Argumente Fairness- und Freiheitsüberlegungen zu Lasten kurzfristiger Effizienzvorteile bzw. unter Inkaufnahme kurzfristiger Effizienznachteile den Vorrang gebe. Die Begründung der langfristigen Vorteilhaftigkeit dieses Vorranges, nämlich die Entmachtung privater Marktakteure bzw. die Verhinderung der Bildung und Akkumulation privater Macht sowie damit zusammenhängend die wachsende Akzeptanz der Marktwirtschaft und des Wettbewerbs als Koordinationsprinzip in der Bevölkerung, wurden von einzelnen Autoren als zeitgemäß im Deutschland der späten 1940er und der 1950er gesehen, aber als unzeitgemäß für moderne, entwickelte Volkswirtschaften (*doomsday scenario*; *Ahlborn* und *Padilla* 2008). Spätestens die anhaltende Finanzkrise (seit 2007) und die damit zusammenhängende teilweise dramatische Abnahme der Zustimmungswerte zu Prinzipien wie Wettbewerb und Marktwirtschaft haben allerdings verdeutlicht, dass dies wohl eine Fehleinschätzung war. Im Gegenteil, die Beschäftigung mit Akzeptanzproblemen der Marktwirtschaft hat seither deutlich zugenommen (vgl. n.v.a. die Beiträge in *Theurl* 2013), und auch der Wettbewerbspolitik stünde es gut zu Gesicht, zu bedenken, dass sie langfristig ihre Wohlfahrtswirkungen nur entfalten kann, wenn Wettbewerb nicht nur als effizientes, sondern auch als die Normen und Werte der Gesellschaft respektierendes, in diesem Sinne ‚faires' Koordinationsprinzip wahrgenommen wird. Nicht zufällig wächst die Anzahl der Beiträge – und zwar auch der wissenschaftlichen Beiträge –, welche das Primat des Wettbewerbs über kooperative Arrangements oder industriepolitische Interventionen infrage stellen.

---

[8] Und eben nicht um die Frage, *ob* dies geschehen soll!

Dabei handelt es sich bei der Akzeptanz-, Fairness- und Freiheitsdiskussion keinesfalls ‚nur' um eine Diskussion auf der Metaebene, sondern es geht auch um ganz praktische Aspekte der Wettbewerbspolitik. Im Kontext der Reformdiskussion um eine moderne, ökonomiebasierte Wettbewerbspolitik ist hier beispielsweise zu erwähnen, dass bei wettbewerbswidrigen Verhaltensweisen die Absicht (*intent*), den Wettbewerb zu beschränken, zu Gunsten einer ausschließlichen Betrachtung der Wirkungen (*effects*) keine Rolle mehr spielen soll: Werden inkriminierende Sitzungsprotokolle oder Emails gefunden, welche deutlich beweisen, dass die einzige Absicht einer bestimmten Strategie die Beschränkung des Wettbewerbs war, so galt dies bisher als schlagender Beweis (*smoking gun*). Zukünftig sollen solche Beweise, wenn es nach den Verfechtern einer (vermeintlich) strikt ökonomiebasierten Wettbewerbspolitik geht, überhaupt keine Rolle mehr spielen, sondern es muss stattdessen der wohlfahrtsschädliche Effekt dieser Handlungen im Einzelnen bewiesen werden. Einer ähnlichen Philosophie folgt der geforderte, aber nicht in Reinform umgesetzte „As-Efficient-Competitor-Test" (AECT): Eine verdrängende oder abschottende unilaterale Strategie eines (marktmächtigen) Unternehmens soll nicht an sich als antikompetitiv klassifiziert werden, sondern nur dann, wenn der verdrängte oder ausgeschlossene Wettbewerber (meist ein deutlich kleineres Unternehmen) nachweislich mindestens so effizient ist bzw. gewesen wäre wie das verdrängende Unternehmen – und zwar in der kurzen Frist. Während sich beide Reformelemente, Abschaffung der Absicht als Argument und AECT, zweifellos ökonomisch über kurzfristige Effizienzeffekte begründen lassen, so erscheint dennoch fraglich, ob sie mit gesellschaftlichen Werten und Normen im Einklang stehen und mithin als akzeptabel angesehen werden – oder der Reputation der Wettbewerbspolitik mittelfristig schaden.[9] Letzteres wäre dann insgesamt auch wohlfahrtsschädlicher, als kurzfristig auf ein paar, mitunter marginale, Effizienzvorteile zu verzichten. Dies wird übrigens durchaus auch von der experimentellen Ökonomik zur Rolle von Fairness in ökonomischen Kontexten unterstützt. In wettbewerbspolitischer Hinsicht gibt es hier allerdings erheblichen Forschungsbedarf, gerade auch für Ordnungsökonomen! Das gilt gleichfalls für die von der Ordnungsökonomik postulierte spezielle Verantwortung marktmächtiger Unternehmen, die ihr sogenanntes Marktmachtprivileg durch den Verzicht auf bestimmte, diese Macht ausweitende oder festigende (und mitunter dennoch effiziente) Verhaltensweisen kompensieren müssen (*Eucken* 1952). Eine moderne ordnungsökonomische Begründung unter Einbeziehung moderner Erkenntnisse der Ökonomik (Industrieökonomik, Institutionenökonomik, Politökonomik, experimentelle Ökonomik) wäre ausgesprochen wünschenswert.

2.3. Zwischenfazit: Ordnungsökonomik als Theorie der Übersetzung von Industrieökonomik in Wettbewerbspolitik

Insgesamt kann festgehalten werden, dass der Beitrag der Ordnungsökonomik zu einer modernen, ökonomiebasierten Wettbewerbspolitik nicht darin besteht, dass die Ordnungsökonomik eine überlegene oder alternative Theorie der Wettbewerbswirkungen anbietet. Sie ist vielmehr offen gegenüber einer Inklusion unterschiedlicher Wettbe-

---

[9] Man stelle sich nur vor, ein großes multinationales Unternehmen verdrängt gezielt und mit offener Absicht Mittelständler und die Wettbewerbspolitik goutiert dieses Vorgehen, weil die Mittelständler aktuell nicht ganz so effizient seien wie der multinationale Konzern.

werbstheorien und dementsprechend kompatibel mit unterschiedlichen Wettbewerbstheorien. Folgt man der Tradition *Euckens* und übersetzt sie in die heutige Zeit, so wäre die präferierte Theorie der Wettbewerbswirkungen der aktuelle Stand des Mainstreams der Industrieökonomik (und keinesfalls jener der 1940er Jahre). Der Beitrag der Ordnungsökonomik liegt in der Bereitstellung einer Theorie der Übersetzung industrieökonomischer Einsichten und Erkenntnisse in eine funktionierende Wettbewerbsordnung bzw. -politik. Dazu reicht es nämlich nicht aus, Wettbewerbswirkungen zu verstehen. Vielmehr ist ebenfalls Wissen darüber notwendig, welche ökonomischen Effekte durch die Übertragung in den Politik- und Rechtsraum entstehen. Damit ist die Ordnungsökonomik komplementär zur modernen Ökonomik der Wettbewerbswirkungen – und somit keinesfalls durch letztere überholt oder veraltet.

Dementsprechend besteht der zentrale Beitrag der Ordnungsökonomik zur Wettbewerbspolitik auch nicht im Modell der vollständigen Konkurrenz oder in aus dem Wissenstand der 1950er Jahre hergeleiteten Empfehlungen zu speziellen Unternehmensstrategien. Stattdessen ergänzt die Ordnungsökonomik das Wissen um Wettbewerbswirkungen durch (i) die Ökonomik von Regelwirkungen, (ii) ökonomische Effekte der Interdependenz der Ordnungen, (iii) die Ökonomik des wirtschaftspolitischen Umgangs mit begrenztem Steuerungswissen, (iv) ökonomische Effekte einer Konstanz der Wirtschaftspolitik sowie (v) längerfristige Wohlfahrtseffekte wie die Ökonomik von Fairness, Freiheit und Akzeptanz. Diese Aspekte sind samt und sonders keineswegs veraltet und überholt. Ganz im Gegenteil, wie das Beispiel in Kapitel 3 zeigt, folgt aus ihrer Vernachlässigung nicht selten, dass die erwünschten Effekte einer ökonomiebasierten Wettbewerbspolitik nicht eintreten und von unerwünschten, negativen Effekten dominiert werden.

Die Relevanz der im vorherigen Abschnitt aufgezählten Aspekte ist im Übrigen keine exklusive Erkenntnis der Ordnungsökonomik. Vielmehr gibt es zu den meisten dieser Aspekte sehr wohl allgemein akzeptierte moderne Forschung, beispielsweise in den Bereichen Institutionenökonomik, Recht und Ökonomik, Ökonomik von Zeitinkonsistenzphänomenen, Politökonomik oder in der experimentellen Ökonomik. Was jedoch typischerweise fehlt, ist eine Verknüpfung dieser Erkenntnisse untereinander und mit der Theorie der Wettbewerbswirkungen, also eben genau die ‚Ordnungsperspektive'. Deswegen führt auch die gewollte Zurückdrängung der Rolle ordnungsökonomischer Analytik in der Wettbewerbspolitik zu der perversen Situation, dass der „More Economic Approach' oder „Modern Economic Approach" de facto zwar ‚more' und ‚modern' Industrieökonomik bedeutet, aber gleichzeitig ‚less' und ‚antiquated' Institutionenökonomik, Law and Economics, Politökonomik usw.

Zusammenfassend besteht die Bedeutung der Ordnungsökonomik für eine ökonomiebasierte Wettbewerbspolitik also gerade darin, das moderne Wissen über Wettbewerbswirkungen so in die Wettbewerbspolitik zu übersetzen, dass es tatsächlich auch effektiv und wohlfahrtssteigernd zur Geltung kommt. Allerdings bedarf es hierzu auch moderner und zeitgemäßer ordnungsökonomischer Forschung. Und hierin liegt vielleicht der tatsächliche, von den Kritikern so aber nicht herausgearbeitete Kritikpunkt an der Gegenwart ordnungsökonomischer Forschung: Es gibt erstens zu wenig davon, und zweitens verbleibt ein zu großer Teil der existierenden Forschung in einer historisierenden Nabelschau. Dabei existieren zumindest mit Blick auf die Wettbewerbspolitik erhebliche Forschungslücken, welche dringend einer modernen ordnungsökonomischen Bearbeitung bedürften. Dazu gehören unter anderem die folgenden Fragen:

- Wie können moderne ökonomische Erkenntnisse zur Rolle von Fairness sowie Akzeptanz- und Freiheitsaspekte in eine moderne Wettbewerbspolitik eingebunden werden?
- Wie ist der Trade-off zwischen Regelwirkungen und Einzelfallbesonderheiten zu justieren, so dass tatsächlich (auch im Ergebnis der Rechtsanwendung und inklusive der Orientierungs- und Abschreckungseffekte) Konsumentenwohlfahrt maximiert wird?
- Welche Gefahren gehen in modernen Volkswirtschaften von der Akkumulation privater Wirtschaftsmacht aus (too-big-to-fail-Effekte, moral hazard, Lobbyismus usw.)? Und was bedeutet dies für Konzepte wie jenes der speziellen Verantwortung marktmächtiger Unternehmen?
- Wie verhält es sich mit der relativen (Wohlfahrts-)Schädlichkeit von unterschiedlichen Fehlertypen (Interventionen zu Lasten effizienter Verhaltensweisen und Arrangements vs. Nicht-Intervention gegen wettbewerbswidrige Verhaltensweisen und Arrangements; Fehler erster und zweiter Art) in der kurzen, aber auch in der längeren Frist?

Ohne im Detail auf andere Politikbereiche einzugehen, scheint dieser Befund eines erheblichen ordnungsökonomischen Forschungsbedarfes auch im Hinblick auf die Ordnung der Finanz- und Bankenmärkte sowie der Staatsschuldenmärkte offensichtlich zu sein.

3. Ein Anwendungsbeispiel: Wie ordnungsökonomische Erkenntnisse helfen können, ökonomiebasierte Wettbewerbspolitik zu verbessern

3.1. Durchsetzungsprobleme in der Fusionskontrolle

Wenn man sich die Erfolgsbilanz der europäischen Fusionskontrolle ansieht, so stellt man fest, dass die vermeintliche Aufrüstung der Fusionskontrolle mit modernen und fortgeschrittenen industrieökonomischen Theorien, Modellen und Methoden mit erheblichen und persistenten Durchsetzungsproblemen einher geht (*Maier-Rigaud* und *Parplies* 2009, *Budzinski* 2010, *Christiansen* 2010, S. 533-536). Damit vollzieht sich in Europa in den letzten 10-15 Jahren eine ähnliche Entwicklung wie zuvor bereits in den USA, wo ebenfalls die Fokussierung auf einen EBA und das Abwenden von einer stärker regelbasierten Fusionskontrolle zu einem erheblichen Rückgang der Schlagkraft der Fusionskontrolle führten (*Baker* und *Shapiro* 2008a, 2008b, *Budzinski* 2010). In Bezug auf Europa kann konstatiert werden, dass die Europäische Kommission (EK) immer seltener bei Zusammenschlüssen nennenswert eingreift. Dies gilt sowohl, wenn lediglich Fusionsverbote betrachtet werden, als auch, wenn sowohl Verbote als auch Phase II-Auflagenentscheidungen und ‚freiwilliges' Zurückziehen der Fusion durch die Unternehmen in Phase II als Eingriffe in Betracht gezogen werden (mit statistischen Details:

Monopolkommission 2006, 2008, *Maier-Rigaud* und *Parplies* 2009, *Budzinski* und *Kuchinke* 2011).[10] Nachdem die EK in den frühen 2000er Jahren gleich in vier Fällen öffentlichkeitswirksame Niederlagen vor den Europäischen Gerichten hinnehmen musste[11], ist das Untersagen von Zusammenschlüssen seither nahezu zum Erliegen gekommen.[12] Hinzu kommen eine ganze Reihe von spektakulären Meinungsänderungen der EK während der ausführlichen Phase-II-Untersuchungen: Nach einem scharfen und auf ein Verbot hinweisenden „Statement of Objections" wurde eine ganze Reihe von Fusionen dann überraschenderweise ohne nennenswerte Auflagen freigegeben (bspw. *Oracle/PeopleSoft, Sony/BMG, LH/AUA* usw.).[13] Ein solches Vorgehen war vorher nicht zu beobachten und hat sogar Zweifel geweckt, ob diese plötzlichen Meinungsumschwünge juristisch überhaupt korrekt sind (*Drauz* et al. 2010, S. 25).

Freilich ist Vorsicht geboten, aus einer permissiver werdenden Fusionskontrolle zwangsläufig zu schließen, dass Durchsetzungsprobleme existieren. Vielmehr könnte es ja sein, dass die Fusionskontrolle vor dem Reformprozess zu restriktiv war und nunmehr korrekt neu justiert worden ist. Außerdem wäre denkbar, dass die Unternehmen gelernt haben, die Regeln und die Politik der Zusammenschlusskontrolle besser zu antizipieren und deswegen weniger antikompetitive Fusionsvorhaben vorschlagen. Allerdings spricht eine Reihe von Indizien gegen diese Möglichkeiten und sehr stark dafür, dass die Zusammenschlusskontrolle im Zuge des Reformprozesses tatsächlich ungewollt und übermäßig permissiv geworden ist (*Budzinski* 2010, S. 451-455):

- Empirische Ex-post-Evaluationen von Fusionsfällen, die in Europa und/oder Nordamerika zwar Bedenken hervorriefen, letztendlich aber freigegeben wurden, zeigen,

---

[10] Der erste Indikator – Beschränkung auf Verbote – unterschätzt die Eingriffsintensität typischerweise, da auch Zusagen- und Auflagenentscheidungen erhebliche Eingriffe in die Fusionsvorhaben darstellen können sowie ein Zurückziehen der Fusion auch eine Reaktion auf für die Unternehmen zu harte oder prohibitive Auflagen bzw. auf ein drohendes Verbot durch die EK sein kann. Der zweite Indikator überschätzt die Eingriffsintensität hingegen typischerweise, da – insbesondere auf Zusagen der Unternehmen beruhende – Auflagen auch sehr milde und wenig effektiv sein können sowie Fusionen auch aus anderen Gründen als drohenden wettbewerbspolitischen Eingriffen noch nach der Anmeldung scheitern können (fehlende Zustimmung der Hauptversammlungen, Widerstände von Share- und Stakeholdern usw.), so dass es zu einem Zurückziehen des Zusammenschlusses kommt. Eine eindeutige Zuordnung aller Einzelfälle ist schwierig und bisher meines Wissens nicht versucht worden.

[11] In den Fällen *Airtours/First Choice*, *Schneider/Legrand* und *Tetra Laval/Sidel* hob das Gericht Fusionsverbote der EK auf (*Christiansen* 2010, S. 59-75); im Fall *Sony/BMG* infolge einer Drittklage die Fusionsfreigabe durch die EK (*Aigner et al.* 2007).

[12] Seit der Einführung des neuen Verbotsstandards (*Röller* und *de la Mano* 2006) im Jahre 2004 wurden überhaupt nur noch 4 Zusammenschlüsse (*EDP/ENI/GDP, Ryanair/Aer Lingus, Aegean Airlines/Olympic Air, Deutsche Börse/NYSE Euronext*) untersagt.

[13] In einer ganzen Reihe weiterer kontroverser Fälle (*T-Mobile Austria/tele.ring, E.ON/MOL, Korsnäs/Assidomän Cartonboard, Inco/Falconbridge, Tom Tom/TeleAtlas, Nokia/Navteq, Google/Double Click, Iberia/Vueling/Clickair, ABF/GBI, Friesland/Campina, Oracle/Sun*) blieb die EK hinter ursprünglich geäußerten Durchsetzungszielen zurück.

dass die große Mehrheit dieser Fälle antikompetitive Effekte bewirkte.[14] Stärkere Eingriffe der Wettbewerbsbehörden wären hier wohlfahrtsförderlich gewesen.

- Eine großangelegte empirische Studie zur europäischen Zusammenschlusskontrolle zeigt, dass Fusionsverbote ein sehr wirksames Instrument zum Schutz des Wettbewerbs darstellen, Freigaben unter Zusagen und Auflagen hingegen nicht (*Seldeslachts et al.* 2009). Somit ist insbesondere die besonders starke Zurückhaltung bei Fusionsverboten problematisch.
- In einer Reihe von Märkten, in denen kontroverse Fusionen oder Serien von Zusammenschlüssen genehmigt wurden, zeigen spätere Sektoruntersuchungen mangelnde Wettbewerbsintensität und weisen aus, dass regulatorische Eingriffe aufgrund von Wettbewerbsbehinderungen notwendig wurden (*Maier-Rigaud* und *Parplies* 2009, S. 567, 570-571).
- Die These einer besseren Antizipation der Fusionskontrollregeln durch die Unternehmen ist gerade aufgrund des Reformprozesses in der Zusammenschlusskontrolle fragwürdig, da die Reformen bisheriges Wissen in dieser Hinsicht entwerten und somit erst neue Erfahrungen gemacht werden müssen. Insbesondere infolge eines Wechsels des Verbotsstandards (2004 vom spezielleren Standard „Schaffung oder Verstärkung einer marktbeherrschenden Stellung" zum allgemeineren Standard „wesentliche Behinderung des wirksamen Wettbewerbs"; *Röller* und *de la Mano* 2006) müssten zunächst mehr Verbots- und Eingriffsfälle auftreten, da die Normadressaten erst lernen müssen, den neuen Standard und die Grenzen zu antizipieren.
- Schließlich ist zu erinnern, dass die Wettbewerbsbehörden sehr wohl versucht haben, mehr einzugreifen (siehe oben), damit aber verschiedentlich gescheitert sind. Das deutet mehr in Richtung Durchsetzungsprobleme als in Richtung Neujustierung.

Insgesamt kann also festgehalten werden, dass die Indizienlage sehr stark dafür spricht, dass die Tendenz zu einer permissiveren Fusionskontrolle nicht aufgrund von sachlichen Gründen erfolgte, sondern aufgrund von Durchsetzungsproblemen. Worin liegen diese nun begründet? Hier empfiehlt sich eine Differenzierung zwischen den Reformpfeilern MEA und EBA, also zwischen der systematischen Fundierung der Wettbewerbspolitik im State-of-the-Art der ökonomischen Theorien der Wettbewerbswirkungen (MEA) und dem Übergang zu einzelfallbasierten Entscheidungen (EBA): Der verstärkte Einsatz moderner ökonomischer Theorie bedingt nämlich keinesfalls zwangsläufig eine einzelfallorientierte Effektenanalyse, sondern kann auch zur Herleitung typischer Effekte erfolgen (*Budzinski* 2010, 2011). Der MEA bedingt somit keinesfalls die Abkehr von einer regelorientierten Wettbewerbspolitik: Der Wert ökonomischer Theorie besteht ja gerade darin, Regelmäßigkeiten aufzuzeigen, die fallübergreifende Gültig-

---

[14] Vgl. stellvertretend für viele Einzelstudien *Hunter* et al. (2008); *Weinberg* (2008); *Ashenfelter* et al. (2011); *Ashenfelter* und *Hosken* (2012). Einen Überblick über Methoden, Potenziale und Grenzen von Ex-post-Evaluationen in der Wettbewerbspolitik liefert *Budzinski* (2012). Dort finden sich auch vielfältige weitere Literaturangaben.

keit besitzen.[15] Erst eine Kombination von MEA und EBA führt – wie in der europäischen Fusionskontrolle zu beobachten – weniger zu einer Betonung ökonomischer Theorie als vielmehr zu einer Betonung ökonomischer Fallanalyseinstrumente (ökonometrische Methoden, Simulationsmodelle etc.) als dem gemeinsamen Nenner einer ökonomiebasierten Einzelfallanalyse.

Vor diesem Hintergrund kann aus ordnungsökonomischer Perspektive nun festgestellt werden, dass die empirisch zu beobachtenden Durchsetzungsprobleme erst durch die Konfrontation des *neuen* ökonomischen Instrumentariums (im Kontext von MEA und EBA) mit dem *alten* institutionellen Rahmen der Wettbewerbspolitik entstehen (*Budzinski* 2010, S. 455-466). Insbesondere moderne quantitative Instrumente wie die anspruchsvolle und technisch ausgefeilte ökonometrische Analyse von Marktdaten (*Rubinfeld* 2010) und komplexe Simulationsmodelle (*Budzinski* und *Ruhmer* 2010) zur Prognose von zukünftigen und kontrafaktischen Effekten eines Zusammenschlusses passen von ihrer Natur her nicht zu den Institutionen der Wettbewerbspolitik. Dies schließt Dimensionen ein wie unter anderem (i) Verständnisprobleme seitens allgemeiner (nicht auf Wettbewerbsfragen spezialisierter) Gerichte und ihrer Richter (*Wood* 2009, *Baye* und *Wright* 2011), (ii) Überschätzung der Präzision und Verlässlichkeit quantitativer (Modell-, ökonometrischer) Evidenz (*Hansen* und *Heckman* 1996), (iii) Uneindeutigkeit der Modelle (Konkurrenz mehrerer stark simplifizierender Modelle mit jeweils eindeutigen aber inkompatiblen Ergebnissen), (iv) daraus resultierende Probleme konträrer und unvereinbarer, aber gleichermaßen seriöser Expertengutachten, (v) Grenzen der Modellkomplexität (uneindeutige Ergebnisse komplexerer, realitätsnäherer Modelle) sowie (vi) Vernachlässigung schwer messbarer Wettbewerbseffekte (*Budzinski* 2011). Als Folge der Vernachlässigung der Interdependenz der Ordnungen (mangelnde Passung der Instrumente zu den Institutionen) und der Ökonomik von Regeln (Erosion der positiven Regeleffekte durch übermäßige Einzelfallorientierung) kommt es zu einem impliziten und nichtintendierten Anstieg der Beweisanforderungen, welche die beweislasttragende Seite benachteiligt (*Budzinski* 2010, S. 458-465). Daraus wiederum resultieren Durchsetzungsprobleme in all jenen Bereichen, in welchen die Wettbewerbsbehörde die Beweislast trägt, wie dies generell für den Nachweis antikompetitiver Effekte von Unternehmenszusammenschlüssen gilt. Umgekehrt stehen die Normadressaten vor dem gleichen Problem, wenn sie ausnahmsweise die Beweislast tragen, wie beispielsweise in der europäischen Fusionskontrolle bei der sogenannten Effizienzverteidigung, die gerade auch deswegen eher einem Papiertiger gleicht (*Schwalbe* 2005). Grundsätzlich ist die Seite der Wettbewerbsschützer jedoch erheblich stärker betroffen, da ohne genügenden Nachweis wettbewerbswidriger Effekte erst gar kein Eingriffsfall zustande kommt (gegen den dann Verteidigungen aufgefahren werden könnten).[16]

---

[15] Man könnte weitergehend sogar argumentieren, dass eine radikale Auslegung des EBA den Einsatz moderner ökonomischer Theorie erübrigt: Wenn jeder Fall singulär ist und keine typischen Effekte bzw. systematischen Gemeinsamkeiten existieren, dann kann es auch keine sinnvoll anwendbare ökonomische Theorie geben.

[16] In den Fällen, in welchen die EK oder die nordamerikanischen Wettbewerbsbehörden vor Gericht verloren haben und ihre Fusionsverbote oder Auflagen nicht durchsetzen konnten, geschah dies bezeichnenderweise ganz überwiegenderweise nicht aufgrund von Effizienz- oder

Eine ordnungsökonomische Perspektive trägt also dazu bei zu verstehen, warum die grundsätzlich begrüßenswerte industrieökonomische Aufrüstung der Fusionskontrolle in Europa (genau wie in Nordamerika) nicht zu einer höheren Schlagkraft geführt, sondern ganz im Gegenteil die Wettbewerbsbehörden weitgehend entwaffnet hat, was die Bekämpfung wettbewerbswidriger Zusammenschlüsse angeht. Mit diesem Verständnis wird es gleichzeitig möglich, statt einer rückwärtsgewandten Restauration der Prä-Reformpolitik eine vorwärtsgewandte Alternative zu präsentieren, wie eine moderne, ökonomiebasierte Fusionskontrolle auch tatsächlich effektiv werden kann. Der Schlüssel liegt in der Entflechtung von MEA und EBA und in der Nutzung moderner ökonomischer Theorien und Methoden zur Formulierung geeigneter (Wettbewerbs-)Regeln. Mit anderen Worten, eine moderne, ökonomiebasierte und regelbasierte Wettbewerbspolitik wäre aus ordnungsökonomischer Sicht zu fordern. Im nächsten Abschnitt wird beispielhaft anhand der Kontrolle horizontaler Fusionen demonstriert, wie eine solche Kombination aus moderner Industrieökonomik und moderner Ordnungsökonomik aussehen kann.

3.2. Eine ordnungsökonomische Antwort: Differenzierte Regelbasierung in Form von widerlegbaren Vermutungen

Die Grundidee besteht darin, die Erkenntnisse und Ergebnisse der modernen ökonomischen Theorie der Wettbewerbswirkungen zu nutzen, um geeignete Wettbewerbsregeln zu formulieren. Die (industrie-)ökonomische Theorie wird genutzt, um wettbewerbswidrige Fallkategorien zu identifizieren, das heißt Konstellationen von Fallmerkmalen, welche *typischerweise* negative Wettbewerbseffekte bewirken. Dabei kommt den typischen Effekten eine größere Rolle zu als solchen fallspezifischen Effekten, welche nur ausnahmsweise auftreten. Wenn eine phänotypische Merkmalskonstellation netto *typischerweise* zu negativen Wettbewerbseffekten führt (also die negativen Effekte die positiven typischerweise überwiegen), dann sollte es nicht notwendig sein, diese typischen Effekte für jeden Einzelfall zu beweisen. Stattdessen sollte es hinreichend sein, die entsprechende Merkmalskonstellation nachzuweisen, welche eben typischerweise zu diesen negativen Nettoeffekten führt. Dieses Konzept hat wesentliche Auswirkungen auf die Allokation der Beweislast: Anstelle die (gemäß moderner ökonomischer Theorie) typischen Effekte einer Merkmalskonstellation im Einzelfall beweisen zu müssen, läge die Beweislast dann darauf, die untypischen, ausnahmsweise auftretenden Effekte zu beweisen (*Breyer* 2009). „Thus, instead of putting the case-specific burden of proof on the *typical* effects (according to advanced modern economics), it should be put on the *atypical* effects" (*Budzinski* 2010, S. 467; Hervorhebung d. Verf.).

Eine Umsetzung dieses Konzeptes einer modernen ökonomie- und regelbasierten Wettbewerbspolitik kann über sogenannte *widerlegbare Vermutungen* (*rebuttable presumptions*; *Baker* und *Shapiro* 2008a; *Farrell* und *Shapiro* 2008, 2010; *Shapiro* 2009; *Budzinski* 2010) erfolgen. Es bedarf hierbei der Formulierung von Merkmalskonstellationen, für welche die Grundvermutung gilt, dass sie wettbewerbswidrig wir-

---

anderen Verteidigungen, sondern ‚nur' aufgrund einer Zurückweisung der Beweise der Wettbewerbsbehörden als nicht hinreichend. Die Gerichte haben somit auch keinesfalls festgestellt, dass die so doch freigegebenen Fusionen prokompetitiv wären.

ken. Der allgemeine, fallübergreifende Zusammenhang von Merkmalskonstellation und ihren typischen Effekten ist mit Hilfe des State-of-the-Art ökonomischer Theorie sowie unter Einsatz entsprechender Instrumente (ökonometrische Studien zur empirischen Validität der Vermutung zu typischen Effekten; kalibrierte Simulationsmodelle zur Abgrenzung der Merkmalskonstellationen) zu erbringen und bedarf einer engen Kooperation von Wissenschaft und Regelsetzer. So wissenschaftlich untermauerte Vermutungen müssen dann nicht mehr im Einzelfall von den agierenden Wettbewerbsbehörden bewiesen werden, sondern es reicht die glaubwürdige Zuordnung zu der entsprechenden Fallkategorie über die Merkmalskonstellation. In diesem Sinne erfolgt der wettbewerbspolitische Eingriff regelbasiert: Identifikation einer Merkmalskonstellationsklasse → Vermutung typischer Effekte → Anwendung der Regel, welche auf diesen typischen Effekten basiert. Auf diese Art und Weise würde die große Mehrheit aller Fälle regelbasiert und richtig entschieden, denn es handelt sich ja um typische Effekte. Gleichzeitig eröffnen die widerlegbaren Vermutungen die Möglichkeit, dass die Ausnahmefälle, in denen die typischen Effekte ungewöhnlicherweise nicht auftreten, von der Regelexekution ausgenommen werden: Die Normadressaten haben die Möglichkeit, Beweise dafür einzubringen, dass die infrage stehende Fusion (oder die unternehmerische Strategie oder das jeweilige Arrangement) untypische Effekte bewirkt („Verteidigungen"). Die Beweislast liegt dann allerdings auf der Seite der Normadressaten. Umgekehrt unterliegt die Wettbewerbsbehörde ebenso einer Einzelfallsbeweislast, wenn sie beispielsweise einen Zusammenschluss regulieren möchte, dessen Merkmalskonstellation typischerweise keine wettbewerbswidrigen Effekte erwarten ließe. Mit anderen Worten, die Beweislastallokation konzentriert sich nicht auf eine bestimmte Seite oder Partei, sondern sie liegt immer bei demjenigen, der gegen die typischen Effekte gemäß der ökonomischen Theorie argumentiert: Es muss stets die Ausnahme bewiesen werden, nicht der Regelfall.

Wie können solche widerlegbaren Vermutungen nun konkret aussehen? *Baker* und *Shapiro* (2008a, S. 34-35) schlagen nachfolgende Regeln für wettbewerbswidrige koordinierte und unilaterale Effekte in Oligopolfusionen[17] vor:

- Koordinierte Effekte treten typischerweise auf, wenn innerhalb eines fehlerfrei abgegrenzten relevanten Marktes ein Zusammenschluss einen wahrscheinlichen *Maverick*[18] einschließt.
- Koordinierte Effekte treten typischerweise auf, wenn durch einen Zusammenschluss auf einem fehlerfrei abgegrenzten Markt die Anzahl der wesentlichen Wettbewerber reduziert oder die Konzentration signifikant erhöht wird.

[17] Unilaterale und koordinierte Effekte von Zusammenschlüssen in oligopolistischen Märkten können an dieser Stelle nicht erläutert werden. Vgl. grundlegend *Kerber* und *Schwalbe* (2008) oder *Schwalbe* und *Zimmer* (2009), auch zu den in den nachfolgenden Fußnoten kurz erläuterten Begriffen und Zusammenhängen.

[18] Unter einem *Maverick* wird ein wettbewerblicher Außenseiter verstanden, also ein solches Unternehmen, welches sich anders verhält als die anderen Wettbewerber, beispielsweise besonders kreativ, innovativ oder aggressiv.

- Unilaterale Effekte treten typischerweise auf, wenn ein Zusammenschluss auf einem fehlerfrei abgegrenzten relevanten Markt die Konzentration substanziell erhöht und ein Mechanismus formuliert werden kann, durch welchen der Zusammenschluss zu einem Preiserhöhungsspielraum führen wird.
- Unilaterale Effekte treten typischerweise auf, wenn die *diversion ratio*[19] zwischen den fusionierenden Unternehmen hoch genug ist, so dass ein Anreiz zur Erhöhung der Preise eines oder mehrerer Produkte entsteht.

Diese vier widerlegbaren Vermutungen geben den gegenwärtigen Stand des industrieökonomischen Wissens über die Effekte horizontaler Zusammenschlüsse wieder. Allerdings sind sie teilweise noch etwas sehr unspezifisch und zurückhaltend formuliert. Aufbauend auf den Vorschlägen von *Baker* und *Shapiro* (2008a) lassen sich, auf dem Stand der Wirtschaftstheorie erweitert und schärfer formuliert, die in Tabelle 1 dargestellten widerlegbaren Vermutungen für horizontale Zusammenschlüsse aufstellen.[20] Da die Inhalte der widerlegbaren Vermutungen ökonomiebasiert sein müssen, wird in Tabelle 1 auch dargelegt, welche Forschungsfragen von der Industrieökonomik zu lösen wären. Hierfür sollten neben moderner Theorie auch empirische Methoden (ex post-ökonometrische Studien von Märkten, in denen phänotypische Fälle stattgefunden haben) und Simulationsmodelle eingesetzt werden.

Solche widerlegbaren Vermutungen könnten entweder direkt in die Wettbewerbsgesetze hineingeschrieben oder in Form von offiziellen Richtlinien (*Horizontal Merger Guidelines*) umgesetzt werden. Letzteres hätte den Vorteil, dass der ja hoffentlich weiterhin stattfindende ökonomische Fortschritt sich in der Zukunft leichter einbauen ließe.

Eine Fusionskontrolle, welche das Prinzip der Beweislast für ökonomisch untypische Effekte mit Hilfe solcher widerlegbaren Vermutungen umsetzt, stellt ein Element einer ökonomiebasierten und regelbasierten Wettbewerbspolitik dar, welche die Ziele des MEA besser umsetzt als der in den letzten Jahren bevorzugte EBA, der die Regelbasierung tendenziell erodiert. Damit repräsentiert ein solcher moderner ordnungsökonomischer Ansatz zur Übersetzung gegenwärtiger Industrieökonomik in eine funktionierende und wohlfahrtsmaximierende Wettbewerbsordnung einen umfassenderen ökonomischen Ansatz (*comprehensive economic approach*), welcher auch die Ökonomik von Regeln, die Erkenntnisse der Law and Economics-Forschung usw. einbezieht. Die in Abschnitt 3.1 konstatierten nichtintendierten Durchsetzungsprobleme ließen sich so beheben.

---

[19] Die *diversion ratio* ist ein Maß zu einer vereinfachten Messung von Kreuzpreiselastizitäten und gibt an, wie stark die Substitutionsbeziehung zwischen den differenzierten Produkten zweier Anbieter in einem heterogenen Markt ist. Je höher die *diversion ratio* ist, umso enger ist die Wettbewerbsbeziehung zweier Unternehmen.

[20] Dabei ist zu beachten, dass auch weiterhin Aufgreifkriterien gelten, welche verhindern, dass insignifikante Zusammenschlüsse unter diese Regeln fallen.

Tabelle 1: Widerlegbare Vermutungen für wettbewerbswidrige horizontale Zusammenschlüsse

Phenotype Case Category	**Rebuttable Presumption** I. moderate II. radical	**Research Challenge for Competition Economics**
Dominance	I. It is typically anticompetitive if a merger within a sound relevant market substantially increases concentration and a mechanism can be articulated by which the merger will cause a price increase.	Well established.
	II. It is typically anticompetitive if a merger within a sound relevant market either establishes a monopoly or leads to a combined market share of the merging firms of more than σ.	Determination of σ.
Coordinated Oligopoly Effects	I. It is typically anticompetitive if a significant oligopolist merges with a likely maverick or a merger among significant oligopolists reduces the number of significant firms/increases concentration significantly.	What is a 'likely maverick'?
	II. It is typically anticompetitive if a significant oligopolist merges with a likely maverick or a merger among significant oligopolists reduces the number of significant firms in the market below α or increases concentration above a HHI-level of β.	What is a 'likely maverick'? Determination of α and β.
Unilateral Oligopoly Effects	I. It is typically anticompetitive if a significant oligopolist in a non-homogeneous market merges with its closest competitor, for instance displaying the highest diversion ratio.	Well established.
	II. It is typically anticompetitive if a merger among significant oligopolists in a non-homogeneous market exceeds a diversion ratio of γ.	Determination of γ.

Quelle: *Budzinski* (2010, S. 470).

4. Fazit

Die im Zuge der jüngeren Reformdebatten in der europäischen, aber auch in der deutschen Wettbewerbspolitik geäußerte Kritik an der Ordnungsökonomik als veraltet, verbunden mit der Forderung, ordnungsökonomische Elemente der Wettbewerbsordnung durch moderne, industrieökonomische Einsichten zu ersetzen, kann insgesamt nicht geteilt werden. Zwar ist den Kritikern recht zu geben, dass das 1950er Konzept der vollständigen Konkurrenz keine Basis für eine moderne, ökonomiebasierte Wettbewerbspolitik sein kann und dass die entsprechend daraus abgeleiteten Regelempfehlungen, was den Regelinhalt angeht, einer Überarbeitung unter Berücksichtigung des aktuellen Standes ökonomischer Forschung bedürfen. Allerdings geht diese Kritik insofern an der Ordnungsökonomik vorbei, als diese nicht in erster Linie eine Theorie der Wettbewerbswirkungen ist, sondern im Kern eine Theorie der Übersetzung industrieökonomischer Inhalte in die Wettbewerbsordnung bzw. Wettbewerbspolitik. Die so zu übersetzenden Inhalte sollten freilich stets dem aktuellen Forschungsstand entsprechen.

Wird nun der so verstandene Kern der Ordnungsökonomik betrachtet, so ist dieser keinesfalls per se veraltet und wurde zudem seit den 1950er Jahren wesentlich weiterentwickelt. Ganz im Gegenteil, gerade die tatsächlichen Effekte des jüngeren Reformprozesses in der Wettbewerbspolitik demonstrieren, dass eine ordnungsökonomische Perspektive weiterhin wertvoll ist und ihre Vernachlässigung zu erheblichen Problemen führt. Eine Wettbewerbsökonomik, welche ausschließlich auf den industrieökonomischen Forschungsstand setzt, folgt letztendlich einem amputierten Ansatz, welcher auch insofern gerade nicht modern und ökonomiebasiert ist, als er wichtige moderne wirtschaftstheoretische Erkenntnisse, beispielsweise aus der Ökonomik der Regeln oder jener des Rechtes sowie aus der Politökonomik ignoriert. Um die wohlfahrtstheoretischen Versprechungen moderner Industrieökonomik für die Wettbewerbspolitik auch ausschöpfen zu können, bedarf es einer ordnungsökonomischen Perspektive, damit die Umsetzung in die Wettbewerbsordnung auch gelingt und nicht für unerwünschte Effekte sorgt. In diesem Sinn sind Industrieökonomik und Ordnungsökonomik keine Substitute, wie von den Kritikern typischerweise implizit unterstellt wird, sondern Komplemente.

Ein Blick auf die reformierte europäische Fusionskontrolle untermalt diese Überlegungen. Die im Zuge der ökonomischen Modernisierung implementierte Abkehr von einer stärker regelbasierten Fusionskontrolle hin zu einer sehr stark auf Einzelfallanalysen setzenden Politik hat unbeabsichtigt massive Durchsetzungsprobleme verursacht, welche zu einer wohlfahrtsschädlich permissiven Fusionskontrolle geführt haben. Aus ordnungsökonomischer Sicht kann diese Entwicklung nicht überraschen, da im Zuge der Reform weder Erkenntnisse der Institutionenökonomik noch die Passung zum existierenden Rechtssystem (Interdependenz der Ordnungen) eine wesentliche Rolle gespielt haben. Eine moderne ordnungsökonomische Perspektive kann hier wesentlich dazu beitragen, die ursprünglichen Ziele, nämlich eine Fundierung der Wettbewerbspolitik im Stand der wettbewerbsökonomischen Forschung, auch effektiv zu erreichen. Hierzu ist die Regelbasierung der Fusionskontrolle zu verstärken, wobei die Regeln in Form widerlegbarer Vermutungen den Stand der ökonomischen Forschung widerspiegeln sollten. Den natürlichen juristischen Grenzen moderner ökonomischer Evidenz wird dabei Rechnung getragen, indem typische ökonomische Effekte nicht des Einzelfallbeweises bedürfen, untypische hingegen schon (Beweislastallokation). Damit wird die Ökonomiebasierung gestärkt, weil die regelgeleiteten Entscheidungen den Stand ökonomischer Forschung in durchsetzbarer Art und Weise repräsentieren und Beweishürden für jene Fälle aufgebaut werden, welche der anerkannten ökonomischen Logik aufgrund besonderer Umstände ausnahmsweise nicht entsprechen.

Insgesamt besteht allerdings ein erheblicher Bedarf an ordnungsökonomischer Forschung, welche sich auf die Wettbewerbsordnung im engeren Sinne bezieht. Insbesondere moderne Analysen des Marktmachtprivilegs sowie zu der Rolle von Fairness und Freiheit in der Wettbewerbspolitik werden benötigt, damit die weitere Evolution der europäischen Wettbewerbsordnung in eine wohlfahrtsmaximierende Wettbewerbspolitik münden kann.

Literatur

Ahlborn, Christian und *A. Jorge Padilla* (2008), From Fairness to Welfare: Implications for the Assessment of Unilateral Conduct under EC Competition Law, in: *Claus-Dieter Ehlermann* und *Mel Marquis* (eds.), A Reformed Approach to Article 82 EC, Oxford, S. 55-102.

Ahlborn, Christian und *Carsten Grave* (2006), Walter Eucken and Ordoliberalism: An Introduction from a Consumer Welfare Perspective, in: Competition Policy International, Vol. 2 (2), S. 197-217.

Aigner, Gisela, Oliver Budzinski und *Arndt Christiansen* (2007), The Analysis of Coordinated Effects in EU Merger Control: Where Do We Stand after Sony/BMG and Impala?, in: European Competition Journal, Vol. 3 (1), S. 63-88.

Ashenfelter, Orley C. und *Daniel S. Hosken* (2012), The Effects of Mergers on Consumer Prices: Evidence from Five Selected Case Studies, in: The Journal of Law and Economics, forthcoming.

Ashenfelter, Orley C., Daniel S. Hosken und *Matthew C. Weinberg* (2011), The Price Effects of a Large Merger of Manufacturers: A Case Study of Maytag-Whirlpool, im Internet: http://ssrn.com/abstract=1857066.

Baker, Jonathan B. und *Carl Shapiro* (2008a), Detecting and Reversing the Decline in Horizontal Merger Enforcement, in: Antitrust, Vol. 22 (3), S. 29-36.

Baker, Jonathan B. und *Carl Shapiro* (2008b), Reinvigorating Horizontal Merger Enforcement, in: *Robert Pitofsky* (ed.), How the Chicago School Overshot the Mark, Oxford, S. 235-291.

Baye, Michael R. und *Joshua D. Wright* (2011), Is Antitrust Too Complicated for Generalist Judges?, in: Journal of Law and Economics, Vol. 54 (1), S. 1-24.

Breyer, Stephen (2009), Economic Reasoning and Judicial Review, in: The Economic Journal, Vol. 119 (F), S. 123-135.

Budzinski, Oliver (2000), Wirtschaftspolitische Implikationen evolutorischer Ordnungsökonomik, Marburg.

Budzinski, Oliver (2008a), „Wettbewerbsfreiheit" und „More Economic Approach": Wohin steuert die Europäische Wettbewerbspolitik?, in: *Marina Grusevaja* et al. (Hg.), Quo vadis Wirtschaftspolitik?, Frankfurt a.M., S. 15-38.

Budzinski, Oliver (2008b), Monoculture versus Diversity in Competition Economics, in: Cambridge Journal of Economics, Vol. 32 (2), S. 295-324.

Budzinski, Oliver (2010), An Institutional Analysis of the Enforcement Problems in Merger Control, in: European Competition Journal, Vol. 6 (2), S. 445-474.

Budzinski, Oliver (2011), Modern Industrial Economics: Open Problems and Possible Limits, in: *Josef Drexl et al.* (Hrsg.), Competition Policy and the Economic Approach, Cheltenham, S. 111-138.

Budzinski, Oliver (2012), Empirische Ex-Post Evaluation wettbewerbspolitischer Entscheidungen: Methodische Anmerkungen, in: *Theresia Theurl* (Hg.), Empirische Institutionenökonomik: Konzeptionelle Fragen und Anwendungen, Berlin, S. 45-71.

Budzinski, Oliver und *Björn A. Kuchinke* (2011), Deal or No Deal? Politik- oder Wettbewerbsorientierung in der Europäischen Wirtschaftsordnung, in: *Theresia Theurl* (Hg.), Gute Regeln oder Wirtschaftslenkung? Europas neue Herausforderung, Berlin, S. 119-144.

Budzinski, Oliver und *Isabel Ruhmer* (2010), Merger Simulation in Competition Policy: A Survey, in: Journal of Competition Law & Economics, Vol. 6 (2), S. 277-320.

Christiansen, Arndt (2010), Der More Economic Approach in der EU-Fusionskontrolle: Entwicklung, konzeptionelle Grundlagen und kritische Analyse, Frankfurt a.M.

Christiansen, Arndt und *Wolfgang Kerber* (2006), Competition Policy with Optimally Differentiated Rules Instead of „Per se Rules vs. Rule of Reason", in: Journal of Competition Law and Economics, Vol. 2 (2), S. 215-244.

Drauz, Götz, Thomas Chellingsworth und *Hertta Hyrkas* (2010), Recent Developments in EC Merger Control, in: Journal of European Competition Law & Practice, Vol. 1 (1), S. 12-26.

Eucken, Walter (1952), Grundsätze der Wirtschaftspolitik, Tübingen.

Farrell, Joseph und *Carl Shapiro* (2008), Antitrust Evaluation of Horizontal Mergers: An Economic Alternative to Market Definition, im Internet: http://ssrn.com/abstract=1313782.

Farrell, Joseph und *Carl Shapiro* (2010), Roundtable Interview, in: The Antitrust Source, Vol. 9 (3), S. 1-8.

Hansen, Lars P. und *James J. Heckman* (1996), The Empirical Foundations of Calibration, in: Journal of Economic Perspectives, Vol. 10 (1), S. 87-104.

Hartwig, Karl-Hans (1987), Wissenschaftstheoretische Ortsbestimmung ausgewählter Ordnungskonzeptionen, in: Arbeitsberichte zum Systemvergleich, Forschungsstelle zum Vergleich wirtschaftlicher Lenkungssysteme der Universität Marburg, S. 1-31.

Hartwig, Karl-Hans (1988), Ordnungstheorie und Tradition ökonomischen Denkens, in: *Dieter Cassel, Bernd-Thomas Ramb* und *H. Jörg Thieme* (Hg.), Ordnungspolitik, München, S. 7-34.

Haucap, Justus (2007), Irrtümer über die Ökonomisierung des Wettbewerbsrechts, in: Orientierungen zur Wirtschafts- und Gesellschaftspolitik, Jg. 114 (4), S. 12-16.

Hayek, Friedrich A. von (1945), The Use of Knowledge in Society, in: American Economic Review, Vol. 35 (4), S. 519-530.

Hayek, Friedrich A. von (1975), The Pretence of Knowledge, in: The Swedish Journal of Economics, Vol. 77 (4), S. 433-442.

Hellwig, Martin (2006), Effizienz oder Wettbewerbsfreiheit? Zur normativen Grundlegung der Wettbewerbspolitik, in: *Christoph Engel* und *Wernhard Möschel* (Hg.), Recht und spontane Ordnung, Baden-Baden, S. 231-268.

Hoppmann, Erich (1967), Wettbewerb als Norm der Wettbewerbspolitik, in: ORDO, Bd. 18, S. 77-94.

Hoppmann, Erich (1988), Wirtschaftsordnung und Wettbewerb, Baden-Baden.

Hunter, Graeme, Gregory K. Leonard und *G. Steven Olley* (2008), Merger Retrospective Studies: A Review, in: Antitrust, Vol. 23 (1), S. 34-41.

Kerber, Wolfgang (1997), Wettbewerb als Hypothesentest – Eine evolutorische Konzeption wissenschaffenden Wettbewerbs, in: *Karl von Delhaes* und *Ulrich Fehl* (Hg.), Dimensionen des Wettbewerbs – Seine Rolle in der Entstehung und Ausgestaltung von Wirtschaftsordnungen, Stuttgart:, S. 29-78.

Kerber, Wolfgang und *Ulrich Schwalbe* (2008), Economic Principles of Competition Law, in: *Franz-Jürgen Säcker* et al. (Hg.), Competition Law: European Community Practice and Procedure, London, S. 202-393.

Maier-Rigaud, Frank und *Kay Parplies* (2009), EU Merger Control Five Years after the Introduction of the SIEC Test: What Explains the Drop in Enforcement Activity, in: European Competition Law Review, Vol. 30 (11), S. 565-579.

Mantzavinos, Chrysostomos (2006), The Institutional-Evolutionary Antitrust Model, in: European Journal of Law and Economics, Vol. 22 (2), S. 273-291.

Marshall, Alfred (1890), Principles of Economics, London.

Monopolkommission (2006), Sechzehntes Hauptgutachten 2004/2005: Mehr Wettbewerb auch im Dienstleistungssektor!, BT-Drucksache 16/2460, http://www.bundestag.de/bic/drucksachen/index.html.

Monopolkommission (2008), Siebzehntes Hauptgutachten XVII, 2006/2007: Weniger Staat, mehr Wettbewerb, http://www.monopolkommission.de/haupt_17/gesamtfassung_h17.pdf.

Neven, Damien J. (2006), Competition Economics and Antitrust in Europe, in: Economic Policy, Vol. 21 (48), S. 742-791.

Röller, Lars-Hendrik und *Miguel de la Mano* (2006), The Impact of the New Substantive Test in European Merger Control, in: European Competition Journal, Vol. 2 (1), S. 9-28.

Röller, Lars-Hendrik und *Oliver Stehmann* (2006), The Year 2005 at DG Competition: The Trend towards a More Effects-Based Approach, in: Review of Industrial Organization, Vol. 29 (4), S. 281-304.

Rubinfeld, Daniel L. (2010), Econometric Issues in Antitrust Analysis, in: Journal of Institutional and Theoretical Economics, Vol. 166 (1), S. 62-77.

Rubinfeld, Daniel L. (2011), Current Issues in Antitrust Analysis, in: *Josef Drexl* et al. (eds.), Competition Policy and the Economic Approach, Cheltenham, S. 81-93.

Schmidt, André (2008), Ordnungsökonomische Wettbewerbskonzepte: Die Wettbewerbspolitik im Spannungsfeld zwischen Freiheit und Effizienz, in: ORDO, Bd. 59, S. 209-236.

Schmidt, André und *Stefan Voigt* (2006), Der „More Economic Approach“ in der Missbrauchsaufsicht: einige kritische Anmerkungen zu den Vorschlägen der Generaldirektion Wettbewerb, in: Wirtschaft und Wettbewerb, Bd. 56 (11), S. 1097-1106.

Schmidt, André und *Stefan Voigt* (2007), Bessere Wettbewerbspolitik durch den „more economic approach“? Einige Fragezeichen nach den ersten Erfahrungen, in: ORDO, Bd. 58, S. 33-50.

Schwalbe, Ulrich (2005), Die Berücksichtigung von Effizienzgewinnen in der Fusionskontrolle: Ökonomische Aspekte, in: *Peter Oberender* (Hg.), Effizienz und Wettbewerb, Berlin, S. 63-94.

Schwalbe, Ulrich und *Daniel Zimmer* (2009), Law and Economics of European Merger Control, Oxford.

Seldeslachts, Jo, Joseph A. Clougherty und *Pedro Pita Barros* (2009), Settle for Now but Block for Tomorrow: The Deterrence Effects of Merger Policy Tools, in: Journal of Law and Economics, Vol. 52 (3), S. 607-634.

Shapiro, Carl (2009), Updating the Merger Guidelines, im Internet: http://faculty.haas.berkeley.edu/shapiro/updating.pdf.

Theurl, Theresia (2013) (Hg.), Akzeptanzprobleme der Marktwirtschaft: Ursachen und wirtschaftspolitische Konsequenzen, Berlin, im Druck.

Vanberg, Viktor J. (1999), Markets and Regulation: On the Contrast Between Free-Market Liberalism and Constitutional Liberalism, in: Constitutional Political Economy, Vol. 10 (3), S. 219-243.

Vanberg, Viktor J. (2011), Consumer Welfare, Total Welfare and Economic Freedom: On the Normative Foundations of Competition Policy, in: *Josef Drexl* et al. (eds.), Competition Policy and the Economic Approach, Cheltenham, S. 44-71.

Weinberg, Matthew C. (2008), The Price Effects of Horizontal Mergers, in: Journal of Competition Law and Economics, Vol. 4 (2), S. 433-447.

Weizsäcker, C. Christian von (2007), Konsumentenwohlfahrt und Wettbewerbsfreiheit: Über den tieferen Sinn des „Economic Approach", in: Wirtschaft und Wettbewerb, Jg. 57 (11), S. 1078-1084.

Wood, Diane P. (2009), Square Pegs in Round Holes: The Interaction between Judges and Economic Evidence, in: Competition Policy International, Vol. 5 (1), S. 50-64.

Ingo Pies (Hg.), Das weite Feld der Ökonomik
Schriften zu Ordnungsfragen der Wirtschaft · Band 98 · Stuttgart · 2013

Internationaler Wettbewerb und „autoritärer Kapitalismus“: Eine ordnungspolitische Skizze

Alfred Schüller

Inhalt

Wie sollten sich offene Gesellschaften mit freiem Güter- und Kapitalverkehr gegenüber Unternehmen und Staatsfonds aus Ländern verhalten, in denen versucht wird, marktwirtschaftliche Strukturen und Prozesse in den Dienst autoritärer politischer Regime (Diktaturen oder Scheindemokratien) zu stellen?[1]

1. Internationaler Wettbewerb – potenzierte Breitenwirkung des Unternehmerischen

1.1. Institutionelle Voraussetzungen des freiheitlichen Kapitalismus

Wettbewerb kann als eine Potenzierung einer Kraft angesehen werden, die von Pionierunternehmern ausgeht und eine wirtschaftliche Entwicklung in dem Maße in Gang setzt, wie sich das Neue auf breiter Front gegen das Bestehende durchsetzen kann (siehe *Heuß* 1965, S. 263). Bahnbrechendes Unternehmertum ist in allen menschlichen Lebensbereichen der Motor der Entwicklung. Das äußert sich seit Ende der 70er Jahre in einem beschleunigten Vorgang der Internationalisierung menschlicher Wissens- und Arbeitsteilung. Mehr Personen und Organisationen als je zuvor können seither mit Hilfe neuer Informations- und Kommunikationsmittel der Wissensverbreitung und -nutzung zum Durchbruch verhelfen und den Wettbewerb um Neues und Bekanntes weltweit intensivieren.

Die globale Ausbreitung des *wirtschaftlichen* Wettbewerbs entsteht freilich nicht aus sich selbst heraus. Sie setzt vielmehr Ordnungsbedingungen voraus, zu deren Durchsetzung es *politischer* Pionierunternehmer und Imitatoren auf nationaler und internationaler Ebene bedarf. Erst in einem solchen institutionellen Rahmen kann von freiheitlichem Kapitalismus gesprochen werden. Dazu gehören vor allem:

- Die Einsicht in die Vorteilhaftigkeit der dezentralen Nutzung und Koordination des Wissens mit Hilfe offener Märkte und freier Preise.
- Eine Privatrechtsautonomie mit Vertrags- und Gewerbsfreiheit, privaten Eigentumsrechten (Property Rights) und Haftungsregeln. Die privatvertragliche Regelung der Produktions- und Austauschprozesse erfordert ein unabhängiges Rechtswesen, die Sicherung der Geldwertstabilität und harter Budgetbeschränkungen – als Voraussetzung für eine knappheitsgerechte dezentrale Wissensnutzung und -koordination.
- Souveränitätsbeschränkende internationale Regeln, die vor allem die Bereiche der Währung, der Produktion und des Handels sowie der Wanderungs- und Niederlassungsfreiheit betreffen und dazu dienen, Unsicherheiten und Verfälschungen des grenzüberschreitenden Wettbewerbs zu verhindern und diskriminierungsfreie internationale Wirtschaftsbeziehungen zu ermöglichen. Charakteristisch hierfür sind das Regelwerk des GATT bzw. der WTO, der staatliche Verzicht auf Devisen- und Kapitallenkung und die Zulassung marktwirtschaftlicher Formen des Ausgleichs der

[1] Das Wort Kapitalismus wird hier nicht im Verständnis der Historischen Schule und der marxistischen Lehre verwendet, sondern als Sammelbezeichnung für verschieden geordnete Marktsysteme, wie sie in der Österreichischen und der Freiburger Schule der Nationalökonomie unterschieden werden.

internationalen Zahlungen und der Kreditbeziehungen auf der Grundlage konvertibler Währungen und marktgerechter Wechselkurse.

Vor allem die Bereitschaft zum freien Austausch von Währungen, also die Währungskonvertibilität, ermöglicht die Entfesselung des internationalen Kapitalverkehrs in Form von *Direktinvestitionen.* In diesen kann die Hauptkraft der Potenzierung des Unternehmerischen und des Wettbewerbs in der Welt gesehen werden. Dieser Vorgang ist mit internationalen Kapitalumschichtungen verbunden, die der unternehmerischen Entdeckung und Nutzung von Wissen über gewinnbringende Gelegenheiten der Arbeitsteilung folgen, so ernüchternd, ja enttäuschend bisweilen auch die Ergebnisse sein mögen. Im Wettbewerb zwischen ausländischer und inländischer Konkurrenz, im Aufkommen und Vergehen von Unternehmen und Wirtschaftszweigen, in der Umlenkung von Ressourcen zwischen stagnierenden und schrumpfenden Unternehmen einerseits, innovativen und expandierenden Firmen und Branchen andererseits gewinnt das Vorsprungswissen eine weltweite Breitenwirkung des Unternehmerischen.

In Ländern, in denen es bisher keine Rechtstradition gibt, um die Sphäre der Privatrechtsautonomie vor betrügerischem, räuberischem, erpresserischem Missbrauch oder auch nur vor Korruption und Diskriminierung zu schützen, wird man die Möglichkeit der klugen Nachahmung von Vorbildern für erfolgversprechender ansehen dürfen, als auf die Evolution einer eigenen Rechtsordnung zu setzen. Diese muss, wie *Popper* feststellt, wenn sie die Ergebnisse des freiheitlichen Kapitalismus verlässlich ermöglichen soll, ohnehin in die Tradition des liberalen Rechtsdenkens einmünden. Das ist nicht ungewöhnlich, wenn bedacht wird, dass eigene, durch „Erfahrungen suggerierte Gesetzesänderungen…einen großen Teil der Arbeit ausmachen, die die Parlamente in allen modernen Staaten zu leisten haben“ (*Popper* 1957/1992, S. X ff.).

Walter Eucken dachte ähnlich und ging vom ordnungstheoretischen Erkenntnisfortschritt und dem daraus zu erklärenden Vormarsch „gesetzter“ Ordnungen aus (*Eucken* 1939/1950, S. 51 ff.). Demzufolge können die für Marktwirtschaften konstitutiven Rechtsordnungen über viele Jahrhunderte mit der Staatsverfassung „gewachsen“ sein. Doch erst die klassische Nationalökonomie habe es geschafft, diese Institutionen bewusst zu entwickeln und in einen geordneten Zusammenhang zu bringen. Und dieser Einsicht sind dann in der Tat die großen Wirtschaftsreformen an der Wende vom 18. zum 19. Jahrhundert und in der ersten Hälfte des 19. Jahrhunderts zu verdanken. Selbstverständlich bedurfte es parallel dazu einer günstigen gesellschaftlichen Konstellation für *politische* Unternehmer, wie nach dem Zweiten Weltkrieg in (West-)Deutschland und nach 1989 in Ostmitteleuropa. Sind Staaten wie China und Russland, die zusammen mit Brasilien und Indien als größte Hoffnungsträger der Weltwirtschaft im 21. Jahrhundert gelten, nicht auch auf diesem Weg?

1.2. China und Russland auf dem Weg des autoritären Kapitalismus

Seit 1984 haben China unter *Deng Xiaoping* und seit 1985 Russland unter *Gorbatschow* damit begonnen, die antikapitalistische zentralverwaltungswirtschaftliche Methode der Wissens- und Arbeitsteilung aufzugeben. Für diesen Dirigismus war ein staatssozialistischer Herrschaftsanspruch über das gesamte Ressourcenpotential, das gesellschaftliche Wissen und das Wirtschaftsgeschehen prägend. Dazu diente ein Zentralplan als verbindliches volkswirtschaftliches Lenkungsinstrument. Das staatliche Außenwirtschafts- und Devisenmonopol war Teil dieses Anspruchs und Ausdruck einer extremen Angst vor spontanen Außeneinflüssen, obwohl beide Länder bis heute über eine vergleichsweise hohe Autarkiebegabung verfügen. *Karl-Hans Hartwig* (1987, S. 129) hat in seiner Habilitationsschrift gezeigt, dass unter den institutionellen Rahmenbedingungen dieser Ordnung die Geldmenge entgegen vielfachen Annahmen „weitgehend endogen durch das Verhalten der staatlichen Betriebe bestimmt (war)" und die damit verursachte Inflation spontan zur Entstehung und Expansion außerstaatlicher Märkte führte. Allein dadurch wurden über eine faktische Verselbständigung der konkursunfähigen Betriebe ständig massive Destabilisierungen und ein Dauerbedarf an Reformen der Gesamtordnung ausgelöst, ohne dem Weg in eine Abwärtsspirale zu entkommen.

Deng Xiaoping hat diese auf sowjetischen Vorstellungen beruhende Wirtschaftsordnung mit ihren nicht kompensierbaren Defekten schonungslos kritisiert und den seit 1978 in China unternommenen Schritten zur Liberalisierung und Dezentralisierung des chinesischen Binnen- und Außenwirtschaftssystems neue und vor allem solche Reformen hinzugefügt, die wie die privatwirtschaftliche Ausrichtung der Agrarpolitik rasch zu Ergebnissen führten, die allen Chinesen die Überlegenheit des neuen Kurses auch für die Gesamtwirtschaft vor Augen führten. Und auch *Gorbatschow* hat erkannt, dass der internationale Wettbewerb der Betriebe, der Ideen und Ordnungen auf Dauer entscheidend für den Wohlstand der Völker ist – nicht die Ressourcenverfügbarkeit. Der illusionäre und konfliktreiche Versuch, ein „sozialistisches" Weltsystem zu schaffen, wurde 1991 mit der Auflösung der Sowjetunion und des Rats für Gegenseitige Wirtschaftshilfe (RGW) zu Grabe getragen.

Stattdessen wurde in China und in Russland versucht, an die Erfolge des kapitalistischen Systems anzuknüpfen – freilich „nur" mit einer kontrollierten Entfesselung des Unternehmertums und des wirtschaftlichen Wettbewerbs, bei gleichzeitiger Sicherung des Führungsanspruchs der Politik in Staat, Gesellschaft und Wirtschaft. Die staatsdirigistischen Ordnungsbedingungen, unter denen in beiden Ländern ausgedehnte privat- und staatsunternehmerische Entfaltungsmöglichkeiten systematisch ermöglicht, aber auch wieder diskretionär entzogen werden können, werden vielfach unter der Bezeichnung „autoritärer Kapitalismus" zusammengefasst. Die Handlungsspielräume, die damit für eine weitläufige Ausbreitung des Unternehmerischen und des Wettbewerbs in diesen Ländern geschaffen worden sind, äußern sich auch in rasch expandierenden außenwirtschaftlichen Beziehungen.[2] Für die Akteure ist hierbei Wachsamkeit geboten, denn die Gefahr, dass wirtschaftliche Aufsteiger mit hässlichen Vorwürfen zum politischen Feind gestempelt werden können, ist allgegenwärtig. Bevor daraus Folgerungen für den Schutz des internationalen Wettbewerbs gezogen werden, interessieren zunächst die Ordnungsmerkmale des autoritären Kapitalismus und Fragen der ordnungspolitischen Orientierung.

[2] Darin liegt ein für die Systementfaltung des autoritären Kapitalismus wichtiger Unterschied zu den sozialistischen Marktwirtschaften im herkömmlichen Verständnis (siehe *Leipold* 1975).

2. Ordnungsmerkmale des autoritären Kapitalismus

Das „Neue" besteht darin, dass die Menschen sich in effiziente wirtschaftliche Produktionsabläufe und Austauschprozesse mit Faktorkosten, Güterpreisen und -angeboten sowie Einkommen und Einkommensschwankungen einbezogen sehen, die prinzipiell in einer engen Beziehung zu den Wünschen der Käufer stehen. Außenstehende können den Eindruck gewinnen, man habe es mit „normalen" selbständigen Konkurrenten zu tun, sozusagen mit freien, ausschließlich am Gewinn orientierten Marktakteuren. Die Zulassung des privatwirtschaftlichen Handelns in Form von Personen- und Kapitalgesellschaften, der Preis- und Gewinnorientierung haben eine rasch vordringende Leistungsorientierung, teilweise ungewöhnlich attraktive privatwirtschaftliche, politik- und verwaltungsnahe Aufstiegsperspektiven in der russischen und chinesischen Gesellschaft ermöglicht. Es ist zu beobachten, wie die Markt- und Gewinnorientierung der Anbieter überall dort eine auf die gesamte Volkswirtschaft ausstrahlende Wachstumsbeschleunigung hervorruft, wo die in- und ausländische Konkurrenzkontrolle starke Arbeitsanreize und eine auf Leistungssteigerung bedachte Selbstkontrolle zu mobilisieren vermag. Beobachtungen, wie in der zentralverwaltungswirtschaftlichen Praxis etwa bei Reparaturarbeiten (einer arbeitet, zwei stehen nur dabei und unterhalten sich), sind nicht typisch für den autoritären Kapitalismus.

Das „Alte" ist darin zu sehen, dass es sich nicht um eine *Gesamtentscheidung* gegen das frühere Lenkungssystem handelt. Die diktatorischen oder scheindemokratischen Regierungen in China und Russland beharren auf einem letztlich bestimmenden wirtschafts- und gesellschaftspolitischen Lenkungsanspruch. Struktur und Ablauf des binnen- und außenwirtschaftlichen Geschehens sollen zu immer höheren wirtschaftlichen Entwicklungsniveaus geführt werden, ohne die Führungsrolle der Politik in Wirtschaft, Staat und Gesellschaft zu gefährden. Dem dient eine jederzeit präsente Politisierung der Justiz, der Medien, Banken, Mineral-, Energie- und Rohstoffkonzerne sowie der Staatsunternehmen und Staatsfonds. Dem dienen auch die Kredit- und Wechselkurspolitik, eine verdeckte Rechnungslegung und die Verschleierung von Eigentumsverhältnissen, die Regulierung von Direkt- und Portfolioinvestitionen, die Festlegung „strategischer" Wirtschaftsbereiche und „systemsensibler" Unternehmen, das Bestreben, den Erwerb von Grund und Boden auf bestimmte Nutzungsrechte zu beschränken, vor allem im Falle ausländischer Direktinvestoren.

Im autoritären Kapitalismus eine ordnungsökonomisch klar umrissene Physiognomie zu erkennen ist offensichtlich deshalb schwierig, weil aus der Dominanz politischer Prozesse ordnungspolitische Unsicherheit resultiert. Das Geschehen ist aus privatwirtschaftlich-wettbewerblichen Komponenten, Aspekten des Monopolschutzes und des Protektionismus sowie politisch-bürokratischen Elementen der Rechtsunsicherheit und Willkür gemischt. Weitreichende Wissensanmaßungen, Informations- und Verantwortungslücken, Regulierungsillusionen, politisch-bürokratische Fehlentscheidungen, Anpassungsblockaden gegenüber ökonomischen Sachnotwendigkeiten sind angesichts der unterschiedlichen Entscheidungs- und Koordinationsverfahren beider Einflusssphären zu erwarten, vor allem wenn es um zentrale Allokations- und Verteilungsfragen und um geeignete Strategien geht, dass rasche Wachstum der Volkswirtschaften angesichts höherer Ansprüche und steigender sozialer Kosten fortzusetzen.

Wie groß auch immer das Konfliktpotential sein mag, an den ordnungspolitischen Scheidewegen dürfte angesichts des unübersehbaren Erfolgs des eingeschlagenen Wegs ein starkes ordnungspolitisches Orientierungsmuster darin zu sehen sein, dass die entscheidenden Bestimmungsgründe des Wachstums den kapitalistischen Elementen zuzuordnen sind. Das entspricht der Erkenntnis, dass die früheren Misserfolge des politischbürokratischen Plansozialismus nur deshalb vermieden werden konnten, weil der Entfesselung des Unternehmertums sowie internationalen Wettbewerbseinflüssen letztlich Priorität und Breitenwirkung eingeräumt wurden. Insoweit lässt sich die Gegenwart des autoritären Kapitalismus mit seinen hohen volkswirtschaftlichen Wachstumsraten (bei aller gebotenen Vorsicht hinsichtlich der Messung – gerade auch im internationalen Vergleich) aus einer Vergangenheit der ordnungsbedingten Misserfolge verstehen. Eine Vorschau auf den Fortgang dieser Entwicklung erlaubt das allerdings nicht. Wohl aber werden sich die Kritiker des eingeschlagenen Weges schwer tun, die Wachstumserfolge überwiegend auf Einflüsse, die nichts mit den fundamentalen kapitalistischen Antriebskräften zu tun haben, sondern auf den Reichtum an Energie- und Rohstoffen zurückzuführen. Die Gründe für die Zulassung kapitalistischer Antriebskräfte und die daraus entstandenen Wohlstandsperspektiven könnten deshalb bei Verlangsamung des Wachstums dafür sprechen, die wirtschaftliche Bewegungsfreiheit für Unternehmerinitiative, Wettbewerb und Rationalität nach institutionellen Maßstäben des freiheitlichen Kapitalismus zu erweitern. Das günstigere Milieu für die Entfaltung in- und ausländischer Unternehmen mit der Möglichkeit, in bisher verschlossene wirtschaftliche Gebiete vorzudringen und die Perspektiven des Wettbewerbs der Regionen zu nutzen, bedeutet freilich weniger politische Herrschaft über die Kommandohöhen der Wirtschaft. Kompromisse zwischen Elementen des autoritären und freiheitlichen Kapitalismus sind und bleiben politisch unbequem, die Interessenssphären zwischen den Kräften, die Dereguliergungs- und Regulierungsspiralen auslösen können, sind kompliziert, wirtschaftspolitische Zick-Zack-Kurse vielfach die Folge.

3. Autoritärer Kapitalismus und internationaler Wettbewerb: Ordnungspolitische Orientierung

Bedarf es auf nationaler und internationaler Ebene besonderer Regeln zum Schutz vor Staatsinvestoren und Konkurrenten aus Ländern mit einer weitgehenden hoheitlichen Kontrolle des politischen Geschehens einerseits und wettbewerbsorientierten Reformen des Wirtschaftsgeschehens andererseits? Es werden im Folgenden zwei ordnungspolitische Orientierungen unterschieden:

Erstens: Die *Laissez-Faire-Perspektive*. Die Mittel russischer und chinesischer Staatsfonds und Staatsbanken, die Konkurrenz privat- und staatwirtschaftlicher Direkt- und Portfolioinvestoren werden hinsichtlich der Wettbewerbswirkungen mit einheimischen Marktaktivitäten uneingeschränkt gleichgestellt. In diesen Akteuren wird eine Möglichkeit gesehen, den Markt für Kapitalanlagen und Unternehmenskontrollen zu erweitern und den Wettbewerb auf den internationalen Güter- und Kapitalmärkten zu intensivieren, das Finanzmarktgeschehen zu stabilisieren. Es wird für möglich gehalten, das „Wirtschaftliche" vom „Politischen" zu trennen (grundsätzlich hierzu *Müller-Armack* 1932, S. 196).

Zweitens: Die *ordoliberale Sicht*. Dieser liegt ein umfassenderes Verständnis von Unternehmen, Markt und Wettbewerb zugrunde. Es wird erkannt, dass der Staat der größte Feind des Wettbewerbs sein kann, erst recht, wenn er sich vorbehält, Unternehmen und den Wettbewerb in binnen- und außenwirtschaftlichen Belangen für politische Ziele jederzeit zu regulieren und zu beschränken. Umso anspruchsvoller ist die dem Staat in einer marktwirtschaftlichen Ordnung zugedachte Aufgabe, Wettbewerb bewusst zu ermöglichen, seine Beschränkung und Verzerrung zu verhindern, konkret die Marktteilnehmer vor willkürlicher Behinderung und Beschränkung der Wahl- und Entfaltungsfreiheit im Rahmen einer rechtsstaatlich verfassten Ordnung zu schützen. In dieser gilt der Wettbewerb als universelles öffentliches Gut im Dienste der Konsumentenwohlfahrt. Seit *Adam Smith* hat diese Sicht in der Wissenschaft Vorrang.[3] Dieser lässt sich mit dem Gedanken der Wohlfahrt auch derjenigen begründen, die nicht, noch nicht oder nicht mehr produzieren können. Im Globalisierungsprozess bezieht sich der Gedanke der Konsumentenwohlfahrt letztlich auf alle Menschen des Erdkreises, also auf das, was Weltgemeinwohl genannt werden könnte. Hätten dagegen die Interessen der Produzenten Vorrang, so würde davon ein sehr viel kleinerer Personenkreis profitieren. Auch ist beim Vorrang des Konsumentenschutzes zu berücksichtigen, dass sich die Interessen von Produzenten, von Einzelfällen abgesehen, besser organisieren lassen als die der Konsumenten und mit Hilfe der Politik durchsetzen.

In der ordoliberalen Sicht soll mit dem Gedanken der Trennung von Staat und Unternehmen erreicht werden, dass der Produktionsprozess nicht politisch gesteuert werden kann. Dieses Anliegen kann auf den Anspruch zurückgeführt werden, der *Meinungsfreiheit* einen überragenden Stellenwert zu geben. Es ist in der Tat nicht weltfremd, wenn die freie Meinungsbildung und der freie Meinungsaustausch als Grundlage aller arbeitsteiligen menschlichen Lebensäußerungen angesehen werden, vor allem aber als Bedingung für spontane bahnbrechende unternehmerische Vorstöße, der davon ausgehenden Entwicklung des Wettbewerbs, von Allokations- und Verteilungswirkungen auf breiter Front. Ausdruck hierfür sind nicht nur freie Wählerstimmen- und Medienmärkte, sondern auch Einrichtungen, die es erlauben, sich über wirtschaftliche Fragen eine eigene Meinung zu bilden und diese im Rahmen rechtsstaatlicher Regeln für eigene Zwecke als Anbieter und Nachfrager zu nutzen, sich für deren allgemeine Anerkennung einzusetzen und für die wirtschaftlichen Folgen des Scheiterns zu haften.

Von einer solchen Orientierung am Moral- und Rechtssystem des freiheitlichen Kapitalismus sind China und Russland angesichts einer massiven regierungsamtlichen Bedingtheit der wirtschaftlichen und gesellschaftlichen Prozesse weit entfernt. Der Zugang zu den Printmedien, zum Rundfunk und Fernsehen ist durch Vorkehrungen streng reguliert, die dazu dienen, die wirtschaftliche Abhängigkeit der Medien vom Staat zu sichern und die öffentliche Meinungsbildung hoheitlich zu bestimmen[4], mögen sich die Regie-

---

[3] Nach *Adam Smith* ist „Konsum der einzige Sinn und Zweck aller Produktion; und das Interesse des Produzenten sollte nur insoweit berücksichtigt werden, als es für die Förderung des Konsumenteninteresses nötig sein mag. Diese Maxime ist so selbstverständlich, dass es unsinnig wäre, sie beweisen zu wollen" (*Smith* 1776/2005, S. 645).

[4] Hierzu gehören auch Änderungen der Einreise- und Aufenthaltsbestimmungen nach politischem Bedarf.

rungen – wie in Russland – auch *formal* auf das demokratische Mehrheitsprinzip berufen. Eine weitere Begleiterscheinung der fehlenden oder erheblich eingeschränkten Meinungsfreiheit ist der mangelnde Schutz von religiösen, sprachlichen oder ethnischen Minderheiten.

Für die Praxis des autoritären Kapitalismus sind Maßnahmen folgender Art typisch, wenn es darum geht, *Direktinvestitionen* und andere Formen internationaler Wirtschaftsbeziehungen zu regulieren:

- Staatlich verliehene Nutzungsrechte (Lizenzen), Staatsaufträge und Staatsgarantien.
- Verdeckte Möglichkeiten, Regeln zum Schutz des geistigen Eigentums zu verletzen.
- Bevorzugte Kreditvergabe, Kreditgarantien und andere Privilegien im Außenhandel vor allem zugunsten von staatlich kontrollierten Großunternehmen und quasistaatlichen Einrichtungen sowie von politisch willfährigen Regierungen in benachbarten Staaten.
- Politische Lenkung von Privatisierungs- und Insolvenzverfahren, von Beteiligungen an ausländischen Firmen und Fonds.
- Einfuhrbe- und Einfuhrentlastungen, Kapitalverkehrsbeschränkungen, Wechselkursmanipulationen – je nach (industrie-)politischer Opportunität.
- Schutz von Unternehmen und Wirtschaftszweigen, die als „strategisch" wichtig eingestuft werden, nach Bedarf vor Einflüssen ausländischer Investoren und vor Konkurs. Die hierfür eingesetzten Mittel dürften auch mangels freier Berichterstattung in den Medien kaum nachweisbar sein. Ankündigungen, die Liste strategischer Branchen zu verkleinern, können durch eine andere Branchenzuordnung „strategischer" Unternehmen bedarfsgerecht entwertet werden.
- Die russische Regierung kann z. B. die Bedingungen der Gas- und Erdölversorgung des Auslands mit Hilfe „ihrer" Energiekonzerne nach politischen Gesichtspunkten privilegierend oder diskriminierend gestalten, um sich die Außenpolitik benachbarter und anderer Staaten gefügig zu machen – eine Art von wirtschaftlicher Strategie zur politischen Rekolonialisierung.
- Soweit diese Länder ein Wettbewerbsgesetz haben, das formal auch Staatsbetriebe einbezieht, ist die kartellamtliche Praxis von regierungsamtlichen Interessen bestimmt – weit über ministerielle Interventionsmöglichkeiten in demokratischen Staaten mit freier Presse hinausgehend.
- Systematische Unterbewertung der eigenen Währung (Valutadumping) zur Exportförderung und zum Aufbau eines Devisenschatzes. Daraus folgt eine systematische Verzerrung des internationalen Wettbewerbs.

Freilich beginnt sich z. B. die chinesische Politik „ewiger" Leistungsbilanzüberschüsse über die damit ausgelöste importierte Inflation totzulaufen. Amtlich wird die Inflation in China inzwischen als ein kaum zu bändigender Tiger beschrieben. Dessen Kraft, die unter anderem in den Aufschaukelungseffekten zwischen Preis- und Faktorkostenerhöhungen sichtbar wird, mussten schon die Anhänger der merkantilistischen Zahlungsbilanzlehre und in jüngerer Zeit die Gegner der DM-Aufwertung in Deutschland zwischen 1958 und 1973 im Bretton-Woods-System und zwischen 1979 und 1993 im Europäischen Währungssystem erfahren.

Wer erreichen will, dass autoritäre politische Systeme nach marktwirtschaftlichen Regeln arbeiten, wird angesichts der Ordnungsmerkmale dieser Länder wohl vor einer unlösbaren Aufgabe stehen. Das handelsschaffende und wohlstandsfördernde Potential, das in den grundlegenden Regeln der Nichtdiskriminierung (Meistbegünstigungs- und Inländerprinzip) des GATT bzw. der WTO steckt, kann in diesen Ländern nur eingeschränkt zur Geltung kommen. Die WTO-Mitgliedschaft von China seit 2003 und von Russland seit 2012 kann aus ordoliberaler Sicht als wohlwollender Vorschuss an Vertrauen in die liberalisierende Schwungkraft des Unternehmerischen und des Wettbewerbs angesehen werden, mehr wohl aber als Gefahr, dass die Antidiskriminierungsregeln politischen Zwecken der autoritären Regierungen untergeordnet werden und die von der EU ausgegangene regionalistische Aushöhlung der GATT- und WTO-Prinzipien erweitert und verstärkt wird (siehe *Schüller* 2013). Das sich dadurch zwischen den Staaten und Staatengruppen angesammelte Konfliktpotential dürfte noch schwerer als bisher zu beseitigen sein.

Wenn nun generell für den freiheitlichen Kapitalismus etwa der EU-Länder eine ordnungspolitische Praxis in Betracht gezogen wird, die mehr oder weniger weitgehend dem Weg des demokratisch-evolutionären Wohlfahrtsstaates folgt, stellt sich die Frage: Wie steht es hier mit dem Anspruch einer spontanen Potenzierung der Kraft, die von einer nicht politisch gesteuerten Unternehmerinitiative ausgeht und eine wirtschaftliche Entwicklung auf breiter Front im Rahmen einer diskriminierungsfreien Wettbewerbsordnung im Dienste der Konsumentenwohlfahrt ermöglicht?

4. Vom freiheitlichen Kapitalismus zum wohlfahrtsstaatlichen Exekutiv- und Verordnungsstaat

4.1. Vermischung von Politik und Wirtschaft in der EU

Im demokratischen Kampf um Mehrheiten drängen in der EU starke Ordnungskräfte zum Exekutiv- und Verordnungsstaat oder zu anderen Formen verdeckter autoritärer Herrschaftsausübung („Korporatismus“) hin. Die Bemühungen von Wirtschafts- und Sozialverbänden, den Staat bzw. die EU-Kommission für eine vorherrschend kollektivvertragliche statt privatvertragliche Regelung des Produktionsprozesses zu vereinnahmen, ist Begleiterscheinung einer wohlfahrtsstaatlich-dirigistischen Entwicklung, die in der EU vielfach im Widerspruch zur Politik der Wettbewerbsordnung steht. Der Vertrag von Maastricht hat systematisch den Weg für eine Europäisierung wohlfahrtsstaatlicher Strukturen freigemacht. Dazu passt das jüngste Mandat der EU-Kommission, den Euroraum mit Hilfe einer makro- und mikroökonomischen Steuerung und Überwachung des nationalen Wirtschaftsgeschehens aus der Krise herauszuführen und vor künftigen Gefahren des wirtschaftlichen Niedergangs zu bewahren. Dieses Konzept, das dem Mangel an Krisenfestigkeit der inneren Struktur der Eurozone abhelfen soll, beruht auf einem phantastischen Wissensanspruch und einem überzogenen Vertrauen in die Möglichkeiten staatlicher Prozesspolitik (*Schüller* 2012, S. 43-79). Es ist höchst fraglich, ob bei den Bemühungen, die Makrorelationen nach der Doktrin von *Keynes* und seiner Schule mit Hilfe des Europäischen Stabilitätsmechanismus und der EZB zu beeinflussen, das Prinzip der Selbststeuerung der Mikrorelationen über das System der relativen Preise und privater Verträge hinreichend erhalten und fähig bleiben kann, im schnellen unerwarteten Wandel die tatsächlichen Knappheitsverhältnisse anzuzeigen und Anreize hervorzubringen, darauf zu reagieren (siehe grundsätzlich hierzu *Hayek* 1975, S. 12 ff.).

4.2. Konsequenzen für die Wettbewerbsregeln der EU

Der Anspruch:

Die Wettbewerbsregeln der EU sind von Anfang an auf eine Trennung von Staat und Unternehmen angelegt – entsprechend dem Gedanken des unverfälschten (diskriminierungsfreien) Wettbewerbs unter der Herrschaft des Rechts und deren Sicherung durch eine supranationale Wettbewerbspolitik. Darin sieht *Mestmäcker* (2007, S. 3 ff.) neben den wirtschaftlichen Freiheitsrechten und den Regeln des Binnenmarktes die konstitutiven Ordnungsprinzipien, die den Rechtsordnungen aller 27 Mitgliedstaaten der EU gemeinsam sind. Diese Länder haben sich auf Maßnahmen gegen Kartelle, Marktaufteilungen anderer Art, gegen die Entstehung wirtschaftlicher Macht durch Monopolisierung und gegen eine Verfälschung des Wettbewerbs durch nationale Subventionen (Beihilfen) verständigt. Davon ausgehend, könnte in der Wettbewerbspolitik der EU ein Vorbild für eine *Weltkartellbehörde* gesehen werden, zumal auch der Globalisierungsprozess vor allem durch hoheitlich sanktionierte Wettbewerbsbeschränkungen und monopolistische Privilegien für staatliche und staatlich regulierte Unternehmen behindert wird. In der EU ist es immerhin *teilweise* gelungen, die hiervon ausgehenden Wettbewerbsbeschränkungen bei noch so starkem nationalstaatlichen Rückhalt zurückzudrängen.

Die Wirklichkeit:

Erstens: Die Wettbewerbsregeln der EU gehen in Artikel 86 Abs. 2 vom Anspruch einer uneingeschränkten Gleichstellung privater und öffentlicher Unternehmen aus, obwohl dieser Grundsatz ordnungsökonomisch als Widerspruch in sich selbst angesehen werden muss: So sind private Unternehmen konkursfähig, während öffentliche Unternehmen auch in der EU faktisch nicht vom Konkurs bedroht sind. Allein deshalb weisen solche Unternehmen im *Innen- und Außenverhältnis* erhebliche Anreiz- und Kontrollunterschiede gegenüber konkursfähigen privatwirtschaftlichen Unternehmen auf:

- Die *Bürger* bzw. Steuerzahler sind wie im autoritären Kapitalismus nur als fiktive Eigentümer der Staatsunternehmen und Staatsfonds anzusehen. Als solche haben sie keine kapitalisierbaren und handelbaren Anteilsrechte, keine an Anteile gebundenen Stimmrechte, keine Gewinnanrechte, auch keine spürbare Verlustbeteiligung. Die Kapitalmarktkontrolle kann nach Bedarf aufgehoben werden.
- Faktische Eigentümer sind *Politiker*. Sie haben ebenfalls keinen Gewinnanspruch und kein Verlustrisiko. In der Demokratie tragen sie allenfalls das Risiko, das Vertrauen der Wähler zu verlieren. Die Politiker neigen dazu, mit Hilfe „ihrer Unternehmen“ die eigene Position bzw. die ihrer Partei im politischen Raum zu verbessern und unter diesem Gesichtspunkt das Management zu berufen.

- Die *Manager* öffentlicher Unternehmen haben einen vergleichsweise zu Privatunternehmen größeren Spielraum, um sich dem Druck für eine rechtzeitige Anpassung an veränderte Marktdaten zu entziehen. Kostensenkende Innovationen, durch die Arbeitsplätze gefährdet werden könnten, unterbleiben oder werden verzögert. Die Bildung von Haftungskapital kann vernachlässigt werden, weil der Staat das Überleben garantiert, notfalls unter Rückgriff auf die Steuerzahler.
- Die daraus resultierende *künstliche Sonderstellung von Staatsunternehmen* im Wettbewerb macht privatwirtschaftlichen Konkurrenten, besonders auch in Zeiten konjunktureller Abschwünge oder in Währungskrisen, das Leben schwer. Die Anpassungslasten konzentrieren sich dann vor allem auf die konkursfähigen Marktteilnehmer.

Manche dieser Merkmale treffen auch auf private Unternehmen zu, die auf dem von der EU, aber auch von anderen westlichen Industriestaaten begünstigten Fusionsweg in die Klasse „too big to fail" aufgestiegen sind. Und soweit und solange öffentliche oder quasi-öffentliche Unternehmen im Bankensektor, im Verkehr, in der leitungsgebundenen Elektrizitäts- und Gasversorgung, in der Telekommunikation, im öffentlich-rechtlichen Rundfunk monopolartige Privilegien haben, können sie das Aufkommen und die Existenz privater Konkurrenten erheblich behindern – und insoweit die Meinungsfreiheit beschränken.

Aus Artikel 86 EG-Vertrag folgt weder eine Verpflichtung der Mitgliedstaaten, öffentliche Unternehmen in die Privatwirtschaft zu überführen, noch kann aus diesem Artikel ein Verbot hergeleitet werden, neue öffentliche Unternehmen zu gründen. Schon gar nicht enthält dieser Artikel die Verpflichtung, staatliche Unternehmen zu privatisieren. Der Grundsatz einer strikten Trennung von Staat und Unternehmen bleibt deshalb auch in der EU wie in führenden anderen westlichen Industriestaaten ein vielfach uneingelöster Anspruch. Freilich kann dieser bei freier Meinungsbildung in Presse und Politik jederzeit zum Thema auf der politischen Agenda gemacht und mit seinen Vorteilen eingefordert werden. Autoritäre politische Regime schließen dies dagegen weitgehend aus.

Zweitens: Der Gedanke des Wettbewerbs unter der Herrschaft der (Industrie-)Politik. Schon die gemeinsame Wettbewerbspolitik der EU zeigt, wie schwierig es selbst in einem Kreis von „nur" 27 Mitgliedern ist, eine widerspruchsfreie Konzeption der Wettbewerbspolitik zu praktizieren. Die EU befindet sich seit dem *Maastrichter Vertrag* von 1993 (*Schüller* 2006, S. 127 ff.) verstärkt auf dem Weg einer industriepolitisch ausgerichteten Wettbewerbspolitik. Es kann in dem Maße von einem Paradigmenwechsel des Konzepts des unverfälschten Wettbewerbs gesprochen werden, wie die Herrschaft des Rechts durch eine Legitimation von Herrschaft zurückgedrängt wird, die sich auf die Macht der Politik und ihrer materiellen Bewertungsmaßstäbe „im öffentlichen Interesse" stützt. Ausdruck hierfür ist die Entwicklung der EU-Kommission „zu einer rechtlich kaum kontrollierbaren Subventionsbehörde" (*Mestmäcker* 2006, S. 55 und 71). Die Verlagerung des Gewichts von der Wettbewerbs- zur Industriepolitik hat erhebliche Beschränkungen des institutionellen Rahmens des freiheitlichen Kapitalismus zur Folge:

- Es liegt in der Natur einer Mischung von Wettbewerbs- und Industriepolitik, dass Interessenverbände, Unternehmen sowie politische Gruppierungen die Chance erhalten, die industriepolitischen Aktionsbereiche auf Kosten der gemeinsamen diskriminierungsfreien Wettbewerbspolitik der EU auszudehnen: Die Kommission wird mit konkreten Projektvorschlägen der „Europa-Experten" nationaler Kammern, Verbände und Unternehmen sowie Parteien konfrontiert. In der Sache wird nicht davon auszugehen sein, dass einige aufgeklärte, von Wissenschaftlern beratene Beamte und Politiker in der Lage sind, die Unternehmen mehr oder weniger fest an die Hand zu nehmen und ihnen die zukunftsträchtigen Entwicklungspfade zu zeigen. Es wird eher umgekehrt sein. Dabei ist zu erwarten, dass Großunternehmen und von Verbänden bestimmte Organisationsformen der Koordination das Gesetz des Handelns bestimmen. Auf diese Weise entstehen informelle Pflanzstätten für Absprachen und die Bildung von Kartellen. Eine entsprechende wettbewerbspolitische Orientierung würde global zusätzliche, wahrscheinlich weitaus größere Unsicherheiten, Diskriminierungen und Konflikte verursachen.

Die Bestrebungen, die Industriepolitik zum strategischen Ansatzpunkt und zur politischen Triebkraft des wirtschaftlichen Wachstums in der Union zu machen, kommen nicht nur nationalen Interessengruppen entgegen, sondern der insbesondere von Frankreich geforderten industriepolitischen Instrumentalisierung der Wettbewerbspolitik. In den Regeln der marktwirtschaftlichen Wettbewerbsordnung wird in diesem Land das Charakteristikum einer Freihandelszone, nicht aber der strategische Ansatzpunkt für Innovationen, Investitionen und Wachstum in Europa gesehen. Diese Kraftquelle bedürfe der staatlich organisierten Lenkung und Bündelung der Mittel für anspruchsvolle und konkrete Projekte, die vorrangig mit öffentlichen und öffentlich gestützten privaten Finanzmitteln (sog. projektbezogenen Euro-Anleihen) finanziert werden sollen.[5] Diesem Verständnis eines fortschreitend mit korporatistisch-dirigistischen Elementen gespickten Binnenmarktes scheinen seit Ende der 90er Jahre auch deutsche Regierungen zuzuneigen. Hierdurch wird die privatvertragliche Regelung wirtschaftlicher Produktions- und Entwicklungsprozesse zurückgedrängt. Das steht im Widerspruch zum Prinzip der Trennung von Staat und Unternehmen. Es entstehen gleichsam in nationaler und supranationaler Zuständigkeit *wettbewerbliche Ausnahmebereiche* mit diskriminierenden Wirkungen für die übrigen Unternehmen. Diese Ungleichbehandlung schwächt den Wettbewerb als eine spontane Potenzierung der Kraft, die von Pionierunternehmern ausgeht und geeignet ist, die aus dem Marktsystem kommenden Kräfte der Selbststeuerung und Selbstheilung zu stärken und eine wirtschaftliche Entwicklung auf breiter Front in Gang zu setzen und in Schwung zu halten. Aus der Verfilzung von Staat und Unternehmen kann ein Mangel in der Gesellschaft an Abwehrwillen gegenüber inneren und äußeren Angriffen auf die europäische Wirtschaftsverfassung des Wettbewerbs resultieren. Davon bleibt die Beurteilung des Wirtschaftsverkehrs mit Ländern des autoritären Kapitalismus wie Russland und China nicht unbeeinflusst – ganz im Sinne der Laissez-Faire-Perspektive.

---

[5] Siehe Jahreswachstumsbericht der Europäischen Kommission 2011, S. 9. KOM (2011) 11 endgültig. Brüssel, den 12.1.2011.

Freilich garantiert die freie Meinungsbildung in den Medien und in der Politik in Verbindung mit einer unabhängigen Gerichtsbarkeit *formal* die Offenheit für eine Revision dieser Verzerrung des Wettbewerbs auf breiter Front. Davon kann in Ländern mit autoritären Regierungen nicht ausgegangen werden.

5. Ordnungspolitische Folgerungen

Bei der Beurteilung des Wirtschaftsverkehrs mit Ländern des autoritären Kapitalismus wie Russland und China bewegt man sich mit Blick auf den offenkundigen Verfall des freiheitlichen Kapitalismus ordnungspolitisch auf sumpfigem Boden. In solchen Situationen erscheint es ratsam, das Entscheidungsfeld denjenigen zu überlassen, die professionell mit der Unsicherheit umzugehen verstehen. Das sind die Unternehmen. Sie sind darauf spezialisiert, Geschäfte zu machen, die den jeweiligen Unsicherheiten angepasst sind, und für Fehlentscheidungen zu haften. Lohnt es sich, mit den Ländern des autoritären Kapitalismus Geschäfte zu machen, so wird sich diese Erkenntnis nach dem Prinzip der Potenzierung der Erfahrungen, die von Pionierunternehmern auf diesem Gebiet gemacht werden, in der gesamten Wirtschaft verbreiten. Sind die Regierungen der Systeme des autoritären Kapitalismus an verbesserten und erweiterten Geschäftsbeziehungen „ihrer" Betriebe und Fonds mit ausländischen Unternehmen interessiert, sollten sie sich herausgefordert sehen, alles zu tun, damit die hierfür anfallenden Transaktionskosten möglichst niedrig sind. Für mehr Sicherheit in den Wirtschaftsbeziehungen zu sorgen, wäre eine Bringschuld.

Und statt zu versuchen, in der Politisierung des Unternehmerischen, der Produktions- und Austauschprozesse gleichzuziehen, wäre im Sinne einer Stärkung des ordoliberalen Konzepts das Prinzip der strikten Kommerzialisierung angemessen. Auf diese Weise könnte gegenüber den Ländern des autoritären Kapitalismus der Wettbewerb als Entdeckungsverfahren voll wirksam werden. Nur so kann auch herausgefunden werden, ob und wie weit es zutrifft, dass es sich bei Russland und China um Störfaktoren für den internationalen Wettbewerb handelt, um schreckliche Marktteilnehmer, mit denen man eigentlich keine Geschäfte machen sollte. Eine solche Strategie der Internalisierung von Unsicherheit setzt z. B. voraus:

- Verzicht auf Kredithilfen in Form von staatlichen Bürgschaften oder anderen Maßnahmen der Exportförderung, wie sie – von Deutschland ausgehend – seit den 1920er Jahren als Ausdruck des handelspolitischen Protektionismus für den Wirtschaftsverkehr mit der UdSSR geschaffen, international vielfach nachgeahmt worden sind und bis heute fortbestehen (siehe *Schüller* 1973, S. 46 ff.).
- Beachtung der Erkenntnis, dass der institutionelle Rahmen des freiheitlichen Kapitalismus mehr von inneren als von äußeren „Feinden" bedroht ist. Ein Beispiel: An der Verzerrung des internationalen Wettbewerbs durch die chinesische Politik des Valutadumpings sind ursächlich auch währungspolitische Fehlentwicklungen im Westen beteiligt. Wenn etwa die chinesische Regierung mit dem Aufkauf von Staatsanleihen der Eurozone dazu beitragen will, den Fortbestand des Euro zu sichern, so unterstützt sie damit den Versuch, die Wechselkursbildung auf Kosten der Steuerzahler systematisch zu verfälschen. Indem mit künstlichen Schutzwällen ver-

sucht wird, die Abwertung des Euro zu verhindern, genießen die aufwertungsreifen Nordländer innerhalb der Eurozone künstliche Wettbewerbsvorteile, damit verschlechtert sich die Schuldendienstfähigkeit der Euro-Südländer. Und China schützt damit seine Wirtschaft vor einer stärkeren Importkonkurrenz aus Europa und legitimiert zugleich seine Politik des wettbewerbsverfälschenden Valutadumpings. Und deutsche Politiker und Vertreter der Wirtschaft bedanken sich artig für diese Verzerrungen der internationalen Wirtschaftsbeziehungen.

- Verzicht auf Anti-Dumping-Zölle und andere Schutzmaßnahmen, wie sie das GATT bzw. die WTO vorsehen.
- Zu fordern ist dagegen eine wirksame Anti-Kartell- und Anti-Konzentrationspolitik, die der Gefahr vorbeugt, dass enge oligopolistische Angebotsstrukturen mit ausgeschaltetem Preiswettbewerb entstehen, die auf Staatsunternehmen und -fonds der Länder des autoritären Kapitalismus eine besondere Anziehungskraft ausüben. Ein Beispiel:

Mit der Beteiligung russischer Staatsunternehmen an der leitungsgebundenen, vertikal integrierten Elektrizitäts- und Gasversorgung treffen Vertragspartner zusammen, die auf je eigene Weise weitgehend der Wettbewerbskontrolle entzogen sind[6] und sich wechselseitig um eine erfolgreiche Stärkung ihrer monopolartigen Privilegien und ihres politischen Einflusses bemühen können. Diese Strategie wird erleichtert, wenn z. B. Gazprom in den Abnehmerländern verfügungsrechtliche Strukturen schaffen kann, die es erlauben, einen Monopolrentenanspruch von der Ressourcenquelle, über Handels- und Speichergesellschaften bis zu den Letztverbrauchern durchzusetzen. Hierdurch dürfte die prinzipiell über eine freie Meinungsbildung (Widerspruchs- oder Voice-Option) herbeiführbare wettbewerbliche Öffnung unserer traditionell vermachteten Energiemärkte erschwert werden. Die Wahrscheinlichkeit, dass die ohnehin suboptimale Wettbewerbssituation durch Möglichkeiten eines erweiterten Machtmissbrauchs verschlechtert wird, nimmt auf einem Gebiet zu, auf dem die Abwanderung (Exit-Option) für den Nachfrager nur mit erheblichen Kosten verbunden ist – ein sozial höchst problematischer Vorgang.

Das zeigt, wie sehr der internationale Wettbewerb am meisten von inneren Feinden bedroht ist, zumal wenn bei der Schaffung monopolartiger Positionen ehemalige Regierungsmitglieder mitwirken, ohne für die Kosten haftbar gemacht werden zu können. Es ist deshalb für eine verantwortliche praktische Ordnungs- und Wettbewerbspolitik notwendig, sich auf die grundlegende liberale Erkenntnis zu besinnen: Nicht die sogenannten Missbräuche wirtschaftlicher Macht sind zu bekämpfen, sondern die wirtschaftliche Macht selbst und deren Neigung, sich mit politischer Macht zu panzern. Dem entspricht z. B. der Vorschlag, die Stromkonzerne und andere Energieversorgungsunternehmen durch Erweiterung des GWB kartellrechtlich zu entflechten und durch Dekonzentration der heutigen Angebotsstruktur eine Marktöffnung mit einer nachhaltigen Intensivierung des Wettbewerbs zu ermöglichen – im Interesse einer Stärkung der deutschen Wirt-

---

[6] Die Fusion von E.ON und Ruhrgas AG zum größten Gasversorgungskonzern in Deutschland geht bekanntlich auf eine Ministererlaubnis zurück. Bundeskartellamt und Monopolkommission hatten dieses Vorhaben 2002 als wettbewerbswidrig befunden.

schaft im internationalen Standortwettbewerb und eines wirksamen Verbraucherschutzes.

Aus ordoliberaler Sicht erscheint es klug, wenn gegenüber machtvoll agierenden, politisch unsicheren Handelspartnern mit großer Autarkiebegabung keine hohe einseitige Abhängigkeit zugelassen wird, die zur vorauseilenden politischen Gefügigkeit und Nachgiebigkeit verleiten, also zur Beschränkung der Meinungsfreiheit führen kann. Das Beharren auf einer gleichgerichteten multilateral abgestimmten Wettbewerbspolitik führt hier ebenso wenig weiter wie das Festhalten am merkantilistischen Reziprozitätsprinzip in der Handelspolitik. Die liberale Handelspolitik ist bekanntlich als Beiprodukt der unilateralen Liberalisierung durch ein Land oder mehrere Länder entstanden, die anderen ein Beispiel zur Nachahmung geben – wie Deutschland unter *Ludwig Erhard*, wie Japan, Süd-Korea und Taiwan. Damit wird ein offener politischer oder institutioneller Wettbewerb zwischen Regierungen induziert, der es ihnen erlaubt, sich an den ständigen Wandel der Weltwirtschaft besser anzupassen als im handelspolitischen Gleichschritt.[7] Genau dasselbe gilt für die Vorteilhaftigkeit einer unilateralen Wettbewerbspolitik in Verbindung mit dem Gedanken der Erweiterung der vorpreschenden Kräfte zu einer Entwicklung des Wettbewerbs auf breiter Front.

Literatur

Eucken, Walter (1939/1950), Die Grundlagen der Nationalökonomie, 6. Auflage, Berlin, Göttingen und Heidelberg 1950.

Hartwig, Karl-Hans (1987), Monetäre Steuerungsprobleme in sozialistischen Planwirtschaften, Stuttgart und New York.

Hayek, Friedrich A. von (1975), Die Anmaßung von Wissen. Rede aus Anlass der Verleihung des Nobel-Gedächtnispreises in Wirtschaftswissenschaften, gehalten am 11.12.1974 in Stockholm, in: ORDO, Bd. 26, 1975, S. 13-21.

Heuß, Ernst (1965), Allgemeine Markttheorie, Tübingen.

Leipold, Helmut (Hg.) (1975), Sozialistische Marktwirtschaften, München.

Mestmäcker, Ernst-Joachim (2006), Wirtschaft und Verfassung in der Europäischen Union, 2. ergänzte Auflage, Baden Baden.

Mestmäcker, Ernst-Joachim (2007), Europäische Prüfsteine der Herrschaft und des Rechts, in: ORDO, Bd. 58, S. 3-16.

Müller-Armack, Alfred (1932), Entwicklungsgesetze des Kapitalismus, Berlin.

Popper, Karl (1957/1992), Die offene Gesellschaft und ihre Feinde, Band 1: Der Zauber Platons, 7. Auflage mit weitgehenden Verbesserungen und neuen Anhängen, Tübingen 1992.

Sally, Razeen (2008), Trade Policy, New Century: The WTO, FTAs and Asia Rising, London.

Schüller, Alfred (1973), Osthandelspolitik als Problem der Wettbewerbspolitik, Frankfurt/Main.

Schüller, Alfred (2006), Wettbewerbs- und Industriepolitik: EU-Integration als Dritter Weg? In: *Dirk Wentzel* (Hg.), Europäische Integration – Ordnungspolitische Chancen und Defizite, Stuttgart, S. 127-168.

---

[7] Nach *Sally* (2008, S. 151) überragt die autonome (unilaterale) Liberalisierung die anderen Formen um ein Mehrfaches.

Schüller, Alfred (2012), Krisenherde der Währungspolitik zwischen Anpassung und Finanzierung (Die Eurozone – ein neues Beispiel für ein ungelöstes Problem), in: *Gilbert Gornig* und *Angel Manuel Rafael* (Hg.), Finanzkrise: Die Krise der Euro-Zone, Schriftenreihe Europäische Studien, Bd. 2, Marburg, S. 43-79.

Schüller, Alfred (2013), Wilhelm Röpkes politische Ökonomie der internationalen Wirtschaftsbeziehungen und Organisationen – heute, in: *Dirk Wentzel* (Hg.), Internationale Organisationen: Ordnungsökonomische und finanzpolitische Analysen, Stuttgart (im Druck).

Smith, Adam (1776/2005), Untersuchung über Wesen und Ursachen des Reichtums der Völker, Oxford 1776, aus dem Englischen übersetzt von *Monika Streissler*, herausgegeben und eingeleitet von *Erich W. Streissler*, UTB 2655, Tübingen 2005.

Ingo Pies (Hg.), Das weite Feld der Ökonomik
Schriften zu Ordnungsfragen der Wirtschaft · Band 98 · Stuttgart · 2013

Das ordnungspolitische Profil von Genossenschaften

Theresia Theurl

Inhalt

„... Genossenschaften ... besitzen ... aufgrund ihrer Funktionsprinzipien einen erheblichen volkswirtschaftlichen Charme: Sie sind in der Lage, denen die Kosten für die Inanspruchnahme von Leistungen und Ressourcen anzulasten, die sie auch tatsächlich verursachen, und sie können dabei der Gefahr einer möglichen Ausbeutung der Konsumenten ... wesentlich wirksamer begegnen als jegliche staatliche Überwachung und Regulierung".

Karl-Hans Hartwig (2000, S. 79)

1. Genossenschaften: wettbewerbsfähig, zeitlos, missverstanden

Was sind eigentlich Genossenschaften, was können und was sollen sie leisten? Welches ist ihre Rolle in der Marktwirtschaft, und welche Aufgaben erfüllen sie in Zentralverwaltungswirtschaften? Mit diesen Fragen hat sich auch *Karl-Hans Hartwig* während seiner Tätigkeit als Leiter der Abteilung „Vergleich der Wirtschaftssysteme" am *Institut für Genossenschaftswesen der Westfälischen Wilhelms-Universität Münster* in den Jahren zwischen 1984 und 1990 intensiv und mit nachhaltigen Ergebnissen auseinandergesetzt (*Hartwig* 1985, 1990, 1996, 1997, 2000). Als Klammer seiner Arbeiten können *Genossenschaften als Institutionen in einem Regimewechsel* gesehen werden, sei es im Übergang von der Zentralverwaltungs- zur Marktwirtschaft oder sei es im Zuge eines Wandels von Regulierungssystemen in marktwirtschaftlichen Ordnungen.

Dieser Schwerpunkt legt es nahe, sich mit den ordnungspolitischen Bezügen von Genossenschaften auseinanderzusetzen. Dies ist auch deswegen ein wichtiges Unterfangen, weil die besondere Governance von Genossenschaften häufig missverstanden wird. So werden Genossenschaften aktuell manchmal vorschnell als Lösung für fast alle gesellschafts- und wirtschaftspolitischen Herausforderungen genannt, dabei freilich ihr Potenzial und die Voraussetzungen für ihren Erfolg überschätzend. In der Rückschau auf zentralverwaltungswirtschaftliche Systeme werden sie hingegen verallgemeinernd auch als staatliche Einrichtungen eingeschätzt, manchmal auch als Instrumente der Sozialpolitik. Sozialromantisch verklärt und auf der Grundlage ihres Vereinshintergrundes werden sie auch als Organisationen vereinnahmt, die sich jeglichen ökonomischen Restriktionen entziehen könnten. So entsteht häufig der Eindruck, dass Genossenschaften keine Gewinne machen dürften oder gar keine Gewinne machen könnten, was zwar weder den gesetzlichen Grundlagen noch den empirischen Fakten entspricht, jedoch hartnäckig wiederholt wird. Dass sie Unternehmen mit einer unternehmerischen Zielfunktion sind, die sich im Wettbewerb und für ihre Eigentümer bewähren müssen, wird in solchen Einschätzungen konsequent verkannt. Genossenschaften folgen auch keinem – wie immer gearteten – dritten Weg. Sie sind zwar hybride Organisationen, aber eben nicht zwischen Privatwirtschaft und Gemeinwirtschaft, sondern zwischen Markt und Hierarchie (vgl. *Theurl* 2001, S. 103 f.).

Eine erste repräsentative Befragung des IfG Münster mit der GfK über den genossenschaftlichen Informationsstand der deutschen Bevölkerung fördert ohnehin eine erfreulich nüchterne und deutlich realistischere Einschätzung zutage. So wissen 77,9 Prozent der deutschen Bevölkerung sehr wohl, dass Genossenschaften wirtschaftlich zu führen sind, und 80,1 Prozent finden dies auch gut oder sehr gut (vgl. *Theurl* und *Wendler* 2011, S. 122 und 198). Insgesamt kann der deutschen Bevölkerung ein guter Kenntnisstand über Genossenschaften attestiert werden.

Den Inhalt dieser Ausführungen bilden die fundamentalen Besonderheiten von Genossenschaften, aus denen auch abgeleitet werden kann, für welche Aufgaben sie bessere Lösungen anbieten können als konkurrierende Organisationen. Zusätzlich gilt es aufzuzeigen, in welchen Zusammenhängen heute Genossenschaften gegründet werden und den Zusammenhang zwischen Genossenschaften und staatlicher Wirtschaftspolitik in einer Marktwirtschaft auszuloten. Diese Überlegungen erfolgen mit einem *ordnungspolitischen* Fokus, wenngleich keine umfassende Analyse erfolgen kann, sondern die Zielsetzung im Aufzeigen einzelner relevanter Aspekte besteht.

2. Genossenschaftliche Governance

Genossenschaften und genossenschaftlich organisierte Unternehmensgruppen zeichnen sich durch besondere Governance-Merkmale aus, die sie von anderen Unternehmen und von anderen Formen der Zusammenarbeit klar unterscheiden.

2.1. Kollektive Selbsthilfe

Eine erste Besonderheit besteht darin, dass die Gründung von Genossenschaften einen kooperativen Ursprung hat. Nicht ein einzelner Akteur entscheidet sich individuell für eine unternehmerische Tätigkeit, sondern die Möglichkeit der Verwirklichung einer *Kooperationsrente* ist Basis für die Unternehmensgründung, eine Genossenschaft ist ein Joint Venture. Genossenschaften sind entstanden, weil eine Alternative für wirtschaftliche Teilhabe – sei sie produktiv oder konsumtiv – nicht verfügbar war. Die organisatorische Antwort ist keine investive, sondern eine unternehmerische Aktivität. Diese unternehmerische Aktivität hat – dies die zweite Besonderheit – den Zweck, eine Vorleistung für die eigentliche wirtschaftliche oder sonstige Aktivität der genossenschaftlichen Kooperationspartner zu organisieren oder zu erbringen. Es liegt also ein gemeinsamer Organisationsbedarf vor. Die kooperierenden Akteure können Privatpersonen oder Unternehmen, ihre genossenschaftlich organisierten Aktivitäten wirtschaftlicher, kultureller, sportlicher, gesellschaftlicher o.a. Natur, die Kooperation dauerhaft oder für ein Projekt vorgesehen sein. Entscheidend ist, dass es nicht um staatliche oder private Hilfe – also um Fremdhilfe – geht, sondern um kollektive Selbsthilfe. Genossenschaften entstehen aus der unmittelbaren Anwendung des *Subsidiaritätsprinzips*, indem dezentrale mit gemeinsamen Elementen so kombiniert werden, dass eine Kooperationsrente entsteht. Diese ist der Inhalt der *genossenschaftlichen Solidarität*. Organisationstheoretisch handelt es sich um *Netzwerkkonstruktionen*. Die Gründungssituation, die durch diese Merkmale beschrieben werden kann, ist also eine privatwirtschaftliche mit den entsprechenden ordnungspolitischen Konsequenzen.

2.2. MemberValue-Orientierung

Die dritte Besonderheit mit einschlägigen Folgen besteht darin, dass die Eigentümer des gemeinsamen Unternehmens – seine Mitglieder – gleichzeitig die Finanziers, die

Anbieter und die Nutzer der gemeinsam organisierten Leistungen sind. Diese durch Personen verkörperte Union der beiden Marktseiten sowie die Übereinstimmung mit der Finanzierung führt zu einer außergewöhnlichen *Anreizkonsistenz*, weshalb man die Genossenschaft auch als einen Club verstehen kann, der *Clubgüter* organisiert (vgl. *Theurl* 2001, S. 107 ff.) Zusätzlich begründet diese Personalunion auch die strategische Orientierung der Genossenschaft, um den oben genannten Zweck zu erfüllen. Gesetzlich normiert sind ausschließlich Werte für die Mitglieder zu schaffen; deren Aktivitäten sind zu fördern.[1] Übersetzt in die heutige Diktion des strategischen Managements, geht es bei diesem Förderauftrag um die Schaffung des genossenschaftlichen Eigentümerwerts, eines *MemberValues* oder Mitgliederwertes aus der Sicht der Mitglieder.[2] Damit verbunden ist eine besondere Form der Eigentümerkontrolle.

Anders als der Eigentümerwert einer börsennotierten Aktiengesellschaft, der ShareholderValue, der den Investoren unidimensional zufließt, setzt sich der MemberValue bei Genossenschaften aus drei Komponenten zusammen. Der *unmittelbare MemberValue* entsteht aus der Leistungsbeziehung zwischen Mitglied und genossenschaftlichem Unternehmen durch den Bezug der gemeinsam organisierten Leistungen mit den definierten Standards und zu den vereinbarten Konditionen. Diese Leistungen unterstützen die Mitglieder in ihrer eigenen Wertschöpfung und umfassen alle Angelegenheiten, die an das gemeinsame Unternehmen ausgelagert sind, z. B. die Produktentwicklung, die Vermarktung, die Beschaffung, IT-Leistungen, die Organisation des Risikoausgleichs, die Entwicklung einer Marke.

Der *mittelbare MemberValue* korrespondiert mit der Eigentümerfunktion der Mitglieder, die das Unternehmen mit Eigenkapital ausstatten. Er enthält die Verzinsung des Eigenkapitals und seine Ausschüttung in Form von Dividenden ebenso wie damit zusammenhängende Entscheidungs- und Gestaltungsrechte. Der *nachhaltige MemberValue* bringt die Investitionsbeziehung zum Ausdruck, die den langfristigen Elementen der Leistungs- und der Eigentümerfunktion entspricht und den Optionsnutzen durch die zukünftige Existenz und Leistungsfähigkeit der Genossenschaft darstellt. Seine Höhe wird u.a. bestimmt durch die Eigenkapitalbasis, die Rücklagen sowie durch aktuelle Investitionen in die Innovations- und Anpassungsfähigkeit der Genossenschaft, also Investitionen in Produkte, Prozesse und Institutionen.

Die drei Komponenten des MemberValues verhalten sich wie kommunizierende Röhren. Dividenden und Leistungen begrenzen z.B. die Möglichkeit, zusätzliches Eigenkapital über Rücklagen zu bilden. Geplante Investitionsvolumina beschränken hingegen die Möglichkeiten zur Ausschüttung von Dividenden. Die strategische Orientierung am MemberValue weist auch eine ordnungspolitische Dimension auf.

2.3. Realwirtschaftliches Fundament und langfristige Ausrichtung

Die Vorteile einer so konkretisierten wertorientierten Unternehmensführung können von den Mitgliedern genutzt werden, ohne mit den Nachteilen einer kurzfristig ausge-

---

[1] Vgl. *Hartwig* (1996) für eine großartige Beschreibung des genossenschaftlichen Förderauftrags, der zuweilen weitreichende Konsequenzen nach sich ziehen kann.
[2] Vgl. für die Ausführungen in diesem Abschnitt auch *Theurl* (2010) und (2012a).

richteten ShareholderValue-Strategie konfrontiert zu werden. Eine solche maximiert durch die Leistungstransaktionen mit den Kunden den Wert des Unternehmens für die Eigentümer, die sich häufig als Investoren verstehen. Die MemberValue-Orientierung weicht davon strukturell ab: Der Wert der Genossenschaft wird durch die Leistungstransaktionen mit den Mitgliedern für die Mitglieder maximiert.

Sowohl die ShareholderValue-Orientierung als auch die MemberValue-Orientierung geht vom Konzept einer langfristigen Wertorientierung aus. Als unternehmerische Erfolgsbedingung zieht diese die Ausrichtung aller Aktivitäten an dieser Vorgabe nach sich. In der Umsetzung erfolgt eine zweifache Bewertung der unternehmerischen Aktivitäten immer dann, wenn die Anteile auf einem Markt gehandelt werden. Ex ante bewertet das Management als Agent der Eigentümer seine Entscheidungen in ihren Auswirkungen auf den langfristigen Unternehmenswert. Dies gilt sowohl bei börsennotierten Aktiengesellschaften als auch bei Genossenschaften, während ein grundlegender Unterschied in der Ex-post-Bewertung besteht, wenn Eigenkapital auf dem Finanzmarkt nachgefragt wird. Die Bewertung der Anbieter von Eigenkapital spiegelt sich im Wert der Anteile, also im Aktienkurs.

Die Unvollkommenheit von Finanzmärkten, bedingt z. B. durch Informationsdefizite, einen kurzfristigen Aktivitätshorizont und Herdenverhalten sowie durch die folgenden Überbewertungen und ihre Korrekturen, ist immer dann zu berücksichtigen, wenn das Unternehmen auf Investoren aus einem solchen Umfeld angewiesen ist. Die notwendige Beachtung der Interessen von Investoren kann im Wettbewerb um Eigenkapital unternehmerische Fehlentscheidungen nach sich ziehen, indem die Investoreninteressen dominant werden. Auf die kurze Frist ausgerichtete Überlegungen werden dann in die Unternehmen übertragen, wodurch eine gewollt langfristige Wertorientierung ausgehöhlt wird. Unternehmen können *finanzmarktgetrieben* werden, womit ein kurzfristig orientiertes Managementverhalten verbunden ist, dem eine strikte ShareholderValue-Strategie häufig vorgeworfen wird. Der Vorwurf bezieht sich dabei auf die Folgen eines Auseinanderklaffens von Ex-ante- und Ex-post-Bewertung, das bei Genossenschaften nicht auftreten kann. Da kein Handel von Genossenschaftsanteilen auf dem Finanzmarkt erfolgt, entfällt die Ex-post-Bewertung mit ihren weitreichenden Konsequenzen. Genossenschaften sind also in der Realwirtschaft verankert und deshalb in der Lage, langfristig orientiert zu agieren, ohne dass unmittelbare Finanzmarkteinflüsse unternehmerische Entscheidungen konterkarieren.

2.4. Genossenschaftliche Eigentümerkontrolle

Vor diesem Hintergrund stellt sich dann auch die Frage der Eigentümerkontrolle, denn eine *Disziplinierung des Managements* durch die Investoren entfällt, was manchmal als ein Nachteil der genossenschaftlichen Governance eingeschätzt wird. Eine Disziplinierung des Managements erfolgt jedoch über andere Mechanismen, z. B. durch den Wettbewerb auf dem Güter-, Arbeits- und Managermarkt, dem auch Genossenschaften ausgesetzt sind. Zusätzlich erfolgt eine Disziplinierung durch die Mitglieder und durch die Fremdkapitalgeber. Eine weitere Folge der genossenschaftlichen Governance sind die Grenzen, an Eigenkapital zu gelangen, wenn der Kapitalmarkt nicht zur Verfügung steht. Somit muss das Eigenkapital vor allem von den aktuellen oder von zukünftigen Mitgliedern aufgebracht werden. Um dafür Rücklagen aufzubauen, um zu investieren und um Fremdkapital zu erhalten, ist eine entsprechende wirtschaftliche Performance und sind Gewinne eine grundlegende Voraussetzung.

Explizit hervorgehoben werden soll noch, dass die genossenschaftliche Governance von vorneherein auf eine langfristige Orientierung der unternehmerischen Aktivitäten angelegt ist, die auch in der Gewichtung der einzelnen MemberValue-Komponenten zum Ausdruck kommt. Diese erfolgt durch Entscheidungen von Eigentümern, die an der Leistungsbeziehung mit der Genossenschaft interessiert sind. Dass Genossenschaften langfristige Strategien verfolgen, ist in der deutschen Bevölkerung bekannt. 66,7 Prozent wissen dies, und 75,5 Prozent schätzen es als gut oder sehr gut ein (*Theurl* und *Wendler* 2011, S. 116 und S. 196). Dass ein großer Teil der Gewinne wieder in der Genossenschaft eingesetzt wird, wissen 58,7 Prozent der Bevölkerung, und 73,8 Prozent beurteilen dies als gut oder sehr gut (*Theurl* und *Wendler* 2011, S. 119 und S. 197). Zuletzt bleibt noch darauf hinzuweisen, dass die Mitglieder von Genossenschaften die strategischen Entscheidungen treffen, indem jedes Mitglied unabhängig von der Anzahl seiner Geschäftsanteile eine Stimme zur Verfügung hat, weswegen dieser Rechtsform auch das Etikett einer *demokratischen Rechtsform* anhaftet.

2.5. Inhärente Managementherausforderungen

Die beschriebene Governance ist nicht frei von Herausforderungen, bei deren Auftreten und bei deren Bewältigung sich die Genossenschaften in der wirtschaftlichen Praxis unterscheiden. Eine erste besteht in der Gefahr der *Überbeanspruchung* der gemeinsamen Leistungen, dem typischen Allmende-Problem (vgl. *Ostrom* 1999) sowie *Trittbrettfahrerproblemen*, die aus kollektivem Eigentum und kollektiver Entscheidungsfindung resultieren können. Diese Konstellation ist exakt definierten zugewiesenen und durchsetzbaren Individualrechten unterlegen (vgl. *Demsetz* 1967). Mögliche Fehlentwicklungen steigen mit der Heterogenität der Mitglieder sowie mit der Größe von Genossenschaften. Zwar eint die Mitglieder ein homogener Organisationsbedarf, was Unterschiede in den individuellen Voraussetzungen und Anforderungen an die Genossenschaft jedoch nicht ausschließt, die die Entscheidungsfindung erschweren oder strukturelle Verlierer schaffen können.

Zusätzlich bilden Genossenschaften ein Netz mehrerer sich überlagernder *Prinzipal-Agenten-Beziehungen*, die Konfliktpotenziale sowohl zwischen den Mitgliedern als auch zwischen dem gemeinsamen Unternehmen und Mitgliedern hervorrufen können. Heterogene Zielfunktionen in Kombination mit den typischen Informationsproblemen können zu den bekannten Problemen von Fehlern in der Auswahl von Mitgliedern und Führungskräften sowie zu opportunistischem Verhalten auf allen Ebenen führen. Ein häufiger Kritikpunkt seitens der Mitglieder ist daher auch die *Verselbständigung des Managements*.

Erfolgreiche Genossenschaften zeichnen sich dadurch aus, dass sie es schaffen, ein stabiles Gleichgewicht zwischen ihren dezentralen und zentralen Elementen herzustellen, und dass sie in der Lage sind, die Anpassung an sich verändernde Umweltanforderungen zu bewältigen, ohne die Mikrostruktur der genossenschaftlichen Kooperation zu gefährden. Die Problempotenziale stellen eine permanente Managementherausforderung dar, die jedoch durch die genossenschaftlichen Statuten, deren Aufgabe die Konkretisierung der Governance ist, bewältigt werden können.

3. Aktuelle genossenschaftliche Aktivitätsbereiche

Die skizzierten Governancemerkmale von Genossenschaften grenzen auch ihre Aktivitätsbereiche ein. Im 19. Jahrhundert, als diese institutionelle Innovation entstand, waren dies die Landwirtschaft, das Bankwesen, die Wohnungs- und Immobilienbranche sowie gewerbliche und handwerkliche Aktivitäten. Menschen bauten sich Grundlagen für eine wirtschaftliche Betätigung auf. Diese historischen Ursprünge sind hinlänglich untersucht (vgl. z. B. *Faust* 1977; *Bonus* 1986 und 1987). Heute sind es tendenziell expandierende und zukunftsorientierte Wirtschafts- und Gesellschaftsbereiche, die sich durch ein inzwischen wieder rege gewordenes Gründungsgeschehen auszeichnen (vgl. *Theurl* und *Schweinsberg* 2004). und *2000er-Genossenschaften* (vgl. *Stappel* 2012, S. 20 f.) hervorbringen. Durch die zeitgenössischen Ausprägungen des Umfelds zwar verborgen, finden sich die alten Gründungskontexte jedoch wieder. Eine Analyse der aktuellen Gründungsmotive und -konstellationen liefert zusätzliche Anknüpfungspunkte für die Isolierung ordnungspolitischer Facetten von Genossenschaften (vgl. *Theurl* 2011).

3.1. Erhaltung von Infrastrukturen und Organisation neuer Märkte

Werden die Gründung *neuer Genossenschaften* sowie die sich abzeichnenden Potenziale betrachtet, klärt sich auch, vor welchen Rahmenbedingungen sie überlegene organisatorische Antworten darstellen. Auch heute eignen sie sich erstens zur Organisation neuer Märkte und Wertschöpfungsketten sowie für die Entwicklung völlig neuer Problemlösungen. Nicht selten geht es dabei um Bereiche, aus denen sich der Staat zurückzieht und die daher neu zu organisieren sind, z. B. Infrastrukturen. Dies ist ein wichtiger Anwendungsbereich im Zusammenhang mit der Budgetsituation von Kommunen geworden. Die Schließung von Infrastrukturlücken durch kollektive Selbsthilfe von Unternehmen und/oder durch kollektive Selbsthilfe der Bevölkerung fördert die Ansiedlung von Unternehmen und Menschen und kann Standorte und Lebensräume aufwerten oder eine negative Spirale des Verlusts von wirtschaftlichen Aktivitäten und einer Entsiedelung verhindern. Andere Beispiele finden sich im Bereich der neuen Medien und der Informations- und Kommunikationstechnologien. So wurde etwa in Deutschland eine zentrale Registrierungsstelle für alle Domains unterhalb der Top Level Domain „.de" mit der Gründung der DENIC eG genossenschaftlich aufgebaut. Aktuell wird die Organisation von Daten Clouds für mittelständische Unternehmen durch Genossenschaften diskutiert. Zielsetzung ist die Vermeidung der Abhängigkeit von externen Dienstleistern. Die Eigentümer der Daten wären die Eigentümer der Cloud und gleichzeitig die Nutzer der Cloud-Leistungen. In diesem Modell wird die genossenschaftliche Organisation als ein Vertrauensanker interpretiert.

Genossenschaften werden – ein zweiter aktueller Gründungskontext – geschaffen, um das Fehlen eines lokalen Angebots von Leistungen zu kompensieren. Besonders relevant ist dies in der Nahversorgung geworden. Dies betrifft nicht nur Lebensmittel, sondern ebenso logistische, kulturelle, ärztliche, soziale und andere persönliche Dienstleistungen. Vor allem die genossenschaftliche Gründung von Dorfläden hat bisher Verbreitung und Aufmerksamkeit erreicht.

3.2. Suche nach Transparenz, Einfluss und Kontrolle

Drittens werden genossenschaftliche Lösungen heute gewählt, um Vertrauensgüter und wissensbasierte Leistungen zu organisieren. Da deren Qualität erst dann eingeschätzt werden kann, wenn sie tatsächlich benötigt und genutzt werden, gewinnt die Identität des Anbieters große Bedeutung. Der Wunsch, Abhängigkeit und Ausbeutbarkeit zu vermeiden und Entscheidungsrechte in wichtigen Lebensbereichen zu definieren, hat zur Gründung zahlreicher und vielfältig ausgestalteter Genossenschaften im Gesundheits- und Pflegebereich geführt. Nicht nur bei sozialen und persönlichen Dienstleistungen, sondern auch im Bildungsbereich werden genossenschaftliche Lösungen als geeignete Organisationsformen geprüft und gewählt. Viertens hat sich herausgestellt, dass genossenschaftliche Kooperationen vereinbart werden, um Unabhängigkeit von bislang dominanten Anbietern zu erreichen, um mehr Transparenz über Konditionen und Wertschöpfungsprozesse zu erhalten sowie um Kontrollmöglichkeiten zu gewinnen. Als Beispiele dafür können viele der neu gegründeten Genossenschaften zur Energieerzeugung und -versorgung angeführt werden.

3.3. Flexibilitätsgewinn durch Virtuelle Unternehmen

Vor allem für mittelständische Unternehmen stellt sich zunehmend die Herausforderung einer organisatorischen Einbindung komplexer Projekte, die wirtschaftliche Größe und den Zugang zu komplementären Kernkompetenzen erfordern. Ein zunehmender Wettbewerb sowie stark angestiegene Anforderungen durch die staatliche Regulierung haben zu einem fünften genossenschaftlichen Gründungskontext geführt. Beispiele dafür sind Handwerker- oder Beratergenossenschaften sowie Künstler- oder Ärztegenossenschaften. Genossenschaften nehmen hier die Organisationsform virtueller Unternehmen an, in denen projektbezogen zusammengearbeitet wird. Sechstens bewerkstelligen Genossenschaften die Auslagerung und gemeinsame Organisation von unternehmensnahen Dienstleistungen und Aufgaben in der Form eines kooperativen Outsourcings. Auf diese Weise können nicht nur Kostenvorteile erreicht werden, sondern die resultierende Spezialisierung ermöglicht die Entwicklung zusätzlicher Kompetenzen, die die Wettbewerbsfähigkeit erhöhen. Viele Beispiele können genannt werden: Einkauf oder Vermarktung von Leistungen, Aufbau einer Marke, Organisation von Ausbildungsdienstleistungen, Interessenvertretung in der Politik, Entwicklung und Erstellung von IT-Dienstleistungen, Technologiezentren.

4. Genossenschaften und die staatliche Wirtschaftpolitik

In den vorangegangenen Überlegungen wurde nach aktuellen Gründungskontexten und -motiven gefragt. Dem Sachverhalt angemessen war der Blickwinkel ein einzelwirtschaftlicher. Es geht um individuelle Kalküle in einem privatwirtschaftlichen Kontext. Jene ordnungspolitischen Bezüge, die sich bereits in den genossenschaftlichen Governancemerkmalen gezeigt haben, spiegeln sich in den Motiven und Zielen der *2000er-Genossenschaften*. Nun soll in einem nächsten Analyseschritt zuerst geprüft werden, ob die einzelwirtschaftlichen Organisationsschritte auch über die Genossenschaft hinausgehende Wirkungen nach sich ziehen können und ob die Genossenschaften eine Antwort auf jene Herausforderungen sein können, in denen traditionell nach staatlichen Lösungen gesucht wird.

Zwei Bemerkungen sind voranzustellen. Erstens geht es nicht um die krampfhafte Suche nach Anwendungsmöglichkeiten für Genossenschaften, sondern vielmehr um ein überlegenes Organisationsangebot beim Vorliegen bestimmter Tatbestände wie z. B. Marktversagen. Zweitens können Genossenschaften wegen ihres einzelwirtschaftlichen Gehalts keine wirtschaftspolitischen Instrumente sein. Wenn es jedoch so wäre, dass Genossenschaften zur Lösung kollektiver Herausforderungen in Marktwirtschaften einen Beitrag leisten können, dann sind sie auch in der Lage, staatliche Wirtschaftspolitik zu ergänzen oder im Idealfall zu ersetzen. Dies wäre freilich dann der stärkste ordnungspolitische Aspekt von Genossenschaften.

4.1. Gesamtwirtschaftliche und gesellschaftliche Kollateraleffekte

Die beschriebenen einzelwirtschaftlichen Entscheidungen zur Gründung einer Genossenschaft beruhen erstens auf dem Wunsch, durch Zusammenarbeit wirtschaftliche Aktivitäten zu ermöglichen, die sonst nicht entstehen würden, und zweitens auf einer speziellen Form der Ausgestaltung der Zusammenarbeit. Wird dies berücksichtigt, stellt sich schnell heraus, dass erfolgreiche Genossenschaften – solche, die ihre Gründungsziele erreichen – über die einzelwirtschaftlichen Effekte hinaus gesamtwirtschaftliche und gesellschaftliche Wirkungen erzielen. Sie ermöglichen Wertschöpfung und die Generierung von Einkommen, wo sonst keine wären. Sie schaffen Arbeits- und Ausbildungsplätze und tragen zum Steueraufkommen bei.

Sie sind in der Lage, Infrastrukturen zu schaffen und zu erhalten, insgesamt ihr Umfeld zu stabilisieren, und dies nicht nur in wirtschaftlicher Hinsicht. Es kann davon ausgegangen werden, dass Standorte und Lebensräume aufgewertet und dass auf diese Weise Wirtschaftskreisläufe erhalten oder geschaffen werden können. Dies geschieht, den genossenschaftlichen Aktivitätsfeldern entsprechend, vorwiegend auf der lokalen und regionalen Ebene. So können Genossenschaften wertvolle Gesellschaftsmitglieder sein, ohne gekünstelte CSR-Projekte umsetzen und kommunizieren zu müssen. Diese Effekte sind jedoch Zusatzeffekte. Der Wunsch, sie zu schaffen, ist nicht isolierter Inhalt eines einzelwirtschaftlichen Kalküls. Genossenschaften sind also in der Lage zu stabilisieren, und dies ohne entsprechende wirtschaftspolitische Vorgaben.

4.2. Genossenschaftliche Antworten auf Marktversagen

Besonders interessant ist die Analyse der genossenschaftlichen Governancemerkmale und Gründungskontexte im Hinblick auf die Begründung staatlicher Wirtschaftspolitik durch Marktversagen und die Korrektur von Ergebnismängeln. Das Vorliegen von Informationsasymmetrien, die Existenz von externen Effekten sowie Kollektivgütern, subadditive Kostenstrukturen mit der Folge natürlicher Monopole sowie Anpassungsmängel dienen in der Marktwirtschaft zur Begründung und Legitimierung staatlicher Eingriffe, sei es durch regulatorische Maßnahmen oder durch direkte staatliche Aktivitäten. Daneben werden in den meisten Marktwirtschaften von der Gesellschaft nicht akzeptierte Ergebnisse von Marktprozessen – Ergebnismängel – einer wirtschaftspolitischen Korrektur unterzogen. Die folgenden Überlegungen können keine umfassende Analyse anbieten, sondern greifen einzelne Aspekte mit Genossenschaftsbezug heraus.

Ergebnismängel

Wird mit den Ergebnismängeln begonnen, so gilt es zu beachten, weshalb Genossenschaften überhaupt erst entstanden sind: Menschen, die keine Perspektiven hatten, weil ihnen die Voraussetzungen zum Aufbau einer wirtschaftlichen Existenz fehlten, wurden initiativ und ermöglichten im Zusammenwirken mit anderen einen *Markteintritt* und damit *wirtschaftliche Teilhabe*. Dieser Zusammenhang birgt das Abwägen zwischen (staatlichen und privaten) Transferleistungen und einer wirtschaftlichen Aktivität durch Zusammenarbeit. Mehrere aktuelle Anknüpfungspunkte werden deutlich: (1) die genossenschaftliche Selbsthilfe als Alternative oder Ergänzung zur Transferoption sowie (2) unter Berücksichtigung der zukünftigen Restriktionen staatlich organisierter und finanzierter Maßnahmen die Vorsorge für Gesundheit, Pflege und Alter genossenschaftlich organisierter Lösungen für solche persönlichen Dienstleistungen. Erste Beispiele bilden sich gerade heraus. Dabei ist auch hier zu beachten, dass es um private Alternativen der Selbsthilfe geht und nicht um staatlich subventionierte Akte der Selbstverwirklichung, die dann als Sozialgenossenschaften bezeichnet werden.

Informationsmängel und Risikostrategien

Genossenschaften weisen meist einen lokalen oder regionalen Aktivitätsraum auf. Diese dezentrale Verankerung ermöglicht ihnen eine überlegene Bewältigung von Informationsasymmetrien, was zu Informationsbeschaffungs- und Monitoringkostenvorteilen führt. Die überlegenen Informationsvoraussetzungen zeigen sich bereits bei der Auswahl der Genossenschaftsmitglieder und setzen sich bei der Überwachung ihrer Aktivitäten und bei jener des Managements fort. Zu denken ist an die Aktivitäten von kreditnehmenden Mitgliedern ebenso wie an jene von Mitgliedern in Weingenossenschaften, wobei diese nur zwei Beispiele darstellen. Die *gegenseitige Kontrolle* in einer Genossenschaft beruht auf der Kombination von Eigentümerkontrolle mit einer Delegation von Kontrollrechten durch die Mitglieder an die Genossenschaft. Die regionale Einschränkung des Geschäftsbereichs lässt eine Überwachung des Managements durch die Mitglieder zu und schützt das Management vor Transaktionen mit hohen Informationsanforderungen. Im Gegenzug sind die Aktivitäten der Mitglieder kontrollierbar, ohne hohe Informations- und Kontrollkosten aufwenden zu müssen. Die hier relevante ökonomische Logik beruht also in der Nutzung von bereits existierenden *regionalen Informationspools* (vgl. *Bonus* 1987) und den daraus folgenden Transaktionskosteneffekten sowie den Folgen für das interne Vertrauen der Akteure in der Genossenschaft.

Ein aktuelles Beispiel, das alle angesprochenen Effekte demonstriert, ist die überlegene Performance der genossenschaftlichen FinanzGruppe im Zuge der globalen Finanzmarktkrise der vergangenen Jahre. Ihre regionale Verankerung hat sie nicht nur weitgehend von den Turbulenzen der internationalen Finanzmärkte ferngehalten. Sie konnte während der Krise sogar zusätzliche Marktanteile gewinnen und ihre Geschäfte ohne staatliche Unterstützungen weiterführen.

Auch hier lassen sich Konsequenzen für die Wirtschaftspolitik ableiten, wenn Genossenschaften in der Lage sind, Informationsprobleme intern zu lösen bzw. die mit ihnen verbunden Risiken intern zu bewältigen. Genossenschaften können nicht nur als Informationspools, sondern auch als Pools für eine *gemeinsame Risikobewältigung* verstanden werden. Die Risikobewältigung als eine gemeinsam organisierte Vorleistung für die Aktivitäten der Mitglieder entlastet den Staat und muss in der Folge Konsequenzen für die staatliche Regulierung von Genossenschaften haben. Dieser Aspekt der genossenschaftlichen Governance wird aktuell zu wenig beachtet. Das zeigt sich in diesen Tagen besonders ausgeprägt im Rahmen der Diskussion über eine gemeinsame Bankenaufsicht, die nach derzeitigem Stand gerade nicht auf spezielle Risikomerkmale der einzelnen Bankengruppen Rücksicht nehmen soll. Zusammengefasst lautet der wirtschaftspolitische Bezug, dass eine überlegene Bewältigung von Informationsproblemen und Risikopositionen durch und in Genossenschaften die staatliche Wirtschaftspolitik entlasten kann, dies jedoch im Rahmen der staatlichen Regulierung zu beachten ist.

Externe Effekte und Kollektivgüter

Genossenschaften wurden bereits als Nutzerclubs eingeordnet; ihre gemeinsam organisierten Leistungen können auch als Clubgüter interpretiert werden, die Merkmale von *Kollektivgütern* aufweisen. Genossenschaften sind in der Lage, *externe Effekte* zu internalisieren, indem Verursacher und Betroffene zu Mitgliedern werden. Je nach Reichweite des Öffentlichkeitsgrades könn(t)en Genossenschaften also ihren Mitgliederkreis so abgrenzen, dass es zu einer privaten Lösung dieses Marktversagenstatbestandes kommt, der bisher hauptsächlich staatliche Lösungen nach sich zieht. Eine genossenschaftliche Organisation muss – wenn der ökonomische und nicht der politikwissenschaftliche Zugang gewählt wird – eine Lösung für die Nicht-Ausschließbarkeit sowie für die Nichtrivalität anbieten können. Über die gesetzlich geregelten Modalitäten der Mitgliedschaft kann der erste Aspekt adressiert werden, während aus dem Ausmaß der Nichtrivalität Informationen über den Aktivitätsraum und den Einbezug der konkreten Mitglieder gewonnen werden. Es ist evident, dass die Eignung der genossenschaftlichen Lösung vom Öffentlichkeitsgrad und der Reichweite der Externalitäten abhängt, dass vor allem Clubgüter in Frage kommen und dass es um einen Vergleich von zwei nichtperfekten Lösungen geht.

Aktuell werden genossenschaftliche Lösungen für die Organisation *globaler öffentlicher Güter* diskutiert, die weit entfernt von einer Verwirklichung sind und die eine Abgrenzung öffentlicher Güter zugrundelegen, die deutlich über den ökonomischen Ansatz hinausgehen. In Anbetracht der Tatsache, dass sich tragfähige staatliche Lösungen kaum abzeichnen und dass sich Nichtregierungsorganisationen und Bürgergruppen dieser Problematik zunehmend annehmen, liegt die Prüfung genossenschaftlicher Lösungen und Aktivitäten sehr nahe. Beispiele dafür könnten Klima- und Umweltziele oder die Finanzmarktstabilität sein. Die Gründung globaler Genossenschaften stellt ebenso ein Denkmodell dar wie die Gründung oder Nutzung lokaler Genossenschaften, die für eine Umsetzung globaler öffentlicher Güter sorgen. Genossenschaften können nicht nur der Umsetzung, sondern auch dem Wissenstransfer über globale Güter dienen. Ebenso können Entwicklungspartnerschaften mit einem Transfer genossenschaftlichen Know-hows zur Bereitstellung globaler öffentlicher Güter führen (vgl. *Theurl* 2012b). In den einzelnen Modellen bilden Staaten, Bürger, Non-Profit-Organisationen oder Unternehmen sowie deren Kombinationen die Mitgliedergesamtheit.

Zusammengefasst mündet der wirtschaftspolitische Bezug zu Genossenschaften in die Frage, ob das Auftreten von Marktversagen im Hinblick auf Externalitäten und Güter mit Kollektivgutmerkmalen durch Genossenschaften verringert werden kann oder ob staatliche Lösungen durch Genossenschaften substituiert werden können.

Subadditive Kostenstrukturen und natürliche Monopole

Dieser Tatbestand des Marktversagens hat einen sehr direkten Bezug zu Genossenschaften, werden diese doch gegründet, um Größen- und Vielfaltsvorteile nutzen zu können. Natürliche Monopole sind die organisatorische Antwort auf subadditive Kostenstrukturen, die entweder staatlich organisiert oder staatlich reguliert werden. Eine besondere Bedeutung haben subadditive Kostenstrukturen aktuell in Netzsektoren, die sich durch *natürliche Monopole* in den Wertschöpfungsketten auszeichnen, die vor- und/oder nachgelagert wettbewerbsfähige Abschnitte aufweisen. Die Leistungen der natürlichen Monopole als *bottlenecks* sind notwendige Voraussetzungen für das Angebot von Leistungen an die Kunden. *Karl-Hans Hartwig* hat bereits vor Jahren Clublösungen für solche Konstellationen und als Alternative zu einer staatlichen Organisation oder Regulierung vorgeschlagen. Hier zeigt sich zusätzlich ein Zusammenhang zur Reichweite der Nichtrivalität.

Infrastrukturclubs könnten z. B. für regionale Autobahnnetze, Schienennetze oder Flughäfen gegründet und als Genossenschaften organisiert werden (vgl. *Hartwig* 2000). Ihre Mitglieder könnten entweder die Nutzer der Leistungen sein oder bei Netzinfrastrukturen auch die Abnehmer der Leistungen, die mit dieser Vorleistung den Kunden eine Dienstleistung in Form einer Transportleistung etc. anbieten. Genossenschaftlich organisierte Netzgesellschaften wurden in Deutschland in der Energiewirtschaft in der Zusammenarbeit mancher Stadtwerke verwirklicht. Die genossenschaftliche Governance, die im Vergleich zu staatlichen Lösungen Informations- und Anreizvorteile aufweist, kann zur Begründung der Überlegenheit genossenschaftlicher Lösungen angeführt werden. Solche Entscheidungen stellen vor allem im Zuge von *Privatisierungs- und Deregulierungsmaßnahmen* eine Alternative dar, für die noch manche derzeit ungenutzte Möglichkeiten bestehen.

Anpassungsmängel

Es sind gerade Phasen *größerer Veränderungen*, die von Menschen und Unternehmen Anpassungen und Weichenstellungen verlangen, in denen Genossenschaften ihre relativen Stärken ausspielen können. Dies zeigt bereits das Umfeld großer gesellschaftlicher und wirtschaftlicher Umwälzungen, in dem Genossenschaften im 19. Jahrhundert seinerzeit entstanden sind. Es wird auch in den Gründungskontexten deutlich, in denen Genossenschaften heute gegründet werden und in denen Antworten auf *neue Herausforderungen* erforderlich sind. Die besonderen Governancemerkmale von Genossenschaften ermöglichen solche Antworten, die jeweils auf die Bedürfnisse der Mitglieder zugeschnitten werden können und dann den Zweck der einzelnen Genossenschaften bilden. Eine kooperative Antwort ist naheliegend, wenn andere Alternativen nicht verfügbar sind oder nicht den Präferenzen der Akteure entsprechen, etwa weil Abhängigkeit vermieden und eine tragfähige wirtschaftliche Basis aufgebaut werden soll. Genossenschaften sind daher auch eine Möglichkeit, Anpassungsmängel aufzufangen oder abzumildern, die im wirtschaftlichen Wandel auftreten und die meist staatliche Aktivitäten nach sich ziehen. Auch in diesem Zusammenhang gilt es zu prüfen, ob staatliche Wirtschaftspolitik durch private Aktivitäten substituiert werden kann. Zusätzlich hat sich herausgestellt, dass Genossenschaften gut geeignete Organisationen zur dezentralen Umsetzung wirtschaftspolitischer Vorgaben sind, dies wiederum im einzelwirtschaftlichen Interesse. Besonders ausgeprägt ist dieser Zusammenhang zwischen *Energiewende und Energiegenossenschaften.*

5. Das ordnungspolitisches Profil von Genossenschaften

Genossenschaften sind weder gemeinwirtschaftliche Relikte oder halbstaatliche Einrichtungen noch Organisationen, die einen dritten Weg zwischen konkurrierenden Wirtschaftssystemen verfolgen. Sie sind vielmehr *privatwirtschaftliche Akteure*, die ein *subsidiär fundiertes kooperatives Geschäftsmodell* verwirklichen, das der *Netzwerklogik* folgt. Sie sind ein elementarer Bestandteil einer marktwirtschaftlichen Wirtschaftsordnung und einer freiheitlichen Gesellschaftsordnung. Sie grenzen sich zu einem investorenorientierten und finanzmarktgetriebenen Geschäftsmodell durch ihre *MemberValue-Orientierung* und damit ihre realwirtschaftliche Verankerung und langfristige Ausrichtung ab. Die Abgrenzung zu paternalistischen Modellen erfolgt durch ihren Ansatz der *kollektiven Selbsthilfe*, der Transferelemente ausschließt und der *wirtschaftliche Tragfähigkeit* erfordert.

Genossenschaften sind auch keine Instrumente einer staatlichen Wirtschaftspolitik, doch zu dieser existieren mehrere Verbindungslinien. So erzielen wirtschaftlich erfolgreiche Genossenschaften neben ihren einzelwirtschaftlichen Zielen *positive gesamtwirtschaftliche und gesellschaftliche Effekte* in ihrem lokalen, regionalen oder in manchen Konstellationen darüber hinausgehenden Aktivitätsraum. Dies führt dazu, dass Genossenschaften staatliche Wirtschaftspolitik und staatliche Regulierung unter bestimmten Voraussetzungen ersetzen oder ergänzen können. Dies gilt für viele Tatbestände des Marktversagens, für die die Überlegenheit genossenschaftlicher Lösungen in einem *Umfeld des Staatsversagens* geprüft werden sollte. Zusätzlich ist hervorzuheben, dass sich Genossenschaften in *Phasen des Wandels* besonders bewähren, vor allem auch in Krisen *stabilisierend* wirken, also diesbezüglich ein öffentliches Gut produzieren.

Werden diese Effekte berücksichtigt, ergeben sich auch Konsequenzen für die staatliche Regulierung. Denn Mitglieder von Genossenschaften müssen unter Berücksichtigung der genossenschaftlichen Governance nicht vor sich selbst geschützt werden. Die staatliche Regulierung muss vielmehr auf die *Selbsthilfe- und Selbstregulierungsfähigkeit* von Genossenschaften Bedacht nehmen und kann sie nur dann regulatorisch vereinnahmen, wenn sie eine Gefahr für andere Gesellschaftsmitglieder oder die Gesamtwirtschaft darstellen. Denn eine Genossenschaft ist ein „Verband gleichberechtigter Mitglieder, die ihre gemeinsamen Angelegenheiten in Selbstverwaltung regeln" (*Vanberg* 2009, S. 294) und für die eine spezielle Anreizstruktur gilt, deren ordnungspolitischer Gehalt in den Worten eines der genossenschaftlichen Gründungsväter (*Schulze*-Delitzsch, abgedruckt in *Faust* 1977, S. 213 f.) wiedergegeben werden soll:

> „Der Mensch ist einmal so geartet, dass sich seine volle Leistungsfähigkeit nur da entwickelt, wo man ihn ganz auf eigene Kraft verweist. Ihm mit Subventionen zu Hilfe

kommen, ihn an die Vorstellung zu gewöhnen, er könne sich ja doch nicht selbst helfen, er sei bei seiner Existenz auf Unterstützung angewiesen, ... damit tastet man an die Grundlage aller Gesellschaft. Diese ist keine andere als die Selbstverantwortlichkeit, das Haften und Einstehen des Menschen für seine Existenz, für sein eigen Tun und Lassen, das Tragen der Folgen davon."

Dieser weitreichende Zusammenhang, die Koinzidenz von Entscheidung und Verantwortung, die in Genossenschaften verwirklicht wird, sollte in diesen Ausführungen herausgekommen sein, und dieser Zugang zu den Besonderheiten und zur Leistungsfähigkeit von Genossenschaften scheint wohl auch der Einschätzung von *Karl-Hans Hartwig* zu entsprechen.

Literatur

Bonus, Holger (1987), Die Genossenschaft als modernes Unternehmenskonzept, Münster.

Bonus, Holger (1986), The Cooperative Association as a Business Enterprise: A Study in the Economics of Transactions, in: Journal of Institutional and Theoretical Economics, Vol. 142, S. 310-339.

Demsetz, Harold (1967), Toward a Theory of Property Rights, in: American Economic Review, Papers and Proceedings, Vol. 57, S. 347-359.

Faust, Helmut (1977), Geschichte der Genossenschaftsbewegung: Ursprung und Aufbruch der Genossenschaftsbewegung in England, Frankreich und Deutschland sowie ihre weitere Entwicklung im deutschen Sprachraum, 3. Aufl., Frankfurt/Main.

Hartwig, Karl-Hans (2000), Wenn der Staat sich zurückzieht: Aufgabenfelder für genossenschaftliche Betätigung im Zuge von Deregulierung und Privatisierung der Verkehrswirtschaft, in: Bankinformation, 8/2000, S. 76-79.

Hartwig, Karl-Hans (1997), Marktgenossenschaften und Systemtransformation: Transformationswirkungen kooperativer Unternehmen, in: *Dieter Cassel* (Hg.), Institutionelle Probleme der Systemtransformation, Berlin, S. 189-210.

Hartwig, Karl-Hans (1996), Zu Tode gefördert – Unorthodoxes zum Problem der Eigentümerkontrolle in Kreditgenossenschaften, in: *Holger Bonus* u.a. (Hg.), Humanität und Genossenschaften, Münster, S. 73-97.

Hartwig, Karl-Hans (1990), Die Genossenschaften in den sozialistischen Staaten im Wandel, Münster.

Hartwig, Karl-Hans (1985), Konzeption der Genossenschaften in den Wirtschaftssystemen Osteuropas, in: *Erik Boettcher* (Hg.): Die Genossenschaft im Wettbewerb der Ideen, Tübingen, S. 213-231.

Ostrom, Elinor (1999), Die Verfassung der Allmende, Tübingen.

Stappel, Michael (2012), Die deutschen Genossenschaften 2012, Wiesbaden.

Theurl, Theresia (2012a), Genossenschaftliches MemberValue-Management, in: *Markus Gmür* u.a. (Hg.), Performance Management in Nonprofit-Organisationen, Bern u.a., S. 316-325.

Theurl, Theresia (2012b), Genossenschaftliche Organisation globaler öffentlicher Güter, in: *Matthias Marnig* (Hg.), Globale öffentliche Güter in interdisziplinären Perspektiven, Karlsruhe, S. 215-233.

Theurl, Theresia (2011), Vielseitig, praktisch, sinnvoll: Genossenschaften sind zeitgemäß und wettbewerbsfähig, in: Bankinformation, 12/2011, S. 28-31.

Theurl, Theresia (2010), Genossenschaftliche Kooperationen, in: *Dieter Ahlert* und *Martin Ahlert* (Hg.), Handbuch Franchising und Cooperation, Frankfurt/Main, S. 71-105.

Theurl, Theresia (2001), Das mitteleuropäische Konzept der Genossenschaft als Selbsthilfeeinrichtung in der Tradition von Raiffeisen und Schulze-Delitzsch, in: *Wolfgang Harbrecht,*(Hg.), Die Zukunft der Genossenschaft in der Europäischen Union an der Schwelle zum 21. Jahrhundert, Nürnberg, S. 97-116.

Theurl, Theresia und *Caroline Wendler* (2011), Was weiss Deutschland über Genossenschaften?, Aachen.

Theurl, Theresia und *Andrea Schweinsberg* (2004), Neue kooperative Ökonomie, Tübingen.

Vanberg, Viktor (2009), Demokratie, Bürgersouveränität und Subsidiarität, in: *Michael Baurmann* und *Bernd Lahno* (Hg.): Perspectives in Moral Science – Contributions from Philosophy, Economics, and Politics in Honor of Hartmut Kliemt, Frankfurt/Main, S. 293-307.

Ingo Pies (Hg.), Das weite Feld der Ökonomik
Schriften zu Ordnungsfragen der Wirtschaft · Band 98 · Stuttgart · 2013

Homo oeconomicus im Hörsaal – Die Rationalität studentischer Nebengespräche in Lehrveranstaltungen

Michael Göke[*]

Inhalt

[*] *Karl-Hans Hartwig* hat seine Arbeit als Wissenschaftler stets sowohl als Forschungs- als auch als Lehrtätigkeit interpretiert. Der vorliegende Aufsatz (eine leicht überarbeitete Version eines Textes, der als Band 9 in der Reihe „Arbeitspapiere der FOM Hochschule für Oekonomie & Management" erschienen ist) untersucht Fragen der ökonomischen Lehre an Hochschulen und reflektiert damit ebenfalls Forschungs- und Lehraspekte. Der Aufsatz sei *Karl-Hans Hartwig* mit herzlichen Glückwünschen zu seinem Geburtstag gewidmet.

1. Einleitung

Studierende und Hochschullehrer kennen das Problem. In Lehrveranstaltungen widmen Studierende ihre Aufmerksamkeit nicht dem Dozenten und den durch ihn vermittelten Lehrinhalten, sondern Nebengesprächen mit umsitzenden Kommilitonen. Das stört zunächst diejenigen, die der Stoffvermittlung folgen wollen. Bei entsprechender Ausdehnung im Vorlesungssaal wird auch die Aufmerksamkeit des Dozenten auf die Störkommunikation gelenkt und seine Konzentration beeinträchtigt, so dass die Bedürfnisbefriedigung aller Beteiligten insgesamt sinken kann.

Auf den ersten Blick erscheint diese Vorliebe zur Privatunterhaltung der Studierenden in der Vorlesung überraschend. Geht man davon aus, dass die Entscheidung für die Aufnahme eines Studiums an einer Hochschule bewusst getroffen wird, also unter vernünftiger Abwägung subjektiver Wünsche und objektiver Möglichkeiten, so kann angenommen werden, dass die Studierenden grundsätzlich an den vermittelten Inhalten des Studiums interessiert sind. Damit müsste bei ihnen auch eine entsprechende Motivation vorliegen, in den jeweiligen Vorlesungsveranstaltungen den präsentierten Inhalten zu folgen bzw. eine gute und damit konzentrierte Lernatmosphäre zu schaffen und zu erhalten.

Diesem scheinbaren Gegensatz widmet sich der vorliegende Aufsatz. Er untersucht dabei das Verhalten von Studierenden in Vorlesungen[1] auf der Basis eines einfachen ökonomischen Theoriezugangs. So wird argumentiert, dass Nebengespräche in Lehrveranstaltungen, also die Unterhaltung mit dem Nachbarn, das Schwätzen mit Umsitzenden und so weiter, Verhaltensmuster darstellen, die als ökonomisch sinnvoller Umgang mit Knappheitssituationen interpretiert werden können. Mithin wird hier ein Ansatz der Erklärung von Störhandlungen gewählt, der auf dem ökonomischen Modell des sog. Homo oeconomicus basiert.[2] Hierbei wird „menschliches Handeln als *rationale Auswahl* aus Alternativen" (*Kirchgässner* 1991, S. 12, Hervorhebung im Original) zur Erreichung individueller Ziele interpretiert. Ausgehend von diesem Grundmodell kann dann erklärt werden, in welcher Weise sich das deviante Verhalten letztlich für alle Teilnehmer einer Lehrveranstaltung als rationale Verhaltensweise herausstellen kann.[3]

Wissenschaftliche Ansätze in den Sozialwissenschaften zeichnen sich nicht allein dadurch aus, dass sie reale Probleme analytisch adäquat strukturieren und beschreiben. Sie dienen darüber hinaus insbesondere dazu, Lösungen für diese Probleme zu finden. Das gilt auch für den hier verfolgten Problemansatz. Auf der Basis der Schlussfolgerungen der theoretischen Analyse werden daher folgend Problemlösungsstrategien abgeleitet, die sich als Handlungsempfehlungen für Dozenten darstellen. Information und

---

[1] Der Begriff „Vorlesung" wird im Folgenden synonym für alle Arten von Lehrveranstaltungen benutzt.

[2] Vgl. zum Modell des Homo oeconomicus und seinen Annahmen *Kirchgässner* (1991) und *Erlei, Leschke* und *Sauerland* (2007).

[3] Damit reflektiert der Ansatz den gängigen Strukturkern ökonomischer Theorien. Vgl. dazu *Erlei, Leschke* und *Sauerland* (2007, S. 50 f.).

Sanktion stellen sich dabei als Mittel zur Reduktion von Störkommunikation in Vorlesungen heraus.

2. Rationale Studenten und Lehrveranstaltungen

Studierende verfolgen das Ziel, einen bestimmten Studienabschluss zu erreichen.[4] Die individuelle Qualität des erreichten Studienabschlusses stellt im Berufsleben mittelbar Optionen auf künftige Einkommen (und Einkommenszuwächse) dar.[5] Je höher die Qualität des Abschlusses, desto größer wird c.p. der Wert der Option sein. Jedoch stellt sich die Qualität eines Studienabschlusses als eine mehrdimensionale Größe dar. So wird zweifelsohne gerade in mittel- bis langfristiger Sicht die Qualität des erreichten Abschlusses durch die Gesamtheit des durch das Studium akkumulierten Humankapitals repräsentiert. Hierzu können etwa das erworbene fachspezifische Wissen und die gewonnene Lebenserfahrung ebenso gezählt werden wie die geknüpften persönlichen Kontakte.

Allerdings sind die genannten Qualitätseigenschaften für einen potentiellen Nachfrager nach Arbeitskraft nicht direkt erkennbar, tragen sie doch den Charakter eines Erfahrungsgutes. Unmittelbar feststellbar ist hingegen die Benotung des individuellen Abschlusses. Sie fungiert als Signal für die Qualität des Absolventen und wird daher für den potentiellen Arbeitgeber ein wichtiges Entscheidungskriterium sein.[6] Insbesondere wegen dieses Signalcharakters stellen die Abschlussnoten damit eine besonders bedeutsame Zielgröße für Studierende dar (vgl. ähnlich auch *Allison* 1979, S. 172).

Zur Erreichung des Ziels eines qualitativ möglichst guten Abschlusses müssen von den Studierenden Mittel eingesetzt werden, die generell als knapp anzusehen sind. Direkte Kosten des Studiums fallen etwa an, wenn Bücher erworben werden müssen oder Studiengebühren zu zahlen sind. Auch muss Zeit aufgewendet werden, um Vorlesungen zu besuchen, den Vorlesungsstoff vor- und nachzubereiten, sich auf Prüfungen vorzubereiten, Hausarbeiten zu schreiben u.ä.

Im Verhaltenspostulat der Ökonomik wird davon ausgegangen, dass Individuen versuchen, ihre knappen Mittel so zu verwenden, dass eine möglichst hohe Zielerreichung gegeben ist, dass sie sich mithin rational verhalten.[7] Demnach werden Studierende versuchen, ihre finanziellen und zeitlichen Mittel so einzusetzen, dass damit ein möglichst hochwertiger Studienabschluss erreicht werden kann. Es kann davon ausgegangen wer-

---

[4] Auch die Entscheidung für ein Studium, ein bestimmtes Studienfach und für eine bestimmte Hochschule stellt sich aus ökonomischer Sicht als Rationalentscheidung dar, die hier allerdings nicht weiter untersucht werden soll. Vgl. dazu etwa *McKenzie* und *Staaf* (1974, S. 34 ff.).

[5] Insofern kann Bildung als Investitionsgut betrachtet werden, vgl. dazu *Brown* und *Sessions* (2004, S. 58).

[6] Das gilt natürlich nur, sofern davon ausgegangen werden kann, dass Benotung und tatsächliche Qualität des Bewerbers eng miteinander korreliert sind. Davon soll hier ausgegangen werden. Der Einfluss des persönlichen Eindrucks von Bewerbungsunterlagen oder Vorstellungsgesprächen sei hier vernachlässigt.

[7] Vgl. *Kirchgässner* (1991, S. 14). Zum Charakter der Rationalität als axiomatische Annahme, nicht als Hypothese vgl. *Pies* (1998) sowie *Friedman* (1953, S. 3 ff.), *Popper* (1967, S. 353 ff.), *Meyer* (1973, S. 502) und *Hartwig* (1998, S. 182).

den, dass mit steigendem Input an Zeit in das Studium (durch Vorlesungsbesuche, Literaturstudium und Diskussionen) c.p. auch der Studienoutput steigt, d.h. sich die Benotung verbessert.[8] Demnach müsste erwartet werden, dass der rationale Student sich in Vorlesungen und anderen Lehrveranstaltungen möglichst lernkonform verhält, also fleißig mitschreibt und mitdenkt. Wie oben beschrieben, kann stattdessen häufig das Gegenteil beobachtet werden.

Wie ist das zu erklären? Zur Verdeutlichung wird die Entscheidung eines ökonomisch rationalen Wirtschaftssubjektes betrachtet, das sich in einer Lehrveranstaltung befindet und auf der Basis einer rationalen Abwägung von Nutzen und Kosten entscheidet, ob es sich aufmerksam mit dem Stoff und den Vorlesungsinhalten beschäftigen soll oder ob es sich mit anderen Studierenden unterhalten und damit die Vorlesung stören soll. Zur besseren Verdeutlichung der Einflussfaktoren dieser studentischen Entscheidung wird die Situation in zwei Entscheidungsstufen wie in Abbildung 1 unterteilt.

Abb. 1: Entscheidungsstruktur des Studierenden

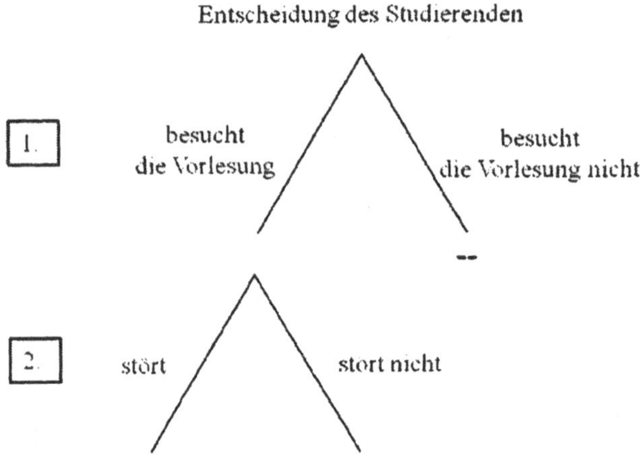

Quelle: Eigene Abbildung.

1. Die erste Entscheidung des Studierenden betrifft die Frage, ob er überhaupt zur Vorlesung geht. Ein Student, der sich den Vorlesungsstoff durch Lektürestudium aneignet, kann naturgemäß in der Vorlesung nicht stören. Umgekehrt ist für ein Störungsverhalten der Vorlesungsbesuch unbedingt notwendig. Daher muss in der ersten Entscheidungsstufe analysiert werden, welche ökonomische Rationalmotivation Studierende veranlasst, Vorlesungen zu besuchen.

2. Erst in der zweiten Entscheidungsstufe kann das Problem der Störung von Lehrveranstaltungen auftreten. Bei der Betrachtung dieser Stufe geht es darum, zu klä-

---

[8] Andere Größen, die den Erfolg eines Studiums (oder einer Lehrveranstaltung) beeinflussen, könnten die Begabung, ökonomische, mathematische oder sprachliche Vorbildung, die bisher verbrachte Zeit an der Hochschule, aber auch das Geschlecht des Studierenden sein; vgl. dazu *Anderson* und *Benjamin* (1994).

ren, welche Einflussfaktoren einen Studierenden, der die Vorlesung tatsächlich besucht, dazu führen können, Nebengespräche zu führen und damit die Veranstaltung zu stören. Die zweite Entscheidung ist erkennbar von der ersten abhängig. Nur diejenigen Studierenden, die sich in der ersten Stufe für den Vorlesungsbesuch entschieden haben, treten in die zweite Stufe überhaupt ein. Auch bei dieser zweiten Entscheidung ist zu fragen, ob und inwiefern davon ausgegangen werden kann, dass das Stören in Vorlesungen konkret aus einer ökonomisch rationalen Entscheidung heraus erfolgt.

Betrachtet sei zunächst die erste Entscheidungsstufe. Wie oben diskutiert, sei angenommen, dass der Studierende das Ziel eines möglichst guten Studienabschlusses verfolgt. Dazu müssen Zeit und finanzielle Ressourcen als Mittel eingesetzt werden. Je mehr Zeit das Individuum mit dem Studienstoff verbringt, desto größer wird die Wahrscheinlichkeit eines guten Abschlusses sein.[9] Insofern ist dem Studierenden zwar zunächst bekannt, dass ein positiver Zusammenhang zwischen (der gesamten Lernzeit und damit auch) der Vorlesungsbesuchszeit und der Qualität des Abschlusses besteht.[10] Allerdings kann in der einzelnen Entscheidungssituation nicht oder nur rudimentär abgeschätzt werden, welchen Grenzerfolgsbeitrag die einzelne Vorlesungsveranstaltung hat, d.h. inwiefern ein zusätzlicher Vorlesungsbesuch die Qualität des Abschlusses erhöht.[11] Der Studierende muss mithin im Vorfeld eine Erwartung darüber bilden, in welcher Weise und in welchem Ausmaß die einzelne Vorlesungsveranstaltung Informationen bereitstellt, die zum Erfolg seines Studiums beitragen.

Das objektive Ausmaß, in dem die einzelne Vorlesung zum Studienerfolg eines Studierenden beiträgt, ist für die Entscheidung über den Vorlesungsbesuch nicht von Relevanz. Da vollständige Information nicht gegeben ist, lässt es sich für den Einzelnen weder beobachten noch in irgendeiner Weise ableiten, entsprechend kann es keine Basis für reale Entscheidungssituationen bilden. Insofern ist für die reale Entscheidung eines Studierenden, eine Vorlesung zu besuchen, lediglich die subjektive Einschätzung des potentiellen Grenzerfolgsbeitrags einer zusätzlichen Vorlesung von Relevanz. Dies sei durch den subjektiven erwarteten Grenznutzen E(MU) dargestellt, der das Maß ausdrückt, mit dem aus Sicht des Individuums ein zusätzlicher Vorlesungsbesuch die Qualität der eigenen Studien (und damit des Abschlusses) erhöhen wird.

Verschiedene Faktoren wirken auf E(MU) ein. So könnte etwa die Erfolgserwartung eines zusätzlichen Vorlesungsbesuches durch Entscheidungen der Vergangenheit beeinflusst und insofern als pfadabhängig zu kennzeichnen sein. Etwa mögen die ökonomische Vorbildung in der Schule, eventuelle Vorbenotungen, das bisherige Engagement im Selbst- und Literaturstudium, die Lehr- und Lernerfahrungen in anderen Kursen oder

---

9 Das zeigen auch empirische Untersuchungen, vgl. etwa *Schmidt* (1983).

10 Für Untersuchungen zu den negativen Notenauswirkungen der Abwesenheit von Vorlesungen vgl. etwa *Marburger* (2001) und *Marburger* (2006). Zu anderen Einflussfaktoren der Qualität des studentischen Abschlusses vgl. *Naylor* und *Smith* (2004, S. 417 ff.).

11 Mit dieser Annahme wird vom strengen Modell des Homo oeconomicus, bei dem vollständige Informationen postuliert werden, abgewichen; vgl. dazu *Schmidt* (2001, S. 144).

das individuelle Interesse am gelehrten Fach dazu führen, dass E(MU) höher eingeschätzt wird und umgekehrt.[12]

Neben den individuell eingeschätzten Nutzen bzw. Grenznutzen sind insbesondere die individuellen Opportunitätskosten des Studierenden für seine Entscheidung von Bedeutung (vgl. *Allison* 1979, S. 172). So könnten durch die aufgewendete Zeit in der Vorlesung eventuelle Einkommen verloren gehen, da Nebenbeschäftigungen nicht ausgeübt werden können. Reduzierte Freizeitbeschäftigungen oder auch vermindertes Engagement in einem Beruf können ebenfalls als Opportunitätskosten wirken. Hinzu kommt, dass ein intensives Literaturstudium nur noch eingeschränkt möglich sein wird.[13] Direkte Kosten des Studiums, wie etwa mögliche Studiengebühren oder Kosten für die Literaturbeschaffung oder die Fahrt zur Vorlesung können ebenfalls als Opportunitätskosten interpretiert werden, da auch durch sie Mittel gebunden werden, die für andere Verwendungen nicht länger zur Verfügung stehen. Im Sinne der Betrachtung einer Grenzentscheidung sind sie allerdings nur dann relevant, wenn sie bei einer alternativen Entscheidung vermeidbar wären. So üben mögliche Studiengebühren auf die Grenzentscheidung über einen weiteren Vorlesungsbesuch deshalb keinen Einfluss aus, da sie unabhängig von der Häufigkeit der Teilnahme gezahlt werden müssen, somit auch bei Nicht-Besuch der Vorlesung nicht erstattet werden. Sie stellen daher aus Sicht des Studierenden versunkene Kosten dar, die für die einzelne (Grenz-)Entscheidung nicht relevant sind. Alle Opportunitätskosten (bzw. ihre Veränderungen) seien durch den Faktor oc zusammengefasst.

Zusammengefasst kann also argumentiert werden, dass ein Studierender umso eher eine Vorlesungsveranstaltung besuchen wird, je größer der Wert von MU eingeschätzt wird und je geringer die Grenzopportunitätskosten eines Vorlesungsbesuchs oc sich gestalten werden. Diese Ergebnisse sind zunächst trivial, zeigen sie doch lediglich, dass ein weiterer Vorlesungsbesuch dann gewählt wird, wenn seine erwarteten Grenznutzen (ausgedrückt durch E(MU)) aus individueller Sicht größer eingeschätzt werden als seine Grenzkosten (ausgedrückt durch die entgangenen Nutzen der Alternativen oc). Studierende besuchen also umso häufiger Vorlesungen, je mehr sie damit rechnen, dass der Besuch wichtig für den Studienerfolg sein wird. Dieses Ergebnis zeigt sich in der Realität vor allem in der hohen Präsenz zu Semesterende, d.h. kurz vor potentiellen Klausuren (vgl. dazu auch *Romer* 1993, S. 168). Entsprechend ist mit eher geringer studentischer Präsenz in Lehrveranstaltungen zu rechnen, je mehr Nutzen alternative Bedürfnisbefriedigungen versprechen. Vorlesungen in Zeiten bedeutender Sportereignisse etwa sind

---

[12] Im Sinne *Davissons* und *Bonellos* könnten die Einflussfaktoren in Humankapital-, Nutzungs- und Technologiefaktoren unterteilt werden; vgl. *Siegfried* und *Fels* (1979, S. 926). Zu anderen Einflussfaktoren vgl. Fußnote 11.

[13] Die Fragen rationalen Literaturstudiums und anderer studentischer Mittel zur Erreichung des Abschlussziels sollen hier nicht im Einzelnen betrachtet werden. Da es sich dabei um Alternativen zum Vorlesungsbesuch handelt, deren Nutzen damit letztlich Opportunitätskosten der Vorlesung darstellen, gelten die genannten Argumente analog. Zu den Alternativen des Vorlesungsbesuchs vgl. *Krohn* und *O'Connor* (2005, S. 5); zur Entscheidung des Studierenden über seine Zeitallokation vgl. auch *McKenzie* und *Schaaf* (1974, S. 8 ff.).

tendenziell geringer besucht. Damit sind die Bedingungen festgelegt, unter denen überhaupt ein Besuch der Vorlesungsveranstaltung erfolgen wird.

Erst in der Entscheidungsebene 2, d.h. in der konkreten Vorlesung, entscheidet sich ein Studierender, die Lehrveranstaltung zu stören oder nicht zu stören.[14] Hier soll argumentiert werden, dass eine Störung insbesondere dann geschieht, wenn sich die vor der Vorlesung gebildete Erwartung von MU durch den Studierenden in der realen Lehrveranstaltung als falsch herausstellt. Das könnte etwa dann der Fall sein, wenn der Studierende merkt, dass er den vermittelten Stoff schon im Literaturstudium erlernt hat oder wenn er falsche Erwartungen über die Inhalte der Vorlesung gebildet hat. Ist das der Fall, so stellt sich die ex ante getroffene Entscheidung, in die Vorlesung zu gehen, ex post als nicht rational heraus. Dies erweist sich insofern als Problem, als die Kosten für den Vorlesungsbesuch, d.h. vor allem die aufgewendete Zeit, zu einem großen Teil versunken sind. Die Nutzung des Gutes Vorlesung ist zudem lediglich in diskretionären Einheiten möglich, d.h. in der Regel ist nur die kleinste Vorlesungseinheit von zumeist 90 Minuten sinnvoll konsumierbar, nicht aber marginale Teile davon. Da der Studierende aber nun einmal in der Vorlesung sitzt und die Zeit, zur Hochschule zu fahren, aufgewendet hat, kann die Zeit nicht mehr anders verwendet werden, ihre Opportunitätskosten sind damit versunken.

Damit muss der Studierende seine Rationalentscheidung neu überdenken. Eine Möglichkeit wäre, während der Vorlesung den Raum zu verlassen und zumindest die verbliebene Zeit alternativ zu verwenden. Im Sinne *Hirschmans* könnte von einer „Exit"-Strategie gesprochen werden.[15] Diese Möglichkeit stellt jedoch nur in bestimmten Situationen eine sinnvolle Alternative für das Individuum dar. So sind mit dem Abbruch des Vorlesungskonsums mögliche direkte Kosten verbunden, die dadurch entstehen, dass man den Hörsaal sichtbar und hörbar für alle Anderen verlassen muss. Dies führt in der Regel zu direkten Störungen des Vorlesungsbetriebs, was den Dozenten zu persönlichen Anmerkungen veranlassen könnte. Stellen potenzielle Anmerkungen des Dozenten zum eigenen Verhalten aber keine negativen Nutzenkomponenten für das einzelne Wirtschaftssubjekt dar oder ist die Vorlesungsgruppe so groß, dass die Störung durch das Verlassen des Raumes gering ist und damit keinen negativen Nutzeneffekte für die Verbleibenden darstellt, so kann sich der Abbruch des Vorlesungsbesuchs als rationale Verhaltensweise erweisen. Für den reibungslosen und effizienten Ablauf der Vorlesung stellt das Verlassen jedenfalls häufig einen Nettovorteil dar, kann der Student, der die Vorlesung verlässt, doch nachher nicht mehr stören. Dies gilt umso mehr, je geringer

[14] Dies gilt natürlich nur, insoweit die Studierenden nicht verpflichtet werden, zu Lehrveranstaltungen zu kommen. Demnach könnte erwartet werden, dass in verpflichteten Veranstaltungen die Störungen c.p. tendenziell größer sind, da auch diejenigen in den Vorlesungen sitzen, die den Besuch als unwirtschaftlich einschätzen. Allerdings handelt es sich bei solchen Lehrveranstaltungen in der Regel um Seminare und Übungen mit typischerweise weniger Teilnehmern. Hier stellt sich das Problem von Störkommunikation zumeist nur in geringerem Ausmaß, weil soziale Anreize wirksam werden. Vgl. zu sozialen An-reizen in Gruppen *Olson* (1968). Zu den Vorteilen verpflichtender Vorlesungsbesuche für die studentische Performanz vgl. *Romer* (1993).

[15] Für *Hirschman* sind „Exit", „Voice" und „Loyalty" die individuellen Handlungsoptionen von Wirtschaftssubjekten innerhalb von Hierarchien. Vgl. *Hirschman* (1974).

die Störung des Vorlesungsbetriebs durch die Abwanderung der Studierenden ist. Allerdings muss der Studierende mit dem Verlassen der Vorlesung auf jegliche, das Studienziel fördernde potentielle Nutzen verzichten. Damit wird die Entscheidung, die Vorlesung zu verlassen, erneut vom subjektiv eingeschätzten Beitrag des einzelnen Vorlesungsbesuchs zum Studienerfolg abhängig.

Die beschränkte Teilbarkeit des Vorlesungskonsums und die versunkenen alternativen Nutzen können dazu führen, dass der Studierende trotz seiner Fehleinschätzung von E(MU) in der Vorlesung verbleibt. Damit steht allerdings erneut eine Entscheidung über die rationale Verwendung der Zeit an. Der Studierende stellt sich also die Frage, was er während der Vorlesungszeit tun soll. In dieser Situation stehen ihm verschiedene Verhaltensalternativen zur Verfügung. Er könnte sich etwa mit der Lektüre nicht-wissenschaftlicher Literatur (Zeitungen oder Zeitschriften etwa) beschäftigen und damit seine Zeit vertreiben. Auch ein wissenschaftliches Literaturstudium während der Vorlesungszeit wäre möglich. Allerdings ist davon auszugehen, dass beide Möglichkeiten nur exzeptionell genutzt werden. Einerseits setzen nämlich sowohl populäres wie wissenschaftliches Lektürestudium voraus, dass die Literatur physisch manifest vorhanden ist. Davon kann allerdings nicht regelmäßig ausgegangen werden, da sich das Entscheidungsproblem 2 ja erst durch einen Erwartungsirrtum ergibt. Andererseits erfordert ein Literaturstudium in der Regel ein besonderes Maß an Konzentration, das in Vorlesungsveranstaltungen in der Regel nicht generierbar sein wird. Insofern ist lediglich mit geringer Wahrscheinlichkeit damit zu rechnen, dass der Studierende gegenüber dem Dozenten im Sinne *Hirschmans* die „Loyalty"-Strategie (vgl. zum Begriff *Hirschman* 1974) wählt und ohne Nebengespräche zu führen in der Lehrveranstaltung verbleibt.

Eine weitere Möglichkeit der Zeitverwendung bestünde nämlich darin, in eine Kommunikation mit anderen Studierenden einzutreten.[16] Im (wörtlichen) Sinne *Hirschmans* könnte tatsächlich von einer „Voice"-Strategie gesprochen werden. Nebengespräche in der Lehrveranstaltung mögen aus Sicht der Studierenden als Substitutionsgut zur Vorlesung selbst gesehen werden. So könnten etwa bedeutende Informationen ausgetauscht werden, wie Angaben zu Prüfungsinhalten, Fragen der Prüfungsvorbereitung und ähnliches, die für den Studienerfolg bedeutsam sein können. Die Frage des Inhalts der Kommunikation in der Vorlesung spielt für die hier betrachtete Frage letztlich keine Rolle, stört doch das Gespräch über Studieninhalte ebenso wie das Gespräch über die Lokation der abendlichen Studentenparty. Insofern ist jegliche sprachliche Kommunikation zwischen Studierenden während der Vorlesung jenseits fest eingeräumter Diskussionszeiten als Störkommunikation zu kennzeichnen.

Individuell betrachtet, ergeben sich also die drei Handlungsalternativen für den Studierenden unter folgenden Bedingungen:

– 1. Kein Vorlesungsbesuch, falls E(MU) < oc,

---

[16] Mobile Internetzugangsmöglichkeiten reduzieren zwar das Problem des beschränkten Lektürezugangs. Das „Surfen" in der Vorlesung erzeugt allerdings nur dann eine störungsärmere Vorlesung, wenn die Studierenden sich über das Gelesene nicht unterhalten.

- 1. Vorlesungsbesuch, 2. keine Störung, falls E(MU) < oc und E(MU) – MU ≤0 sowie
- 1. Vorlesungsbesuch, 2. Störung, falls E(MU) < oc und E(MU) – MU ≥ 0.

Eine geringe Anzahl von Studierenden, die sich unterhalten, wird in der Regel noch keine substantielle Störung des Vorlesungsbetriebs zur Folge haben. Insofern stellt sich die Frage, wie es dazu kommen kann, dass die Störkommunikation ein kritisches Maß übersteigt. Dazu greift die rein auf ein repräsentatives Individuum ausgerichtete Betrachtung zu kurz. Zwar findet Kommunikation definitionsgemäß stets zwischen mehreren Individuen statt. Das alleine begründet aber noch nicht, warum sich Nebengespräche in einer Lehrveranstaltung ausbreiten können.

Die Expansion der Störung kann erklärt werden, indem man die Argumentation einer Dilemmasituation wie in Abbildung 2 heranzieht.[17] Damit lässt sich zeigen, dass die individuelle Entscheidung zu stören, sowohl von privat wirkenden Einflussfaktoren (Fehleinschätzung von MU) als auch von externen Faktoren abhängen wird. Somit werden individuelle Handlungen und soziale Handlungsfolgen miteinander in Beziehung gesetzt. Entsprechend lässt sich die Matrix auf zwei Arten lesen. Eine horizontale Betrachtung reflektiert die einzelwirtschaftliche Entscheidung des Individuums. Das Individuum befindet sich bereits in der Vorlesung, d.h. die erste Entscheidungsebene ist bereits abgeschlossen. A entscheidet sich auf der Grundlage der oben diskutierten Einflussfaktoren gegen (Zeile 1) oder für eine störende Handlung (Zeile 2). Die Handlungsfolgen für A könnten allerdings nicht allein von seinen individuellen Handlungen, sondern auch von den Verhaltensweisen der anderen Studierenden abhängen. Diese möglichen externen Einflüsse zeigen sich in vertikaler Betrachtung der Abbildung.[18]

Abb. 2: Individuelle Handlung und soziale Handlungsfolge

	Andere stören nicht	Andere stören
A stört nicht	III: Wahrscheinlichkeit sozial kritischer Störungen sehr gering	II (*instabil*): Wahrscheinlichkeit sozial überkritischer Störungen hoch
A stört	IV: Wahrscheinlichkeit sozial kritischer Störungen gering	I (*stabil*): Wahrscheinlichkeit sozial überkritischer Störungen sehr hoch

Quelle: Eigene Abbildung.

Die linke Spalte der Matrix zeigt abhängig vom Verhalten des A die Handlungsfolgen für die Vorlesung für den Fall, dass andere nicht stören. Von der Wirkung her be-

[17] Für eine grundsätzliche Beschreibung der Struktur von Dilemmasituationen vgl. *Homann* und *Suchanek* (2000). Für eine ähnliche Interpretation, bezogen auf Täuschungsversuche in Prüfungen, vgl. *Pies* (2009).

[18] *Bikchandani* et al. (1992) zeigen, dass Wirtschaftssubjekte das Verhalten Anderer als Informationssignal interpretieren und in der Folge ihre eigene Informationsbeschaffung abbrechen.

trachtet wird hier also der oben schon diskutierte Fall unterstellt, bei dem der Nutzen des A lediglich von seinen eigenen Handlungen abhängig ist. In dieser Situation wird für A der höchstmögliche Nutzen in Feld III realisiert. Hier hat A den Grenznutzen der Vorlesung ex ante richtig erwartet und wird nicht stören. Da auch andere nicht stören, erreicht A ein hohes Nutzenniveau, die Vorlesung generiert ihm den entsprechend erwarteten Grenznutzen zur Erreichung seiner Ziele. Eine Störung der Vorlesung findet systematisch nicht statt. Hat A jedoch die Wahrscheinlichkeit eines positiven Erfolgsbeitrags der Vorlesung falsch (d.h. als zu hoch) eingeschätzt (zweite Zeile), wird er sich im Feld IV befinden. Wie oben argumentiert, wird A versuchen, den unerwartet geringen Erfolgsbeitrag der Vorlesung durch die Kommunikation mit Kommilitonen zu kompensieren. Da sich jedoch alle anderen Vorlesungsbesucher ruhig verhalten (etwa weil sie eine subjektiv richtige Erwartung von MU gebildet haben), ergibt sich auch in diesem Fall keine systematische Störung der Vorlesung. Allerdings ist der in der linken Spalte abgebildete Fall nur wenig wahrscheinlich. Tatsächlich kann davon ausgegangen werden, dass in Vorlesungen stets mehrere Studierende anwesend sind, die sich in Bezug auf ihre Grenznutzenerwartung durch den Vorlesungskonsum geirrt haben. Dies wird umso wahrscheinlicher, je größer die Vorlesung besucht ist.

Zwar dürften kundige Studierende erkennen, dass durch Aufmerksamkeit und Konzentration die Effizienz der Wissensakkumulation für die gesamte Gruppe steigen wird. Aus Sicht des studierenden Individuums jedoch existieren Anreize, die eigene Bedürfnisbefriedigung auf Kosten der Gruppe zu erhöhen. Damit entsteht tatsächlich ein klassisches soziales Dilemma, weil sich individuell rationale Handlungen einzelner Studierenden für die soziale Gemeinschaft der Vorlesungsteilnehmer als Ineffizienzen auswirken. Gibt es also einen oder wenige Studierende, die stören, dann steigt die Wahrscheinlichkeit, dass auch der Nutzen des A durch die Störung der anderen beeinflusst wird.

Damit würde die rechte Spalte der Matrix der Abbildung 2 relevant sein. Sie zeigt den Fall, in dem die individuelle Bedürfnisbefriedigung des A von den Störungen der anderen beeinflusst wird.[19] Stört A bereits aufgrund individueller Motivation wie in Feld I, so ist die Wahrscheinlichkeit einer massiven Störung des Vorlesungsbetriebs sehr hoch. Interessant ist insbesondere das Feld II. Hier zeigt sich, dass es für Individuen rational sein kann, auch dann in eine Störkommunikation einzutreten, wenn sie die subjektiv richtige Erwartung E(MU) gebildet haben und eigentlich zuhören und mitarbeiten wollten. Stören nämlich bereits andere in einem substantiellen Ausmaß, so kann dies den Nutzen der Mitarbeit für A stark reduzieren. A kann nicht mehr zuhören und konzentriert mitarbeiten, wenn viele um ihn herum Nebengespräche führen. Damit wird aber auch für ihn die Störkommunikation dominante Strategie, das Feld II wird verlassen und das Feld I erreicht. Nebengespräche können sich damit auch dann als individuell sinnvolle Strategie erweisen, wenn der Studierende seine Erwartungen über MU nicht enttäuscht sieht, für ihn also privat $E(MU) \geq MU$ gilt und er sich rational für die aktive Mitarbeit entscheiden würde. Ist nämlich die Störung durch andere so groß, dass ein sinnvolles Mitarbeiten nicht möglich ist, wird auch der Einzelne stören.

---

[19] Diese Störung durch die anderen kann auch als externer Effekt im Sinne der Marktversagenstheorie interpretiert werden; vgl. dazu etwa *Fritsch, Wein* und *Ewers* (2007).

Solange sich die Störkommunikation unterhalb einer kritischen Grenze befindet, ab der sie tatsächlich für die Gemeinschaft störend wird, gilt eine subjektiv eingeschätzte positive Differenz zwischen E(MU) und MU als alleiniger Einflussfaktor der individuellen Entscheidung über die Störung. Je mehr und häufiger jedoch Störkommunikation insgesamt auftritt, umso eher wird eine kritische Grenze überschritten, ab der auch diejenigen Individuen in die Störungen eintreten, bei denen eigentlich, wegen $E(MU)-MU \leq 0$, nicht mit einer Störung zu rechnen ist.

Zusammenfassend lassen sich also folgende Ursachen einer Störkommunikation in Vorlesungen aus rationalem Verhalten der Studierenden ableiten:

- 1. Initial entsteht eine Störkommunikation, sobald ein oder mehrere Individuen ihre subjektive Erwartung über den potentiellen marginalen Erfolgsbeitrag der Vorlesung zum Gesamtstudienerfolg E(MU) enttäuscht sehen, also E(MU) > MU gilt. Das könnte etwa der Fall sein, wenn sie im Vorfeld andere Erwartungen über den Inhalt oder die Struktur der Vorlesung gebildet haben oder der Stoff unzureichend vermittelt wird. Ist das der Fall, wird es angesichts versunkener Kosten des Vorlesungsbesuchs rational, möglichst über andere Wege Nutzen zu generieren. Dies geschieht durch Nebengespräche mit anderen Studierenden.
- 2. Sobald eine kritische Masse an Enttäuschten gegeben ist, wird der von ihnen ausgehende Einfluss auf die individuelle Bedürfnisbefriedigung aus dem Vorlesungsbesuch so groß, dass auch diejenigen einen Anreiz haben zu stören, die genau die Vorlesungsinhalte vorfinden, die sie erwartet hatten.

Damit sind die Bedingungen klar, unter denen Vorlesungsveranstaltungen aus ökonomischer Sicht gestört werden können. Hieran schließt sich die Frage an, ob die entwickelten theoretischen Handlungserklärungen auch Schlussfolgerungen darüber zulassen, wie Hochschullehrer auf mögliche Stör-Anreize für die Studierenden reagieren können. Dies wird im kommenden Abschnitt diskutiert.

3. Information und Sanktion: Handlungsempfehlungen für Lehrende

Der oder die Lehrende in einer Vorlesung hat das Ziel, bestimmte Vorlesungsinhalte in einer vorgegebenen knappen Zeit zu vermitteln. Kommunikation zwischen den Teilnehmern der Vorlesung (außerhalb definierter Diskussionszeiten) ist dabei ein Störfaktor, der die Erreichung des Lehrziels verhindert. Ökonomisch gesprochen, erhöht sie die Transaktionskosten der Wissensvermittlung. Somit entsteht letztlich die Frage, wie der Lehrende darauf reagieren kann. Welche Möglichkeiten hat also der Dozent einer Lehrveranstaltung, für konstruktive Ruhe und eine effektive Arbeitsatmosphäre zu sorgen?

Im Abschnitt 2 wurde dargelegt, dass Störkommunikation von Studierenden vor allem dann für die gesamte Veranstaltung zu einem Problem werden kann, wenn ein kritisches Maß überschritten wird und damit ein soziales Dilemma entsteht, in dem alle Teilnehmer stören werden. Für die Zielerreichung des Dozenten wird es damit essenziell wichtig, die Erreichung dieses kritischen Maßes an Störungen zu verhindern. Hier soll argumentiert werden, dass die wichtigsten Instrumente der Dozenten, um eine produktive Arbeitsatmosphäre herzustellen und damit die Entstehung einer überkritischen Störquantität zu verhindern, Information und Sanktion sind.

Betrachtet sei zunächst die erste Entscheidungsebene. Hier wählt der Studierende zwischen dem Vorlesungsbesuch und einer alternativen Bedürfnisbefriedigung. Einen wichtigen Einflussfaktor dieser ersten Entscheidung stellen die Opportunitätskosten oc dar. Wie oben besprochen, handelt es sich dabei generell um die durch den Vorlesungsbesuch entgangenen alternativen Nutzen. Dazu zählen neben den Nutzen entgangener Arbeitszeit auch die verlorene Bedürfnisbefriedigung etwaiger Freizeitaktivitäten und potenzielle Nutzen des Heimstudiums. Die Bedürfnisbefriedigung der Studierenden aus alternativen Zeitverwendungen ist letztlich durch den Dozenten nicht direkt beeinflussbar. Sie repräsentiert die Präferenzen des einzelnen Wirtschaftssubjekts und entzieht sich damit dem Entscheidungsraum des Lehrenden.[20] Damit stellen die oc zumindest keine direkte Einflussmöglichkeit des Dozenten dar.

Ähnliches gilt für die Erwartung über die Bedürfnisbefriedigung aus dem Vorlesungsbesuch. Für den Studierenden ist der E(MU) ein weiterer verhaltensleitender Faktor auf der ersten Entscheidungsebene. Der Grenznutzen aus dem Vorlesungsbesuch hängt allerdings essentiell von den persönlichen Vorstellungen, Wünschen und Neigungen des Studierenden und andern Faktoren ab.[21] Das bedeutet, dass auch in Bezug auf MU kein direkter Ansatzpunkt für eine beeinflussende Entscheidung des Dozenten existiert.

Allerdings trifft der Studierende seine Entscheidung unter Unsicherheit. Das bedeutet, dass er die genaue Bedürfnisbefriedigung, die er aus dem Vorlesungsbesuch zur Verwirklichung seiner Ziele haben wird, nicht genau kennt. Er wird daher eine Erwartung bilden müssen. Je genauer diese Erwartung E(MU) gebildet werden kann, umso geringer ist die Wahrscheinlichkeit, dass in der zweiten Entscheidungsebene Erwartungsirrtümer auftreten werden, die zu Nebengesprächen führen und soziale Dilemmata hervorrufen könnten. Entsprechend kann das entstehende Problem (wie oben diskutiert) letztlich als ein Informationsproblem klassifiziert werden. Störkommunikation entsteht demnach, weil Informationen und damit auch die Entscheidungen nicht vollkommen sind und sich ex post als falsch herausstellen können. Dies wiederum bedeutet, dass für den Lehrenden ein wichtiger Ansatzpunkt darin bestehen kann, Informationen bereitzustellen, die es dem Studierenden ermöglichen, seine Entscheidungen über den Vorlesungsbesuch besser, d.h. mit einer geringeren Wahrscheinlichkeit von Erwartungsirrtümern, zu treffen. Zur Lösung der Probleme der ersten studentischen Entscheidungsebene kann damit ‚Signaling' ein mögliches Instrument des Dozenten sein.[22]

---

20 Verhaltensänderungen werden in der ökonomischen Theorie allein mittels einer möglichen Änderung der Restriktionen erklärt. Die Präferenzen werden als konstant angenommen. Beeinflussbar im Sinne einer Problemlösung für konkrete Probleme sind damit lediglich die Restriktionen; vgl. dazu *Becker* (1993) und die in Fußnote 3 angegebene Literatur zum Homo-oeconomicus-Modell.

21 Vgl. zu den anderen möglichen Faktoren Fußnote 11.

22 Unter ‚Signaling' versteht man in der Neuen Institutionenökonomik alle Arten von Informationsbereitstellung durch besser Informierte; vgl. dazu etwa *Martiensen* (2000) und *Erlei, Leschke* und *Sauerland* (2007).

Der Lehrende muss also die Studierenden möglichst gut in die Lage versetzen, ihre Entscheidung über den Vorlesungsbesuch zu treffen. Je besser der Studierende weiß, wie die inhaltliche Struktur der Vorlesung sein wird, welche didaktischen Methoden der Dozent anwenden wird und welche Form des Unterrichts er wählen will, umso effizienter kann er seine Entscheidung treffen. Auch konkrete Informationen darüber, welche inhaltlichen Punkte wann besprochen werden und was der Inhalt der jeweils kommenden Vorlesungsveranstaltung sein wird, verbessern die Erwartungsbildung der Studierenden und sorgen damit dafür, dass sich die Wahrscheinlichkeit der Bildung falscher Erwartungen reduziert.

Information ist aber auch bei der Frage der Opportunitätskosten von besonderer Bedeutung. Zwar kann der Dozent die Nutzen alternativer Zeitverwendungen generell nicht beeinflussen. Daher kann ‚Signaling' hier auch lediglich unterstützende Informationen bereitstellen. Etwa könnte der Dozent die Rahmenbedingungen seiner Veranstaltungen herausstellen, darauf hinweisen, dass der Vorlesungsbesuch freiwillig ist,[23] die Bedeutung des Literaturstudiums als alternativen Lernweg herausstellen und dergleichen. Damit werden den Studierenden die alternativen Wege der Erreichung der Studienziele klar gemacht, und so wird die Basis für eine rationale Entscheidung verbessert.

Auf der zweiten Entscheidungsebene, d.h. beim konkreten Vorlesungsbesuch, erscheint Information nicht länger als der richtige Ansatzpunkt für den Lehrenden. Hier haben die Studierenden ihre ex ante rationalen Entscheidungen getroffen. Wie oben diskutiert, entsteht Störkommunikation auf dieser Ebene einerseits durch individuelle Erwartungsirrtümer. Andererseits können sich Störungen durch die Entstehung eines sozialen Dilemmas verstärken und kritisch werden. Auf dieser Ebene gilt es zunächst, diejenigen Studierenden an der Aufnahme von störender Kommunikation zu hindern, die ihre Erwartungen über den Erfolgsbeitrag der Veranstaltung enttäuscht sehen.

Oben wurde argumentiert, dass Studierende, die wegen $E(MU) - MU > 0$ ihre Erwartungen enttäuscht sehen, versuchen, durch Kommunikation mit Kommilitonen einen möglichst hohen Nutzen aus der verbleibenden Zeit zu erzielen. Da ihre Erwartungen nun einmal enttäuscht sind, kann der Dozent an dieser Stelle nicht mehr ansetzen. Stattdessen muss er versuchen, den Nutzen aus einer alternativen Verwendung der Zeit in der Vorlesung für die Studierenden möglichst gering zu halten. Dies wird vor allem durch Sanktionen möglich. Sie verhindern, dass sich einzelne Studierende für Nebengespräche entscheiden, indem sie die Rahmenbedingungen für diese Entscheidung verändern. Im Einzelnen können dabei die Sanktionen von der direkten Ansprache der Störenden über die wiederholte direkte Ermahnung bis zum Abbruch der Veranstaltung reichen. Die Stringenz und Konsequenz der verfolgten Sanktionierungspolitik erscheint besonders wichtig, sorgt sie doch dafür, dass sich die Erwartungen der Studierenden stabilisieren und Handlungen auf der zweiten Entscheidungsebene als Informationen für die nächste Entscheidung auf der ersten Ebene bereitstehen. Nicht zuletzt erhöht sie auch die Glaubwürdigkeit des Lehrenden.

---

[23] Zu obligatorischen Vorlesungsbesuchen vgl. Fußnote 19.

4. Fazit

Die angestellten Betrachtungen haben gezeigt, dass auch Verhaltensweisen, die intuitiv als irrational angesehen werden mögen, als rationales Handeln interpretiert werden können. Studierende, die in Vorlesungen „schwätzen", sind in diesem Sinne also wirtschaftlich handelnde Subjekte, die versuchen, unter vernünftiger Abwägung von Vor- und Nachteilen verschiedener Handlungsalternativen richtige Entscheidungen zu treffen. Neben der Erklärung der Rationalität der einzelwirtschaftlichen Entscheidung von Studierenden behandelte dieser Aufsatz eine Erläuterung des Zusammenhangs von individuellen Handlungen und sozialen Handlungsfolgen. Damit konnte gezeigt werden, warum sich Nebengespräche in Lehrveranstaltungen tendenziell ausbreiten und auch diejenigen erfassen, die zunächst nicht stören wollten. Auch für die Erläuterung dieses Problems wurde eine Rationalargumentation zu Grunde gelegt.

An diese Erklärung des Warum von Störverhalten in Vorlesungen schloss sich der Versuch an, Maßnahmen vorzustellen, die dem Lehrenden helfen können, Nebengespräche zu unterbinden. Informationen über die zu erwartenden Inhalte der Vorlesung wurden als Mechanismus identifiziert, die Wahrscheinlichkeit von Ex-post-Erwartungsirrtümern ex ante zu reduzieren. Die bereitgestellten Informationen sollen den Studierenden helfen, die Wahl zwischen Lehrveranstaltungsbesuch und möglichen Alternativen möglichst richtig zu treffen. Stringente Sanktionen sind angezeigt, wenn die Erwartungsirrtümer bereits aufgetreten sind und die Wahrscheinlichkeit der Expansion von Nebengesprächen in der Vorlesung reduziert werden muss.

Allerdings stellen die hergeleiteten Ergebnisse lediglich einen sehr vorläufigen Versuch der Erklärung studentischen Verhaltens dar, wurden sie doch auf der Basis einfachster theoretischer Analysen durchgeführt. Weitere Studien müssen zeigen, ob die deduzierten Ergebnisse auch genaueren und detaillierten theoretischen Herangehensweisen standhalten. Auch empirische Belege für die Wirksamkeit der Handlungsempfehlungen wurden nicht angeführt. Die Einfachheit des theoretischen Zugangs spiegelt sich in der Simplizität der abgeleiteten Problemlösungen. Welche Information wie und wann genau bereitgestellt werden muss, damit sich die Erwartungen der Studierenden verstetigen, konnte nicht geklärt werden. Auch die Frage des Einflusses verschiedener Nebenbedingungen (Größe der Gruppe, Räumlichkeiten, Vorerfahrungen mit anderen Dozenten) oder der didaktischen Fähigkeiten des Lehrenden wurden aus Vereinfachungsgründen vernachlässigt.

Dennoch kann der vorgestellte Ansatz auf der Basis eines theoretischen Zugangs konkrete Handlungsempfehlungen entwickeln, die zur Lösung eines realen Problems beitragen und damit das einhalten, was angewandte Wissenschaft verspricht: auf der Basis von Theorien Lösungen für konkrete Probleme zu entwickeln.

Literatur

Anderson, Gordon und *Dwayne Benjamin* (1994), The determinants of success in university introductory economics courses, in: Journal of Economic Education, Vol. 25, Nr. 2, S. 99-119.

Allison, Elisabeth (1979), Educational Production Function for an Introductory Economics Course, in: *Siegfried Fels* (ed.) (1982), Research on Teaching College Economics, Selected Readings, New York, S. 171-194.

Becker, Gary S. (1993), Der ökonomische Ansatz zur Erklärung menschlichen Verhaltens, 2. Auflage, Tübingen.

Bikhchandani, Sushi, David Hirshleifer und *Ivo Welch* (1992), A theory of fads, fashion, custom, and cultural change as informational cascades, in: Journal of Political Economy, Vol. 100, Nr. 5, S. 992-1026.

Brown, Sarah und *John G. Sessions* (2004), Signalling and screening, in: *Johnes* und *Johnes* (eds.) (2004), S. 58-100.

Erlei, Mathias, Martin Leschke und *Dirk Sauerland* (2007), Neue Institutionenökonomik, 2., überarbeitete und erweiterte Auflage, Stuttgart.

Friedman, Milton (1953), The Methodology of Positive Economics, in: *Milton Friedman* (ed.) (1953), S. 3-43.

Friedman, Milton (ed.) (1953), Essays in Positive Economics, Chicago.

Fritsch, Michael, Thomas Wein und *Hans-Jürgen Ewers* (2007), Marktversagen und Wirtschaftspolitik, 7., aktualisierte und ergänzte Auflage, München.

Hartwig, Karl-Hans (1998), Zur Rationalität des Rationalprinzips, in: *Ingo Pies* und *Martin Leschke* (Hg.) (1998), S. 181-183.

Hirschman, Albert O. (1974), Abwanderung und Widerspruch, Tübingen.

Homann, Karl und *Andreas Suchanek* (2000): Ökonomik: eine Einführung, Tübingen.

Johnes, Geraint und *Jill Johnes* (eds.) (2004), International Handbook on the Economics of Education, Cheltenham.

Kirchgässner, Gebhard (1991), Homo Oeconomicus, Tübingen.

Krohn, Gregory A. und *Catherine O'Connor* (2005), Student Effort and Performance over the Semester, in: Journal of Economic Education, Vol. 36, Nr. 1, S. 3-28.

Marburger, Daniel R. (2006), Does Mandatory Attendance Improve Student Performance?, in: Journal of Economic Education, Vol. 37, Nr. 2, S. 148-155.

Marburger, Daniel R. (2001), Absenteeism and Underperformance, in: Journal of Economic Education, Vol. 32, Nr. 2, S. 99-109.

Martiensen, Jörn (2000), Institutionenökonomik, München.

Meyer, Willi (1973), Falsifikationslehre und ökonomische Theorie: Anwendungsprobleme des Kritischen Rationalismus, in: Wirtschaftswissenschaftliches Studium, Bd. 2, S. 501-506.

Miller, David (ed.) (1995), Karl R. Popper Lesebuch, Ausgewählte Texte zu Erkenntnistheorie, Philosophie der Naturwissenschaften, Metaphysik, Sozialphilosophie, Tübingen.

McKenzie, Richard B. und *Robert J. Staaf* (1974), An Economic Theory of Learning, Student Sovereignty and Acedemic Freedom, Blacksburg, VA.

Naylor, Robin A. und *Jeremy Smith* (2004), Determinants of educational success in higher education, in: *Johnes and Johnes* (eds.) (2004), S. 415-461.

Olson, Mancur (1968), Die Logik kollektiven Handelns, Tübingen.

Pies, Ingo (1998), Theoretische Grundlagen demokratischer Wirtschafts- und Gesellschaftspolitik – Der Beitrag Gary Beckers, in: *Ingo Pies* und *Martin Leschke* (Hg.) (1998), S. 1-29.

Pies, Ingo (2009), Wirtschaftsethik für die Schule, in: Ders.: Moral als Heuristik. Ordonomische Schriften zur Wirtschaftsethik, Berlin, S. 249-279.

Pies, Ingo und *Martin Leschke* (Hg.) (1998), Gary Beckers ökonomischer Imperialismus, Konzepte der Gesellschaftstheorie 4, Tübingen.

Popper, Karl (1967), Das Rationalitätsprinzip, in: *Miller* (ed.) (1995), S. 350-359.

Romer, David (1993), Do Students go to Class? Should they?, in: Journal of Economic Perspectives, Vol. 7, Nr. 3, S. 167-174.

Schmidt, Holger (2001), Moral, Moralität und Eigeninteresse – Gegensätze, die eine wirksame Moral verhindern?, Frankfurt u.a.O.

Schmidt, Robert (1983), Who maximizes what? A study in Student time allocation, in: American Economic Review, Vol. 73, Nr. 2, S. 23-28.

Siegfried, John J. und *Rendigs Fels* (1979), Research on Teaching College Economics: A Survey, in: Journal of Economic Literature, Vol. 17, Nr. 3, S. 923-969.

Teil III:

Finanzkrise und Europapolitik

Ingo Pies (Hg.), Das weite Feld der Ökonomik
Schriften zu Ordnungsfragen der Wirtschaft · Band 98 · Stuttgart · 2013

Solide Staatsfinanzen in Deutschland und Europa

Steffen Kampeter

Inhalt

1. Einleitung[1]

Karl-Hans Hartwig hat als Direktor des Instituts für Verkehrswissenschaft an der Universität Münster in zahlreichen Arbeiten die Grundpfeiler für eine nachhaltige Finanzierung der Verkehrsinfrastruktur analysiert (vgl. *Hartwig* 2009, sowie *Hartwig* und *Huld* 2009). Dabei hat er unter anderem herausgearbeitet, dass ein ausreichender Investitionsumfang und ein effizienter Mitteleinsatz nur dann erreicht werden, wenn „politische Rationalität und kollektive Rationalität zur Deckung gebracht werden" (*Hartwig* und *Huld* 2009, S. 116). Damit hat er einen zentralen Zusammenhang aufgezeigt, der auch für die Finanzpolitik insgesamt gilt. In den vergangenen Jahren hat uns die europäische Staatsschuldenkrise nachdrücklich die fundamentale Bedeutung fiskalpolitischer Solidität und Handlungsfähigkeit vor Augen geführt. Es muss daher auch im Hinblick auf die zukünftige Entwicklung der Staatsfinanzen in Deutschland und Europa darum gehen, den Einklang von politischer Rationalität und kollektiver Rationalität zu gewährleisten.

2. Politische Ökonomie und Staatsverschuldung

Die Geschichte der Staatsfinanzen hat immer wieder gezeigt, dass beachtliche Anreize bestehen, die langfristige Solidität öffentlicher Finanzen zugunsten kurzfristiger politischer Erfolge aufs Spiel zu setzen. Mit Hilfe der Staatsverschuldung können Ausgaben erhöht oder Steuern gesenkt werden, ohne an anderer Stelle dafür Einsparungen vornehmen zu müssen. Jedoch wird bei ineffizienter Nutzung der so geschaffenen finanzpolitischen Spielräume zu einem späteren Zeitpunkt zwangsläufig die „Rechnung aus der Vergangenheit" in Form steigender Zinsausgaben und höherer Steuern präsentiert (vgl. *Beck* und *Prinz* 2011, sowie *Konrad* und *Zschäpitz* 2010).

Aus ökonomischer Sicht sprechen gewichtige Gründe dafür, die Höhe der Staatsverschuldung auf ein tragfähiges Maß zu begrenzen. Zunächst garantieren solide öffentliche Finanzen die Handlungsfähigkeit des Staates; dagegen würde ein stetig steigender Zinsendienst den Handlungsspielraum immer weiter einschränken. Darüber hinaus spielen Vertrauenseffekte eine wichtige Rolle: Tragfähige Finanzen stärken die Erwartungen der Finanzmärkte, der Unternehmen und der Bürger in stabile Preise, niedrige Zinsen und kalkulierbare Steuerlasten; dies erhöht die Investitions- und Anschaffungsneigung. Nicht zuletzt geht es auch darum, Rückkopplungseffekte zwischen der Staatsverschuldung und dem Wirtschaftswachstum angemessen zu berücksichtigen. Denn einerseits sind solide Finanzen gut für das Wachstum, andererseits erleichtert nachhaltiges Wachstum die Rückführung der Verschuldung.

Von zentraler Bedeutung ist daher die Frage, welche institutionellen Rahmenbedingungen dazu geeignet sind, der Problematik einer stetig ansteigenden Staatsverschuldung entgegenzuwirken. In diesem Zusammenhang sind Fiskalregeln ein wichtiges Instrument, da sie einen Beitrag zur Abmilderung der Verschuldungsanreize liefern können. Fiskalregeln sollen staatliche Verschuldungsmöglichkeiten begrenzen und Verstö-

---

[1] Für fachliche Unterstützung bei diesem Beitrag danke ich herzlich Herrn Dr. *Felix Marklein* und Herrn Dr. *Johannes Scheube*.

ße mit Sanktionen belegen. Ziel der Regeln ist also ein „Selbstschutz“, der verhindert, dass heute kurzsichtige Entscheidungen getroffen werden, die langfristig schädlich für die öffentlichen Finanzen sein können.

Der gesamtstaatliche Schuldenstand der Bundesrepublik Deutschland liegt seit dem Jahr 2010 bei Werten von über 80 % in Relation zum Bruttoinlandsprodukt (BIP).[2] Ein Blick zurück macht deutlich, dass dieser zumal angesichts der demografischen Entwicklung auf Dauer inakzeptabel hohe Wert nicht allein durch die Auswirkungen der Wirtschafts- und Finanzkrise in den Jahren 2009 und 2010 oder durch die Finanzierung der deutschen Einheit nach 1990 erklärt werden kann. Betrachtet man die Entwicklung der gesamtstaatlichen Verschuldung seit dem Jahr 1950, so zeigt sich, dass die Staatsverschuldung in den ersten Jahrzehnten der Bundesrepublik gleichbleibend in einer Größenordnung von rund 20 % in Relation zum BIP lag. Die Schuldenstandsquote schwankte zwar im Zeitablauf, sie wies jedoch in den Jahren 1950 bis 1970 keinen steigenden Trend auf. Für den Bund allein betrachtet, lag der Schuldenstand noch bis 1973 unter 10 % in Relation zum BIP.

Erst seit der sozial-liberalen Koalition Anfang der 1970er Jahre ist die Staatsverschuldung kontinuierlich gewachsen. Dabei kommt der im Jahr 1969 im Rahmen der Haushalts- und Finanzreform erfolgten Änderung des Art. 115 GG im Einklang mit der damals aufkommenden Neigung zum Versuch konjunktureller Feinsteuerung besondere Bedeutung zu: Aufgrund dieser Neuregelung bestand fortan die Möglichkeit, (Brutto)-Investitionen über Verschuldung zu finanzieren und diskretionäre finanzpolitische Maßnahmen zu ergreifen. Entgegen ökonomischer Grundsätze erfolgte die aktive Konjunkturpolitik nahezu ausschließlich in konjunkturell ungünstigen Zeiten (Ausweitung der Nettokreditaufnahme) ohne entsprechende Rückführung der Schuldenstandsquote in Aufschwung- und Boomphasen. Darüber hinaus kam die damalige Fiskalregel ausschließlich bei der Haushaltsaufstellung zur Anwendung – im tatsächlichen Vollzug des Haushalts fand keine Überprüfung der Regel statt. Somit konnte eine Verletzung der Regel *ex post* nicht mit Sanktionen einhergehen. Zudem war auch die vorgesehene Ausnahmeregelung nicht restriktiv genug ausgestaltet, sondern durch Erklärung einer „Störung des gesamtwirtschaftlichen Gleichgewichts“ – wie rückblickend festzustellen ist – allzu leicht nutzbar. Somit kam es zu einem ansteigenden Trend der Schuldenstandsquote, der sich aus den 1970er Jahren bis in die heutige Zeit fortgesetzt hat. Allein der Schuldenstand des Bundes stieg bis zum Jahr 2009 auf über 40 % des BIP. Die Staatsverschuldung hatte somit bereits vor einigen Jahren eine Größenordnung erreicht, die einen dringenden Handlungsbedarf verdeutlichte, um zukünftig eine tragfähige Entwicklung der Schuldenstandsquote sicherzustellen.

3. Die grundgesetzliche Schuldenregel in Deutschland

In der Großen Koalition unter Führung von Bundeskanzlerin *Angela Merkel* hat Deutschland im Jahr 2009 – im Zuge der Föderalismuskommission II – eine neue

---

[2] Der starke Anstieg der Schuldenstandsquote ging insbesondere darauf zurück, dass die neu errichteten Abwicklungsanstalten der *Hypo Real Estate* und der *West LB* dem Sektor Staat zugeordnet wurden und somit in den Schuldenstand einflossen.

Schuldenregel im Grundgesetz verankert, die einen verbindlichen Rahmen für die schrittweise Rückführung der strukturellen Haushaltsdefizite vorgibt. Die Reform wird von wissenschaftlicher Seite insgesamt positiv beurteilt. So stellte beispielsweise der deutsche *Sachverständigenrat* (2011, Textziffer 360) fest, dass die neue Regel eine „finanzpolitische Errungenschaft" ist, die „einen wichtigen und richtigen Beitrag zur wirksamen Begrenzung der staatlichen Verschuldung" leistet. Angesichts der aktuellen Debatte zur Stärkung der europäischen Wirtschafts- und Währungsunion dient die deutsche Schuldenregel auch als ein Vorbild für vergleichbare Reformen in anderen Ländern des Euroraums.

Für die Wirksamkeit von Fiskalregeln ist eine Vielzahl von Parametern entscheidend. Von der konkreten Ausgestaltung solcher Regeln hängt entscheidend ab, ob die beabsichtigte Wirkung erzielt werden kann. Exemplarisch seien einige notwendige Bedingungen genannt, die eine wirksame Fiskalregel erfüllen muss:

- Glaubwürdigkeit der Regel: Dazu gehört insbesondere eine stabile rechtliche Grundlage. Erstrebenswert ist eine Regel mit Verfassungsrang, da eine einfache Gesetzgebung keine zwingende Verpflichtung für künftige Regierungen und Parlamente bedeuten muss.
- Verpflichtung zur Erzielung von Überschüssen in „guten Zeiten": Eine solide Fiskalpolitik braucht genügend Spielraum, um in konjunkturell ungünstigen Zeiten temporäre Defizite hinzunehmen. Allerdings müssen diesen Defiziten in konjunkturell günstigen Zeiten entsprechende Überschüsse gegenüberstehen, die eine Rückführung der Schuldenstandsquote gewährleisten.
- Vollzugskontrollen: Eine wirksame Regel muss sowohl *ex ante* (bei Aufstellung des Haushalts) als auch *ex post* (nach Abschluss eines Haushaltsjahres) Anwendung finden. Nur so ist es möglich, Regelverstöße, die sich erst im Haushaltsvollzug ergeben, zu erfassen.
- Korrektur von Regelverstößen: Abweichungen von der Schuldenregel müssen korrigiert werden, indem die übermäßige Neuverschuldung gezielt getilgt wird.
- Ausreichende Flexibilität in Krisenfällen: Ausnahmeklauseln für außergewöhnliche Notsituationen.
- Starke öffentliche Verankerung: Zusätzlich zu den gesetzlichen Vorgaben spielen auch die politischen Kosten bei Nichteinhaltung einer Fiskalregel eine wichtige Rolle. Wenn die Öffentlichkeit hinreichend informiert ist über die zentrale Bedeutung solider Staatsfinanzen, kann ein Verstoß gegen die Schuldenregel durch den Wähler sanktioniert werden.

Die deutsche Schuldenregel ist so konzipiert worden, dass sie die oben genannten Kriterien für eine „gute" Fiskalregel erfüllt und somit dazu beiträgt, finanzpolitische Fehler der Vergangenheit künftig nicht mehr zu wiederholen. Wesentliche Elemente der Schuldenregel sind:[3]

---

[3] Für weitergehende ausführliche Erklärungen zur Schuldenregel vgl. *Bundesministerium der Finanzen* (2010).

- Die Ausgestaltung der Schuldenregel zielt auf strukturell nahezu ausgeglichene Haushalte („close-to-balance"). Sie gibt vor, in welcher Höhe eine Nettokreditaufnahme durch den Bund maximal zulässig ist. Dabei ist in konjunkturell normalen Zeiten eine maximale Verschuldung in Höhe einer Strukturkomponente von maximal 0,35 % des BIP (rd. 10 Mrd. €) zulässig.
- Die Schuldenregel wirkt über den Konjunkturverlauf symmetrisch. Zusätzlich zur Strukturkomponente wird eine Konjunkturkomponente berechnet, die eine symmetrische Berücksichtigung der konjunkturellen Lage gewährleistet. So werden konjunkturell günstige Zeiten dafür genutzt, die Defizite nachhaltig zurückzuführen und auf ein dauerhaft tragfähiges Maß zu begrenzen. Damit tragen die Vorgaben der Schuldenregel entscheidend zu langfristig stabilen Rahmenbedingungen bei.[4] Darüber hinaus erfolgt eine Bereinigung um den Saldo der finanziellen Transaktionen.
- Es erfolgt eine ex post-Überprüfung der tatsächlichen Neuverschuldung eines Jahres. Um eine Überprüfung nach Abschluss des Haushaltsjahres sicherzustellen, wird ein Kontrollkonto eingerichtet, auf dem gegebenenfalls Abweichungen von den Vorgaben der Schuldenregel erfasst werden, die sich im Haushaltsvollzug ergeben haben.
- Für außergewöhnliche Notsituationen ist eine Ausnahmeregelung vorgesehen. Diese Konstruktion ist notwendig, um beispielsweise im Falle von Naturkatastrophen handlungsfähig zu bleiben, ohne gegen die grundgesetzliche Schuldenregel zu verstoßen.

Die Schuldenregel soll dazu führen, dass die Konsolidierung der Staatsfinanzen sowohl in der Öffentlichkeit als auch seitens der politischen Entscheidungsträger als oberste Priorität angesehen wird. Dies ist zugleich ein Beitrag zur Sicherung des Vertrauens in tragfähige Staatsfinanzen. Auch angesichts der entstandenen Unsicherheiten hinsichtlich der Lösung der Verschuldungsprobleme im Euroraum besteht die derzeitige Hauptaufgabe der Wirtschafts- und Finanzpolitik darin, das Vertrauen von Konsumenten, Unternehmen und Märkten in langfristig tragfähige Staatsfinanzen zu sichern. Entscheidend ist dabei die konkrete Umsetzung der Schuldenregel im Budgetprozess. Im Übergangszeitraum bis 2016 gilt es, eine stetige und konjunkturgerechte Haushaltspolitik sicherzustellen. Das beinhaltet vor allem, dass die vorgegebenen Defizitgrenzen des Abbaupfads nicht ausgereizt werden – vielmehr muss ein ausreichender Sicherheitsabstand zur maximal zulässigen Neuverschuldung eingehalten werden.

Die schwarz-gelbe Bundesregierung hat in den ersten beiden Jahren der Anwendung der Schuldenbremse erfolgreich den vorgeschriebenen Abbaupfad für die kontinuierliche Rückführung der strukturellen Kreditaufnahme unterschritten und plant dies auch für die kommenden Jahre. Nach heutiger Planung wird der Bund bereits im Jahr 2013 die erst ab dem Jahr 2016 zwingend vorgeschriebene verfassungsrechtliche strukturelle Defizitgrenze der Schuldenbremse von 0,35 % in Relation zum Bruttoinlandsprodukt einhalten. Schon für das Jahr 2014 wird ein strukturell ausgeglichener Bundeshaushalt

---

[4] Detaillierte Informationen zum Konjunkturbereinigungsverfahren der Schuldenregel finden sich in *Bundesministerium der Finanzen* (2011).

angestrebt. Die Einhaltung der Schuldenbremse stellt die entscheidende Grundlage für dauerhafte finanzpolitische Handlungsfähigkeit dar, gerade auch vor dem Hintergrund der zukünftigen demografischen Entwicklung.

4. Fiskalkonsolidierung und Integration in Europa

Die Erfahrungen in der Europäischen Wirtschafts- und Währungsunion zeigen deutlich, dass der Stabilitäts- und Wachstumspakt zwar richtig angelegt war, aber trotzdem keine ausreichende fiskalische Disziplin erzeugt hat (vgl. *Schuknecht* et al. 2011, sowie *Kastrop* et al. 2012). Nach Erreichen der Teilnahme an der gemeinsamen Währung erlahmten in vielen Eurozonenstaaten die Konsolidierungsanstrengungen, hier und da wurden sie nie richtig begonnen. Die Dividende aus der Euroeinführung wurde meist nicht in die Konsolidierung der öffentlichen Haushalte oder in die Stärkung der Wettbewerbsfähigkeit der Standorte investiert, sondern schlug sich in wachsenden konsumtiven Ausgaben und/oder in einem massiven Anstieg der Immobiliennachfrage nieder. Zudem erwiesen sich die Selbstverpflichtungen des Stabilitäts- und Wachstumspakts als nicht ausreichend resistent gegenüber politischer Einflussnahme. Beim ersten Realitätstest im Herbst 2003 wurde der Pakt – damals vornehmlich auf Betreiben von Deutschland und Frankreich – entscheidend geschwächt.

Zwar wiesen die darauf folgenden Neuregelungen der Vorschriften 2005 für den präventiven Arm in die richtige Richtung. Insbesondere mit der Vorgabe strukturell ausgeglichener Haushalte wurde das finanzpolitische Grundproblem angegangen, dass in „guten Zeiten“ finanzpolitische Fehler begangen werden, die in „schlechteren Zeiten“ unbeherrschbar werden. Jedoch gab es weiterhin keine wirksame Sanktionierung der Regeln. Trotz umfangreicher und häufiger Regelverstöße wurde nie ein Mitgliedstaat im Rahmen des Stabilitäts- und Wachstumspakts mit einer Geldbuße belegt.

Neben der nicht ausreichenden Disziplinierung durch die europäischen Fiskalregeln zeigte sich auch, dass die Finanzmarktakteure die Risiken aus überbordenden Staatsdefiziten und zunehmenden Verschuldungsquoten ignoriert haben. Die Unterschiede in den Renditen der Staatsanleihen der Eurostaaten sanken trotz stark divergierender Tragfähigkeitsrisiken und Schuldenstände auf historisch sehr niedrige Werte. Die gemeinsame Währung wurde implizit als Beistandsversprechen gewertet. Umso heftiger war die Reaktion auf den Finanzmärkten nach Ausbruch der Krise, und die Risikoaufschläge stiegen dramatisch an. Dass dabei insbesondere Länder im institutionellen Gefüge des Euro mit Glaubwürdigkeitsentzug bestraft wurden, zeigt ein Vergleich mit außereuropäischen „Schuldensündern“, deren Prämien bei vergleichbaren Schuldenständen viel niedriger sind. Dieser Unterschied dürfte vor allem durch die erheblichen Wettbewerbsprobleme einzelner Mitgliedstaaten der Eurozone und die zurückgestauten Anpassungen durch Aufgabe des nationalen Aktionsparameters Geld- und Wechselkurspolitik begründet sein.

4.1. Verbesserung der Stabilität in Europa

Um Europa zu einer echten Stabilitätsunion zu entwickeln, setzen die derzeitigen Reformen an zwei Stellen an: erstens an einer verbesserten finanz- und wirtschaftspolitischen Koordinierung zur Vorbeugung von krisenhaften Entwicklungen; zweitens an den

„Feuerwehr"-Mechanismen, die in einem dennoch möglichen Krisenfall greifen. Für einen dauerhaft stabilen Euro sind die drei Säulen „Stabile Haushalte", „Stabile Wirtschaft" und „Stabile Finanzmärkte" entscheidend (vgl. Abbildung 1).

Abbildung 1: Maßnahmen für einen dauerhaft stabilen Euro

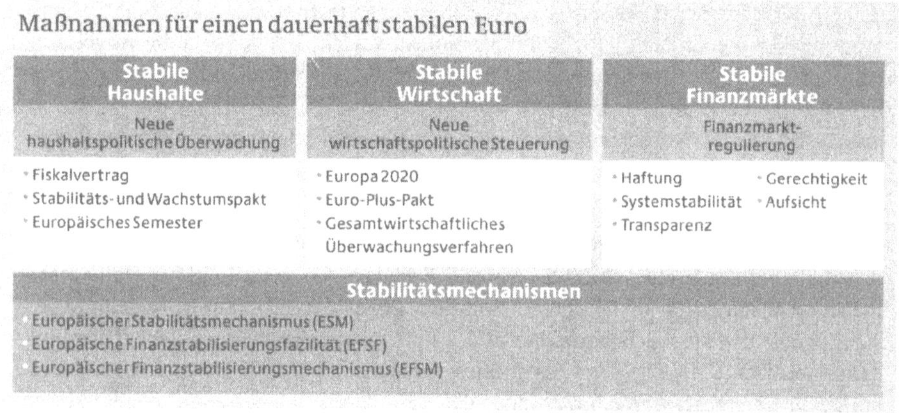

Quelle: *Bundesministerium der Finanzen* (2012).

Unter anderem wurden durch die Einführung des Europäischen Semesters und die Verabschiedung des sogenannten „Six Packs" mit der Verschärfung des Stabilitäts- und Wachstumspakts erkennbare Fortschritte erzielt: So wird z. B. der präventive Arm des Stabilitäts- und Wachstumspakts mit der Forderung nach strukturell ausgeglichenen Haushalten gestärkt und mit Sanktionsmöglichkeiten belegt. Daneben ist eine Verpflichtung zur Rückführung des Schuldenstands auf 60 % in Relation zum BIP in den korrektiven Arm des Pakts aufgenommen worden (Mitgliedstaaten müssen die Differenz zwischen ihrem tatsächlichen Schuldenstand und dem Grenzwert von 60 % des BIP um ein Zwanzigstel p.a. abbauen). Nicht zuletzt werden Sanktionen zukünftig schneller und stärker automatisiert greifen. Mit der Richtlinie über die Anforderungen an die haushaltspolitischen Rahmen der Mitgliedstaaten werden unter anderem die nationalen Prozesse der Finanzpolitik verbessert und die statistische Grundlage der Haushaltsüberwachung verlässlicher.

In Ergänzung zu den bereits beschlossenen Änderungen hat die Kommission zwei weitere Verordnungsentwürfe („Two Pack") vorgelegt, die unter anderem die Haushaltszyklen angleichen und eine noch stärker präventiv wirkende Haushaltsüberwachung auf europäischer Ebene ermöglichen sollen. So könnten zukünftig seitens der Kommission Haushaltsentwürfe zurückgewiesen werden, die in Widerspruch zu den Vorgaben des Stabilitäts- und Wachstumspakts stehen. Diese Verordnungen befinden sich aktuell im Gesetzgebungsverfahren, eine Verabschiedung ist für die erste Jahreshälfte 2013 angestrebt.

Über die bisherigen Prozesse hinaus setzt der am 2. März 2012 unterzeichnete Fiskalvertrag an einer verstärkten finanz- und wirtschaftspolitischen Koordinierung an. Durch diesen neuen Pakt wird die finanzpolitische Stabilitätsunion auf eine verlässliche

Grundlage auch in den jeweiligen Vertragsstaaten gestellt. Der Vertrag beinhaltet die Vorgabe, nationale Schuldenbremsen vorzugsweise mit Verfassungsrang einzuführen, die lediglich ein maximales strukturelles Defizit von 0,5 % in Relation zum BIP zulassen. Die Vertragsparteien sollen eine rasche Annäherung an ihr jeweiliges mittelfristiges Ziel sicherstellen. Daneben wird ein automatischer Korrekturmechanismus bei Zielverfehlung vorgeschrieben. Die vollständige Umsetzung dieser Haushaltsregeln in geeignetes nationales Recht kann gerichtlich erzwungen werden. Hierzu kann die Angelegenheit von einer oder mehreren Vertragsparteien vor den Gerichtshof der Europäischen Union gebracht werden; in einem Zusatzprotokoll zum Fiskalvertrag wurde hierzu bereits eine konkrete Vorgehensweise festgelegt. Daneben wurde unter anderem vereinbart, dass sämtliche Beschlüsse und Empfehlungen im Rahmen eines Defizitverfahrens nur noch mit einer qualifizierten Mehrheit der Eurostaaten gestoppt werden können.

Mit der temporären Europäischen Finanzstabilisierungsfazilität (EFSF) und dem dauerhaften Europäischen Stabilitätsmechanismus (ESM) wurden wirkungsvolle Stabilitätsmechanismen für konditionierte Nothilfen geschaffen. So können Hilfen nur gewährt werden, wenn die Finanzstabilität der Eurozone insgesamt in Gefahr ist und mit dem jeweiligen Empfängerland ein striktes wirtschaftliches Reform- und Anpassungsprogramm vereinbart wurde. Im Rahmen des ESM haben sich dessen Mitglieder zudem zur Einführung von standardisierten Umschuldungsklauseln in allen neuen Staatsanleihen mit einer über ein Jahr hinausgehenden Laufzeit verpflichtet. Und es gilt weiter das No-Bailout-Prinzip. Das ist essentiell, damit die Marktanreize zur fiskalpolitischen Disziplinierung über unterschiedliche Spreads und zum Abbau der Staatsverschuldung erhalten bleiben (vgl. *Wissenschaftlicher Beirat* 2012). Oder um es mit *Walter Eucken* (2004, S. 279) zu sagen: „Wer den Nutzen hat, muss auch den Schaden tragen."

4.2. Strukturelle Reformen für Wachstum und Beschäftigung

Die engere Koordination in der Finanz- und Wirtschaftspolitik der Europäischen Union ist notwendig, um zu einer Stabilitätsunion zu gelangen. Mit den neuen Maßnahmen hat die Eurozone wichtige Schritte in diese Richtung unternommen. Das sollte helfen, das Vertrauen der Märkte zurückzugewinnen. Klar ist auch, dass der Schlüssel zur Lösung der Krise nicht allein in einer Verbesserung der Fiskalregeln auf europäischer und nationaler Ebene liegt, sondern zunächst und vor allem in konkreten Konsolidierungs- und Reformmaßnahmen der einzelnen Mitgliedstaaten.

Es ist aber mehr nötig. Die Maßnahmen zur Sicherung solider öffentlicher Finanzen sind zwar eine notwendige Voraussetzung für Vertrauen in einen handlungsfähigen Staat und dauerhaft günstige Wachstums- und Beschäftigungsbedingungen, aber sie sind nicht hinreichend. Ohne Wettbewerbsfähigkeit und Wirtschaftswachstum wird es kaum möglich sein, die Glaubwürdigkeit der öffentlichen Finanzen wiederherzustellen. Daher wurden auch die wirtschaftspolitische Koordinierung und die Anstrengungen zur Verbesserung der Wettbewerbsfähigkeit – sowohl der Mitgliedstaaten im Einzelnen als auch der Union als Ganzes – intensiviert, unter anderem durch die ‚Europa 2020'-Strategie, den ‚Euro Plus'-Pakt und das Verfahren zur Überwachung makroökonomischer Ungleichgewichte. Nicht zuletzt ermöglichen solide Staatsfinanzen zusätzliche Investitionen in die Infrastruktur, die ein grundlegender Faktor für das langfristige Wirtschaftswachstum ist.

Reformbedarf besteht jedoch nicht nur in den anderen Ländern Europas, sondern auch in Deutschland. Im Interesse einer global wettbewerbsfähigen Eurozone muss auch Deutschland einen Beitrag zu Innovation, Effizienz und Flexibilität leisten (vgl. *Clement* und *Merz* 2010). Einige Maßnahmen sind bereits in die Wege geleitet; so werden die Finanzierungsbedingungen für Wagniskapital verbessert, die Zuwanderung für ausländische Fachkräfte spürbar erleichtert und der Beitragssatz zur gesetzlichen Rentenversicherung gesenkt. In Zukunft werden jedoch weitere Schritte notwendig sein, damit Deutschland Anker für Stabilität und Wachstum in Europa bleibt.

4.3. Konsolidierung als Basis für dauerhaftes Wirtschaftswachstum

Im Euroraum zeichnen sich inzwischen erste Erfolge der Konsolidierungsstrategie ab: Die Haushaltsdefizite gehen zurück, der Abbau der makroökonomischen Ungleichgewichte hat begonnen, substanzielle Strukturreformen wurden angepackt. Das ist ein Beleg dafür, dass der von vielen Mitgliedstaaten eingeschlagene Weg struktureller Haushaltskonsolidierung und konsequent umgesetzter Strukturreformen richtig ist und weitergegangen werden sollte. Auch von unabhängiger Seite wird die Richtigkeit des Kurses bestätigt. So urteilt z.B. *Holger Schmieding* (2012, S. 30):

> „Die Europäische Währungsunion bietet eine gute Stabilitätsordnung. Keinem vergleichbaren Wirtschaftsraum der westlichen Welt ist es besser gelungen, die Stabilität zu wahren und mit Reformen die Grundlage für künftiges Wachstum zu legen."

Eine Abkehr vom Kurs der strukturellen Konsolidierungspolitik flankiert mit Strukturreformen könnte die bisher erreichten Erfolge und eine Rückkehr des Vertrauens in die Zukunftsfähigkeit der betroffenen Volkswirtschaften zunichtemachen. Insofern sind Forderungen, angesichts einer sich abschwächenden Konjunktur die Ausrichtung der Finanzpolitik zu ändern, nicht zielführend.

Konsequente Konsolidierung ist die Grundvoraussetzung für dauerhaftes Wirtschaftswachstum. *Alesina* und *Ardagna* (2012) haben die makroökonomischen Effekte fiskalischer Konsolidierungspolitik untersucht. Ihre Studie kommt zu dem Ergebnis, dass vorwiegend ausgabenbasierte Konsolidierungsstrategien tendenziell

- zu einer nachhaltigeren Verringerung der Schuldenstandsquote führen,
- mit weniger ausgeprägten Rezessionen verbunden sind,
- auch positive Wachstumseffekte (sogenannte nicht-keynesianische Effekte) mit sich bringen können, insbesondere wenn sie mit wachstumsorientierten Strukturreformen im Bereich der Arbeits- und Produktmarktliberalisierung flankiert werden.

Die empirischen Ergebnisse von *Alesina* und *Ardagna* (2012) unterstreichen die Richtigkeit des europäischen Ansatzes einer wachstumsfreundlichen Konsolidierung.[5] Insbesondere in den Programmländern Griechenland, Irland und Portugal wird eine Doppelstrategie aus Konsolidierung und strukturellen Reformen verfolgt, um das Marktvertrauen wiederherzustellen und das langfristige Wachstumspotenzial zu stärken. Der Ansatz verbindet – möglichst ausgabenbasierte – fiskalische Anpassungen im Ein-

---

[5] Vgl. auch Vortrag von *Alberto Alesina* am 15. Juni 2011 im Bundesministerium der Finanzen in Berlin: „Reducing Budget Deficits after the Great Recession".

klang mit den Regelungen des Stabilitäts- und Wachstumspakts mit wirtschaftspolitischen Strukturreformen zur Verbesserung der Wettbewerbsfähigkeit.

Für die Wirkung von Strukturreformen ist es wichtig, dass Arbeitsmarktreformen und Produktmarktreformen gemeinsam umgesetzt werden, da sie – als komplementäre Maßnahmen – im Zusammenspiel bessere Effekte erzielen: Arbeitsmarktreformen erhöhen das Arbeitsangebot; gleichzeitig steigern Produktmarktreformen durch Anreize für zusätzliche Investitionen die Arbeitsnachfrage; zusammen führen sie zu höherer Beschäftigung. Konsequente Strukturreformen sind der richtige Weg zur nachhaltigen Stärkung des Wirtschaftswachstums. Mit der europäischen Wachstumsstrategie ‚Europa 2020' und den länderspezifischen Empfehlungen gibt es dafür auf europäischer Ebene das Instrumentarium, welches konsequent genutzt werden muss, zumal Strukturreformen für ihre Wirkung Zeit brauchen. Zusammen genommen bilden Wirtschaftswachstum, Wettbewerbsfähigkeit und Konsolidierung der öffentlichen Haushalte einen „virtuous circle", der die Chancen für Schuldenabbau und Rückkehr zu soliden Staatsfinanzen entscheidend verbessert.[6]

5. Ausblick

Die Reformen in Europa zeigen erste Erfolge. Um jedoch die Europäische Wirtschafts- und Währungsunion auch zukünftig weiterzuentwickeln, sollten zusätzliche konkrete institutionelle Reformmaßnahmen diskutiert werden. Auf dem Weg zu einer europäischen Fiskalunion könnte eine Stärkung der Rechte des Währungskommissars dazu führen, dass Haushalte von Eurozonenstaaten zurückgewiesen werden können, wenn sie nicht den finanzpolitischen Vorgaben auf europäischer Ebene entsprechen. Die Letztentscheidung über die Zusammensetzung der nationalen Haushalte, also Einnahmen und Ausgaben, bliebe selbstverständlich den nationalen Parlamenten vorbehalten. Zudem könnte eine Stärkung der demokratischen Legitimation durch eine frühere und bessere Einbeziehung des Europäischen Parlaments in die Entscheidungen erfolgen. Hier wäre eine Modulation in dem Sinne vorstellbar, dass im Europäischen Parlament immer nur die Vertreter derjenigen Mitgliedstaaten abstimmen, die von einer Regelung auch betroffen sind.

Die öffentlichen Finanzen in Deutschland und Europa werden langfristig gestärkt aus der Krise hervorgehen. Das neue institutionelle Rahmenwerk erhöht die Stabilität und bewirkt große Anstrengungen auf der Ebene der Mitgliedstaaten. Die Regelverbindlichkeit wurde erhöht, und die Eigenanreize zu einer zukunftsgerichteten Politik wurden gestärkt. Nur so kann es gelingen, den von *Karl-Hans Hartwig* geforderten Einklang zwischen politischer Rationalität und kollektiver Rationalität zu gewährleisten und die langfristige Solidität der Staatsfinanzen zu sichern.

---

[6] Zur Bedeutung von Wachstum für Beschäftigung, Lebensqualität und soziale Sicherheit vgl. *Paqué* (2010).

Literatur

Alesina, Alberto und *Silvia Ardagna* (2012), The Design of Fiscal Adjustments, *NBER*, Working Paper 18423, September 2012.

Beck, Hanno und *Aloys Prinz* (2011), Staatsverschuldung – Ursachen, Folgen, Auswege, München.

Bundesministerium der Finanzen (2010), Kompendium zur Verschuldungsregel des Bundes gemäß Artikel 115 Grundgesetz, abrufbar unter: http://www.bundesfinanzministerium.de.

Bundesministerium der Finanzen (2011), Die Ermittlung der Konjunkturkomponente des Bundes im Rahmen der neuen Schuldenregel, BMF-Monatsbericht, Februar 2011, abrufbar unter: http://www.bundesfinanzministerium.de.

Bundesministerium der Finanzen (2012), Auf den Punkt – Europäische Stabilitätsmechanismen, abrufbar unter: http://www.bundesfinanzministerium.de.

Clement, Wolfgang und *Friedrich Merz* (2010), Was jetzt zu tun ist – Deutschland 2.0, Freiburg.

Eucken, Walter (2004), Grundsätze der Wirtschaftspolitik, 7. Auflage, Tübingen.

Hartwig, Karl-Hans (2009), Drei Fliegen mit einer Klappe? Investitionen in die Verkehrsinfrastruktur als Konjunkturprogram, ifo Schnelldienst, 62. Jg, 2/2009, S. 6-9.

Hartwig, Karl-Hans und *Tobias Huld* (2009), Nachhaltige Finanzierung der Straßeninfrastruktur, List Forum für Wirtschafts- und Finanzpolitik, Bd. 35, S. 106-124.

Kastrop, Christian, Ludger Schuknecht und *Carsten Zinkan* (2012), EU-Gipfel: Kann eine Fiskalunion den Euro retten?, ifo Schnelldienst, 65. Jg, 5/2012, S. 15-19.

Konrad, Kai A. und *Holger Zschäpitz* (2010), Schulden ohne Sühne – Warum der Absturz der Staatsfinanzen uns alle trifft, München.

Paqué, Karl-Heinz (2010), Wachstum – Die Zukunft des globalen Kapitalismus, München.

Sachverständigenrat zur Begutachtung der gesamtwirtschaftlichen Entwicklung (2011), Jahresgutachten 2010/2011. Abrufbar unter: http://www.sachverstaendigenrat-wirtschaft.de.

Schmieding, Holger (2012), Unser gutes Geld – Warum wir den Euro brauchen, Hamburg.

Schuknecht, Ludger, Phillipe Moutot, Philipp Rother und *Jürgen Stark* (2011), The Stability and Growth Pact – Crisis and Reform, European Central Bank, Occasional Paper No. 129, September 2011.

Wissenschaftlicher Beirat beim Bundesministerium der Finanzen (2012), Fiskalpolitische Institutionen in der Eurozone, Gutachten, Februar 2012, abrufbar unter: http://www.bundesfinanzministerium.de.

Ingo Pies (Hg.), Das weite Feld der Ökonomik
Schriften zu Ordnungsfragen der Wirtschaft · Band 98 · Stuttgart · 2013

Lehren aus den Finanzkrisen

Albrecht F. Michler und *H. Jörg Thieme*

Inhalt

„Die Wechselwirkung zwischen dem Anreiz, das Eigenkapital zu minimieren, und dem Anreiz zum Glückspielen verursachte die amerikanische Krise ... Die Krise breitete sich aus, weil das Bankensystem nicht ausreichend risikoscheu war, ja in vielen Fällen das Risiko geradezu suchte." *Hans-Werner Sinn* (2008)

1. Fakten und Fragen

Seit 2007, also seit mehr als fünf Jahren, trafen mehrere massive Schocks auf amerikanische und europäische Volkswirtschaften. Sie zu verarbeiten dauert an:

- Subprime-Krise in den USA mit zahlreichen Bankinsolvenzen in den USA und in Europa;
- Staatsschuldenkrisen in europäischen Ländern, die drohende Staatsinsolvenzen (Griechenland, Zypern) und faktische Insolvenzen von Finanzinstitutionen auslösten sowie Insolvenzgefahren zahlreicher Geschäftsbanken begründeten;
- Weltweiter Konjunkturrückgang mit partiellen Absatzkrisen und drastisch steigender Arbeitslosigkeit (besonders der Jugendarbeitslosigkeit in südeuropäischen Ländern);
- Energiewende durch Atomkraftwerksunfall in Japan und Atomkraftwerksstilllegung in Deutschland.

Ursachen und Wirkungen dieser Schocks werden heftig und kontrovers in der Wissenschaft, aber insbesondere in den Medien diskutiert. Weitgehend umstritten ist auch, ob und inwieweit die strukturellen Energieprobleme und die gesamtwirtschaftlichen Konjunktureinbrüche unabhängig von den im monetären und fiskalischen Sektor entstandenen Schocks sind.

Weshalb sind die Analysen der Finanz- und Wirtschaftskrisen für diese schockintensive Periode nicht eindeutig, teilweise sogar widersprüchlich? Welche Unterschiede bestehen bei Ursachen und Verlauf zwischen US-amerikanischer und europäischer Finanzkrise? Sind die Erklärungsansätze der Ökonomen, die ja geglaubt haben, die Effekte exogener Schocks in diversen makroökonomischen Modellen hinreichend bestimmt zu haben, widerlegt und gescheitert? Welche Rolle spielt die Wissenschaft gegenwärtig in der wirtschaftspolitischen Beratung und bei der Empfehlung von Therapien?

Weshalb ist das Experiment der Europäischen Währungsunion ernsthaft gefährdet? Ist tatsächlich modellendogenes Marktversagen Hauptursache der Finanzkrisen, wie es einige Ökonomen (und viele Journalisten) behaupten, die dann konsequent eine zügige und detaillierte Staatsregulierung insbesondere der Finanzmärkte fordern? Und schließlich: Sollten Wissenschaftler (und Journalisten) bestimmte Verhaltensregeln in schweren Krisenzeiten beachten?

Im Folgenden sollen – ohne Anspruch auf Vollständigkeit – Antworten auf diese Fragen gesucht werden, mit dem Ziel, beobachtbare Konfusionen bei der Erklärung der Fakten zu reduzieren.

2. Konkurrierende Erklärungsansätze der Finanzkrisen

Die in den vergangenen fünf Jahren beobachtbaren Verwerfungen in den monetären Systemen der USA und in der Europäischen Währungsunion haben eine Fülle unterschiedlicher Erklärungsversuche ausgelöst. Sie wurden an anderer Stelle ausführlich geprüft.[1]

Ein Hauptstrang der wissenschaftlichen Kontroversen konzentriert sich auf die fundamentale Frage, ob und inwieweit Staatsversagen oder Marktversagen die zentrale Ursache der krisenhaften Finanzmarktentwicklung ist. Weitgehend unbestritten ist mittlerweile, dass ordnungspolitisches Staatsversagen vorliegt, weil die politische Gestaltung der Rahmenbedingungen der dynamischen Entwicklung der weltweit integrierten Finanzmärkte mit ihren neuen Finanzinstrumenten hinterhergehinkt ist: Fehlende oder falsche Regulierungen, wie sie z.B. in den Vereinbarungen von Basel I und II verankert sind; Nichteinhaltung vorhandener europäischer Rechtsregeln (Neuverschuldungs- und Schuldenniveauregeln für die Mitgliedstaaten der Europäischen Währungsunion, „no bail-out"-Regeln); Nichtanwendung von Gläubigerhaftungsregeln etc.

Kaum umstritten ist auch, dass Finanzmärkte eine besondere Bedeutung für die Stabilität gesamtwirtschaftlicher Entwicklung in Marktwirtschaften haben. Ebenso unumstritten sind gewisse Besonderheiten, die das Verhalten der Finanzmarktakteure prägen können, wenn die Ordnungsbedingungen fehlerhaft sind (moral hazard, Herdenverhalten etc.). Evident und in der gegenwärtigen Finanzkrise gut erkennbar ist auch, dass Fehlverhalten der Finanzmarktakteure immer dann entsteht, wenn der Staat für die eingegangenen und eingetretenen Risiken ex post haftet (Sicherungsfonds).

Ein anderer möglicher Erklärungsansatz ist „Theorieversagen" oder – vorsichtiger formuliert – Versagen bei der Interpretation der Fakten: In den vergangenen zwei Jahrzehnten ist es bei der Analyse realwirtschaftlicher und monetärer Instabilitäten (erneut!) zu einem bemerkenswerten Richtungswechsel gekommen. Die in den 1960er bis Anfang der 1980er Jahre dominanten monetaristischen Erklärungen von Inflationsprozessen und Konjunkturzyklen (basierend auf den Arbeiten von *Milton Friedman*, *Karl Brunner*, *Allan H. Meltzer*) wurden durch neo-keynesianische Neuinterpretationen (beispielswiese durch die Arbeiten von *Michael Woodford* oder *Lars E. O. Svensson*) eines „money doesn't matter" abgelöst.[2]

Dies hat in den USA, in Großbritannien und in einigen nordeuropäischen Ländern Konzeption und Strategie der Geldpolitik maßgeblich verändert: direkte Preisniveau-

---

[1] Vgl. beispielsweise *Reinhart* und *Rogoff* (2009), *Michler* und *Thieme* (2009), *Vaubel* (2009), *Michler* und *Smeets* (2011) oder *Hetzel* (2012).

[2] Einen umfassenden Einblick in die unterschiedlichen theoretischen Konzeptionen und ihre Konsequenzen für die Ausgestaltung geldpolitischer Strategien liefern *Belke* und *Polleit* (2009). Zu den wesentlichen Eigenschaften der neo- bzw. neu-keynesianischen Makromodelle und ihren Erklärungsdefiziten siehe *Görgens, Ruckriegel* und *Seitz* (2007).

bzw. Inflationssteuerung durch geldpolitische Zinsbeeinflussung, Einsatz der Geldpolitik zur Konjunkturbelebung und Bekämpfung von gesamtwirtschaftlicher Arbeitslosigkeit (USA) sowie zur zinsgünstigen Finanzierung von Immobilien für einkommensschwache Bevölkerungsschichten (USA), Neudefinition des Inflationsziels und geldpolitische Bekämpfung von Vermögenspreisinflation(-blasen). Das Wachstum der bislang sorgfältig beobachteten Geldmengenaggregate spielte bei der Konzipierung von Geldpolitik keine (USA) oder lediglich eine sehr untergeordnete Rolle (Europäische Währungsunion).

Betrachtet man die Fakten des vergangenen Jahrzehnts, ist der Strategiewechsel der Geldpolitik wenig erfolgreich gewesen:

Erstens hat die extreme Niedrigzinspolitik in den USA seit Ende 2007 und in Europa seit Ende 2008 weder die Finanzkrise noch die weltweite Abschwächung der Konjunktur verhindert.[3] Ähnlich wie seit Jahren in Japan ist das zinspolitische Instrument der Zentralbank völlig stumpf und erfüllt auch die Indikatorfunktion für den realwirtschaftlichen Sektor falsch. Die von Zentralbankern (wie *Ben Bernanke*) abgegebenen Garantien eines niedrigen Zinssatzes auch in der Zukunft sind gerade kontraproduktiv für eine Anregung der Konsum- und Investitionsentscheidungen: Die Erwartung steigender Zinssätze in der näheren Zukunft hätte die aktuellen Konsum- und Investitionsausgaben stimuliert. Glaubhafte Garantien niedriger Zinssätze in der Zukunft erlauben es hingegen, Konsum- und Investitionsentscheidungen ohne Zinsrisiko in die Zukunft zu verschieben. Insofern hat diese Strategie lediglich insolvenzgefährdeten Banken und hochverschuldeten Staaten geholfen, Liquiditätsengpässe zu vermeiden und Staatshaushaltsdefizite zinssubventioniert zu finanzieren.

Zweitens wird für den Strategiewechsel der Geldpolitik die nachlassende und veränderte Bedeutung diverser Geldmengenaggregate für Inflation und Konjunktur in einer vermeintlich neu strukturierten Weltwirtschaft verantwortlich gemacht.

> „Die geldpolitischen Transmissionskanäle in einer global hochgradig verflochtenen Weltwirtschaft mit freiem Kapitalverkehr folgen anderen Mechanismen als in historischen Zeiten der stärker geschlossenen Volkswirtschaften" (*Straubhaar* und *Vöpel* 2012; S. 6).

Sicherlich haben sich neue Handelsformen und Institutionen durch die Integration von Güter- und Finanzmärkten herausgebildet. Ob und inwieweit sich dadurch jedoch die grundlegenden Transmissionszusammenhänge wesentlich geändert haben, ist fraglich, wie eine Analyse der stilisierten Fakten auf den Geld- und Kreditmärkten zu belegen scheint. Die diversen Geldmengenaggregate haben ihre relativ guten Prognoseeigenschaften auch in der Finanzkrise nicht verloren. Die Wachstumsrate von M1 gilt in der monetaristischen Transmissionstheorie als guter Indikator für den realwirtschaftli-

---

[3] Die FED Funds Target Rate wurde von der US-Notenbank ab dem 16. Dezember 2008 auf eine Bandbreite von 0,0 bis 0,25 v.H. abgesenkt, die auch weiterhin gültig ist (Stand: Ende 2012). Anfang des Jahres 2008 strebte die FED noch eine Zielgröße von 4,25 v.H. an. Der Hauptrefinanzierungssatz der EZB sank nach der Wiedereinführung eines festen Bietungssatzes am 15. Oktober 2008 (3,75 v.H.) zunächst auf 2,50 v.H. bis Ende 2008 und wurde sukzessive – mit zeitweiligen geringfügigen Leitzinssteigerungen in 2011 – bis zum 11. Juli 2012 auf das gegenwärtig bestehende Niveau von 0,75 v.H. abgesenkt (Stand: Ende 2012).

chen Zyklus mit einer Vorlaufeigenschaft von ca. 12 Monaten: Die Veränderungsrate gM1 ist seit Anfang 2010 bis Ende 2011 deutlich gesunken.[4]

Dieser restriktive Geldmengenimpuls hat mit einjähriger Verzögerung die gegenwärtige Rezession in Europa und in Deutschland ausgelöst. Mitte 2012 haben noch viele Politiker (und Journalisten!) verkündet, Deutschland wachse weiterhin stabil; sie mussten in der zweiten Jahreshälfte 2012 ihre Wachstumsprognosen drastisch korrigieren. Die neuerliche Trendumkehr des Wachstums der Tauschgeldmenge M1 seit Anfang 2012 (Abbildung 1) erlaubt die vorsichtige Prognose, dass die Konjunkturschwäche auch in Deutschland in der zweiten Jahreshälfte 2013 überwunden sein dürfte.[5] In der Abbildung 2 wird der Zusammenhang zwischen der Änderungsrate der Geldmenge und der Konjunkturentwicklung – gemessen an der Änderungsrate des realen Bruttoinlandsprodukts in der Eurozone g_{Yreal} – dargestellt.

Abb. 1: Entwicklung der Geldmengenaggregate M1, M2 und M3[6]

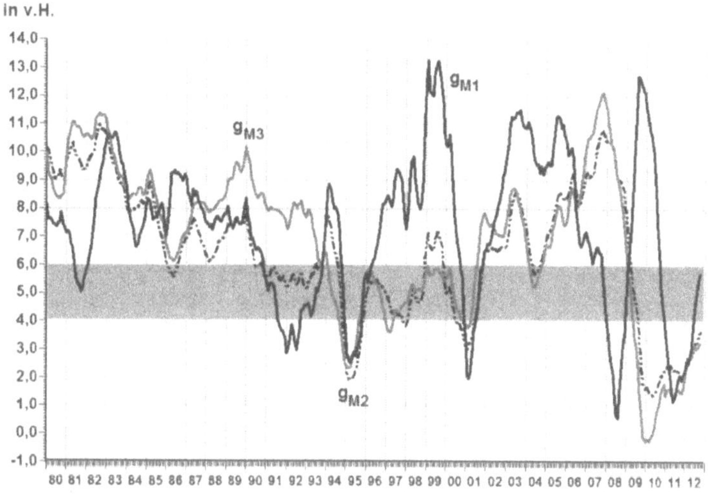

Quelle: Daten von Thomson Reuters Datastream sowie eigene Berechnungen.

[4] Zu Beginn des Jahres 2010 betrug die Wachstumsrate von M1 gegenüber dem Vorjahresmonat 11,5 v.H., während sie Ende Dezember 2011 nur noch bei 1,8 v.H. lag.

[5] Seit Januar 2012 ist die Änderungsrate wieder sukzessive angestiegen und beträgt aktuell 6,4 v.H. gegenüber dem Vorjahreszeitraum (Stand: 10/2012).

[6] Die dargestellten Zeitreihen basieren auf einem dreimonatigen gleitenden Durchschnitt der originären Änderungsraten für M1, M2 und M3.

Abb. 2: Geldmengen- und Konjunkturentwicklung in der Eurozone[7]

Quelle: Daten von Thomson Reuters Datastream sowie eigene Berechnungen.

Die breiteren Geldmengenaggregate gM2 und gM3, die zur Prognose der zeitverzögert reagierenden Stromgüterpreise herangezogen werden, erlauben ebenfalls relativ gute Vorhersagen. Seit 2008 sind deren Änderungsraten bis 2010 ebenfalls drastisch gesunken und stiegen seitdem über weite Strecken eher verhalten wieder an.[8] Berücksichtigt man die weithin akzeptierten Wirkungsverzögerungen von ca. 24 bis 30 Monaten, sind die gegenwärtig recht niedrigen Inflationsraten in Europa und in Deutschland gut erklärbar (Abbildung 3).

Wie verträgt sich diese Aussage mit der seit 2008/2009 in den USA, in Großbritannien und in der Europäischen Währungsunion beobachtbaren, äußerst expansiven Basisgeldmengenausweitung (Abbildung 4), die die Zentralbanken als „lender of last resort" betrieben haben, um die vermeintlich „systemischen" Gefahren zu bekämpfen, die vom „Versanden" der Geldmärkte und drohenden Staatsinsolvenzen ausgingen?

---

[7] Es wird unterstellt, dass die Änderungsrate des realen Bruttoinlandsprodukts mit einer Verzögerung von ca. einem Jahr auf Änderungen in der monetären Versorgung der Volkswirtschaft reagiert. Die Geldmengenreihe wurde deshalb um vier Quartale nach rechts verschoben. Ferner wird eine Geldmengenausweitung von ca. 400 Basispunkten (BP) als konjunkturneutral unterstellt: Die Reihe wurde deshalb zusätzlich um 400 BP abgesenkt.

[8] Die Geldmenge M2 wuchs im Jahr 2008 – gemessen an den monatlichen Änderungsraten gegenüber dem jeweiligen Vorjahreszeitraum – phasenweise mit mehr als 10,0 v.H. und sank danach zeitweilig auf Werte von unter 1,5 v.H. im Jahr 2010. Der Rückgang bei der Geldmenge M3 fiel noch deutlicher aus. Nach Spitzenwerten von über 11,5 v.H. in 2008 konnte man in 2010 zeitweise negative Änderungsraten bis -0,4 v.H. beobachten. Erst am aktuellen Rand (Stand: 10/2012) sind zurzeit Änderungsraten von 4,3 v.H. für M2 und von 3,9 v.H. für M3 zu beobachten.

Abb. 3: Geldmengen- und Inflationsentwicklung in der Eurozone[9]

Quelle: Daten von Thomson Reuters Datastream sowie eigene Berechnungen.

Niedrigzinspolitik, Reduktion der Anforderungen an beleihbare Titel, Ankauf von verbrieften Krediten hochverschuldeter Euro-Länder seitens der Notenbank haben die ausgeprägte Liquiditätsneigung der Geschäftsbanken – insbesondere in den südeuropäischen Ländern der Eurozone – befriedigt. Die (teilweise) Verzinsung von Guthaben der Geschäftsbanken bei den Notenbanken hat zudem die Haltung freiwilliger Liquiditätsreserven begünstigt. Die in der folgenden Tabelle 1 dargestellten Verbindlichkeiten in Euro aus geldpolitischen Operationen verdeutlichen die Dimension der Einlagengeschäfte vor der Finanzkrise (2007: W01) und in den Folgejahren.[10] Dabei werden auch die Auswirkungen der beiden langfristigen Refinanzierungsgeschäfte seitens der EZB vom 22.12.2011 mit ca. 489 Mrd. EUR und vom 01.03.2012 mit ca. 529 Mrd. EUR deutlich, die erst im Januar bzw. Februar 2015 auslaufen.[11]

---

[9] Die Zeitreihen basieren auf einem gleitenden Durchschnitt von 36 Monaten für die Änderungsraten der Geldmenge M2 bzw. des Preisindizes der Lebenshaltung (CPI) gegenüber dem jeweiligen Vorjahreszeitraum. Ferner wird eine Wirkungsverzögerung von ca. 2 Jahren unterstellt. Aus diesem Grund wurde die Geldmengenreihe um zwei Jahre nach rechts verschoben. Ferner wird eine Geldmengenausweitung von 350 Basispunkten als inflationsneutral unterstellt und die Reihe entsprechend um 350 BP abgesenkt. Aufgrund der Verwendung gleitender Durchschnitte können am aktuellen Rand zwischen der dargestellten und der tatsächlichen Inflationsrate deutliche Unterschiede bestehen.

[10] Ähnliche Daten ließen sich auch aus der Bilanz der US-Notenbank extrahieren.

[11] EZB-Präsident *Mario Draghi* belegte den Einsatz dieser langfristigen Refinanzierungsgeschäfte mit dem Begriff der „Dicken Bertha", einem deutschen Großgeschütz aus dem I. Weltkrieg.

Abb. 4: Entwicklung der Geldbasis in der Eurozone und den USA[12]

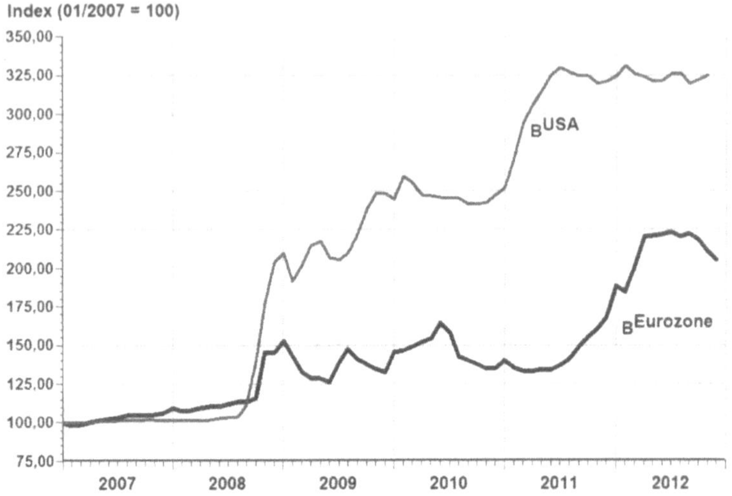

Quelle: Daten von Thomson Reuters Datastream sowie eigene Berechnungen.

Tab. 1: Verbindlichkeiten in Euro aus geldpolitischen Operationen

Verbindlichkeiten in Euro aus geldpolitischen Operationen gegenüber Kreditinstituten im Euro-Währungsgebiet in Mrd. EUR				
Zeitraum (Wochenausweise)	insgesamt	darunter: Einlagen auf Girokonten (incl. Mindestreserveguthaben)	darunter: Einlagefazilität	darunter: Termineinlagen
2007:W01	180,86	178,70	0,07	2,10
2008:W01	144,31	143,65	0,55	0,00
2009:W01	504,31	213,28	281,67	0,0
2010:W01	387,83	160,68	227,14	0,00
2011:W01	332,50	176,86	80,97	73,5
2012:W01	832,38	156,47	463,57	211,50
2012:W09	1.148,86	91,40	820,82	219,50
2012:W51	928,01	489	229,38	208,50

Quelle: European Central Bank Statistical Data Warehouse (http://sdw.ecb.europa.eu/).

[12] Die Abbildung beschreibt mithilfe von Indexwerten die Entwicklung der Geldbasis in der Eurozone ($B^{Eurozone}$) und in den USA (B^{USA}).

Gleichwohl bergen diese Liquiditätsreserven ein Inflationspotential, das mit Rückkehr des Vertrauens der Akteure zügig ausgelastet werden dürfte. Ob und inwieweit es den Zentralbanken dann – wie häufig von Notenbankern beruhigend behauptet – gelingt, diese Liquiditätsüberhänge konjunkturschonend abzubauen, ist sehr fraglich: Angesichts der noch lange anhaltenden hohen Staatsverschuldung einiger Euro-Länder sind weitere Stützungskäufe von Staatsanleihen dieser Länder und damit eine anhaltende Ausweitung der Basisgeldproduktion wahrscheinlicher als Wertpapierverkäufe, die zum Abbau der Liquiditätsüberschüsse und damit zur Reduktion der Basisgeldmenge notwendig wären. Da auch Devisenverkäufe (Wechselkurspolitik) und Goldverkäufe der Zentralbank unwahrscheinlich sind, bleibt nur die systematische Einschränkung der Kreditvergabe an die Finanzinstitutionen. Dies würde besonders in Deutschland die mittelständische Wirtschaft und die privaten Haushalte hart treffen, die ja – stärker als die Großunternehmen mit Zugang zu den Kapitalmärkten – auf Bankenkredite angewiesen sind. Geldpolitik hat dann erhebliche strukturelle Auswirkungen zu Lasten des privaten Sektors in Marktwirtschaften.[13]

Drittens herrscht Konfusion über die Ziel der Geldpolitik: Sollen neben der Inflationsvermeidung auch realwirtschaftliche Ziele (Wachstumsförderung, Abbau von Arbeitslosigkeit) wie in den USA auch von der EZB angestrebt werden? Soll Preisniveaustabilität auch schon bei einer jährlichen Inflationsrate von „nahe" 4 v.H. erreicht sein? Wie ist Inflation zu messen? Sollen zur Messung die traditionellen Preisindizes für das Bruttoinlandsprodukt bzw. ausgewählte Konsumgüterkörbe (harmonisierter Verbraucherpreisindex) herangezogen, also die durchschnittlichen Preisänderungen von Stromgrößen betrachtet werden? Oder sollen, wie seit geraumer Zeit von einigen Ökonomen gefordert, auch Preiserhöhungen von diversen Vermögensgütern (Immobilien, Aktien, Gold) in das Inflationsziel einbezogen werden (Berücksichtigung der Asset Price Inflation), um damit das Entstehen von Vermögenspreisblasen geldpolitisch zu verhindern?

Gerade die letzten Aspekte belegen, dass die in der monetaristischen Transmissionstheorie der relativen Preise aufgezeigten Zusammenhänge zwischen Strom- und Bestandsgrößen anscheinend in Vergessenheit geraten sind. Preiserhöhungen bei Bestandgütern sind Ausdruck relativer Preisänderungen. Sie lösen Transmissionsprozesse aus. Gebrauchtwagen- oder Gebrauchtimmobilicnpreiserhöhungen induzieren Preiserhöhungen bei Neuwagen und Neubauten, wodurch die Neuproduktion angeregt wird. Preiserhöhungen gehen also auch in den Preisindex der Stromgüter ein. Solche relativen Preisänderungen geldpolitisch zu verhindern, wäre ein fataler Eingriff in das „Spiel" der relativen Preise und würde die Lenkungsmechanik einer Marktwirtschaft empfindlich beeinträchtigen – ganz abgesehen davon, dass Zentralbanken völlig überfordert wären (*Baltensperger* 2012).

[13] Die Neutralisierung der langfristigen Refinanzierungsgeschäfte, die bis zum Jahresbeginn 2015 laufen, ließe sich durch eine drastische Anhebung der Einlagenzinssätze bei der EZB realisieren. Im Ergebnis würden sich die Zinskonditionen der Kreditinstitute ebenfalls verschärfen, da die Einlagenzinssätze der EZB die Untergrenze für die Zinsen im Kreditgeschäft der Geschäftsbanken darstellen würden. Ferner muss beachtet werden, dass für die EZB-Einlagen keine Eigenkapitalhinterlegung erforderlich ist, woraus sich für einzelne eigenkapitalschwache Kreditinstitute entsprechende Präferenzen ergeben könnten.

Viertens ist die Episode der Finanzierung griechischer Staatsschulden hilfreich bei der Analyse von Krisenursachen. Ein Blick in das Volumen und die Fristigkeitsstruktur griechischer Staatsanleihen sowie die Staatshaushaltssituation Griechenlands (Defizitquote, Schuldenstand in Relation zum BIP) hätte jedem Kreditanbieter (insbesondere ausländischen Banken und Nichtbanken) die Insolvenzgefahren des griechischen Staates verdeutlicht. Die schon seit drei Jahrzehnten relativ hohe Verzinsung griechischer Staatspapiere hat zudem die Risikoprämien offenbart. Renditestreben und die – ex post berechtigte – Erwartung einer Insolvenzabwehr durch die europäische Staatengemeinschaft haben die Ignoranz der Warnsignale bewirkt, die von gut funktionierenden Kreditmärkten ausgingen.

Es sind also bestimmte Erwartungen über eine Sozialisierung von Verlusten bei Ausfällen von Staatskrediten, die das Marktgeschehen geprägt haben. Besonders die großen, „systemrelevanten" Geschäftsbanken außerhalb Griechenlands konnten auf die staatliche Unterstützung vertrauen. Angesichts der deutlichen Zinsunterschiede zwischen griechischen und z.B. deutschen Staatsanleihen haben die Kreditanbieter dann sogar rational gehandelt. Marktversagen liegt sicher nicht vor, aber Staatsversagen insofern, als die vereinbarte „no bail-out"-Klausel politisch als „weiche" Budgetrestriktion behandelt wurde – ähnlich der für Deutschland und Frankreich in der Vergangenheit nicht angewendeten Verfahrensregeln bei Überschreitung der Schuldenquoten.

3. Staatsversagen: Regierungs- oder Zentralbankfehler?

Mittlerweile ist in der Wissenschaft also weitgehend unbestritten, dass staatliche Institutionen bei der Verursachung der Krisen seit 2007 wesentlich beteiligt waren (Übersicht bei *Michler* und *Thieme* 2009). Es bestehen allerdings erhebliche Unterschiede bezüglich Beteiligung und Verantwortung einzelner staatlicher Institutionen, wenn man die US-amerikanische Subprime-Krise 2007 einerseits und die seit 2008/2009 aktuellen Banken- und Staatshaushaltskrisen in Europa andererseits vergleicht.

In den USA haben die Bundesregierungen (unter *Bill Clinton* bzw. *George W. Bush*) durch politische Versprechen, die Bezieher niedriger Einkommen durch die Bildung von Immobilieneigentum zu unterstützen, den Prozess der späteren Subprime-Krise initiiert. Die FED unter *Greenspan* hat dies seit 2001 durch eine extreme Zinssenkungspolitik unterstützt, wodurch die Kreditblase beim Erwerb von Immobilien entstanden ist (Kreditfinanzierung ohne Sicherheiten für einkommensschwache Schichten mit Beleihungsgrenzen von über 100 v.H.; Kreditkontrakte mit niedriger Festverzinsung für 2 Jahre und anschließender variabler – an den Geldmarktsätzen orientierter – Verzinsung über beispielsweise 28 Jahre, sog. 2/28-Kredite).

Die angesichts der steigenden Inflationserwartungen bereits Mitte 2004 von der FED eingeleitete scharfe Zinserhöhungspolitik (von 1,25 v.H. für die Fed Funds Target Rate im Sommer 2004 auf 5,25 v.H. p.a. im Sommer 2006) hat die Kreditblase platzen lassen und die dramatischen Verwerfungen auf den internationalen Kreditmärkten bis zu Insolvenzen von Banken (z.B. Lehman Brothers) und Sparkassen ausgelöst. Zugleich lag hier die zentrale Ursache der folgenden Rezession mit steigender Arbeitslosigkeit. Die sozial motivierte Regierungspolitik in Kombination mit einer auch realwirtschaftlichen

Zielen verpflichteten Zentralbankpolitik waren somit wesentliche Ursache der Subprime-Krise in den USA.

Davon betroffen waren auch die europäischen (Groß-)Banken, die in ihren Bilanzen oder außerhalb in Zweckgesellschaften die relativ hoch verzinsten, aber auch sehr risikoreichen, „toxischen" Kreditverbriefungen (Asset backed securities [ABS], respektive Collateralized Debt Obligations [CDOs] u.ä.) hielten. Hierdurch entstanden hohe Verluste, durch die einzelne Finanzinstitute in ihrer Existenz gefährdet waren (in Deutschland insbesondere staatliche Landesbanken sowie die Commerzbank AG, die Hypo Real Estate Holding und die IKB Deutsche Industriebank AG). Sie wurden mit unterschiedlichen staatlichen Subventionen – also Steuermitteln – am Leben erhalten aus Furcht, das gesamte Bankensystem könnte zerbrechen.

Wären diese – weitgehend in die Eurozone importierten – Risiken mit Unterstützung des Europäischen Zentralbanksystems noch halbwegs lösbar gewesen, hat ein anderer Strang von staatlichem Fehlverhalten in einigen Euro-Ländern die europäische Finanzkrise verschärft: In einigen Ländern der Währungsunion wurden die – teilweise schon bei der Aufnahme in die Währungsunion nicht erfüllten – Fiskalkriterien des Maastrichter Vertrags (60 v.H. des BIP als Höchstgrenze des Schuldenstands; 3 v.H. des BIP als jährliche Neuverschuldungsgrenze) immer weniger erfüllt. Die hohe staatliche Kreditnachfrage auf den Kapitalmärkten konnte nur gegen hohe Zinszahlungen immer schlechter gedeckt werden. In dem Ausmaß, wie die Rückzahlungsrisiken zunächst in Irland und Griechenland, zunehmend auch in Spanien, Portugal, Italien, Slowenien, Zypern sichtbar wurden, konnten die erforderlichen Refinanzierungsvolumina nur durch Kreditzusagen der kurzfristig ins Leben gerufenen europäischen Krisenfonds (EFSF, ESM) und des Internationalen Währungsfonds (IMF) sowie durch Schuldenschnitte (Beteiligung der privaten Gläubiger) und drastische Zinssubventionen der Europäischen Zentralbank aufgebracht werden. Nur so konnten einzelne Länder bislang vor der Staatsinsolvenz gerettet werden. Die Vergabe der von den europäischen Partnerländern initiierten Kreditprogramme wurde an harte Konsolidierungspläne gebunden, die in den betroffenen Ländern (Griechenland) starke Akzeptanzprobleme in Parlamenten und Bevölkerung begründeten.

Die Europäische Zentralbank hat bei der Finanzierung der Staatsschulden der betroffenen Länder eine bislang unbekannte, in der Europäischen Verfassung nicht vorgesehene Funktion wahrgenommen, die besonders in Deutschland auf heftige Kritik gestoßen ist. Sie hat verschiedene, bislang vermiedene Instrumente eingesetzt (Reduktion der qualitativen Anforderungen an beleihbare Aktiva der Banken, mehrere Tranchen von Wertpapierkäufen, extreme Senkung der Geldmarktsätze etc.) und dadurch die Geldbasis drastisch erhöht. Die Wachstumsrate der Basisgeldmenge betrug in 2012 zeitweilig über 65 v.H. gegenüber dem jeweiligen Vorjahreszeitraum.

Diese sehr expansive Geldpolitik der Europäischen Zentralbank ist zwar eine mögliche und wahrscheinliche Ursache einer zukünftigen Inflationsakzeleration in den Ländern der Europäischen Währungsunion, worauf die Deutsche Bundesbank immer wieder, allerdings ohne Erfolg, warnend hinweist. Sie war aber nicht die eigentliche Ursache der europäischen Finanzkrise. Die liegt eindeutig in der extrem fehlerhaften Finanzpolitik der betroffenen Länder, die jahrelang hohe Staatshaushaltsdefizite zuließ. Die außergewöhnliche Geldpolitik der Europäischen Zentralbank entsprach sicherlich nicht den Stabilitätsvorstellungen der Deutschen Bundesbank (und anderer Zentralbanken in Österreich, Niederlande, Finnland), weil das traditionelle Verbot der Finanzierung von Staatshaushaltsdefiziten durch die Zentralbank massiv durchbrochen wurde. Sie war aber nicht der originäre Ausgangspunkt der Finanzkrise in Europa. Die Zentralbank hat vielmehr aus Furcht vor dem Zusammenbruch des europäischen Finanzsystems und der Auflösung der Währungsunion auf das politische Fehlverhalten in den betroffenen Ländern reagiert.

Insoweit existieren markante Unterschiede bei der Verursachung der Finanzkrisen in den USA und in Europa: In den USA hat die FED-Politik maßgeblich und aktiv die Regierungsentscheidungen unterstützt. Zwar ist die Staatsverschuldung in den USA mit einem Schuldenstand in Höhe von ca. 108,9 v.H. des BIP im Jahre 2012 und einer Neuverschuldung in Höhe von voraussichtlich 8,5 v.H. des BIP höher als der Durchschnitt in den Ländern der europäischen Währungsunion (mit ca. 100,6 v.H. bzw. 3,3 v.H.) (*OECD* 2012; Annex Table 27 und 32). Die Risiken dieser Staatsverschuldung sind allerdings bislang nicht marktrelevant. Dies liegt auf der einen Seite an der ebenfalls sehr expansiven Geldpolitik der FED und der großen „Ersparnisschwemme (Global Saving(s) Glut)“, die ausländisches Kapital zur Finanzierung der amerikanischen Staatsschulden in die USA gespült hat.[14] Auf der anderen Seite ist das Vertrauen der Welt in die größte Volkswirtschaft und die traditionelle Reservewährung US-Dollar noch ungebrochen, was sich allerdings sehr schnell ändern kann, wenn die politischen Querelen über die Finanzierung des Staatshaushalts zur Jahreswende 2012/13 (Problem der sog. „Fiscal Cliff“) nicht beigelegt werden.

In Europa ist die Staatsschuldenkrise hingegen zentraler Faktor der Krise des Finanzsystems, das von der Europäischen Zentralbank – mehr schlecht als recht – unter Vernachlässigung bewährter geldpolitischer Prinzipien und Strategien gestützt und vor seinem Zusammenbruch geschützt wird. Dadurch soll auch die junge Währungsunion und der Euro gerettet werden, die ja nicht auf eine lange Werttradition wie der US-Dollar zurückblicken können.

4. Marktversagen bei Vertrauensschwund?

Richtig ist, dass seit 2007 das Vertrauen der Menschen in Finanzinstitutionen sowohl in den USA als auch in Europa drastisch gesunken ist. Vertrauen der Menschen in das Handeln der Marktpartner und in die gesellschaftlichen Institutionen ist Voraussetzung für hochgradig arbeitsteiliges Wirtschaften, weil ohne Vertrauen die immer aktuelle Unsicherheit und Ungewissheit über Aktionen und Reaktionen der Tauschpartner nicht reduziert werden kann und mögliche – für beide Marktseiten vorteilhafte – Transaktionen unterbleiben.

Alle prozess- und ordnungspolitischen Entscheidungen sind deshalb immer daraufhin zu überprüfen, ob und inwieweit sie geeignet sind, das Vertrauen der Menschen in ge-

[14] Der Begriff der „Global Saving(s) Glut“ geht auf *Bernanke* (2005) zurück. Vgl. ferner beispielsweise *Weizsäcker* (2012).

sellschaftliche Institutionen und Regeln zu verbessern oder abzubauen. Dies ist schwierig, weil Vertrauensbildung nicht exakt messbar ist und deshalb den heute üblichen Exaktheitsansprüchen in mathematischen Modellen nicht genügt. Vertrauensbildend sind nachvollziehbare, überschaubare und längerfristig gültige Regeln und Institutionen, die den immer möglichen Missbrauch von Vertrauen ausschließen oder zumindest weitgehend reduzieren. Schwindet das Vertrauen, sinkt die Kooperationsbereitschaft der Menschen. Dann können erhebliche Schwierigkeiten für den Zusammenhalt in der Gesellschaft entstehen, wie die Situation in Griechenland gegenwärtig zeigt.

In einer Marktwirtschaft mit einer Papiergeldwährung und Giralgeld produzierenden Geschäftsbanken kann Vertrauensverlust einen „Bankenrun" auslösen, der wegen des bekannten Herdenverhaltens auch den Zusammenbruch des Finanzsystems bewirken kann. Im realwirtschaftlichen Sektor löst Vertrauensschwund gegenüber einem Unternehmen oder einem Produkt eine Nachfragereduktion aus, die zu Absatzkrisen, Gewinneinbruch bis hin zur Insolvenz führen kann.

Ein Kernproblem besteht darin, dass das Vertrauen der Menschen in die Funktionsfähigkeit und in die Lösungspotentiale von Marktwirtschaften gering ist, besonders in einigen europäischen Ländern wie Frankreich und auch Deutschland. Obwohl das abstrakte System der dezentralen Marktwirtschaft den rasanten wirtschaftlichen Aufschwung nach dem II. Weltkrieg in Westdeutschland bereitet hat und ein direkter Vergleich mit dem System zentraler Wirtschaftsplanung, wie es in der DDR verwirklicht war, möglich ist, ist das Vertrauen in Marktlösungen auch in der gegenwärtigen Wirtschafts- und Finanzkrise gesunken: 43 v.H. der westdeutschen und 57 v.H. der ostdeutschen Bevölkerung gehen davon aus, dass eine freie Marktwirtschaft automatisch zu sozialer Ungerechtigkeit führt (*Ackermann* 2012; S. 12).

Liegt Marktversagen vor, wenn das Vertrauen der Menschen in Institutionen, in Regeln schwindet? Ähnlich, wie Wellen des Optimismus und Pessimismus als Ursache von Konjunkturzyklen (*John Maynard Keynes*) kaum modellendogen erklärbar sind, ist auch Vertrauensschwund auf exogene Faktoren (Naturschocks, monetäre und fiskalische Schocks, Kriege etc.) zurückzuführen. Dabei spielen wirtschaftspolitische Entscheidungen eine wichtige Rolle: Drastische Steuererhöhungen wie gegenwärtig in Frankreich, erneute Vermögensbesteuerungspläne in Deutschland, massiver Abbau von Sozialleistungen in Griechenland etc. mindern das Vertrauen der Menschen, weil sich kurzfristig die Rahmenbedingungen wirtschaftlichen Handelns ändern. Sie lösen Anpassungsreaktionen aus, die auf Märkten stattfinden (ausländische Märkte bei offenen Volkswirtschaften, graue oder schwarze Märkte insbesondere in geschlossenen Volkswirtschaften).

Auch das (zeitweilige) „Austrocknen" der Geldmärkte, also der Märkte für sehr kurzfristige Kredite zwischen den Geschäftsbanken (Interbankenmärkte), resultiert aus dem Abbau des Vertrauens zwischen den Geschäftsbanken. Die in den Banken verwendeten mathematischen Risikomodelle erlaubten es offensichtlich nicht, die eigenen Risikopositionen zuverlässig zu bewerten sowie die Liquiditäts- und Risikopositionen von Geschäftspartnern einzuschätzen (Anteil und Umfang toxischer Papiere, Umfang und Qualität außerbilanzieller Geschäfte etc.). Immer größer wurde auch die Skepsis gegenüber den Bewertungen der Rating-Agenturen, weil deren Bewertungskriterien und Arbeitsmethoden kaum durchschaubar und vor allem die Interessenverflechtungen zwischen Begutachter und begutachteten Unternehmen nicht nachvollziehbar sind.

Renditeorientierte Entscheidungsträger in den Geschäftsbanken (und erst recht ihre Kunden!) haben den Risikogehalt komplizierter Finanzkonstrukte nicht erkannt und sie dennoch gehandelt oder – wegen hoher Zinsversprechen – im eigenen Portfolio hinterlegt.

Nicht Marktversagen, sondern die Unfähigkeit von Finanzakteuren, mit komplexen, von Mathematikern konstruierten Finanzinstrumenten seriös umzugehen, haben nach faktischem Eintreten der Risiken die Vertrauensbasis aufgeweicht. Solche individuellen Fehlein- und Überschätzungen mit vertrauensmindernder Wirkung sind keineswegs nur im Finanzsektor aktuell, wie zahlreiche Beispiele aus der Realwirtschaft belegen (Opel, Porsche, Thyssen-Krupp, Daimler, Schlecker, Karstadt etc.).

In der neoklassischen, mikroökonomischen Marktanalyse ist Vertrauen implizit in den Verhaltensannahmen verankert, in der Realität gilt das nicht. Deshalb ist es wünschenswert und notwendig, die ordnungsökonomischen Ansätze der Erklärung vertrauensbildender und -sichernder Institutionen zu aktivieren und in die politischen Entscheidungsprozesse einzubringen.

5. Politikberatung oder Bürgeraufrufe zur Krisenbewältigung?

Aus der Subprime-Krise in den USA und den Staatshaushalts- und Bankenkrisen in Europa lassen sich weitere Konsequenzen ableiten, die die Fachdisziplin Volkswirtschaftslehre (Ökonomik) selbst betreffen: Seit Ausbruch der Krisen werden die Ökonomen – zumindest in Deutschland – in der Öffentlichkeit zunehmend lautstark und heftig kritisiert, weil sie

- die relevanten Probleme nicht rechtzeitig erkannt und vor den gravierenden Konsequenzen gewarnt haben,
- keine die Politiker überzeugenden Lösungskonzepte und Strategien vorgetragen haben,
- einzelne in der Wissenschaft diskutierte Lösungsvorschläge sowohl im analytischen Ansatz als auch in den wirtschaftspolitischen Empfehlungen sehr stark divergieren und damit die beobachtbare Ratlosigkeit begründeten,
- immer nur ex post beobachtete Entwicklungen relativ gut erklären können.

Nicht alle Vorwürfe sind gerechtfertigt (einige basieren auf Unkenntnis!), wie z.B. der warnende Aufruf der 155 deutschsprachigen Ökonomen im Februar 1998 vor Gründung der Europäischen Währungsunion belegt: In ihm wurden jene Konsequenzen in einer Musterprognose formuliert, die heute die wirtschaftlichen Probleme in Griechenland und anderen hochverschuldeten Euro-Ländern bestimmen, weil mit den flexiblen Wechselkursen der wichtigste Anpassungsmechanismus bei gravierenden Strukturunterschieden der an der Währungsunion beteiligten Länder beseitigt wurde (*FAZ* 1998, S. 15). Einfluss auf die politischen Entscheidungen hat der öffentlichkeitswirksame Aufruf nicht gehabt.

Aus der auch von Ökonomen bedauerten relativen Sprachlosigkeit und mangelnden Einflussnahme auf Politik durch hastig formulierte Bürgeraufrufe auszubrechen, wie es in den drei von vielen bekannten und unbekannten Ökonomen unterzeichneten Aufrufen im Jahr 2012 versucht wurde, ist sicherlich der falsche Weg. Dies schadet sowohl dem Ansehen der Wirtschaftswissenschaft als auch der Glaubwürdigkeit der Wissenschaftler. Solche Ad-hoc-Aktivitäten können eine systematische Politikberatung durch professionelle Ökonomen nicht ersetzen. Dies ist in Europa und insbesondere in Deutschland offensichtlich schwieriger zu gestalten als in den USA.

Seriöse, wissenschaftlich fundierte Politikberatung durch Ökonomen ist aus verschiedenen Gründen nicht einfach:

Neben – hoffentlich sichtbar gemachten – individuellen Werthaltungen der Wissenschaftler können insbesondere die Strukturprobleme einer empirischen Wissenschaft ein Hindernis bilden. Sie erschweren die Formulierung von eindeutigen, intersubjektiv nachprüfbaren Hypothesensystemen, die empirisch überprüft und nicht widerlegt wurden. Die methodologischen Probleme der Entwicklung bestätigter und deshalb für die wirtschaftspolitische Therapieempfehlung brauchbarer Theorien hat *Karl-Hans Hartwig* (1977) schon in seiner beachtenswerten Dissertation bearbeitet. Voneinander abweichende Modellannahmen unterschiedlicher Realitätsnähe, divergierende Modellwelten, konkurrierende empirische Testverfahren mit unterschiedlich aufbereiteten und abgegrenzten Zeitreihen etc. prägen die wissenschaftliche Diskussion der Modellergebnisse und die daraus abgeleiteten, sich nicht selten widersprechenden Therapieempfehlungen (Belege bei *Kirchgässner* 2012).

Hinzu kommt der nicht selten formulierte Anspruch der Ökonomen, zukünftige gesamtwirtschaftliche Prozessentwicklungen auf drei Stellen nach dem Komma vorhersagen zu können. Auch dies schadet der Glaubwürdigkeit, weil er nicht eingelöst werden kann, wie z.B. die Ex-post-Analysen der Treffsicherheit von Wachstumsprognosen der Bundesregierung, der Forschungsinstitute oder des Sachverständigenrats belegen.

Diese Probleme sind wissenschaftsimmanent, sie gehen weit über die (naive) Vorstellung hinaus, es sei „…extrem schwierig, aus bloßen Korrelationen Kausalaussagen abzuleiten“ (*Wagner* 2012, S. 16).

Dies sind einige der Gründe dafür, dass es in der Nationalökonomie – ähnlich wie in der Medizin und anderen empirischen Wissenschaften – nur eine sehr überschaubare Anzahl guter und weitgehend akzeptierter Theorien über gesamtwirtschaftliche Ursache-Wirkungs-Zusammenhänge gibt, die für solide wirtschaftspolitische Empfehlungen genutzt werden können. Eine zentrale Aufgabe der Ökonomen und insbesondere der Meinungsmultiplikatoren (Journalisten in Presse, Rundfunk, Fernsehen, Internet etc.) muss es deshalb sein, diese Einsicht über das relativ schwache Wissensfundament der Öffentlichkeit zu vermitteln. Das kann allerdings nur dann gelingen, wenn die Ökonomen selbst den Mut zur Einsicht haben, was gegenwärtig angesichts der aufgeregten Diskussionen in der Wissenschaft nicht realistisch ist.

Eine umfassende Aufklärung der breiten Öffentlichkeit erscheint aber auch erforderlich zu sein, da sich (erstaunlicherweise) andere Wissenschaftsdisziplinen in jüngster Zeit dazu berufen fühlen, ökonomische Zusammenhänge zu erklären. Mithilfe der Analyse chaotischer Systeme glauben beispielsweise Physiker, in absehbarer Zeit Finanzkrisen vorhersagen zu können (*Stachel* 2012, S. 30). Diese Überlegungen erinnern fatal an den Optimismus der 1960er Jahre, als – angesichts der Fortschritte in der Computertechnik – die Anzahl, der Umfang und die Differenziertheit makroökonomischer Erklärungs- und Prognosemodelle einen ersten Höhepunkt erreichten und insbesondere bei den politikorientierten Modellen die Vorstellung entstand, dass man mit gezielten wirtschaftspolitischen Maßnahmen – im Sinne eines Fine Tunings – die gesamte Volkswirtschaft steuern könnte. Die Erfahrungen der folgenden Dekaden haben allerdings verdeutlicht, dass eine generelle Erklärungsrelevanz solcher – inzwischen deutlich weiterentwickelten – Modelle nicht gegeben ist und für einzelne Fragestellungen auf unterschiedliche Modelle zurückgegriffen werden muss (*Gaab, Heinemann* und *Wolters* 2004, S. 2 f.). Auch die Verwendung von Chaos-Modellen in der Nationalökonomie stellt keine revolutionär neue Idee dar. Die in den 1980er und 1990er Jahren entwickelten Modelle zur Konjunkturerklärung – die insbesondere auf naturwissenschaftlichen Erkenntnissen respektive der Meteorologie basierten – konnten sich aufgrund ihres geringen Erklärungsgehalts nicht durchsetzen.[15]

Sicherlich ist es aus Sicht der Volkswirtschaftslehre ratsam, die Erkenntnisse anderer Wissenschaftsdisziplinen zu adaptieren und den Wissensaustausch bzw. die Zusammenarbeit zu intensivieren. Dabei sollte allerdings in der Öffentlichkeit nicht der Eindruck entstehen, als hätte man in den letzten Jahrzehnten zentrale Entwicklungen „verschlafen“ bzw. bewusst negiert und müsse folgerichtig das gesamte Theoriegebäude bzw. zentrale Elemente (wie die Annahme des homo oeconomicus) komplett „über Bord werfen“.

6. Fazit

Zusammenfassend lässt sich festhalten:

1. Die Finanzsystemkrisen in den vergangenen fünf Jahren sind nicht monokausal erklärbar. Als wesentliche Ursachen können Staatsschuldenpolitik und Zentralbankpolitik diagnostiziert werden. Vermeintliches Marktversagen ist häufig eine Reaktion auf exogene Schocks.
2. Märkte haben funktioniert, weil sie die vielfältigen Risiken sichtbar gemacht haben, die von renditeorientierten, schlecht oder nicht informierten sowie teilweise kriminell handelnden Marktakteuren eingegangen wurden.
3. Es bestehen Unterschiede bei der Verursachung der Subprime-Krise in den USA und der Finanzkrise in der Europäischen Währungsunion: In den USA hat die FED aktiv zum Entstehen der Finanzkrise beigetragen; In Europa hat die Europäische Zentralbank reaktiv Fehler der staatlichen Schuldenpolitik in einigen Ländern der Währungsunion korrigiert (*Weidmann* 2012).
4. Die Transmissionsprozesse in Marktwirtschaften, wie sie die monetäre (monetaristische) Theorie der relativen Preise (im Sinne von *Karl Brunner* und *Allan H. Melt-*

[15] Einen Überblick zu den Modellen der sog. schockunabhängigen Konjunkturerklärung findet man bei *Maußner* (1994, S. 76 ff.).

zer) bzw. Ertragssätze (*Milton Friedman*) erklärt, sind in der Finanzkrise gestört. Diese Theorie deshalb zu verwerfen, ist verfehlt. Die neo-keynesianischen Erklärungsansätze und daraus abgeleitete Politikempfehlungen für Zentralbanken haben die Finanzkrisen nicht verhindert.

5. Ökonomen sollten nicht – wie häufig Politiker – wissensanmaßend handeln und in Ad-hoc-Aufrufen Bürger verunsichern und ihr eigenes Ansehen ruinieren.

Literatur

Ackermann, Ulrike (2012), Wie halten es die Deutschen mit der Freiheit?, Freiheitsindex Deutschland 2012 des John Stuart Mill Instituts an der SRH Hochschule Heidelberg, im Internet: http://fh-heidelberg.de/fileadmin/srh/heidelberg/pdfs/an_institute/mill_institut/Freiheitsindex_Deutschland_2012_des_John_Stuart_Mill_Institutes.pdf.

Baltensperger, Ernst (2012), Der Schweizer Franken: Eine Erfolgsgeschichte, Zürich.

Belke, Ansgar und *Thorsten Polleit* (2009), Monetary economics in globalised financial markets, Heidelberg.

Bernanke, Ben (2005), The global saving glut and the U.S. current account deficit, Vortrag vor der Virginia Association of Economists in Richmond/Virginia am 10.03.2005, im Internet: http://federalreserve.gov/boarddocs/speeches/2005/200503102/default.htm.

FAZ (1998), Der Euro kommt zu früh, in: Frankfurter Allgemeine Zeitung, Nr.33, S. 15.

Gaab, Werner, Ullrich Heinemann und *Jürgen Wolters* (2004), Arbeiten mit ökonometrischen Modellen, Heidelberg.

Görgens, Egon, Karlheinz Ruckriegel und *Franz Seitz* (2007), Quo vadis, Geldmenge? Zur Rolle der Geldmenge für eine moderne Volkswirtschaft, Research on Money in the Economy (ROME) Discussion Paper Series 2007-01, im Internet: http://rome-net.org/romewp2007-01.pdf.

Hartwig, Karl-Hans (1977), Kritisch-rationale Methodologie und ökonomische Forschungspraxis. Zum Gesetzesbegriff in der Nationalökonomie, Bern und Frankfurt/M.

Hetzel, Robert L. (2012), The great recession: Market failure or policy failure?, New York.

Kirchgässner, Gebhard (2012), Zur Rolle der Ökonometrie in der wissenschaftlichen Politikberatung, Universität St. Gallen, Department of Economics Discussion Paper 2012-23, im Internet: http://www1.vwa.unisg.ch/RePEc/usg/econwp/EWP-1223.pdf

Maußner, Alfred (1994), Konjunkturtheorie, Heidelberg.

Michler, Albrecht F. und *H. Jörg Thieme* (2009), Finanzmarktkrise: Marktversagen oder Staatsversagen, in: Ordo, Jahrbuch für die Ordnung von Wirtschaft und Gesellschaft, Bd. 60, S. 185-221.

Michler, Albrecht F. und *Heinz-Dieter Smeets* (2011), Die Finanzkrise: Ursachen, Wirkungen und Maßnahmen, in: *Albrecht F. Michler* und *Heinz-Dieter Smeets* (Hg.): Die aktuelle Finanzkrise. Bestandsaufnahme und Lehren für die Zukunft, Stuttgart, S. 3-32.

OECD (2012), OECD Economic Outlook 2012-2, Paris.

Reinhart, Carmen M. und *Kenneth S. Rogoff* (2009), This time is different: Eight centuries of financial folly, Princeton.

Sinn, Hans-Werner (2008), Löcher stopfen: Die Ursache der Bankenkrise, ifo Standpunkt Nr. 99 vom 28.10.2008.

Straubhaar, Thomas und *Henning Vöpel* (2012), Euro- und Finanzkrise: Sollte die EZB ihre Aufgabe über die Inflationsbekämpfung hinaus erweitern?, in: ifo Schnelldienst 02/2012, S. 4-7.

Stachel, Johanna (2012), Perspektiven 2013 – Wir werden die Welt bald besser verstehen. Interview, in: Handelsblatt 2012(250), S. 30.

Vaubel, Roland (2009), Lehren aus der Finanzkrise. Rolle des Staates und internationale Dimension, in: Ordo, Jahrbuch für die Ordnung von Wirtschaft und Gesellschaft, Bd. 60, S. 247-266.

Wagner, Gert G. (2012), Politikberatung soll keine Politik machen, in: Leibniz Magazin 2012(2), S. 16, im Internet: diw.de/documents/dokumentenarchiv/17/diw_01.c.408933.de/leibniz_magazin_ggw_20120927.pdf.

Weidmann, Jens (2012), Wir sind kein Politbüro, Interview, in: Wirtschaftswoche, Nr. 52, S. 28-34.

Weizsäcker, Carl Christian von (2012), Grenzen des Konzepts einer unabhängigen Zentralbank, in: Wirtschaftsdienst, H. 2, S. 91-94.

Ingo Pies (Hg.), Das weite Feld der Ökonomik
Schriften zu Ordnungsfragen der Wirtschaft · Band 98 · Stuttgart · 2013

Ansteckungseffekte während der europäischen Staatsschuldenkrise

Heinz-Dieter Smeets

Inhalt

„After the recent crises, no-one should doubt the existence and importance of contagion ... “

Stanley Fischer (2000)

1. Einführung

Schwierigkeiten in einem kleinen Segment des amerikanischen Hypothekenmarktes (Subprime-Kredite) führten seit dem Frühjahr 2007 – zunächst in den USA – zu einem starken Anstieg von Zahlungsausfällen, der Neubewertung von (verbrieften) Krediten und der Auflösung von Kredit-Portfolios bis hin zum Zusammenbruch der amerikanischen Investmentbank Lehman Brothers im September 2008.

Doch die anfängliche Bankenkrise blieb nicht auf die Finanzmärkte beschränkt, sondern erfasste ab dem Herbst 2008 zunehmend auch den realwirtschaftlichen Bereich, was letztlich in vielen Ländern zur schwersten Rezession seit dem Zweiten Weltkrieg führte. Darüber hinaus hatten umfangreiche Ausgabenprogramme, staatliche Bürgschaften und konjunkturbedingte Steuermindereinnahmen in einigen Ländern wiederum explodierende Staatsdefizite und stark steigende Schuldenstände zur Folge.[1]

In Europa erfasste die daraus resultierende Staatsschuldenkrise zunächst Griechenland. Am 23. April 2010 bat die griechische Regierung die übrigen Mitgliedsländer der Europäischen Währungsunion (EWU) sowie den Internationalen Währungsfonds (IWF) offiziell um Hilfe, die von beiden in Form von Krediten in Höhe von insgesamt 110 Mrd. Euro bereitgestellt wurde. Doch bereits eine Woche später, am 9. Mai 2010, einigten sich die Euro-Mitgliedsländer und der IWF auf einen weiteren, 750 Mrd. Euro umfassenden Rettungsfonds (EFSF), um weitere Länder stützen zu können. Diesen Fonds nahm Irland Anfang Dezember 2010 als erstes Land in Höhe von etwa 85 Mrd. Euro in Anspruch. Portugal folgte im Mai 2011 mit 78 Mrd. Euro. Weitere Mitgliedsländer der EWU, wie insbesondere Italien und Spanien, erscheinen ebenfalls (höchst) gefährdet.

Neben den finanziellen Hilfen, die (bislang) in dem permanenten Europäischen Stabilitätsmechanismus (ESM) mit einem tatsächlichen Kreditvolumen von 500 Mrd. Euro gipfelten, wurden zahlreiche andere Maßnahmen ergriffen, um die aktuelle Krise zu überwinden bzw. neue Krisen zu vermeiden (vgl. *Smeets* 2012). Neben der Fiskalpolitik schaltete sich in zunehmendem Maße auch die Europäische Zentralbank in die Rettungsaktionen ein, indem sie Staatsanleihen von bedrohten Mitgliedsländern aufkaufte. Viele dieser Maßnahmen wurden – zumindest auch – damit begründet, dass es Ansteckungsgefahren zu vermeiden gelte (z.B. *Constancio* 2012, S. 110). So erklärten die Euro-Finanzminister im Juli 2011 (*o.V.* 2011) ihre Bereitschaft, „weitere Maßnahmen zu verabschieden, die die systemische Widerstandsfähigkeit der Euro-Zone gegen eine Ansteckungsgefahr stärken“. Bundesfinanzminister *W. Schäuble* hat in seiner Regierungserklärung im Zusammenhang mit dem Hilfspaket für Spanien (*o.V.* 2012a) davor gewarnt, dass es zu „gravierenden Ansteckungseffekten in Europa“ kommen könne, und im September 2012 hieß es dann mit Verweis auf einen EU-Diplomaten (*o.V.* 2012b), „die Angst vor einem Dominoeffekt ist zu groß“, um einen Euro-Austritt Griechenlands

---

[1] Vgl. ausführlich zur Finanzkrise *Michler* und *Smeets* (2011).

zu riskieren. „Der Troika-Bericht wird so ausfallen, dass die Politik das Geld freigeben kann“, wurde daraus geschlossen.

Vor diesem Hintergrund sollen im Folgenden mögliche (finanzielle) Ansteckungseffekte während der Staatsschuldenkrise empirisch untersucht werden. Dabei geht es in diesem Beitrag ausschließlich um unmittelbare Ansteckungseffekte über die Renditen von Staatsanleihen. Nicht betrachtet werden hingegen Ansteckungseffekte zwischen den nationalen Bankensystemen (vgl. hierzu *Mink* und *de Haan* 2012).

2. Literaturübersicht

Ansteckungseffekte haben in den zurückliegenden Jahren vor dem Hintergrund von Währungs- und Bankenkrisen eine hohe Aufmerksamkeit erfahren, so dass an dieser Stelle nur ein kurzer Überblick über die entsprechenden Forschungsergebnisse gegeben werden soll.[2] Gemäß *Dornbusch* u.a. (2000, S. 178) lässt sich Ansteckung (Contagion) am besten definieren

> „ ... as a significant increase in cross-market linkages after a shock to an individual country (or group of countries), as measured by the degree to which asset prices or financial flows move together across markets relative to this comovement in tranquil times.“

Deutlich schwieriger fällt allerdings die konkrete Operationalisierung. *Pericoli und Sbracia* (2003) haben zu diesem Zweck fünf Kriterien zur Identifikation von Ansteckungseffekten aus der Literatur zusammengestellt:

1. Die Krisenwahrscheinlichkeit in einem Land steigt stark mit dem Auftreten einer Krise in einem anderen Land.
2. Der Anstieg der Volatilität ist länderübergreifend.
3. Korrelationsbeziehungen lassen sich nicht durch fundamentale Faktoren erklären.
4. Finanzmarktbeziehungen nehmen signifikant zu.
5. Aufgrund einer Krise ändern sich die Transmissionsmechanismen und führen in der Folge zu veränderten (länderübergreifenden) Korrelationsbeziehungen.

Darüber hinaus finden sich in der Literatur (etwa *Hartmann* u.a. 2006) zwei weitere Kriterien:

6. Die Ereignisse, die Ansteckung hervorrufen, stellen negative Extremfälle dar.
7. Die Transmission der Ansteckungseffekte ist zeitlich gestaffelt etwa im Sinne einer kausalen Beziehung.

Neben der Existenz von Ansteckungseffekten geht es in vielen Fällen aber auch um die Ansteckungskanäle. Hierbei werden in der Literatur verschiedene Abgrenzungen vorgenommen.

---

[2] Vgl. hierzu stellvertretend etwa die folgenden Beiträge: *de Bandt* und *Hartmann* (2000), *Pritsker* (2001), *Kaminsky* u.a. (2003), *Europäische Zentralbank* (2005), *Corsetti* u.a. (2005 und 2010), *Europäische Zentralbank* (2009) sowie *Missio* und *Watzka* (2011).

Eine erste Unterscheidung lässt sich dabei nach länderübergreifend wirkenden externen Schocks treffen, die sich (in Form einer Krise) simultan auf mehrere Länder auswirken („common cause"), und länderspezifischen Krisen, die dann auf weitere Länder übertragen werden. Länderübergreifend wirkende Schocks können etwa in Form von Zinsveränderungen oder Politikwechseln in großen (Industrie-)Ländern sowie in Form von Ölpreisschocks auftreten (*Berger* 2001, S. 360). Im Mittelpunkt der Diskussion um unterschiedliche Übertragungskanäle stehen jedoch die länderspezifischen Krisen, die entweder über fundamentale Faktoren oder durch Ansteckungseffekte (im engeren Sinne) übertragen werden. Eine solche Einteilung findet sich zum Beispiel in *Masson* (1999), *Dornbusch* u.a. (2000) sowie *Forbes* und *Rigobon* (2002). Sie liegt auch der folgenden Übersicht 1 zugrunde.

Übersicht 1: Übertragungskanäle von Krisen

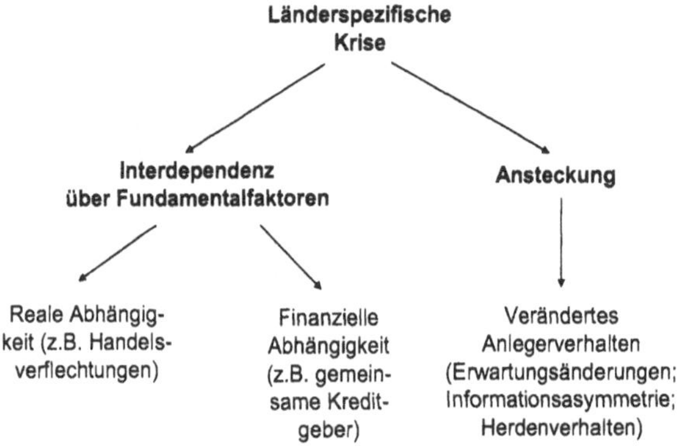

Quelle: Eigene Darstellung.

Die Interdependenz über Fundamentalfaktoren wird wiederum auf real- oder finanzwirtschaftliche Abhängigkeiten zurückgeführt (vgl. etwa *Fratzscher* 2003). Bei den realwirtschaftlichen Interdependenzen stehen – insbesondere bei Währungskrisen – die Handelsbeziehungen im Vordergrund. Die Abwertung eines Landes führt dann typischerweise dazu, dass Handel aufgrund veränderter internationaler Wettbewerbsfähigkeit zu Lasten anderer Länder umgeleitet wird und dort (ebenfalls) zu Nachfrageausfällen führt. *Aschinger* (2001, S. 181 f.) bezeichnet diesen Fall als Ansteckung durch wirtschaftliche Integration.

Finanzielle Abhängigkeiten können hingegen dadurch entstehen, dass sich mehrere Länder bei einem (internationalen) Investor verschuldet haben und dessen Reaktion auf die Krise eines Landes auch alle anderen Länder beeinflusst. Dies kann etwa durch krisenbedingte Liquiditätsprobleme oder die Wiederherstellung einer optimalen Risikodiversifikation bedingt sein (*Berger* 2001, S. 361). Eine solche Umstrukturierung des Portfolios kann bei institutionellen Anlegern auch dadurch ausgelöst werden, dass regulierungsbedingte Ratingvorgaben einzuhalten sind. Fallende Wertpapierpreise in einem Land können dann (zwangsweise) zu Verkaufsreaktionen in anderen Märkten und Ländern führen, insbesondere wenn deren Rating ebenfalls unter eine bestimmte Schwelle gesunken ist. In diesem Fall spielt aber die asymmetrische Informationsverteilung keine

Rolle für die Ansteckung. Im Gegenteil sind es hier gerade die „News“ in Form des Ratings durch einen informierten Intermediär, die die Kapitalmärkte in Form eines „wake-up-call“ (vgl. *Goldstein* 1998) wachrütteln. Die bisher erläuterten – auf Fundamentaldaten zurückgehenden – Übertragungskanäle werden von einem Teil der oben genannten Autoren nicht als Ansteckung („contagion“) bezeichnet, sondern als Interdependenz zwischen Ländern („interdependence“, „spillovers“).

Als Ansteckung im engeren Sinne werden hingegen nur solche Übertragungsmechanismen angesehen, die nicht auf Veränderungen der Fundamentaldaten zurückzuführen sind. Hierbei spielt das Herdenverhalten der Anleger, ausgelöst etwa durch asymmetrische Informationsverteilung, eine entscheidende Rolle. Hierdurch kann es zu sich selbst erfüllenden Effekten kommen, die nicht durch entsprechende Fundamentaldaten gerechtfertigt sind. Bei vollkommener Information würden hingegen keine Ansteckungseffekte auftreten. Auch in diesem Zusammenhang wird häufig auf den „wake-up-call“ hingewiesen, der nun jedoch – trotz heterogener Fundamentaldaten – dazu führt, dass bestimmte Länder als homogene (Krisen-)Gruppe angesehen werden und daher Kapital in Krisensituationen (ungerechtfertigterweise) bei allen Ländern dieser Gruppe abgezogen wird.

Dornbusch u.a (2000) fassen unter diesen letzten Punkt auch den Einfluss veränderter wirtschaftspolitischer Rahmenbedingungen („changes in the rules of the game“) auf die Entscheidung der Anleger. Wenn diese (wirtschafts-)politischen Veränderungen supranationaler Natur sind, können sie allerdings auch als länderübergreifend wirkende Schocks interpretiert werden. Weitere auf dem Anlegerverhalten basierende Ansteckungsgründe – insbesondere im Zusammenhang mit Bankenkrisen – wurden etwa von *Chen* (1999), *Allen* und *Gale* (2000 und 2004) sowie *Brunnermeier* und *Pedersen* (2007) diskutiert. Im weiteren Verlauf der Analyse wird der Ausdruck Ansteckung weit gefasst, so dass alle in Übersicht 1 aufgezeigten Übertragungskanäle hierzu gezählt werden.

Problematisch ist in diesem Zusammenhang, dass aus dem Nachweis der Existenz von Ansteckungseffekten nicht immer zugleich auch der relevante Ansteckungskanal identifiziert werden kann. Im nächsten Kapitel soll daher zunächst die Existenz von länderübergreifenden Ansteckungseffekten während der Staatsschuldenkrise untersucht werden. Die Analyse basiert primär auf den zuvor erläuterten Identifikations-Kriterien 4 und 7.

3. Granger-Kausalität und Ansteckung

Mit Hilfe von Granger-Kausalitätstests sollen im Folgenden mögliche Ansteckungseffekte zwischen den Krisenländern Griechenland, Irland, Portugal, Italien und Spanien untersucht werden. Diese Kausalitätstests basieren auf einem vektorautoregressiven Modell (VAR) und untersuchen, ob die verzögerte Entwicklung bestimmter Variablen – neben sonstigen Einflussfaktoren – einen signifikanten Erklärungsbeitrag zu der Entwicklung einer anderen Variablen leistet und dadurch die Null-Hypothese nicht vorhandener Granger-Kausalität falsifiziert werden kann.[3] Den Gegenstand der Untersuchung bilden die Renditen zehnjähriger Staatsanleihen (GB) der oben bezeichneten Krisenländer.[4]

Hieraus ergibt sich für die Länder Irland (IRL), Portugal (POR), Italien (ITA) und Spanien (SPA) jeweils die folgende Schätzgleichung (1).

$$GB_{i,t} = \alpha_0 + \sum_{k=1}^{m} \alpha_{ik} GB_{i,t-k} + \sum_{k=1}^{m} \alpha_{jk} GB_{j,t-k} + \varepsilon_{i,t} \qquad (1)$$

i = Irland, Portugal, Italien, Spanien

j = Griechenland, Irland, Portugal, Italien, Spanien für alle $j \neq i$

Die Betrachtung dieser vier Länder beruht auf der zeitlichen Krisenentwicklung und der damit verbundenen Annahme, dass Griechenland (GRI) den Ausgangspunkt der Ansteckungseffekte darstellt. Um einen signifikanten Unterschied zwischen „normalen" Zeiten und Krisenzeiten aufzeigen zu können, wird zwischen drei Perioden unterschieden: Vom 2.1.2006 bis zum 31.12.2007 [„normale" Phase, keine Staatsschuldenkrise], vom 1.1.2010 bis zum 10.2.2012 [Krise bis zur Umschuldung Griechenlands] und vom 1.1.2010 bis zum 31.8.2012 [gesamte (bisherige) Krisenzeit]. Diese Abgrenzung veranschaulicht Übersicht 2 nochmals.

Übersicht 2: Zeitliche Abgrenzung

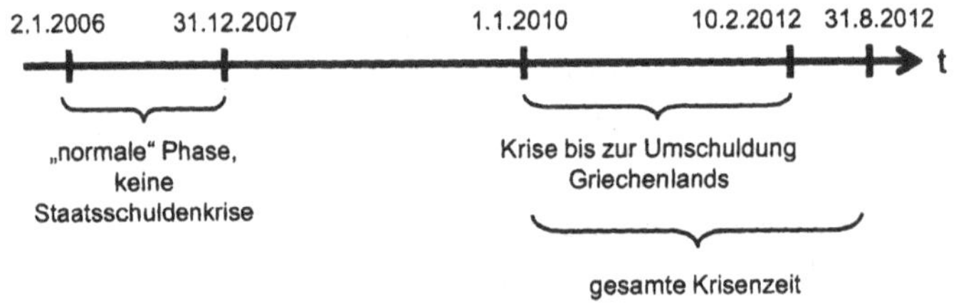

Quelle: Eigene Darstellung.

Um signifikante Einflüsse von GB_j auf GB_i mit den üblichen t- und F-Tests feststellen zu können, müssen die zugrunde liegenden Zeitreihen allerdings stationär sein und dürfen keine kointegrative Beziehung aufweisen. Anderenfalls muss entweder ein Fehlerkorrekturmodell oder ein VAR in Niveaugrößen geschätzt werden. Diese zweite Variante wird im Folgenden in Form des von *Toda* und *Yamamoto* (1995) vorgeschlagenen Vorgehens angewandt. Dabei wird die (optimale) Zahl der Lags (m) in Gleichung (1) um den höchsten Integrationsgrad der berücksichtigten Zeitreihen erhöht. Ist zum Beispiel keine Zeitreihe höher integriert als vom Grade eins [I(1)], so wird das VAR mit m+1 Lags spezifiziert. Für den Kausalitätstest werden allerdings nur die ersten m Lags berücksichtigt, deren Signifikanz mit Hilfe eines Wald-Tests untersucht wird, der einer

[3] Vgl. zu einem ähnlichen Vorgehen im Zusammenhang mit der Finanzkrise *Longstaff* (2010).

[4] Die den Untersuchungen zugrunde liegenden Daten entstammen der Datenbank EcoWin.

chi^2-Verteilung unterliegt. Eine oder mehrere kointegrative Beziehungen zwischen den Variablen spielen in diesem Zusammenhang keine Rolle. Entscheidend für die Spezifikation des Schätzmodells ist ausschließlich der Grad der Integration.

4. Empirische Ergebnisse

Wie die Überlegungen des vorherigen Abschnitts gezeigt haben, bildet die Feststellung des Grades der Integration einen zentralen Punkt für das weitere Vorgehen. Stationaritätstests auf der Basis des Augmented Dickey-Fuller Tests, deren Ergebnisse Übersicht 5 im Anhang zusammenfasst, kommen zu dem eindeutigen Ergebnis, dass es sich bei allen Rendite-Zeitreihen um I(1)-Variablen handelt, die erst in den ersten Differenzen stationär sind. Die dort angegebenen optimalen Laglängen wurden mit Hilfe des Akaike-Informationskriteriums ermittelt. Es hat sich jedoch gezeigt, dass die qualitativen Ergebnisse weitgehend unabhängig sind von der Zahl der berücksichtigten Lags. Ebenfalls durchgeführte Kointegrationstests ergaben hingegen – je nach Anzahl der berücksichtigten Lags – keine eindeutigen Ergebnisse, was jedoch für das *Toda-Yamamoto*-Verfahren unerheblich ist.

Zur Ermittlung der optimalen Laglänge m wurden verschiedene Tests angewandt, deren Ergebnisse in Abhängigkeit von den verschiedenen Zeitperioden Übersicht 3 zusammenfasst.

Übersicht 3: Optimale Laglänge

	SC	LRT	LM(1)	LM(m)
Periode 1 1.1.2006- 31.12.2007	2	3	3	3
Periode 2 1.1.2010 - 10.2.2012	1	7	7	7
Periode 3 1.1.2010 - 31.8.2012	1	5	5	5

SC = Schwarz-Test LRT = Lag-reduction Test

LM(1)/(m) = Test auf Autokorrelation 1. Ordnung / m-ter Ordnung

Quelle: Eigene Darstellung nach eigenen Berechnungen.

Da unverfälschte Schätzergebnisse insbesondere nicht autokorrelierte Residuen voraussetzen, wurden die entsprechenden VAR's mit 4, 8 und 6 Lags (m+1) spezifiziert.

Vor diesem Hintergrund zeigen die in Übersicht 6 im Anhang enthaltenen Ergebnisse, dass in der Kontrollperiode vom 2.1.2006 bis zum 31.12.2007 – bei einer höchstens 5-prozentigen Irrtumswahrscheinlichkeit – keine signifikanten Lead-Lag-Beziehungen und damit auch keine „normalen“ Marktinterdependenzen aufgetreten sind. Dies ändert sich jedoch, wie die Ergebnisse aus Übersicht 6 weiter zeigen, während der Krisenzeit deutlich. Der Übersichtlichkeit halber fasst Übersicht 4 die kausalen Beziehungen noch einmal in vereinfachter Form zusammen.

Übersicht 4 veranschaulicht, dass sich insbesondere während der ersten Krisenphase die Ansteckungseffekte gemäß der zeitlichen Krisenentwicklung vollzogen haben. So haben die Geschehnisse in Griechenland signifikant die Entwicklung der Renditen in Irland beeinflusst. Davon gingen wiederum Einflüsse auf Portugal sowie Italien aus, und Portugal hat signifikant auf die Renditen in Italien und Spanien gewirkt. Darüber hinaus lässt sich nachweisen, dass zwischen den Entwicklungen in Portugal, Spanien und Italien ein hoher interdependenter Zusammenhang besteht, der bis an den aktuellen Rand der Untersuchung anhält. Die Ergebnisse zeigen allerdings auch, dass sich Irland in der letzten Zeit deutlich von den Entwicklungen in den anderen Ländern abgekoppelt hat, da über den Gesamtzeitraum keine signifikanten Einflüsse mehr zu verzeichnen sind – weder von Irland auf andere Länder noch von Griechenland auf Irland. Im Gegensatz dazu nimmt der Einfluss Griechenlands (auf Portugal, Italien und Spanien) zu.

Übersicht 4: Ansteckungseffekte

↓	GRI	IRL	POR	ITA	SPA
IRL	2	-			
POR	3	2	-	2 ; 3	
ITA	3	2	2 ; 3	-	2 ; 3
SPA	3		2	2 ; 3	-

1 = Signifikanter Einfluss in der Periode 1 (1.1.2006 – 311.2.2007)

2 = Signifikanter Einfluss in der Periode 2 (1.1.2010 – 10.02.2012)

3 = Signifikanter Einfluss in der Periode 3 (1.1.2010 – 31.08.2012)

Der Pfeil oben links zeigt die Kausalitätsrichtung

Quelle: Eigene Darstellung.

5. Schlussfolgerungen und Ausblick

Die Ergebnisse der empirischen Untersuchung haben zweifelsfrei ergeben, dass sich die Interdependenzen der Renditen von Staatsanleihen zwischen den Krisenländern seit Anfang 2010 – im Verhältnis zur Vor-Krisen-Zeit – deutlich erhöht haben. Vor dem Hintergrund der sequenziellen Entwicklung lassen sich diese Interpendenzen als Ansteckungseffekte interpretieren.

Zweifelhaft ist allerdings, ob es der Politik gelungen ist, durch die ergriffenen (Rettungs-)Maßnahmen Ansteckungseffekte zu verhindern. So spiegelt die Abkopplung Irlands von der allgemeinen Entwicklung wohl eher die dort erfolgreich umgesetzte Konsolidierungspolitik wider. Die hohe und anhaltende Interdependenz zwischen Portugal, Spanien und Italien spricht ebenfalls gegen verminderte Ansteckungseffekte. Ganz im Gegenteil – der erhöhte Einfluss Griechenlands auf die Renditen der südeuropäischen Länder während der gesamten Krisenperiode spricht eher für ein Versagen der Politik. Der Grund wird in erster Linie darin liegen, dass die bisher ergriffenen Maßnahmen keine nachhaltige Lösung der Krise erwarten lassen.

Aus diesen Ergebnissen lassen sich allerdings keine unmittelbaren Rückschlüsse auf die Ansteckungskanäle ziehen. Vor dem Hintergrund von Übersicht 1 sollen allerdings gleichwohl einige allgemeine Überlegungen zu dieser Frage angestellt werden: Eine vergleichsweise geringe Bedeutung dürfte im Zusammenhang mit der Staatsschuldenkrise realen Abhängigkeiten insbesondere über Handelsverflechtungen zukommen. Zum einen sind die konkurrierenden Handelsbeziehungen zwischen den Krisenländern relativ niedrig, und zum anderen sind Veränderungen des nominalen Wechselkurses innerhalb einer Währungsunion ausgeschlossen. Ein deutlich größeres Gewicht dürften hingegen die finanziellen Abhängigkeiten besitzen. Gemeinsame Kreditgeber sind in allen Fällen die europäischen Banken und sonstige institutionelle Anleger, die zu den informierten Marktteilnehmern gerechnet werden können. Einheitliche Reaktionen, die zum Teil auf Regulierungsvorgaben beruhen, haben in erheblichem Maße zu Ansteckungseffekten geführt. Dabei hat sicherlich auch der durch Griechenland ausgelöste „wake-up-call" eine wichtige Rolle gespielt, der – entgegen früherer Erwartungen – verdeutlicht hat, dass staatliche Insolvenzen auch in Europa auftreten können. Vor diesem Hintergrund wurde dann – obwohl vorher bereits bekannt – auch die Schuldensituation vergleichbarer Länder neu bewertet. Ob diese Entwicklung aufgrund von rationalem (Ratingänderung) oder irrationalem Anlegerverhalten (ungerechtfertigtes Herdenverhalten, asymmetrische Information) zustande gekommen ist, lässt sich kaum zweifelsfrei ermitteln. Das Außerkraftsetzen bestehender Regeln innerhalb der EWU sowie die zahlreichen Rettungsmaßnahmen und deren Diskussion haben darüber hinaus die (wirtschafts-)politischen Rahmenbedingungen verändert, die – möglicherweise auch im Sinne länderübergreifend wirkender externer Schocks – das Anlageverhalten nicht nur in den Krisenländern beeinflusst haben.

Damit stellt sich abschließend aber auch die Frage, ob es überhaupt wünschenswert und notwendig ist, dass die Politik mögliche Ansteckungseffekte zu verhindern versucht. *Constâncio* (2012, S. 110) argumentiert in diesem Fall mit dem Vorliegen negativer externer Effekte und dem damit aus seiner Sicht nachgewiesenen Marktversagen. Geht man hingegen davon aus, dass Ansteckungseffekte über die Renditen von Staatsanleihen nur die Neueinschätzung von (Ausfall-)Risiken widerspiegeln, dann handelt es sich um die normale Interpendenz der Märkte bzw. um pekuniäre externe Effekte, bei denen es keines staatlichen Eingreifens in das Marktgeschehen bedarf (vgl. hierzu *Berg, Cassel* und *Hartwig* 2007, S. 193).

Dies zeigt sich auch daran, dass nicht alle Mitgliedsländer der EWU während der noch andauernden Krise infiziert wurden, sondern nur diejenigen, die bereits aufgrund ihrer Neuverschuldung oder ihres Schuldenstandes deutlich „geschwächt" waren. Durch neue Informationen und Risikoeinschätzungen ausgelöste Ansteckungseffekte werden sich folglich bestenfalls dann ausschließen lassen, wenn überzeugende und nachhaltig wirkende Lösungsvorschläge unterbreitet werden. Doch auch dann werden sich Ansteckungseffekte nur unterbinden lassen, wenn sich die Risikosituation des betroffenen Landes durch eine nachhaltige Haushaltskonsolidierung grundsätzlich wandelt. Die hier beschriebenen Ansteckungseffekte sollten also nicht von der Staatengemeinschaft oder von supranationalen Institutionen bekämpft werden, sondern von den (potentiellen) Krisenländern selbst, und zwar durch eine überzeugende (Haushalts-)Politik.

Anhang

Übersicht 5: Stationaritätstests

	Periode 1		Periode 2		Periode 3	
	Opt. Lags	t-Wert	Opt. Lags	t-Wert	Opt. Lags	t-Wert
		- 2,24		- 1,67		- 2,80
GRI	(0)	- 2,37	(0)	0,28	(0)	- 1,70
		- 15,54**		- 17,91**		- 19,16**
		- 2,29		- 0,63		- 1,21
IRL	(0)	- 1,95	(1)	- 1,40	(3)	- 1,60
		- 15,41**		- 14,53**		- 11,66**
		- 2,11		- 2,99		- 1,33
POR	(0)	- 2,13	(12)	- 0,40	(4)	- 1,60
		- 15,68**		- 7,24**		- 12,28**
		- 2,18		- 2,69		- 2,57
ITA	(0)	- 2,22	(2)	- 1,22	(3)	- 1,37
		- 15,38**		- 14,60**		- 14,63**
		- 2,10		- 3,69*		- 3,16
SPA	(1)	- 2,07	(1)	- 2,31	(4)	- 1,28
		- 15,86**		- 15,23**		- 13,34**

Periode 1: 2.1.2006-31.12.2007 ; Periode 2: 1.1.2010-10.2.2012 ; Periode 3: 1.1.2010-31.8.2012

Die t-Werte beziehen sich in der Reihenfolge (untereinander) auf folgende Spezifikation des Dickey-Fuller-Tests:

- Niveauwerte der Zeitreihe mit Konstante und Trend
- Niveauwerte der Zeitreihe mit Konstante
- 1. Differenzen der Zeitreihe mit Konstante

** Signifikant mit einer Irrtumswahrscheinlichkeit von höchstens 1 %.

* Signifikant mit einer Irrtumswahrscheinlichkeit von höchstens 5 %.

Quelle: Eigene Darstellung nach eigenen Berechnungen.

Übersicht 6: Granger-Nicht-Kausalitätstests

↓	Periode	GRI	IRL	POR	ITA	SPA
	1	3,01		3,07	0,59	6,49
IRL	2	13,78*	-	3,12	1,33	6,35
	3	2,62		4,16	3,19	9,74
	1	2,54	6,90		0,48	4,13
POR	2	0,55	14,57*	-	14,07*	12,48
	3	20,32**	4,55		17,39*	8,45
	1	2,92	5,11	4,42		3,69
ITA	2	11,07	19,10**	16,18*	-	15,68*
	3	24,41**	3,39	13,92*		20,94**
	1	1,42	6,92	3,89	0,09	
SPA	2	10,15	11,42	16,94*	19,88**	-
	3	26,11**	2,47	7,67	14,11*	

Zahlenangaben zeigen chi^2-Teststatistiken für die Perioden 1, 2 und 3 untereinander
Der Pfeil oben links zeigt die Kausalitätsrichtung an.
** Signifikant mit einer Irrtumswahrscheinlichkeit von höchstens 1 %.
* Signifikant mit einer Irrtumswahrscheinlichkeit von höchstens 5 %.
Quelle: Eigene Darstellung nach eigenen Berechnungen.

Literatur

Allen, Franklin und *Douglas Gale* (2000), Financial Contagion, in: Journal of Political Economy, Vol. 108 (1), S. 1-33.

Allen, Franklin und *Douglas Gale* (2004), Financial Intermediaries and Markets, in: Econometrica, Vol. 72 (4), S. 1023-1061.

Aschinger, Gerhard (2001), Währungs- und Finanzkrisen, München.

Berg, Hartmut, Dieter Cassel und *Karl-Hans Hartwig* (2007), Theorie der Wirtschaftspolitik, in: *Thomas Apolte* u.a. (Hg.): Vahlens Kompendium der Wirtschaftstheorie und Wirtschaftspolitik Band 2, München, S. 243-368.

Berger, Wolfram (2001), Die Ausbreitung von Währungskrisen, in: Wirtschaftsdienst, Jg. 81 (6), S. 358-364.

Brunnermeier, Markus K. und *Lasse H. Pedersen* (2007), Market Liquidity and Funding Liquidity, in: Review of Financial Studies, Vol. 22 (6), S. 2201-2238.

Chen, Yehning (1999), Banking Panics – The Role of the First-Come, First-Served Rule and Information Externalities, in: The Journal of Political Economy, Vol. 107 (5), S. 946-968.

Constâncio, Vitor (2012), Contagion and the European debt crisis, in: Finacial Stability Review, Vol. 16, S. 109-121.

Corsetti, Giancarlo, Marcello Pericoli und *Massimo Sbracia* (2005), Some Contagion, Some Interdependence: More Pitfalls in Tests of Financial Contagion, in: Journal of International Money and Finance, Vol. 24 (8), S. 1177-1199.

Corsetti, Giancarlo, Marcello Pericoli und *Massimo Sbracia* (2010), Correlation Analysis of Financial Contagion, in: *Robert W. Kolb* (Hg.): Financial Contagion: The Viral Threat to the Wealth of Nations, New York, S. 11-20.

de Bandt, Olivier und *Philipp Hartmann* (2000), Systemic risk: A survey, in: ECB Working Paper Series 35, http://papers.ssrn.com/sol3/papers.cfm?abstract_id=258430, 3.12.2012.

Dornbusch, Rudiger, Yung Chul Park und *Stijn Claessens* (2000), Contagion: Understanding How it Spreads, in: The World Bank Research Observer, Vol. 15, S. 177-197.

Europäische Zentralbank (2005), Financial market contagion, in: Financial Stability Review, S. 142-149.

Europäische Zentralbank (2009), The concept of systemic risk, in: Financial Stability Review, S. 134-142.

Fischer, Stanley (2000), Strengthening Crisis Prevention – The Role of Contingent Credit Lines, Rede vom 15. November 2000 am Banco de Mexico, http://www.imf.org/external/np/speeches/2000/111500.htm, 3.12.2012.

Forbes, Kristin und *Roberto Rigobon* (2002), No contagion, only interdependence: Measuring stock market comovements, in: Journal of Finance, Vol. 57 (5), S. 2223-2261.

Fratzscher, Marcel (2003), On Currency Crises and Contagion, in: Journal of Finance and Economics, Vol. 8 (2), S. 109-129.

Goldstein, Morris (1998), The Asian Financial Crisis – Causes, Cures and Systemic Implications, Washington.

Hartmann, Philipp, Stefan Straetmans und *Casper G. de Vries* (2006), Banking system stability: a cross-Atlantic perspective, in: *Mark Carey* und *Rene M. Stulz* (eds.): The Risks of Financial Institutions, Chicago, S. 133-188.

Kaminsky, Graciela, Carmen Reinhardt und *Carlos Vegh* (2003), The Unholy Trinity of Financial Contagion, in: Journal of Economic Perspectives, Vol. 17, S. 51-74.

Longstaff, Francis A. (2010), The subprime credit crisis and contagion in financial markets, in: Journal of Financial Economics, Vol. 97 (3), S. 436-450.

Masson, Paul (1999), Contagion – Monsoonal Effects, Spillovers, and Jumps between Multiple Equilibria, in: *Pierre-Richard Agénor, Marcus Miller, David Vines* und *Axel Weber* (eds.): The Asian Financial Crisis – Causes, Contagion and Consequences, Cambridge, S. 265-283.

Michler, Albrecht F. und *Heinz-Dieter Smeets* (2011), Die Finanzkrise: Ursachen, Wirkungen und Maßnahmen, in: *Albrecht F Michler.* und *Heinz-Dieter Smeets* (Hg.): Die aktuelle Finanzkrise, Stuttgart, S. 3-32.

Mink, Mark und *Jakob de Haan* (2012), Contagion during the Greek Sovereign Debt Crisis, DNB Working Paper Nr. 335.

Missio, Sebastian und *Sebastian Watzka* (2011), Financial contagion and the European debt crisis, CESifo working paper: Monetary Policy and International Finance 3554, http://hdl.handle.net/10419/49518, 3.12.2012.

O.V. (2011), Anti-Ansteckungsprogramm soll den Euro retten, http://www.tagesschau.de/wirtschaft/italien406.html, 3.12.2012.

O.V. (2012a), Schäuble will Spanien Zeit für Reformen kaufen, http://www.faz.net/aktuell/wirtschaft/europas-schuldenkrise/debatte-ueber-hilfskredite-schaeuble-will-spanien-zeit-fuer-reformen-kaufen-11825095.html, 3.12.2012.

O.V. (2012b), Griechenland soll neue Hilfen in jedem Fall bekommen, http://www.focus.de/finanzen/news/-die-angst-vor-einem-dominoeffekt-ist-zu-gross-griechenland-soll-neue-hilfen-in-jedem-fall-bekommen_aid_829442.html, 3.12.2012.

Pericoli, Marcello und *Massimo Sbracia* (2003), A Primer on Financial Contagion, in: Journal of Economic Surveys, Vol. 17 (4), S. 571-608.

Pritsker, Matt (2001), The channels for financial contagion, in: *Stijn Claessens* und *Kristin Forbes* (eds.), International Financial Contagion, Boston, S. 67–97.

*Smeets, Heinz-Dieter (*2012), Staatsschuldenkrise in Europa, in: *Dieter Duwendag,*, *Karlhans Sauernheimer* und *Eberhard Wille* (Hg.): Jahrbuch für Wirtschaftswissenschaften, Bd. 63, Stuttgart, S. 125-169.

Toda, Hiro Y. und *Taku Yamamoto* (1995), Statistical inference in vector autoregressions with possibly integrated processes, in: Journal of Econometrics, Vol. 66 (1-2), S. 225-250.

Ingo Pies (Hg.), Das weite Feld der Ökonomik
Schriften zu Ordnungsfragen der Wirtschaft · Band 98 · Stuttgart · 2013

Notenbankautonomie in der Wirtschaftskrise

Uwe Vollmer[*]

Inhalt

[*] Für hilfreiche Hinweise danke ich *Linda Zimmermann* sowie *Maik Pradel* und *Michael Diemer*. Alle verbliebenen Fehler gehen natürlich zu meinen Lasten.

> „Gefahr [für die formale Zentralbankautonomie] besteht hier immer von Seiten der Politiker. ... Für sie bedeutet eine autonome Zentralbank eine latente Gefährdung ihrer politischen Macht in der Demokratie."
>
> *Karl-Hans Hartwig* (1983/84)

1. Einleitung

Notenbank-Unabhängigkeit ist eines der konstituierenden Prinzipien des Eurosystems. Gemäß Artikel 130 des Vertrags über die Funktionsweise der Europäischen Union (AEU-Vertrag) darf weder die Europäische Zentralbank (EZB) noch eine der nationalen Zentralbanken bei der Wahrnehmung ihrer Aufgaben und Pflichten Weisungen von Regierungen der Mitgliedsstaaten oder von Organen der Europäischen Union entgegennehmen. Umgekehrt haben sich die Regierungen der Mitgliedsstaaten und die Organe der EU dazu verpflichtet, auf jegliche Einflussnahme auf die Mitglieder der Beschlussorgane der EZB zu verzichten. Diese institutionelle Unabhängigkeit des Eurosystems wird ergänzt durch seine finanzielle und personelle Unabhängigkeit, denn die EZB verfügt über einen eigenen Haushalt, und die Mitglieder des EZB-Rats weisen relativ lange Amtsperioden auf, wobei die Mitglieder des Direktoriums nicht wieder ernannt werden dürfen. Schließlich ist das Eurosystem auch funktionell unabhängig, denn es entscheidet selbständig über den Einsatz seiner Instrumente und über notwendige Änderungen an seinem geldpolitischen Handlungsrahmen.

Diese Unabhängigkeit ist seit Ausbruch der Staatsschuldenkrise gefährdet, denn es wächst der Druck auf die Europäische Zentralbank, ihr Mandat auszuweiten und nachhaltige Anpassungen an ihrem geldpolitischen Handlungsrahmen vorzunehmen. Bislang besteht das vorrangige Ziel des Eurosystems gemäß Artikel 127 AEU-Vertrag darin, „Preisstabilität zu gewährleisten"; nur soweit es ohne Beeinträchtigung dieses Ziels möglich ist, unterstützt das Eurosystem die allgemeine Wirtschaftspolitik, um zur Verwirklichung der in Artikel 3 des Vertrags über die Gründung der Europäischen Gemeinschaft (EU-Vertrag) genannten Ziele beizutragen. Jetzt wird gefordert, das Eurosystem solle auch das Ziel ‚Finanzmarktstabilität' gleichrangig verfolgen; deshalb sollte das Eurosystem künftig als „Lender of Last Resort" (LoLR) für öffentliche Schuldner bereitstehen, der unbedingt und unbegrenzt am offenen Markt oder direkt vom Emittenten Staatsschuldtitel aufkaufen kann (*De Grauwe* 2011a, 2011b; *Buiter* und *Rahbari* 2012a, 2012b; *Wyplosz* 2011).

Der vorliegende Beitrag nimmt solche Forderungen zum Anlass, um über die Rolle von Zentralbankunabhängigkeit in der Finanzkrise nachzudenken. Drei Fragen stehen im Mittelpunkt: Es wird erstens gefragt, inwiefern die Forderungen nach einem LoLR für öffentliche Schuldner die Unabhängigkeit des Eurosystems gefährden. Daran anschließend wird zweitens der Zusammenhang zwischen Notenbankunabhängigkeit und Finanzmarktstabilität untersucht und gefragt, ob eine relativ abhängige Notenbank besser als eine relativ autonome Zentralbank in der Lage ist, Staatsschuldenkrisen zu verhindern. Schließlich wird drittens gefragt, warum das Eurosystem während der aktuellen Finanzmarktkrise bereit war, seine Unabhängigkeit zumindest partiell preiszugeben.

Karl-Hans Hartwig war im deutschsprachigen Raum einer der ersten Autoren, die sich – noch am Beispiel der Deutschen Bundesbank – mit den Konsequenzen von Notenbankautonomie für den Inflationsprozess beschäftigt haben.[1] Damals hatte er eine bürokratietheoretische Perspektive eingenommen und gezeigt, dass „eine de jure unabhängige Notenbank als solche noch lange keine Gewähr für eine der Preisniveaustabilität verpflichtete Geldpolitik bietet" (*Hartwig* 1983/84, S. 322). Der Grund ist, dass Notenbanken Eigeninteressen verfolgen und gegenüber Regierung und Parlament zu einem „Satisfizierungsverhalten" neigen, d.h. sie vermeiden Konflikte und sind bestrebt, einer nachhaltigen Änderung ihres Status und einem Verlust ihrer Machtposition vorzubeugen. Diese bürokratietheoretische Sichtweise soll nachfolgend aufgegriffen und auf das Eurosystem übertragen werden, das sich ebenfalls durch ein Satisfizierungsverhalten charakterisieren lässt. Sie begründet, warum die EZB als LoLR fungiert, obwohl dies möglicherweise zu einem Glaubwürdigkeitsverlust führt und die Gefahr einer weiteren Staatsschuldenkrise schürt.

Der Beitrag ist wie folgt strukturiert: Abschnitt 2 thematisiert, warum das Wertpapierankaufprogramm die Unabhängigkeit des Eurosystems gefährdet und seine Glaubwürdigkeit beeinflusst, mittelfristig Preisstabilität garantieren zu können. Abschnitt 3 behandelt den Zusammenhang zwischen Zentralbankunabhängigkeit und der Gefahr einer Staatsschuldenkrise. Abschnitt 4 präsentiert Hypothesen darüber, warum die EZB möglicherweise den Ankauf von Staatsanleihen beschlossen hat. Abschnitt 5 fasst die Ergebnisse des Essays zusammen.

2. Gefahren für die Unabhängigkeit der EZB?

Das Eurosystem startete im Mai 2010 das „Programm für die Wertpapiermärkte" (Securities Markets Programme" – SMP) und begann, auf Sekundärmärkten Staatsschuldtitel aus Griechenland, Irland, Spanien und Portugal anzukaufen. Bis dahin hatte es Staatspapiere nur als Sicherheiten bei der Kreditvergabe an seine Geschäftspartner akzeptiert. Dieses erste Ankaufprogramm wurde im September 2012 durch ein zweites Ankaufprogramm abgelöst („Outright Monetary Transactions" – OMTs), das es dem Eurosystem erlaubt, an den Sekundärmärkten unbegrenzt Staatsanleihen aus den Programmländern anzukaufen. Ein wichtiger Unterschied zum SMP ist, dass nur Wertpapiere mit einer Laufzeit von einem Jahr bis zu drei Jahren angekauft werden und dass das Eurosystem nicht mehr als bevorrechtigter Gläubiger behandelt wird. Verbunden wurde das Programm mit der Ankündigung, die bereitgestellte Liquidität sogleich wieder einzusammeln, und mit dem Hinweis, dass allein das Eurosystem den Umfang der Interventionen festlegen wird. Darüber hinaus ist für das neue Ankaufprogramm eine Konditionalität vorgesehen, d.h. der Ankauf von Staatsanleihen ist an die Erfüllung eines Anpassungsprogramms durch das betreffende Land gekoppelt (*Europäische Zentralbank* 2010, 2012a, 2012b).

Begründet wurden die beiden Wertpapierankaufprogramme mit Verweis auf die starken Spannungen auf den Interbankenmärkten und die damit verbundenen Funktionsstö-

[1] Siehe *Hartwig* (1983/84). Der Beitrag ist die schriftliche Fassung seiner Antrittsvorlesung an der Wirtschaftswissenschaftlichen Fakultät der Ruhr-Universität Bochum.

rungen im geldpolitischen Transmissionsprozess, die die effektive Durchführung der auf mittelfristige Preisstabilität ausgerichteten Geldpolitik gefährdeten. Insbesondere wird darauf verwiesen, dass die Märkte für Staatsanleihen in den Peripherieländern aus mehreren Gründen maßgeblich die Finanzierungsbedingungen für Geschäftsbanken beeinflussen. Banken müssen im Privatkundengeschäft hohe Zinsen auf Bankeinlagen zahlen, weil diese zu den hochverzinsten Staatsanleihen in Konkurrenz stehen. Zudem haben Banken in den Krisenstaaten keinen Zugang mehr zu den Interbankenmärkten, weil die von ihnen als Sicherheiten gestellten Staatsanleihen an Qualität verloren haben. All dies schwächt die Fähigkeiten von Geschäftsbanken, die Geld- und Kreditversorgung des privaten Sektors zu gewährleisten (*Europäische Zentralbank* 2012b).

Auf den ersten Blick bieten die Ankaufprogramme keinen Anlass, an einer weiterhin unveränderten Unabhängigkeit des Eurosystems zu zweifeln, weil es sich um eine autonome Entscheidung des EZB-Rats handelt – worauf die EZB explizit hinweist (*Europäische Zentralbank* 2012a; 2012b). Dennoch bedeutet das Programm für die Wertpapiermärkte aus folgenden Gründen mittelfristig eine Gefahr für die Unabhängigkeit des Eurosystems[2]:

- Erstens übernimmt das Eurosystem beträchtliche Risiken in sein Portfolio und läuft Gefahr, zusätzliches Eigenkapital von den Mitgliedsstaaten der Währungsunion zu benötigen, falls der Marktwert der gehaltenen Schuldtitel einbricht oder es zu einem Schuldenschnitt kommt. Wer zusätzliches Kapital gibt, will wahrscheinlich auch mitentscheiden, sodass die institutionelle Unabhängigkeit des Eurosystems auf dem Spiel steht. Bislang umfassen die durch das Eurosystem angekauften Staatsanleihen ein Volumen von 200 Mrd. Euro und betragen nur etwa 7 % der konsolidierten Bilanzsumme; sie erreichen allerdings fast das Dreifache von Eigenkapital und Rücklagen des Eurosystems. Zwar bedeutet jede Art von Offenmarktgeschäften die Übernahme finanzieller Risiken, worauf Befürworter des Ankaufprogramms verweisen (*De Grauwe* 2011a). Jedoch sind die Risiken bei normalen Offenmarktgeschäften weit gestreut und bilden keine Klumpen, wie das mit dem Ankauf von Staatsanleihen aus den Peripherieländern der Fall ist.
- Zweitens gefährdet das Wertpapierankaufprogramm auch die im EZB-Rat bislang gepflegte Kultur einer „kollektiven Verantwortlichkeit", die eine Schutzfunktion erfüllte und half, die personale Unabhängigkeit der EZB-Ratsmitglieder zu garantieren. Seit Beginn der Währungsunion hatte der EZB-Rat darauf verzichtet, das individuelle Abstimmungsverhalten seiner Mitglieder zu veröffentlichen, und es auch unterlassen, die Protokolle seiner Sitzungen zu veröffentlichen, damit aus ihnen nicht auf das individuelle Abstimmungsverhalten geschlossen werden konnte. Auf diese Weise reagierte der EZB-Rat auf die Besonderheit des Eurosystems, das als multinationale Institution geldpolitische Verantwortung für einen heterogenen Wirtschaftsraum tragen muss.

  Das Prinzip der Kollektivverantwortlichkeit nahm den Entscheidungsträgern den Anreiz, „für die Galerie (in ihren Heimatländern) zu spielen", und befreite sie zu-

[2] Zum Folgenden siehe ausführlich *Vollmer* (2011, 2012a).

gleich von dem Druck, beweisen zu müssen, Entscheidungen allein aus persönlicher Überzeugung und nicht aus nationalem Interesse getroffen zu haben (*Issing* 1999). Spätestens seit dem Rücktritt von *Axel Weber* als Bundesbankpräsident, der das Schuldenaufkaufprogramm nicht mittragen wollte (*Weber* 2010), geriet diese Kultur in Gefahr, weil der EZB-Rat nicht mehr mit einheitlicher Stimme sprach. Minderheitsvoten geraten aber leicht unter Verdacht, nationale Partikularinteressen zu bedienen, schwächen die Position dessen, der sie vertritt, und erschweren die Konsensfindung im EZB-Rat. Sie signalisieren mögliche Meinungsunterschiede auch über die geldpolitischen Ziele und nähren die Vermutung, dass der EZB-Rat nicht ausschließlich der Geldwertstabilität verpflichtet ist.

- Drittens beeinträchtigen die Interventionen des Eurosystems auf den Wertpapiermärkten auch dessen funktionelle Unabhängigkeit, denn es bindet die EZB bei ihren Entscheidungen über den Einsatz ihrer Instrumente und über notwendige Änderungen an ihren geldpolitischen Handlungsrahmen. Wie bereits erwähnt, versucht die EZB, die bereitgestellte Liquidität sogleich wieder einzusammeln, indem sie den Geschäftspartnern verzinsliche Termineinlagen als Anlagealternative zur Verfügung stellt. Bislang ist dies weitgehend gelungen, denn die Geschäftsbanken unterhalten beträchtliche Bestände auf Konten bei der Zentralbank und reichen die Liquidität nicht als Kredite an Unternehmen und private Haushalte weiter. Dies kann sich aber rasch ändern, wenn die wirtschaftliche Entwicklung sich verbessert, und es ist bislang noch völlig offen, ob es dem Eurosystem gelingen wird, auf wachsende Inflationsgefahren schnell zu reagieren (*Stark* 2011).
- Viertens verletzen die Ankaufprogramme, zwar nicht formal, aber doch materiell, das Verbot einer Haushaltsfinanzierung durch die Notenbank nach Artikel 123 AEU-V und widersprechen somit Geist und Absicht des Maastrichter Vertrags. Auch wenn das Wertpapieraufkaufprogramm die Marktzinssätze nicht nachhaltig beeinflusst hat, werden die Sekundärmärkte vor den Emissionsterminen kurzfristig entlastet und Neuemissionen erleichtert. Kurspflege ist aber nicht Aufgabe der Geldpolitik, weil sie sich damit in den Dienst der Fiskalpolitik stellt (*Stark* 2011). Es besteht die Gefahr, dass die Fiskalpolitik auf einer Fortsetzung dieser „Dienste" besteht, selbst wenn die Preisstabilität gefährdet ist, und entsprechenden Druck auf die Geldpolitik ausübt.

Auch wenn Notenbankunabhängigkeit keinen Wert an sich darstellt, erfüllt sie instrumentelle Aufgaben, denn mit einem Verlust an Notenbankautonomie geht oftmals auch ein Verlust an Glaubwürdigkeit der Geldpolitik einher, mittelfristig für Preisstabilität zu sorgen. Wenngleich die EZB weiterhin davon ausgeht, dass die Inflationserwartungen fest auf einem Niveau verankert bleiben, das mit einer Preissteigerungsrate von unter, aber nahe bei 2 % vereinbar ist (*Europäische Zentralbank* 2012a), weisen einige Indikatoren darauf hin, dass mehr Marktteilnehmer in Zukunft Inflationsraten über 2 % p.a. erwarten. In diese Richtung deutet beispielsweise der vierteljährlich durchgeführte „Survey of Professional Forecasters", der auf der Website der EZB veröffentlicht wird (siehe auch *Diemer* und *Vollmer* 2013). Höhere Inflationserwartungen erschweren aber nicht nur eine auf Preisstabilität ausgerichtete Geldpolitik, sondern können auch die

Zahlungsfähigkeit von Nationalstaaten und damit die Finanzmarktstabilität gefährden, wie jetzt zu zeigen sein wird.

3. Notenbankunabhängigkeit und Finanzmarktstabilität

Angesichts der diagnostizierten Gefahren für die Unabhängigkeit des Eurosystems stellt sich die Frage nach den Konsequenzen für die Finanzmarktstabilität in Europa. Befürworter eines Aufkaufprogramms und einer Mandatsausweitung argumentieren, dass auch Gebietskörperschaften in temporäre Liquiditätsengpässe geraten können und deshalb Zugang zu einer Kreditlinie bei der Notenbank benötigen, um diese Engpässe überstehen zu können. Ist dieser Zugang verwehrt, wie das bis zu Beginn des Wertpapierankaufprogramms durch das Eurosystem in Europa der Fall war, besteht die Gefahr, dass Marktteilnehmer eine Liquiditätsprämie für Staatsanleihen verlangen, die zu steigenden Marktzinssätzen führt. Konsequenz ist, dass vorübergehend illiquide, aber eigentlich solvente Gebietskörperschaften in Solvenzprobleme geraten können, die sich zu einer Staatsschuldenkrise auswachsen können (*De Grauwe* 2011a; 2011b).

Die Möglichkeit einer solchen spekulativen Staatsschuldenkrise ist nicht völlig von der Hand zu weisen. Sie lässt sich darstellen in einem zweiperiodigen Modell einer Volkswirtschaft mit zwei Gruppen von Akteuren, der Regierung und den privaten Investoren.[3] Die Regierung leistet zu Beginn der ersten Periode gegebene Staatsausgaben D_0, die sie durch Ausgabe von kurzfristigen Staatsanleihen in gleicher Höhe finanziert. Die Anleihen haben eine Laufzeit von jeweils einer Periode, sodass die Regierung zum Ende der ersten Periode auslaufende Schuldtitel durch Ausgabe neuer Staatsanleihen anschlussfinanzieren muss. Dabei zahlt die Regierung in der ersten Periode einen Zinsfaktor $R_1>1$ und in der zweiten Periode einen Zinsfaktor $R_2>1$. Die Regierung erzielt erst zum Ende der zweiten Periode Steuereinnahmen T, die zur Bedienung der Staatsschuld $R_1R_2D_0$ verwendet werden. Die Höhe dieser Steuereinnahmen ist von der Regierung nicht beeinflussbar, sondern zufällig. Kommt es zu einem Zahlungsausfall, ist dieser annahmegemäß vollständig, d.h. die Regierung leistet entweder eine Zahlung in voller Höhe ihrer Staatsschuld oder zahlt gar nichts.

Die Investoren in Staatsanleihen erzielen einen risikolosen alternativen Zinsfaktor $\overline{R}$, beispielsweise durch eine Anlage im Ausland, wobei von einem Wechselkursrisiko abgesehen sei. Arbitragefreiheit herrscht, wenn der erwartete Ertrag einer Inlandsanlage mit dem (sicheren) Ertrag einer Auslandsanlage übereinstimmt, sodass im Kapitalmarktgleichgewicht für jede Teilperiode *i=1,2* gilt:

$$R_i \cdot (1-\pi_i) = \overline{R}$$

oder

$$\pi_i = \frac{R_i - \overline{R}}{R_i} = 1 - \frac{\overline{R}}{R_i} \geq 0, \tag{1}$$

[3] Zu dem hier skizzierten Modell einer Staatsschuldenkrise siehe *Romer* (2012), S. 632 ff.

mit π_i als die von den Investoren in Periode *i* erwartete Wahrscheinlichkeit für einen Staatsbankrott („Ausfallwahrscheinlichkeit").

Die Regierung kann ihre Staatsschuld nicht mehr bedienen, sofern die Steuereinnahmen T kleiner als $R_1R_2D_0$ ausfallen, sodass die fundamental begründete Ausfallwahrscheinlichkeit für einen Staatsbankrott bei Nichtexistenz einer Zentralbank identisch mit der Wahrscheinlichkeit $Pr(T< R_1R_2D_0)$ für zu geringe Steuereinnahmen ist. Im Gleichgewicht müssen in jeder Periode *i* folgende Bedingungen zugleich erfüllt sein:

- Der Zinsfaktor R_i erfüllt die Bedingung (1) für Arbitragefreiheit, d.h. Investoren sind für eine gegebene Ausfallwahrscheinlichkeit π_i bereit, die Staatsschuldtitel zu halten.
- Sofern die Investoren rationale Erwartungen bilden, muss die erwartete mit der fundamental begründeten Ausfallwahrscheinlichkeit übereinstimmen, d.h. es muss in jeder Teilperiode i gelten:

(2) $$\pi_i = Pr(T < R_1 \cdot R_2 \cdot D_0),$$

  wobei $Pr(T<R_1R_2D_0)$ die Wahrscheinlichkeit benennt, dass die Steuereinnahmen nicht ausreichen werden, um die gesamte Staatsschuld zum Ende der zweiten Periode zu bedienen.

In diesem Modellrahmen hängen die Aktionen der Investoren in Periode 1 von ihren Erwartungen über die Aktionen der Investoren in Periode 2 ab. Angenommen, ein Investor in Periode 1 erwartet, dass Investoren in Periode 2 nicht bereit sein werden, Staatsanleihen bis zum Ende der zweiten Periode zu halten (weil sie mit einen Rückgang der Steuereinnahmen rechnen). Dann werden Investoren in Periode 1 nicht mehr bereit sein, Staatsanleihen zu halten, auch wenn sie selbst mit keiner Verschlechterung der Steuereinnahmen rechnen. Das Ergebnis ist eine spekulative Staatsschuldenkrise, die entsteht, weil sich die Erwartungen der Investoren über die Erwartungen zukünftiger Investoren verändern. In diesem Fall kann es durchaus zweckmäßig sein, die Zentralbank als potenziellen LoLR einzusetzen, der verhindert, dass veränderte Erwartungen zu einem Zinsanstieg für Staatsanleihen führen und sich so von selbst erfüllen. Zweckgesellschaften, wie der ESM, können möglicherweise diese Funktion nicht glaubwürdig erfüllen, weil sie nicht über genügend „Feuerkraft" verfügen (*De Grauwe* 2011a).

Wenngleich die Möglichkeit solch einer spekulativen Staatsschuldenkrise nicht auszuschließen ist, gehört Notenbankunabhängigkeit auch zu den „Fundamentalvariablen" einer Volkswirtschaft und kann über verschiedene Wege Einfluss auf die Gefahr einer fundamental begründeten Staatsschuldenkrise nehmen. Erstens liegen bislang umfassende theoretische und empirische Arbeiten vor, wonach Zentralbankunabhängigkeit der Garantie von Preisstabilität förderlich ist (Überblicke bei *Berger, De Haan* und *Eijffinger* 2001; *Vollmer* 2005). Länder mit eher abhängiger Zentralbank weisen im Durchschnitt eine höhere Inflationsrate auf als Länder mit einer eher unabhängigen Zentralbank. Berücksichtigt man diesen stilisierten Fakt, sinkt die Attraktivität von Vorschlägen, die EZB als LoLR für öffentliche Schuldner einzusetzen, weil die Gefahr einer fundamental begründeten Staatsschuldenkrise zunehmen kann:[4] Höhere Inflationsraten erhöhen über den „Preiserwartungs-" oder „Fisher-Effekt" die nominalen Zinsfaktoren R_1 und R_2, die öffentliche Schuldner auf ihre ausstehende Schuld zu zahlen haben. Dies wiederum erhöht die Wahrscheinlichkeit dafür, dass die Staatseinnahmen nicht ausreichen, um den Schuldendienst zu leisten, sofern die Steuererhebung wegen „collection lags" hinter der Inflationsentwicklung herhinkt, was nicht selten der Fall ist (*Agénor* und *Montiel* 2008). Konsequenz ist, dass Investoren gemäß (1) höhere Risikoprämien für Staatsanleihen verlangen, was das Risiko einer Staatsschuldenkrise erhöht und damit die Finanzmarktstabilität gefährdet.

Zweitens ist auch langfristig zu befürchten, dass eine LoLR-Politik den Konsolidierungsdruck von den öffentlichen Haushalten in den Peripherieländern nimmt und in Zukunft immer weitere Wertpapierankäufe durch die Zentralbank notwendig werden. Warum sollten Iren, Griechen oder Portugiesen schmerzhafte Konsolidierungsprogramme durchführen oder in Zukunft Fiskaldisziplin zeigen, wenn die EZB in Frankfurt mit einer Kreditlinie bereitstünde? Druck auf die Geldpolitik auszuüben ist häufig einfacher, als von heimischen Gewerkschaften Arbeitsmarktreformen einzufordern oder in Lokalparlamenten die Diäten von Abgeordneten der eigenen Partei zu kürzen. Diese Auffassung teilt auch *Jürgen Stark* (2011) in einem Interview mit dem Handelsblatt, wenn er feststellt:

> „Wenn die Notenbank anfängt, Staaten zu finanzieren, sinkt der Anreiz für die Regierungen, die Ursachen der Krise zu beheben."

Zwar soll der inzwischen beschlossene Fiskalpakt solch einem moral hazard entgegenwirken; an dessen Wirksamkeit sind aber erhebliche Zweifel angebracht, weil die im Vertrag vorgesehene Klagemöglichkeit einzelner Unterzeichnerstaaten vor dem Europäischen Gerichtshof gegen Schuldensünder kaum praktikabel oder mit hohen politischen Kosten verbunden ist. Darüber hinaus schreibt der Fiskalpakt eine Obergrenze lediglich für das strukturelle jährliche Haushaltsdefizit vor und nimmt damit ausdrücklich Überschreitungen in Kauf, die konjunkturelle Ursachen haben oder Folge außergewöhnlicher Umstände sind.

Im Ergebnis resultiert damit eine Mandatsausweitung in einen Zielkonflikt für die Europäische Zentralbank, denn diese Ausweitung reduziert zwar die Gefahr einer spekulativen Staatsschuldenkrise, beeinträchtigt aber die Glaubwürdigkeit der Geldpolitik und macht damit eine fundamental begründete Staatsschuldenkrise wahrscheinlicher. Angesichts dieser Kosten stellt sich die Frage, warum die EZB in die Wertpapierankaufprogramme eingewilligt und angekündigt hat, im Rahmen ihres Mandats bereit zu sein, alles zu tun, um den Euro zu schützen (*Draghi* 2012) – was als Ankündigung eines automatischen Ankaufs von Staatsanleihen interpretiert wird, sobald deren Zinsen einen bestimmten Schwellenwert übersteigen. Dieser Frage soll abschließend noch nachgegangen werden, wobei an die bürokratietheoretischen Überlegungen von *Karl-Hans Hartwig* Anfang der 1980er Jahre angeknüpft werden soll.

---

[4] Zum Folgenden ausführlicher siehe *Diemer* und *Vollmer* (2013).

4. Bürokratieverhalten, Satisfizierungsstrategie und Finanzkrise

Aus bürokratietheoretischer Perspektive handeln Notenbanken nicht immer im Interesse des Gemeinwohls, sondern verfolgen eigene Interessen und sind bestrebt, ihr Einkommen, ihr Ansehen und ihre Machtposition zu sichern. Um dies zu erreichen, versuchen sie, ihre eigene Position im Vergleich zu anderen Bürokratien zu stärken, und sind bestrebt, ihre Anerkennung in der Öffentlichkeit zu festigen. Sie unterliegen dabei Restriktionen politischer und ökonomischer Art und Restriktionen in Form internationaler Abkommen, die ihren Handlungsspielraum potenziell beschränken.

Aus diesen Prämissen leitet *Hartwig* (1983/84, S. 316 ff.) folgende Hypothesen über das Zentralbankenverhalten ab:

- Notenbanken verfolgen zwar das Ziel ‚Preisstabilität‘ mit höchster Priorität, weil es in der Öffentlichkeit als Primärziel der Geldpolitik betrachtet wird; allerdings sind sie nicht an dauerhafter Preisniveaustabilität interessiert. Andernfalls könnten andere Interessengruppen versucht sein, Preisstabilität als eigenen Erfolg auszugeben; darüber hinaus könnte sich die Notenbank ihrer Existenzgrundlage berauben, wenn die Öffentlichkeit dauerhafte Preisniveaustabilität als Selbstverständlichkeit ansieht. Deshalb sind Notenbanken durchaus bereit, eine temporäre Inflationszunahme hinzunehmen, um die Inflation anschließend erfolgreich bekämpfen zu können.
- Notenbanken vermeiden Konflikte mit jenen Gruppen, die über die Macht verfügen, ihre Handlungsfreiheit einzuschränken und ihren Status zu verändern, d.h. mit den Regierungen und mit den Parlamenten. Deshalb verfolgen sie eine auf „Satisfizierung“ ausgerichtete Strategie, d.h. sie streben im Nicht-Konfliktfall nach Preisstabilität, aber sind auch bereit, diese im Konfliktfall zumindest partiell preiszugeben.[5]
- Um Kritik an ihren Maßnahmen zu erschweren, vermeiden Notenbanken eindeutige Zielvorgaben ebenso wie eindeutige Stellungnahmen zu ihren Konzeptionen, die sie gegenüber der Öffentlichkeit häufig wechseln. Vielmehr verfolgen sie der Öffentlichkeit gegenüber eine „Strategie der Absicherung“, indem sie diese mit Informationen überfrachten und auf die begrenzten Möglichkeiten ihrer geldpolitischen Maßnahmen verweisen.

Hartwig überprüft diese Hypothesen am Beispiel der Deutschen Bundesbank und findet Hinweise auf ein Satisfizierungsverhalten in Konfliktsituationen. Insbesondere seit Anfang der 1970er Jahre orientierte sich die Bundesbank vornehmlich an den Zielen der Bundesregierung; zwischen 1957 und 1977 lassen sich sieben Konfliktphasen identifizieren, während deren die Bundesbank stets den Wünschen der Bundesregierung nachgegeben hat. Darüber hinaus finden sich für die Deutsche Bundesbank auch Hinweise auf eine Strategie der Absicherung gegenüber der Öffentlichkeit, wie den 1979 vollzogenen Übergang von einem Punktziel für das Geldmengenwachstum zu einem Zielkorridor oder die gleichzeitige Verwendung verschiedener Zwischenziele und Indikatoren der Geldpolitik (*Hartwig* 1983/84, S. 320 f.).

---

[5] Für die Analyse solch einer Satisfizierungsstrategie im Rahmen eines *Barro-Gordon*-Modells siehe *Lohmann* (1992).

Wenngleich die Europäische Zentralbank heute in einem anderen institutionellen Umfeld als die Deutsche Bundesbank agiert, lassen sich auch für sie seit Ausbruch der Staatsschuldenkrise einige Hinweise im Sinne der eben formulierten drei Hypothesen finden:

- Die EZB verweist in ihren Publikationen darauf, dass sie bislang alle Entscheidungen – wie die über OMTs – in voller Unabhängigkeit getroffen habe (*Europäische Zentralbank* 2012a, 2012b). Gleichwohl gibt es Hinweise, die auf eine Konfliktsituation mit den Europäischen Staats- und Regierungschefs hindeuten, und Stimmen – auch aus den Reihen der EZB selbst –, die bestätigen, dass „der politische Druck auf den EZB-Rat" vor dem Start des ersten Wertpapierankaufprogramms enorm war (*Stark* 2011). Ein weiterer (wenn auch vager) Hinweis auf ein Satisfizierungsverhalten seitens der EZB bietet der Streit um die Neubesetzung des Direktoriumspostens der EZB im Herbst 2012. Das EU-Parlament verweigerte dem Kandidaten *Yves Mersch* die Unterstützung, weil es die Kandidatur einer Frau befürwortete.[6] Inzwischen ist *Mersch* jedoch von den Staats- und Regierungschefs mit qualifizierter Mehrheit aller EU-Staaten ins Direktorium berufen worden – allerdings erst, nachdem er (noch als Notenbankchef Luxemburgs) für das zweite Ankaufprogramm gestimmt und dieses öffentlich verteidigt hatte.
- Obwohl die EZB durch die beiden Wertpapierankaufprogramme ihr vorrangiges Ziel, für Preisstabilität zu sorgen, nicht als gefährdet ansieht, musste sie inzwischen einräumen, dass die Inflationsrate im Jahresverlauf 2012 über der 2-%-Marke liegen wird. Zudem drängt sich der Öffentlichkeit vermehrt der Verdacht auf, dass die jüngst ergriffenen geldpolitischen Maßnahmen nicht allein dazu dienen, die geldpolitische Transmission sicherzustellen, sondern auch den Zweck verfolgen, Finanzierungsengpässe einiger Peripheriestaaten zu beheben. Dies gilt vor allem für das im Herbst 2012 an Griechenland abgegebene Hilfsangebot, wonach die EZB unmittelbar nach Emission Staatsschuldtitel von griechischen Geschäftsbanken übernommen hat, was nach Ansicht vieler Beobachter einer direkten Haushaltsfinanzierung durch das Eurosystem sehr nahe kommt.
- Wie die Bundesbank in den 1970er Jahren verfolgt auch die EZB eine „Strategie der Absicherung", wenn sie den Anstieg der Inflationsrate im Jahresverlauf 2012 nicht auf die Geldpolitik, sondern auf die hohen Energiepreise und die in einigen Ländern gestiegenen indirekten Steuern zurückführt (*Europäische Zentralbank* 2012a, S. 5).

Obwohl wir uns derzeit noch mitten in der Staatsschuldenkrise befinden und ein abschließendes Urteil verfrüht ist, scheint das Eurosystem keine grundsätzlich andere Position gegenüber Regierungen und Parlamenten einzunehmen als die Deutsche Bundesbank beispielsweise Mitte der 1970er Jahre. Um einer nachhaltigen Statusänderung zuvorzukommen, wird auch vom Eurosystem während der laufenden Krise auf eine Konfliktvermeidung gesetzt.

---

[6] Auch die spanische Regierung verweigerte der Nominierung zunächst ihre Zustimmung.

5. Schlussfolgerungen

Anliegen des vorliegenden Beitrags war es, die Rolle von Notenbankautonomie während der Finanzkrise zu beleuchten. Drei Fragen standen dabei im Mittelpunkt: Inwieweit gefährdet der Ankauf von Staatsschuldtiteln die Unabhängigkeit des Eurosystems und dessen Glaubwürdigkeit, für Preisstabilität zu sorgen? Ist eine abhängige Zentralbank besser als eine autonome Notenbank imstande, eine Staatsschuldenkrise nachhaltig zu bekämpfen? Warum hat das Eurosystem angesichts eines möglichen Verlusts an Glaubwürdigkeit dem Ankauf von Staatsanleihen zugestimmt?

Ergebnis der vorstehenden Überlegungen ist, dass die Wertpapierankaufprogramme des Eurosystems dessen Unabhängigkeit gefährden und seine Glaubwürdigkeit beeinträchtigen, mittelfristig für Preisstabilität zu sorgen. Höhere Inflationserwartungen und die Erwartung, dass die EZB auch zukünftig als LoLR bereitstehen könnte, können Konsolidierungsbemühungen gefährden und die Gefahr zukünftiger Staatsschuldenkrisen erhöhen, auf die dann die Notenbank mit weiteren Ankäufen von Staatsanleihen und mit anderen Hilfsprogrammen reagieren muss. Insofern bietet die Entwicklung auch im Euro-Währungsraum einen Beleg für die Behauptung aus dem zitierten Eingangsmotto, wonach Notenbankautonomie für Politiker eine latente Gefährdung politischer Macht in der Demokratie bedeutet. Damit markiert die aktuelle Staatsschuldenkrise vielleicht einen Wendepunkt in der Geldpolitik des Eurosystems, mit der Konsequenz, dass sich bald auch der Euroraum dem „Ende einer langen Phase inflationsfreier Entwicklung" (*Hartwig* 1982) nähert.

Soll das Wiederauftreten einer Staatsschuldenkrise verhindert werden, müsste daher eher über Regeländerungen nachgedacht werden, denn bislang verbieten Artikel 123 AEU-Vertrag und die Satzung der EZB dem Eurosystem lediglich, nationalen Regierungen Überziehungskredite zu gewähren oder deren Schuldtitel unmittelbar zu erwerben. Stattdessen sollte erwogen werden, dem Eurosystem künftig auch Sekundärmarktgeschäfte zu verbieten oder ihm sogar zu untersagen, Staatsanleihen als Sicherheiten bei geldpolitischen Geschäften zu akzeptieren. Der Preis hiervon wäre hoch, weil Staatspapiere an Liquidität verlieren würden und nur noch zu höheren Zinsen emittiert werden könnten. Aber vielleicht ist genau dies notwendig, um klar zu machen, dass Staatsausgaben nicht dauerhaft durch Schuldaufnahmen finanziert werden können (*Vollmer* 2012b).

Literatur

Agénor, Pierre-Richard und *Peter J. Montiel.* (2008), Development Macroeconomics, 3. ed., Princeton.

Berger, Helge; Jakob De Haan und *Sylvester C.W. Eijffinger* (2001), Central Bank Independence: An Update of Theory and Evidence, in: Journal of Economic Surveys, Vol. 15(1), S. 3-40.

Buiter, Wim H. und *Ebrahim Rahbari* (2012a), The ECB as Lender of Last Resort for Sovereigns in the Euro Area, CEPR, Discussion Paper No. 8974, London, May.

Buiter, Wim H. und *Ebrahim Rahbari* (2012b), Why Does the ECB not Pull its Mouth Where Its Money Is? The ECB as Lender of Last Resort for Euro Area Sovereigns and Banks, in: Citi Global Economics View 27, February 2012.

De Grauwe, Paul (2011a), The European Central Bank as a Lender of Last Resort, VoxEU, 18 August 2011; Abruf am 26.10.2012.

De Grauwe, Paul (2011b), Why the ECB Refuses to Be a Lender of Last Resort, VoxEU, 28 November 2011; Abruf am 26.10.2012.

Diemer, Michael und *Uwe Vollmer* (2013), Zentralbankunabhängigkeit und Staatsschuldenkrise, erscheint in: *Theresia Theurl* (Hg.), Unabhängige staatliche Organisationen in der Demokratie, Berlin.

Draghi, Mario (2012), Speech by Mario Draghi, President of the European Central Bank at the Global Investment Conference in London, 26 July 2012, Frankfurt/Main.

Europäische Zentralbank (2010), EZB beschließt Maßnahmen, um den starken Spannungen an den Finanzmärkten entgegenzuwirken, Pressemitteilung vom 10. Mai 2010, Frankfurt/Main.

Europäische Zentralbank (2012a), Editorial, in: Monatsbericht, 14. Jg., September, Frankfurt/Main, S. 5-7.

Europäische Zentralbank (2012b), Vom EZB-Rat am 6. September 2012 beschlossene geldpolitische Maßnahmen, in: Monatsbericht, 14. Jg., September, Frankfurt/Main, S. 7-12.

Hartwig, Karl-Hans (1982), Preiserhöhungen in der DDR: Ende einer langen Phase inflationsfreier Entwicklung?, in: Deutschland Archiv, 4/1982, S. 246-251.

Hartwig, Karl-Hans (1983/84), Bundesbankautonomie und Inflationsbekämpfung: Politische Ökonomie des Notenbankverhaltens, in: List-Forum, Bd. 12, S. 307-377.

Issing, Otmar (1999), The Eurosystem: Transparent and Accountable or ‚Willem in Euroland', in: Journal of Common Market Studies, Vol. 37(3), S. 503-519.

Lohmann, Susanne (1992), Optimal Precommitment in Monetary Policy: Credibility versus Flexibility, in: American Economic Review, Vol. 82, S. 273-286.

Romer, Paul (2012), Advanced Macroeconomics, 4. ed., New York.

Stark, Jürgen (2011), Der politische Druck auf die EZB ist enorm, in: Frankfurter Allgemeine Zeitung, 26.11.2011, http://www.faz.net/aktuell/wirtschaft/wirtschaftspolitik/ chefvolkswirt-juergen-stark-im-gespraech-der-politische-druck-auf-die-ezb-ist-enorm-11542088.html.

Vollmer, Uwe (2005), Geld- und Währungspolitik, München.

Vollmer, Uwe (2011), Vabanque - Vabanque - Riskiert das Eurosystem seine Unabhängigkeit?, http://wirtschaftlichefreiheit.de/wordpress/?p=7880.

Vollmer, Uwe (2012a), Braucht Europa einen „Lender of last resort" für öffentliche Schuldner?, http://wirtschaftlichefreiheit.de/wordpress/?p=9941.

Vollmer, Uwe (2012b), Brauchen wir eine Revision der Entscheidungsregeln im EZB-Rat?, http://wirtschaftlichefreiheit.de/wordpress/?p=10448.

Weber, Axel (2010), Kaufprogramm birgt erhebliche Risiken, Interview mit Bundesbankpräsident Axel Weber, in: Börsen-Zeitung, Frankfurt, 11.5.2010, S. 1.

Wyplosz, Charles (2011), An Open Letter to Dr Jens Weidmann, VoxEU, 18 November 2011.

Ingo Pies (Hg.), Titel des Sammelbands
Schriften zu Ordnungsfragen der Wirtschaft · Band xx · Stuttgart · 2013

Ordnungspolitische Bausteine einer europäischen Stabilitätsverfassung

Dirk Wentzel

Inhalt

1. Europa in (Un-)Ordnung?

> „Denn das richtige Europa ist kein Elite-Club und kein von einer Superbehörde regierter Staatenbund. Das richtige Europa ist eine Lerngemeinschaft, gegründet auf Freiwilligkeit und Selbstbestimmung."
>
> *Martin Walser* (2012)

Europa in (Un-)Ordnung? So lautete der Titel eines interdisziplinären Kongresses am *Karlsruhe Institute of Technology* (KIT) (siehe *Wentzel* 2012e). Wissenschaftler verschiedener Fachrichtungen versuchten, die gegenwärtige europäische Krise zu analysieren und zu interpretieren. Befindet sich die Europäische Union in einem Niedergang, wie besonders Ökonomen vermuten und auf Fachkongressen und in *talk shows* propagieren (etwa *Sarrazin* 2011 oder *Lucke* 2012), und steht die Wiedereinführung nationaler Währungen unmittelbar bevor? Oder ist die Eurokrise in Anlehnung an *Schumpeter* vielleicht sogar eine schöpferische Krise, die zu neuen und besseren Institutionen führen kann? Aus der Theorie internationaler Organisationen ist hinlänglich bekannt, dass neue Institutionen meistens unmittelbar als Reaktion auf eine Krise oder einen militärischen Konflikt entstehen. Regierungen reagieren auf Krisen, wenn unmittelbarer politischer Handlungsbedarf besteht (ausführlich *Cassel* 2013). Führt die Staatsschuldenkrise Griechenlands und anderer Euro-Staaten eventuell sogar dazu, dass auch in den sog. Südländern ansatzweise eine Stabilitätskultur entstehen könnte?

Aus ordnungspolitischer Perspektive kann man in der Tat eine europäische Unordnung attestieren. Die Ursache dafür liegt aber eher in den Nationalstaaten begründet als in der europäischen Integration. Die gegenwärtige Praxis zügelloser und unbegrenzter nationalstaatlicher Verschuldung dürfte endgültig an ein Ende gekommen sein. Diese Entwicklung kommt jedoch keineswegs unangekündigt (vgl. *Wentzel* 1995 und 2005). Staatsverschuldung kann nur so lange funktionieren, wie es Menschen und institutionelle Anleger (Banken, Versicherungen, Kapitalsammelstellen) gibt, die Staatsanleihen kaufen. Dieser Markt für Staatsanleihen, auf dem sich auch unsolide und marode Staaten jahrzehntelang finanzieren und damit ihren Gegenwartskonsum ermöglichen konnten, trocknet aus (ausführlich *Wentzel* 2012d), weil entweder die Bonität dieser Staaten zunehmend zweifelhaft wird (etwa im Fall der sog. GIIPS-Staaten Griechenland, Irland, Italien, Portugal und Spanien) oder aber weil die Verzinsung der vermeintlich wertstabilsten Länder noch nicht einmal mehr die Inflationsrate kompensiert – wie etwa im Fall Deutschlands oder der Schweiz. Auch deutsche Anleihen sind unter Rendite-Gesichtspunkten kein gutes Investment – sie sind lediglich (noch) ziemlich sicher. Man kann mit Fug und Recht behaupten, dass der gegenwärtige *status quo* der Schuldenfinanzierung nicht mehr lange Bestand haben wird und dass eine Umbruchsituation vorliegt, aus der hoffentlich eine neue und bessere institutionelle Struktur entwickelt werden kann.

Europa steckt mit seinen Reformbestrebungen in einer Zwickmühle: Sicherlich kann attestiert werden, dass Europa keinen optimalen Währungsraum im Sinne der bekannten Theorie von *Mundell* (1961) darstellt. Lediglich einzelne Staaten und Regionen, etwa Deutschland, Nord-Italien, Österreich, Holland und die skandinavischen Länder erfüllen die Modell-Anforderungen gleicher Produktionsstrukturen, die die Einführung einer Einheitswährung vorteilhaft erscheinen lassen. Selbst im Fall Frankreichs ist dies derzeit zweifelhaft, wie die unglücklichen Bemühungen der Regierung *Hollande* zur Reform der Wirtschaft und des Staatshaushalts unterstreichen. Gleichwohl hat man sich mit dem Vertrag von Maastricht 1992 zur Einführung einer europäischen Währung entschlossen: Die Anhänger der sog. Schrittmachertheorie, allen voran der damalige Bundeskanzler *Helmut Kohl* und der französische Präsident *Francois Mitterand*, sahen in der Einführung der europäischen Währung die einzige Möglichkeit, die europäische Einigung grundlegend voranzubringen. Ohne Zweifel hatten die beiden leidenschaftlichen Europäer in einem Punkt Recht: Durch die Einführung des Euro wurde und wird ein immenser Anpassungsdruck erzeugt, der so im normalen politischen Prozess gar nicht möglich wäre: Die Frage ist nur, ob Europa und vor allem die Südländer nicht an diesem Druck zerbrechen (siehe *Mühl* 2012).

Europa hat sich im Januar 2010 nach langen Geburtswehen mit dem Lissabonner Vertrag eine Verfassung gegeben, die die zentralen Eckpunkte der europäischen Integration regelt. Bei der feierlichen Vertragsunterzeichnung ging man davon aus, einen Handlungsrahmen für die nächsten 50 Jahre gefunden zu haben, wie die deutsche Bundeskanzlerin *Angela Merkel* später anmerkte. Allerdings dauerte es gerade einmal vier Monate, bis sich diese Gewissheit zerschlug und der damalige griechische Präsident *Papandreou* die Zahlungsunfähigkeit seines Landes verkündigte. Ohne fremdes Geld konnte Griechenland seine laufenden Verpflichtungen nicht mehr erfüllen, und der wahre Test für die Belastbarkeit der *No-Bailout*-Klausel begann (siehe *Blankart* 2012). Zwar konnte *de jure* die Staatsinsolvenz Griechenlands verhindert und befürchtete Domino-Effekte konnten vermieden werden, *de facto* ist Griechenland jedoch zahlungsunfähig, weil es eigenständig kein Geld mehr am Kapitalmarkt aufnehmen kann und auf „politisches Geld“ angewiesen ist (ausführlich *Beck* und *Wentzel* 2011a und 2012).

Seit jenen Tagen im Mai 2010 ist nun ein Prozess in Gang gekommen, den man als „den wahren europäische Verfassungskonvent“ bezeichnen kann. Es geht nunmehr um die Frage, welche Wirtschafts- und Sozialordnung in Europa unter soliden und harten Budgetrestriktionen verwirklicht werden soll – oder anders formuliert: Wie viel Europa können wir uns wirklich leisten und finanzieren? Bisher konnten die europäischen Staaten ihre sozialpolitischen Wohltaten über unbegrenzte Verschuldung finanzieren, aber diese Option ist angesichts der zuschnappenden Schuldenfalle und austrocknender Kapitalmärkte kaum noch verfügbar (siehe *Wentzel* 2012b und 2012d). Für *Eucken* (1952/90) war die Funktionsfähigkeit des Preissystems Grundvoraussetzung für das Funktionieren einer Wettbewerbsordnung. Die dauerhafte politische Zuweisung von Rettungsgeldern an den griechischen Staat setzt aber diesen Zusammenhang außer Kraft und stellt zudem eine massive Verletzung des Art. 125 des EU-Vertrages dar. Die hohen Kapitalmarktzinsen für griechische Staatsanleihen sind ein durchaus aussagefähiger Indikator für das berechtigte Misstrauen der Menschen und der institutionellen Anleger gegenüber dem griechischen Staat, der in den vergangenen Jahrzehnten die Kapitalmarktmittel nicht für investive Zwecke nutzte, sondern zur Finanzierung seines ausgeuferten Sozialstaates. Diese hohen Zinsen sind zudem keine ungerechte Strafe der Finanzmärkte, sondern sie stellen lediglich eine Rückkehr zu dem Niveau dar, das Griechenland für seine Staatsschulden zahlen musste, bevor es durch geschönte Zahlen die Mitgliedschaft erlangte und damit in den Genuss dauerhaft niedriger Zinsen kam.

Es mag in der Notsituation im Mai 2010 wirtschaftspolitisch durchaus berechtigt gewesen sein, dem griechischen Staat zu helfen, um Ansteckungseffekte für das gesamte europäische Finanzsystem zu verhindern. Finanzminister *Schäuble* (2011) verstieg sich sogar zu der zweifelhaften Aussage: „Was gut ist für Griechenland, ist auch gut für den Euro". Langfristig wird Griechenland jedoch nur überleben können, wenn es sich irgendwann wieder einer eigenständigen Bewertung durch die Kapitalmärkte stellen kann. Damit ist ein zweites *Eucken*sches konstituierendes Prinzip direkt angesprochen, nämlich die Haftung. Ein dauerhaftes *Bailout*, also die Übernahme der griechischen Schulden durch Dritte, wäre ein katastrophaler Fehlanreiz und käme zudem auch der vorsätzlichen Verletzung bestehender europäischer Verträge gleich (vgl. *Blankart* 2012). *Pacta sunt servanda* gilt nicht nur innerhalb eines Rechtsstaates, sondern auch im zwischenstaatlichen Verhältnis, im Europarecht und im Völkerrecht.

Die europäische Unordnung hat auch den monetären Sektor erfasst. So ist die Unabhängigkeit der EZB zunehmend gefährdet, und die Distanz zur Defizitfinanzierung der Einzelstaaten wurde entscheidend reduziert. Am 6. September 2012 hat der Präsident der EZB, *Mario Draghi*, ein neues Programm zum Ankauf von Staatsanleihen angekündigt, das die ökonomische Fachwelt in größte Besorgnis versetzte. Kernpunkt ist der Entschluss, dass die EZB „in unbegrenzter Höhe" Anleihen kauft, wenn die betroffenen Staaten Unterstützung beim Europäischen Stabilisierungsmechanismus ESM beantragen und sich zugleich der damit verbundenen Konditionalität strikt unterwerfen. Es solle alles getan werden, was zur Rettung des Euro notwendig ist. Daraus leitet sich eine grundsätzliche Frage ab: Handelt es sich bei dieser Aktion um kurzfristiges Krisenmanagement zur Pflege des Marktes für Staatsanleihen, wie die EZB argumentiert, oder findet eine langfristige Änderung der ordnungspolitischen Ausrichtung statt? *De facto* kommt der Ankauf von Staatsanleihen einer Staatsfinanzierung sehr nahe, völlig unabhängig davon, ob dieser Ankauf direkt über die Notenpresse oder indirekt über Ankäufe am Sekundärmarkt erfolgt. Auch hier ist also eine europäische Baustelle entstanden, die man beim Abschluss des Maastrichter Vertrages 1992 dort so eigentlich nicht vermutet hatte.

Zusammenfassend lässt sich festhalten, dass offensichtlich einiges in Europa in Unordnung geraten ist. 27 Nationalstaaten sowie die großen europäischen Institutionen (Rat der Europäischen Union, Parlament und die Kommission) suchen nun gemeinsam nach einem Ausweg aus der schwierigen Situation, während zugleich die EZB als Feuerwehrmann bemüht ist, die Finanzmärkte durch großzügige Liquiditätszuweisung und den Ankauf notleidender Staatsanleihen zu beruhigen. Zumindest kurzfristig scheint die Strategie aufzugehen: Das Börsenjahr 2012 war für die DAX-Werte mit einem Wertzuwachs von 27 Prozent das erfolgreichste seit neun Jahren: Hat Europa das Schlimmste der Krise vielleicht sogar schon überwunden? Oder hat die von der EZB bereitgestellte

Liquidität nur Anlagemöglichkeiten gesucht und – mangels sicherer Alternativen – im Aktienmarkt gefunden?

2. Staatsschulden und deren Aufnahme an den Kapitalmärkten

> „The market for sovereign bonds of developing countries is alleged to be gravely ill. In the last five years, several East Asian countries, Russia, Argentina, and other borrowers defaulted on their sovereign bonds."
>
> *Andrei Shleifer* (2003)

Das Thema staatlicher Defizitfinanzierung steht seit Jahren im Mittelpunkt äußerst kontroverser wissenschaftlicher Diskussionen. Während *keynes*ianisch orientierte Ökonomen nach wie vor für die Idee einer antizyklischen Globalpolitik werben (Überblick bei *Braunberger* 2009), haben Vertreter der *Public Choice*-Lehre und der konstitutionellen Ökonomik schon früh und grundsätzlich festgestellt, dass ein demokratisches Gemeinwesen mit wiederwahlorientierten Politikern mit dem Instrument der Staatsschulden nicht umgehen kann. Wer *Buchanan* und *Wagner* aufmerksam liest und mit der empirischen Entwicklung der letzten 40 Jahre vergleicht, dem offenbart sich ein beängstigendes Szenario: Alle Demokratien westlichen Typs tappen in die Schuldenfalle – die einen früher (wie Griechenland), die anderen später (wie vielleicht Deutschland). Schon früh haben deshalb Ökonomen ein völliges Verbot der Defizitfinanzierung gefordert (*Buchanan* und *Wagner* 1977; *Wentzel* 1995 und 2005). Aber solange der Kapitalmarkt noch genügend Freiwillige fand, die bereit waren, ihr Geld in Staatsanleihen zu investieren, bestand noch kein Handlungsbedarf. Das dürfte sich aber relativ bald schon ändern.

Fragt man heute Studenten, wer bereit wäre, sein Kapital in italienische oder spanische Staatsanleihen zu investieren, so erhält man ausschließlich negative Antworten. Die Frage, ob man griechische Anleihen kaufen würde, wird ohnehin eher als Scherzfrage verstanden. Die Anleihen der südlichen EU-Staaten sind in der Bewertung der Rating-Agenturen und der Kapitalanleger zu Ramsch-Anleihen verkommen. Auch bei den normalen Bürgern ist das Thema angekommen: Solange Griechenland ein strukturelles Haushaltsdefizit aufweist, also grundsätzlich mehr Geld ausgibt, als es durch Steuereinnahmen gegenfinanzieren kann, solange kommt jeder Anleihenkauf einer Schenkung gleich, da mit einer Rückzahlung nicht wirklich gerechnet werden kann. Die politische Unterstützung für eine solche Transferunion ist gering.

Das Thema staatlicher Überschuldung gewinnt weiter an Brisanz, denn der private Kapitalmarkt für staatliche Papiere trocknet aus (siehe *Beck* und *Wentzel* 2012). Schon *Shleifer* (2003) hatte lange vor dem Ausbruch der Finanzkrise gefragt, ob der Markt für Staatspapiere überleben kann. Vor allen Dingen für Staaten mit schwacher Reputation (Entwicklungsländer) sieht er kaum eine Möglichkeit, Defizite dauerhaft zu finanzieren. Dies dürfte zunehmend auch für die GIIPS-Staaten gelten. Er analysiert einen (inzwischen verworfenen) Vorschlag des IWF, überschuldete Staaten unter ein Insolvenzrecht zu stellen, das an das *Chapter 11* des amerikanischen Rechts angelegt wäre. Dann könnten die Gläubigerrechte – also die Rechte der Käufer von Staatsanleihen – beschnitten werden – zumindest für den Zeitraum von Restrukturierungsmaßnahmen. Dies greift auch auf den vieldiskutierten Vorschlag von *Krueger* (2002) zurück. Allerdings zeigen empirische Untersuchungen – etwa bei *Bulow* und *Rogoff* (1989) –, dass die Qualität von Kapitalmärkten leidet, je stärker die Gläubigerrechte beschnitten werden.

Die These vom Austrocknen der Kapitalmärkte klingt zunächst widersprüchlich, denn gleichzeitig beklagen viele Ökonomen die Überliquidität, die durch die Europäische Zentralbank bereitgestellt wird, und die Garantie von Zentralbankchef *Mario Draghi*, notfalls unbegrenzt Staatsanleihen zu kaufen, wenn dies die Sicherheit des Euro erfordert. Die These vom Austrocknen der Kapitalmärkte bezieht sich letztlich auf den sog. *sudden stop*, also den plötzlichen Abriss der Kreditwürdigkeit eines Landes, der beispielsweise beim Konkurs von Argentinien zu beobachten war. Staatspapiere haben den Nimbus der Unantastbarkeit verloren, denn bis zum Durchschnittshaushalt hat es sich durchgesprochen, dass Staatsanleihen risikobehaftet sind und dass Staaten sehr wohl in Konkurs gehen können – auch in Europa. Wenn zudem internationale Institutionen wie etwa der IWF die Entwicklungsziele in einem Land höher gewichten als die Rückzahlungsnotwendigkeiten gegenüber den Gläubigern (hierzu *Shleifer* 2003, S. 86 f.), dann bleiben immer mehr gute Gläubiger fern und suchen sich andere Ziele, bei denen ihre Kredite auch mit pfändbaren Sicherheiten unterlegt werden können. Eben diese Entwicklung ist jetzt offensichtlich: Die GIIPS-Länder werden vom Kapitalmarkt abgeschnitten und ihre Anleihen als toxisch eingestuft, gerade auch weil diese Länder in ihren Rückzahlungsbemühungen als nicht glaubwürdig eingeschätzt werden.

Der *sudden stop* ist also auch für die Südeuropäer zur Realität geworden, was nicht das Verschulden der Rating-Agenturen ist, wie von manchen Politkern fälschlich behauptet wird, sondern ganz einfach die Reaktion privater Anleger auf eine wichtige und offensichtlich auch richtige Information über den Zustand der betroffenen Staatshaushalte. Die Privatanleger sind nicht mehr bereit, GIIPS-Anleihen zu kaufen, und auch institutionelle Anleger (etwa Lebensversicherungen) sind auf dem Rückzug, weil sie ihre Policen aufgrund gesetzlicher Bestimmungen nur mit Anleihen bester Bonität – üblicherweise AAA – unterlegen dürfen. Die GIIPS-Staaten sitzen selbstverschuldet in der Schuldenfalle, in der sie gezwungen sind, neue Schulden aufzunehmen, um alte Schulden zu bedienen. Somit können sie nur noch Kredite erhalten, die primär aus politischen Erwägungen zugeteilt werden. Obwohl die Europäische Zentralbank zu Beginn des Jahres 2012 insgesamt 1060 Milliarden auf drei Jahre Laufzeit in den Markt gepumpt hat, besteht weiterhin Kaufzurückhaltung bei den Banken, weil sie an der Bonität der Staatspapiere zweifeln. Unter normalen Umständen sind GIIPS-Anleihen nicht mehr an den Kapitalmärkten zu platzieren. Der Zwang zur Haushaltskonsolidierung dürfte sich in den betroffenen Staaten dadurch weiter erhöhen.

3. Ordnungspolitische Auswege aus der Schuldenfalle

3.1. Wirtschaftspolitische Handlungsoptionen

Die Untersuchung von *Reinhardt* und *Rogoff* (2009) zeigt vor allem eines: Staatliche Konkurse sind keine Seltenheit. In den vergangenen 200 Jahren gab es rund 320 Staatskonkurse, von denen auch zahlreiche europäische Staaten betroffen waren. Frankreich, Spanien, Dänemark, England, Japan oder Deutschland – sie alle waren einmal oder gar mehrmals zahlungsunfähig. Historisch erfolgten diese Staatspleiten ungeordnet mit entsprechend unangenehmen Folgen. Es gilt eine Art von finanziellem Faustrecht oder Recht des Stärkeren – wie beispielsweise bei der jüngsten Zahlungskrise in Russland zu beobachten war. Es bleibt ein ordnungspolitisches Rätsel, warum jede Industrienation geordnete Insolvenzverfahren für Unternehmen kennt, es aber kein Verfahren gibt, das staatliche Insolvenzen regelt, die in ihren dramatischen Konsequenzen ein echtes politisches Risiko darstellen. Vor zehn Jahren begann einmal eine kurze akademische Debatte im Anschluss an die Vorschläge von *Anne O. Krueger* (2002). Aber auch dieser Impuls wurde politisch nicht aufgenommen.

Wenn staatliche Überschuldung einmal eingetreten ist, so lehren die Wirtschaftsgeschichte und auch der Instrumentenkasten der Stabilisierungspolitik, dann gibt es keine schmerzfreien Auswege mehr, nach denen die Politiker aber weiterhin suchen. Vielmehr herrscht die Notwendigkeit, zwischen verschiedenen Übeln auszuwählen (ausführlich *Beck* und *Wentzel* 2011a und 2012; *Wentzel* 2012d und 2012e). Zu nennen sind:

1. Die gezielte Ausweitung der Geldmenge und monetäre Alimentierung staatlicher Defizite, um durch die so entstehende Inflation die nominale Staatsschuld zu reduzieren. Diese Form der Entschuldung ist historisch die am meisten genutzte. In Lateinamerika und Afrika wird sie noch immer angewendet. Dem stehen jedoch in höher entwickelten Staaten üblicherweise eine unabhängige Notenbank und eine aufmerksame Öffentlichkeit entgegen.
2. Die drastische Abwertung der eigenen Währung, um die eigenen Exporte zu verbilligen und die Importe zu verteuern, mit dem Ziel des Zahlungsbilanzausgleichs. Diese Option steht in einer Währungsunion nicht mehr zur Verfügung, während es in einem Festkurssystem immerhin noch die Möglichkeit zur Wechselkursanpassung (*realignment*) gab.
3. Der Ausstieg aus der Währungsunion, im Falle Griechenlands als sog. GREXIT-Option diskutiert. Diese Lösungsmöglichkeit, die besonders in der öffentlichen Diskussion in Deutschland Anhänger findet, ist jedoch mit zahlreichen Risiken behaftet. Die Wiedereinführung der alten Weichwährung stände unmittelbar in Konkurrenz mit der existierenden Hartwährung Euro; ein Wettbewerb, den die Drachme nicht gewinnen kann. Zudem sind die in den letzten zehn Jahren angehäuften Staatsschulden in Euro nominiert. Eine Wiedereinführung der Drachme müsste in jedem Fall mit einem drastischen Währungsschnitt beziehungsweise einem Staatskonkurs einhergehen.
4. Die Schuldenübernahme durch Dritte, der sog. *Bailout*, dürfte bei den Regierungen der betroffenen Schuldner-Länder die beliebteste Hoffnung darstellen. Rein

rhetorisch wird der *Bailout* immer mit Solidaritätsargumenten propagiert. Verfassungsrechtlich, aber auch in wirtschaftspolitischer Betrachtung stellt die Schuldenübernahme jedoch einen fundamentalen Vertragsbruch dar, denn der Artikel 125 des EU-Vertrags gilt als das Fundamentalprinzip der europäischen Fiskalverfassung.

5. Das rigorose Sparen in Verbindung mit wirtschaftspolitischer Umstrukturierung ist eine Möglichkeit, um den Ausgleich von Staatsausgaben und Steuereinnahmen zu erreichen – politisch beliebt ist sie jedoch nicht, da alle Regierungen, die innerhalb Europas diesen Weg gegangen sind, in der darauffolgenden Wahl abgestraft und abgewählt wurden. Außerdem scheint es ökonomische Grenzen zu geben, über die innerhalb der Fachdisziplin zwar trefflich gestritten wird, die grundsätzlich jedoch für jedes Land individuell existieren. So wird allgemein vermutet, dass ab einer Verschuldung von ca. 120 % des BIP eine nicht steuerbare Eigendynamik einsetzt und die Rückzahlung durch Zinseffekte unmöglich wird.
6. Der ungeregelte Bankrott, für den es historisch zahlreiche Beispiele gibt, geht in der Regel mit einem politischen Zusammenbruch einher – etwa in Deutschland nach dem Zweiten Weltkrieg. Rechtsstaatliche Verfahren spielen dann üblicherweise eine untergeordnete Rolle. Stattdessen werden in politischen Konferenzen Quoten und Fristen ausgehandelt – wenn überhaupt. Für jeden Ordnungspolitiker ist dies ein Albtraum, denn ein verallgemeinerungsfähiges Ordnungsprinzip ist nicht erkennbar.

Jedes Rettungspaket, das in den vergangenen Jahrzehnten beispielsweise mit den Anpassungsprogrammen des IWF geschnürt oder das im Zusammenhang mit der Eurokrise entwickelt wurde, ist letztlich eine Kombination der genannten Alternativen. Die Griechenland-Pakete stellen beispielsweise eine Kombination der Optionen 4-6 dar mit einer starken Fokussierung auf die *Bailout*-Komponente. Alternative und vor allem schmerzlose Handlungsoptionen existieren nicht. Alle Ansätze, sich lautlos aus der Überschuldung herauszuschleichen („Reichensteuer", Beschlagnahmung von Auslandsvermögen, Eurobonds, IWF-Kredite, direkter Ankauf von Staatsanleihen durch die EZB, systematische Überziehung von TARGET 2-Salden), stellen eine Kombination dieser sechs Optionen dar.

3.2. Eurobonds als Wunderwaffe?

Euro-Bonds ähneln einem finanzpolitischen *Zombie*, der offensichtlich immer wieder aus der Gruft verworfener Vorschläge aufsteigt. Aus südeuropäischer Sicht ist dies ebenso verständlich, denn es entspricht dem Versuch der dortigen Politiker, schmerzfreie Lösungen des eigenen Schuldenproblems hervorzuzaubern, indem man auf die Bonität der nördlichen Nachbarn zurückgreift. Aus nordeuropäischer Sicht ist deren Ablehnung ebenso verständlich, denn die Mehrbelastung für die Staatshaushalte dürfte immens und vor allem in den tatsächlichen Ausmaßen unkalkulierbar sein (ausführlich hierzu *Beck* und *Wentzel* 2011b). Eine Zunahme der Verzinsung auf die bestehende deutsche Bundesschuld um nur einen Prozentpunkt würde zu Haushaltsmehrbelastungen im zweistelligen Milliardenbereich führen.

Der ursprüngliche Vorschlag für Euro-Bonds stammt vom Vorsitzenden der Euro-Gruppe *Jean-Claude Juncker* und vom italienischen Finanzminister *Giulio Tremonti*. Diese Bonds werden in der Literatur deshalb als *Juncker-Tremonti*-Bonds diskutiert. Die Autoren schlagen vor, dass die EU-Staaten ihre Schulden gemeinsam über eine europäische Schuldenagentur begeben, wobei die Gemeinschaft für die Schulden jedes einzelnen Landes haftet. *De facto* bedeutet dies eine gesamtschuldnerische Haftung aller Euro-Staaten, was als ein klarer Verstoß gegen die *No-Bailout*-Klausel interpretiert werden kann.

Ein erstes Ziel des *Juncker-Tremonti*-Vorschlags besteht darin, die fiskalische Disziplin der Euro-Staaten zu stärken, um künftige Schuldenkrisen zu vermeiden. Wie dies geschehen soll, wird letztlich nicht wirklich überzeugend dargelegt. Die Neigung zu überhöhten und wählerwirksamen Ausgabenprogrammen dürfte durch Euro-Bonds eher noch zunehmen, zumal die üblichen Laufzeiten solcher Anleihen weit über die Wahlperiode und den politischen Horizont eines Politikers hinausgehen.

Ein zweites Ziel von Euro-Bonds ist in der Hoffnung begründet, einen größeren und liquideren Markt für europäische Staatsanleihen zu schaffen, was diese endlich wieder interessanter für institutionelle Investoren machen könnte. Dieses Argument ist sicherlich ernst zu nehmen, denn eine gemeinsame Begebung von Anleihen auf der Basis von 27 Ländern wäre quantitativ sicherlich sehr interessant für Anleger. Allerdings überwiegt die Skepsis, ob die Südstaaten mit diesem billigen Geld wirklich umgehen können. Im Zeitraum zwischen der Einführung des Euro 2002 und dem Ausbruch der Finanzkrise 2010 konnten sich alle Südstaaten extrem billig refinanzieren, haben dies aber nicht investiv, sondern politisch motiviert nur sozialkonsumtiv genutzt.

Als wichtigstes Ziel der Euro-Bonds ist der Versuch zu nennen, die Insolvenz der GIIPS-Staaten zu verhindern. Diese Staaten sind bereits vom normalen Kapitalmarkt abgeschnitten, und der *sudden stop* ist bereits eingetreten. Obwohl die Insolvenz Griechenlands nicht offen ausgesprochen wurde, ist sie *de facto* mit allen Konsequenzen eingetreten. Insolvente Staaten brauchen in der Regel einige Jahre, bis die Finanzmärkte den Konkurs „vergessen" haben und neues Vertrauen in eine neue Regierung gefasst haben. Euro-Bonds sind aber grundsätzlich abzulehnen, wenn sie ein bestehendes strukturelles Defizit alimentieren sollen und sie die Unterschiede in den Zinssätzen, die das Länderrisiko ausdrücken, aus politischen Gründen beseitigen. Die Staatsausgaben Griechenlands sind nicht durch Steuereinnahmen gedeckt, weshalb internationale Kredite zur Defizitfinanzierung grundsätzlich abzulehnen sind. Strategisches Ziel der griechischen Reformbemühungen ist aber ein positiver Primärsaldo, also ein Haushaltsüberschuss abzüglich der Schuldenleistungen (siehe *TROIKA*-Report vom 21. Oktober 2011). Wenn dies tatsächlich längerfristig gesichert werden könnte, dann hätte Griechenland auch wieder Zugang zum Kapitalmarkt, um zu investiven Zwecken Kredite aufzunehmen. Aber – und dies ist der immanente und unauflösbare Widerspruch der Eurobonds – dann bräuchte Griechenland keine Euro-Bonds.

3.3. Sind Stabilitätskulturen transferierbar?

In einer immer enger vernetzten Welt führt das Scheitern von Staaten zu spürbaren Externalitäten für andere Staaten – etwa durch unkontrollierte Migration, Wirtschaftskrisen oder die Unterstützung von Terrorismus – wie etwa in Afghanistan oder jüngst in Mali. Gescheiterte Staaten, die sich teilweise auflösten, übernommen oder erobert wurden, hat es historisch immer gegeben. Afghanistan hat beispielsweise niemals ein funktionierendes Gemeinwesen gehabt, was vermutlich nie jemanden gestört hätte, wenn nicht die *Taliban*-Milizen die militärische Ausbildung von Terroristen zu ihrem „Geschäftsmodell" gemacht und exportiert hätten. Durch die zunehmende internationale Zusammenarbeit und die Herausbildung internationaler Organisationen in Wirtschaft und Politik ist die Frage des *Nation building* jedoch immer wichtiger geworden (siehe *Möller* 2013, *Cassel* 2013).

Bei staatenbildenden Maßnahmen steht die Frage im Raum, inwieweit Institutionen eines Landes auf ein anderes Land übertragbar sind. Das Musterbeispiel für einen gelungenen Institutionentransfer stellt sicherlich der *Marschall*-Plan 1948-1952 dar, bei dem die USA nach dem Zweiten Weltkrieg einen massiven Einfluss auf die Entwicklung der west-deutschen Demokratie nahmen. Ob Deutschland jemals das Experiment einer Sozialen Marktwirtschaft gewagt hätte, ist ohne das Zusammenwirken von *Ludwig Erhard* und dem amerikanischen Kommissar *Lucius D. Clay* kaum vorstellbar. Der *Marschall*-Plan fiel auf fruchtbaren Boden, und das deutsche Wirtschaftswunder der Nachkriegsjahre hat noch heute große Strahlkraft. Andere (amerikanische) Erfahrungen mit *Nation Building* sind jedoch weit weniger positiv. Ob sich die gigantischen Militärausgaben in Afghanistan und vor allem im Irak jemals auszahlen werden, ist zweifelhaft. Und auch die Erfahrungen der europäischen Kolonialmächte in Afrika und Asien legen die wirtschaftspolitische Empfehlung nahe, sich möglichst aus solchen Abenteuern herauszuhalten. Es ist schlicht unmöglich, Kulturen einfach zu verpflanzen und in andere Länder zu exportieren, wie beispielsweise *Leipold* (2006) in seiner kulturvergleichenden Institutionenökonomik herausgearbeitet hat.

Mit Blick auf die Europäische Union und die bisherigen Erfahrungen der Währungsunion ist ebenfalls zweifelhaft, ob schnelle Erfolge bei der Durchsetzung von Stabilitätskulturen möglich sein können. *Winterhoff* (2011, S. 37) beispielsweise bezeichnet „Europa als eine Familie mit vielen Adoptivkindern", und er bezweifelt, „dass die Völker Europas sich mit Sanktionen und autoritärer Disziplin erziehen lassen". Der TROIKA-Report (2011) über die griechischen Reformfortschritte zeigt beispielsweise, wie komplex und zeitaufwendig der Anpassungsprozess für Griechenland sein wird. Produktivitäten kann man nicht per Dekret über Nacht verbessern, ebenso wenig wie Korruptionsneigungen oder Rechtsstaatlichkeit.

Anpassungen an neue wirtschaftliche Daten, veränderte Angebots- und Nachfragestrukturen hat es immer gegeben, wie ein Blick in die Wirtschaftsgeschichte lehrt. Unter den Bedingungen von flexiblen Wechselkurssystemen können diese Anpassungsleistungen über Veränderungen der Wechselkurse abgemildert werden. Im Fall von vollständig festen Wechselkursen – und nichts anderes ist eine Währungsunion – muss sich die Faktormobilität erhöhen. Die Produktionsfaktoren Kapital und Arbeit wandern aus und suchen sich die Orte der besten produktiven Verwendung. Wenn rückständige Staaten auf diese Auswanderungsneigungen mit Kapitalverkehrsbeschränkungen und Einschränkungen der Arbeitnehmerfreizügigkeit reagieren, ist dies zumeist schon ein Ausdruck von Kapitulation gegenüber den wirtschaftlichen Fakten. Es ist deshalb zu vermuten, dass innerhalb des nicht-optimalen europäischen Währungsraums die Wanderungsneigungen zunehmen werden und zunehmend junge Arbeitnehmer aus dem Süden Europas in die wesentlich produktiveren Nordländer emigrieren (ausführlich *Wentzel* 2010). Aber solche Völkerwanderungen sind spätestens seit dem 3. Jahrhundert üblich. Wenn diese Wanderungsneigungen auf unverzerrten ökonomischen Signalen basieren, stellen sie innerhalb eines freien und offenen Europas kein wirkliches Problem dar und sind eigentlich als liberales Grundrecht einzufordern.

4. Elemente einer zukünftigen europäischen Stabilitätskultur

Angesichts der wenig erfreulichen Auswege aus der Schuldenfalle sind die Hilfsaktionen der EU letztlich als Versuch zu interpretieren, Zeit zu kaufen, um den privaten Banken die Gelegenheit zu geben, sich von toxischen Anleihen zu trennen, um die Ansteckungsgefahr im Falle des offenen Konkurses eines Landes oder einer systemrelevanten Bank zu verringern. Ein in sich geschlossenes ordnungspolitisches Konzept zur Rettung des Euro und zur Reform der Staatsfinanzen und der Finanzmärkte existiert bisher noch nicht, allenfalls einzelne Versatzstücke.

4.1. Europäisierte Schuldenbremse

Ein Kernpunkt europäischer Stabilitätspolitik ist in dem erneuten Versuch zu sehen, Schuldenaufnahme nur für investive Zwecke zu gewähren. Diese Idee ist uralt und schon bei den ökonomischen Klassikern angelegt, die sich wie *Adam Smith* (1776) mit Staatsverschuldung befassten. Auch das deutsche Grundgesetz, das im historischen Vergleich mit anderen deutschen Verfassungen und erst Recht im Vergleich mit internationalen Verfassungen sehr positiv abschneidet, hat hier bereits grundlegende und sinnvolle Regelungen mit den Artikeln 109, 112 und 115 GG vorgelegt, die jedoch in der Realität niemals befolgt wurden (ausführlich *Wentzel* 2005). Allerdings hat sich in Deutschland ansatzweise und sogar parteiübergreifend ein Konsens entwickelt, der Staatsverschuldung und vor allem den Schuldendienst als eine Gefahr begreift, der wirksam entgegenzusteuern ist. Auch im deutschen Staatshaushalt stellen Zinszahlungen auf die bestehende Bundesschuld den zweitgrößten Posten dar. Deutschland zahlt etwa viermal so viel für Zinsen wie für Forschung und Bildung. Im Jahr 2009 hat deshalb die Föderalismuskommission einen Vorschlag unterbreitet, nach dem der Staat ab 2016 in seiner Nettokreditaufnahme auf 0,35 % des BIP beschränkt wird. Ab 2020 soll dann ein vollkommenes Verbot der Schuldenfinanzierung gelten mit dem Ziel, den bestehenden Berg an Bundesschuld von derzeit 78 % des BIP unter das nach Maastricht legitime Niveau von 60 % zurückzuführen.

Über sämtliche Details der Schuldenbremse gibt es in der Literatur trefflichen Streit. Sind die Fristen ideal gewählt, wirkt die Schuldenbremse pro-zyklisch und führt in die Rezession, sind 60 % ein wirklich gutes ökonomisches Kriterium, das zugleich für alle Länder gleichermaßen anzuwenden wäre, führt die Schuldenbremse wirklich zu einer Beschränkung der Politik im Sinne einer Selbstbindung, und kann man sie nach Europa exportieren? Diese Details werden zukünftig vermutlich einige Doktorarbeiten füllen, grundsätzlich ist aber eines positiv hervorzuheben: Mit Deutschland hat eines der wichtigsten Industrieländer das Problem der Staatsverschuldung offen benannt und ein Instrument vorgeschlagen, wie der Staatsverschuldung begegnet werden könnte. Der Erfolg bleibt ungewiss, aber immerhin sind die Deutschen an dieser Stelle schon wesentlich weiter als beispielsweise die langjährige Führungsmacht des Westens, die USA, die gerade eben noch dem fiskalischen Kliff entkommen sind (siehe *Wentzel* 2012c).

Die Idee einer Schuldenbremse setzt auch schon an älteren Vorschlägen an, wie etwa von *Buchanan* und *Wagner* (1977), *Roubini* (2002), *Bulow* und *Rogoff* (1989) oder *Shleifer* (2003), die ebenfalls die Vorteile einer supranationalen Gerichtsbarkeit für Staatskonkurse und eine Veränderung des Schuldenmanagements fordern. Wenn der Markt für Staatsanleihen enger wird und für bonitätsschwache Staaten ohnehin nicht mehr existiert, dann ist die Schuldenbremse auch angebotsseitig wirksam – quasi durch Marktkräfte. Dies dürfte den reformwilligen Kräften in Südeuropa deutlich entgegenkommen. Entscheidend wird sein, die Schuldenbremse auf allen Gebietskörperschaftsebenen zu verankern und die Entstehung von Schattenhaushalten zu verhindern.

4.2. Europäischer Stabilisierungsfonds und Konditionalität

Seit der Ankündigung Griechenlands, es werde seine Schulden nicht bedienen können, ist die „Rettungspolitik" quasi zu einer neuen Teildisziplin der Wirtschaftspolitik geworden. Die erste Soforthilfemaßnahme der EU war nach dem Ansinnen Griechenlands die Aufspannung eines sog. Rettungsschirms, der unmittelbar Liquidität bereitstellte, um den offenen Konkurs zu verhindern (siehe *Beck* und *Wentzel* 2011a und 2012). Daran anschließend wurde die sog. Europäische Finanzierungssicherungsfazilität (EFSF) eingeführt, ein komplexes Konstrukt aus Finanzierungszusagen und Bürgschaften unter Beteiligung verschiedener europäischer Staaten und internationaler Institutionen. Ziel war es, unter dem Schirm gesamteuropäischer Bonität Anleihen zu begeben, die dann auch an Griechenland zu finanzierbaren Zinsen weitergeleitet und damit zur Verfügung gestellt wurden. Dem stand der Gedanke Pate, dass die griechische Zinsentwicklung nach Jahren der fälschlichen Fixierung auf ein zu niedriges Niveau nun in eine Pendelbewegung mit einem *overshooting* nach oben gerate, man wirtschaftspolitisch also gegensteuern müsse.

Als nächstes wurde dann ein Europäischer Stabilisierungsmechanismus (ESM) geschaffen, der letztlich durch das Urteil des Deutschen Bundesverfassungsgerichts vom 12. September 2012 abgesegnet wurde – ein Urteil, das in der ganzen Welt Beachtung fand. Der ESM mit einem Volumen von 750 Mrd. Euro wirkt quasi wie ein internationaler Währungsfonds im europäischen Kleinformat: Seine Kritiker, etwa *Lucke* (2012), befürchten, dass durch den ESM das „*moral hazard*"-Problem verschärft und die Verschuldungsneigung der Südeuropäer weiter verstärkt würde. Das lesenswerte Urteil des Deutschen Bundesverfassungsgerichts hat hier klar gesprochen: Wenn deutsche Steuereinnahmen dauerhaft und in großem Maße außerhalb des Kontrollbereichs des deutschen Parlament (und damit des Grundgesetzes) verwendet werden, wäre dies nicht mit deutschen Recht vereinbar. Der ESM muss parlamentarisch kontrollierbar bleiben und auch kontrolliert werden.

Würde der ESM isoliert als dauerhafte Liquiditätsquelle für Griechenland und andere Länder installiert, hätten die Kritiker vermutlich Recht. Allerdings wird häufig übersehen, dass zumindest bisher die Kreditvergabe an eine besonders strenge Konditionalität gebunden wird und auch zukünftig gebunden sein soll. Jede Kreditvergabe erfolgt erst, nachdem die Voraussetzungen überprüft wurden, also keinesfalls automatisch. Der ESM ist deshalb nur in Verbindung mit der Schuldenbremse zu interpretieren als ein gemeinsames Instrument zur Überwindung europäischer Finanzkrisen. Zudem hat der ESM – anders als anfänglich von Frankreich gefordert – keine Banklizenz erhalten, kann also kein Geld schöpfen oder gar drucken. Damit ist der ESM in Verbindung mit den anderen Stabilitätselementen durchaus als ein Baustein zu interpretieren, der für mehr Stabilität in Europa sorgen könnte. Natürlich steht der eigentliche Belastungstest in der Realität erst noch bevor, aber es wäre zu früh, den ESM von Beginn an ohne Aufzeigen geeigneter Alternativen zurückzuweisen.

4.3. Kann das magische Dreieck der Währungsunion gelöst werden?

> „Es gibt keinen Mittelweg: Wird auf den *No-Bailout* als ultimative Sanktion verzichtet, so ist jeder Fiskalpakt – trotz Sanktionsdrohungen – unglaubwürdig."
>
> *Charles B. Blankart* (2012)

Ein entscheidender ordnungspolitischer Ansatzpunkt zur Bewertung der gegenwärtigen Reformentwicklungen sind die Vorschläge, wie mit dem sog. magischen Dreieck der Währungsunion verfahren werden soll. Wie in der Rechtswissenschaft und in juristischen Urteilen bedarf es der vergleichenden Abwägung zwischen Zielen, die nicht notwendigerweise gleichzeitig erfüllt werden können. Es besteht ein natürliches Spannungsfeld zwischen der Erweiterung und der Vertiefung der Europäischen Union: Mehr von dem einen Ziel bedeutet gleichzeitig weniger von dem anderen Ziel, ähnlich wie im magischen Dreieck der Währungsunion (*impossible trinity*). Dieses magische Dreieck umfasst die Ziele der fiskalischen Autonomie, des Erhalts der Währungsunion und des Verbots der Schuldenübernahme durch Dritte, also der sog. *No-Bailout*-Klausel. Diese drei wirtschaftspolitischen Ziele schließen sich nicht notwendigerweise gegenseitig aus, aber es bestehen zum Teil gravierende Zielkonflikte.

Wenn die Währungsunion erhalten werden soll – und viele gute ökonomische Gründe sprechen immer noch dafür (siehe *Wentzel* 2012d) – und gleichzeitig auch die vollständige fiskalische Autonomie der Nationalstaaten, dann ist die *No-Bailout*-Klausel nicht wirklich glaubwürdig. Die *No-Bailout*-Klausel, wie sie in Artikel 125 des EU-Vertrages dargelegt ist, stellt aber das ökonomische Kernstück einer europäischen Verfassung dar. *Blankart* (2012) vergleicht die europäischen Politiker mit den „Zauberlehrlingen", die „an einem Panikwochenende am 7. und 8. Mai 2010 die *No-Bailout*-Klausel außer Kraft gesetzt haben" und jetzt in ein Währungsregime hineingeraten sind, das sie nicht wirklich kennen und auch nicht steuern können. Es handelt sich nach *Blankart* um eine Einheitswährung mit gleichzeitig noch souveränen Staaten, mit Verschuldungsautonomie und mit *Bailout*-Garantie (Schuldenübernahme durch Drittstaaten, IWF oder europäische Institutionen). In einem solchen System bestehen nach *Blankart* hohe moralische Risiken (*moral hazard*), und die Einheit von Entscheidung und Haftung ist durchbrochen. Dieses neue Währungsregime, so vermutet *Blankart*, ist vergleichsweise instabil: Er fordert stattdessen eine „Rückkehr zu Maastricht", also zu einer Währungsunion mit strikter Durchsetzung des *No-Bailout*-Prinzips.

Folgt man erstens der Analyse *Blankarts* und befürwortet zweitens die Fortführung der Währungsunion, weil man die Vorteile einer Einheitswährung als größer ansieht als mögliche Kosten, so wird klar, wie das magische Dreieck aufzulösen wäre, nämlich durch die begrenzte Aufhebung der nationalen Verschuldungsautonomie. Der Vorschlag von EU-Währungskommissar *Oli Rehn*, dass alle Staaten zukünftig ihre Haushalte von der EU genehmigen lassen sollten, ist politisch höchst kontrovers aufgenommen worden, geht aber grundsätzlich in die richtige Richtung. Die Eurokrise hat gelehrt, dass staatliche Überschuldung negative Externalitäten erzeugt, für die Dritte zahlen müssen. Deshalb ist eine Begrenzung der Staatsverschuldung ordnungspolitisch vertretbar (siehe *Wentzel* 2005) und hat auch nichts mit einem Demokratiedefizit zu tun. Wenn einzelne Staaten dennoch am Kapitalmarkt Geld aufnehmen wollen, um weitere wirtschaftspolitische Ziele zu verfolgen, dann sollte man ihnen die Freiheit lassen: Bei Überschuldung sollte man sie aber auch nicht mehr durch internationale Hilfe retten.

5. Zur Notwendigkeit einer europäischen Insolvenzordnung für Staaten

Neben der europäisierten Schuldenbremse, einem strikt auf Konditionalität ausgelegten ESM und der Kontrolle defizitärer nationaler Haushalte durch die Europäische Kommission, eventuell in Form des Währungskommissars, ist jedoch ein weiteres Instrument notwendig: die Existenz einer europäischen Insolvenzordnung als *ultima ratio* gegen Staaten, die trotz anderweitiger Beteuerungen nicht in der Lage sind, ausgeglichene Haushalte bereitzustellen. Ohne ein solches ordnungspolitisches Instrument ist dauerhaft nicht mit einer wirklich belastbaren Stabilitätsverfassung zu rechnen.

5.1. Ordnungspolitische Orientierung

Eine Insolvenzordnung für Staaten schafft Sicherheit für alle Beteiligten: Wer Anleihen eines Staates kauft, der sich völkerrechtlichen Regelungen einer verbindlichen Konkursordnung unterwirft, kennt seine Verlustrisiken besser (siehe *Shleifer* 2003, S. 88 f.). Jede Schwächung der Gläubiger-Rechte oder überzogene Stärkung der Schuldner-Rechte – wie etwa im Vorschlag von *Krueger* (2002) und dem IWF – führt zur Schwächung des Haftungszusammenhangs. Bei einer glaubwürdigen Insolvenzordnung entfallen zeitraubende und kostspielige Verteilungskämpfe zwischen den Gläubigern, und der Schuldner kann sich nicht entziehen. Zudem kann eine Insolvenzordnung verhindern, dass die Unsicherheit über einen möglichen Staatskonkurs zur selbsterfüllenden Prophezeiung wird und zu Kapitalflucht aus dem betreffenden Land führt. Es bringt elementare Vorteile, eine Staatsinsolvenz zu regeln, bevor sie Wirklichkeit wird.

Neben vielen Detailfragen gilt es vor allem eine Ordnungsfrage zu lösen: Wie kann eine Insolvenzordnung Bindungskraft entfalten? Kann eine supranationale Behörde Abhilfe leisten? Sind *Chapter 11* (Insolvenz von Unternehmen) und *Chapter 9* (Insolvenz von lokalen Gebietskörperschaften) der amerikanischen Insolvenzordnung geeignete Instrumente? Wann verhalten sich Staaten regelkonform? Natürlich können Staaten Verträge unterzeichnen – in der Gewissheit, dass man im Krisenfall immer nachverhandeln kann. Solche Verträge sind nicht krisenfest oder, wie die Spieltheoretiker sagen würden, nicht teilspielperfekt. Aus ökonomischer Sicht ist die einzige Institution, die Bindungskraft schaffen kann, die mögliche Vorteilhaftigkeit, die man von der langfristigen Einhaltung solcher Verträge erwarten kann.

Diese Forderung könnte eine supranationale Versicherung erfüllen, die in Verbindung mit einer Insolvenzordnung Staatsschulden gegen das Risiko einer Insolvenz absichert (vgl. *Beck* und *Wentzel* 2013). Die Mitgliedstaaten hätten Kapitaleinlagen zu leisten, die zugleich als Sicherheit (*collateral*) dienen – ein wichtiger Gesichtspunkt in den Überlegungen von *Shleifer* (2003). Wichtig ist, dass jeweils nur einzelne Emissionen eines Landes abgesichert würden. Die Versicherungskonditionen könnten je nach Laufzeit und Risiko der Anleihe variieren, und die Höhe der Absicherung und mögliche Auflagen, die mit dem Eintritt des Versicherungsfalls verbunden sind, müssten je nach Emission gestaffelt werden.

Im Kern handelt es sich bei diesem Vorschlag um eine supranationale Versicherungsgesellschaft gegen den Ausfall von Staatsschulden. Die Mitgliedschaft in dieser internationalen Organisation würde den teilnehmenden Staaten die Kapitalaufnahme erleichtern, da erstens ein Teil ihrer Schulden versichert wäre und zweitens die Unsicherheit reduziert würde für den Fall einer staatlichen Insolvenz. Das würde die Risikoprämie senken, die ein Staat auf seine Schulden zahlen muss. Das wiederum würde den Anreiz erhöhen, sich an diesem Mechanismus zu beteiligen.

Ein wichtiger Aspekt dieses Systems ist, dass für jede einzelne Schuldenemission differenzierte Umschuldungsregeln vorzusehen sind, was die systemischen Risiken eines Staatsbankrotts senkt; von einem Zahlungsausfall wären dann nur einzelne Emissionen betroffen. Allerdings würde mit der Umschuldung erster Emissionen die weitere Schuldenaufnahme für einen Staat teurer. Das hätte auch Vorteile: Steigen bei ersten Zahlungsausfällen die Zinskosten, so steigen die Anreize, den Haushalt zu sanieren. Das wäre dann eine Art Schuldenfrühwarnsystem (ausführlich *Beck* und *Wentzel* 2013). Es gilt also, langfristige Reputation aufzubauen. Außerdem könnte man Anleihen für ganz spezifische Investitionszwecke auflegen und damit gezielte Investorengruppen ansprechen.

5.2. Der *Böhm-Bawerk*sche Satz in neuem Licht

Der berühmte *Böhm-Bawerk*sche Satz der österreichischen Schule lautet: „Die Kapitalbilanz befiehlt, die Leistungsbilanz gehorcht." Es hängt also letztlich von der Bereitschaft und den Möglichkeiten des Kapitalmarktes ab, ob ein Land seine Defizite im Haushalt und in der Leistungsbilanz finanzieren kann. Kein Land wird von außen und gegen seinen Willen zur Schuldenaufnahme gezwungen.

Aus volkswirtschaftlicher Sicht wird kontrovers diskutiert, wann ein Land zahlungsunfähig ist und welche Frühindikatoren bestehen, um eine mögliche Insolvenz zu prognostizieren (siehe *Beck* und *Wentzel* 2011a, 2012). Genau diese Frage beschäftigt die Rating-Agenturen, wenn sie ihre Länderbewertungen abgeben. Objektivität im Sinne eines mathematischen Ergebnisses kann es dabei nicht geben: Die Agenturen sagen von sich selbst, dass sie lediglich subjektive Meinungen abgeben.

Eine einfache Definition staatlicher Insolvenz setzt am Tatbestand der Liquidität an. Wenn diese nicht mehr ausreicht, um den eingegangenen Verpflichtungen im vollen Umfang nachzukommen, kommt es zur Zahlungsunfähigkeit. Die Vermögenswerte, die ein Staat im Laufe der Jahre angesammelt hat, spielen dabei in der Praxis keine Rolle, da sie in der Regel nicht veräußerbar sind und nicht in Liquidität umgewandelt werden können. Im Innenverhältnis kann der Staat auf die Steuern seiner Bürger zurückgreifen oder aber die Zinszahlungen auf bestehende Anleihen einstellen. Dies ist zwar nicht populär, aber notfalls unausweichlich. Im Innenverhältnis gibt es kein wirklich messbares Maximum staatlicher Belastung. Rein theoretisch kann die Steuerquote in einem Land bis nahe an die 100 % angehoben werden. Frankreich ist mit seinen Vorschlägen für eine Reichensteuer mit einem Spitzensteuersatz von 75 % gar nicht weit davon entfernt.

Im Außenverhältnis sieht sich jeder Schuldner härteren Budgetbedingungen ausgesetzt: Selbst die USA sind darauf angewiesen, dass chinesische Anleger ihre Anleihen kaufen. Kleinere Staaten mit schwächerer Bonität und Reputationsproblemen können insolvent werden und sind es in der Vergangenheit immer wieder geworden (vgl. *Reinhardt* und *Rogoff* 2009). Bei der Feststellung einer Insolvenz ist also auf Kennzahlen zu verweisen, welche die wirtschaftliche Leistungsfähigkeit eines Landes ins Verhältnis setzen zu den Verbindlichkeiten gegenüber dem Ausland.

Als Kennzahlen für die Kreditwürdigkeit kommen in Frage (ausführlich *Beck* und *Wentzel* 2012):

1. Das Sozialprodukt im Verhältnis zum Gesamtschuldenstand. Dies wäre beispielsweise das klassische Maastricht-Kriterium von 60 % Gesamtschuld zum BIP. Allerdings sind hier durchaus Unterschiede in der Schuldentragfähigkeit der einzelnen Länder festzustellen.
2. Der Anteil der Investitionsausgaben am Budget: Diese Kennzahl gibt Auskunft, ob die eingesetzten Mittel produktiv verwendet werden. Sie kann mit der Nettokreditaufnahmequote abgeglichen werden.
3. Das wirtschaftliche Wachstum. In wachstumsstärkeren Ländern sind höhere Renditen zu verdienen und mehr Direktinvestitionen (Kapitalimporte) zu erwarten.
4. Die Exporterlöse geben Auskunft über die Fähigkeit eines Landes, ausländische Devisen zu erzielen. Dies ist beispielsweise der große Unterschied zwischen Griechenland und den USA, die beide unter einem Zwillingsdefizit von Haushalt und Leistungsbilanz leiden. Griechenland hat aber quasi nur den Tourismus als nennenswertes Exportgut, während die USA zahlreiche attraktive Exportgüter besitzen.
5. Der Devisenbestand eines Landes, der auch als Sicherheit (*collateral*) genutzt werden kann.

6. Regelmäßige Devisenabflüsse oder Devisenzuflüsse
7. Zinszahlungen ans Ausland.
8. Der Bestand an Auslandsverpflichtungen – auch in Relation zur eigenen Binnenverschuldung.
9. Handels- und Kapitalströme. Sie sind ein klassisches Indiz für die Attraktivität eines Investitionsstandortes.
10. Der Zinsabstand (*spread*) zu den Staatsanleihen anderer Länder.
11. Die Kreditfinanzierungsquote, die die Staatsausgaben in Relation zur Neuverschuldung stellt. Die Kreditfinanzierungsquote ist der beste Indikator dafür, wie weit ein Land bereits im Schuldensumpf versunken ist, und auch sehr gut im zeitlichen Verlauf interpretierbar.
12. Die Relation der Zinszahlungen zum Gesamtbudget. Hier zeigt sich auch in vergleichsweise soliden Staaten wie Deutschland, wie groß das Gefährdungspotential wirklich ist.
13. Die historische Verschuldungsneigung eines Landes. Es ist schon beachtlich und an den Finanzmärkten durchaus bekannt, dass manche Länder eine sehr viel höhere Insolvenzneigung haben als andere. Die USA, England und Australien waren bisher noch niemals insolvent, während das in Spanien, Italien, Frankreich oder Deutschland schon öfter geschehen ist (ausführlich *Reinhardt* und *Rogoff* 2009).
14. Polit-ökonomische Faktoren: Die Kreditwürdigkeit eines Landes hängt maßgeblich von der Regierung ab.

Die sonstigen Vermögensbestände eines Landes sind aus den genannten Gründen wenig hilfreich bei der Lösung des Schuldenproblems, wenn es erst einmal die kritische Größe von 120 % des BIP überschritten hat. Viele staatliche Vermögenswerte sind nicht veräußerbar, selbst wenn grundsätzlich die Bereitschaft hierzu bestünde. Technisch gesprochen handelt es sich um nicht veräußerbare Vermögenswerte ohne Marktpreis.

Mit Hilfe der Kennzahlen lässt sich ein vergleichsweise gutes Urteil darüber gewinnen, ob ein Staat überschuldet ist. Das Problem an einem solchen Kennzahlensystem ist allerdings ein strategisches. Je schneller sich ein Land dem Punkt annähert, an dem das Frühwarnsystem auf rot zeigt, um so eher ist damit zu rechnen, dass Investoren ihr Kapital abziehen und damit eine sich selbsterfüllende Prophezeiung auslösen. Dies ist ein Zielkonflikt, der beispielsweise dazu führt, dass die EZB keine Länderratings veröffentlicht, obwohl sie das beste Datenmaterial hierfür besäße. Vielmehr vertraut die EZB auf die rhetorischen Fähigkeiten ihrer Präsidenten, die in Pressekonferenzen Urteile über Schuldnerstaaten nur in sehr diplomatischer Form abgeben.

Mit diesem Ankündigungsproblem haben auch die Rating-Agenturen zu kämpfen. Die Lösungsmöglichkeiten hierfür sind begrenzt. Lässt man die Gläubiger im Unklaren darüber, wann mit der Umschuldung begonnen wird, so geht das auf Kosten der Transparenz; schafft man eben diese, so provoziert man möglicherweise einen Automatismus in Richtung Umschuldung. Selbstverständlich gibt es abgestufte Bonitäten von Schuldnern und von einzelnen Anleihen. Die wichtigste Frage, ob ein Land noch zahlungsfähig ist, läuft jedoch auf eine Ja-Nein-Entscheidung hinaus.

6. Ein optimistischer Ausblick als Gegenentwurf zu apokalyptischen Endzeitvisionen

„Das System ist korrigierbar (...) Deshalb gilt es vor allem zu sehen: [Die Gefahren der Finanzmarktkrise] sind gleichzeitig Chancen für das Finden neuer Wege.“

Otmar Issing (2012)

Die gegenwärtige Krise überschuldeter Eurostaaten ist ernsthaft und birgt eine Vielzahl großer Gefahren in sich, die man nicht leugnen kann. Das Ringen um einen neuen, glaubwürdigen und tatsächlich durchsetzbaren Fiskalpakt und eine tragfähige Finanzverfassung trägt in der Tat Züge eines Kulturkampfes Nord gegen Süd. Ein Scheitern des Euro ist durchaus nicht ausgeschlossen, und es ist keinesfalls selbstverständlich, dass die unbestreitbaren politischen und wirtschaftlichen Erfolge der europäischen Integration und des Binnenmarktes dauerhaft erhalten werden können.

Gleichwohl bleibt zu betonen, dass die eigentliche Ursache für die seit 2010 schwelende Eurokrise in den ungenügenden Fiskalverfassungen einzelner Nationalstaaten begründet liegt. Griechenland ist bankrott, nicht Europa. Der europäische Haushalt war noch niemals defizitär und darf es auch gar nicht sein. Es gibt keine spezifische europäische Steuer und auch keine Geldschöpfungsmöglichkeit. Auch Zahlungsbilanzungleichgewichte sind keineswegs ausschließlich vom Euro verursacht, wie beispielsweise *Lucke* (2012, S. 48) behauptet, sondern das Ergebnis von massiven Produktivitätsunterschieden sowie der Bereitschaft einiger Länder und der Kapitalmärkte, Defizite zu finanzieren. *Böhm-Bawerks* Satz von der Dominanz der Kapitalbilanz hat nach wie vor Gültigkeit.

Allerdings ist die Hysterie, mit der vielfach gerade in Deutschland und von deutschsprachigen Volkswirten das Ende des Euro herbeigeredet wird, kaum nachvollziehbar. So schreibt beispielsweise der ehemalige italienische Botschafter *Luigi Vittorio Graf Ferraris* über die Deutschen:

> „Acht Jahre war ich in Deutschland, acht schöne und fruchtbare Jahre, und jedes Jahr konnte ich einen neuen Ausbruch von Hysterie beobachten. Jeder Anlass war irgendwie begründet: von den Raketen bis zum Waldsterben, von den Nordseefischen bis zur Volkszählung. Doch ich möchte den Deutschen versichern, dass die Welt nicht so leicht untergeht, wie sie befürchten“ (zitiert nach *Issing* 2012, S. 29).

Europa braucht zweifelsohne einen besseren Ordnungsrahmen. Bei den ordnungspolitischen Handlungsnotwendigkeiten ist zwischen kurzfristigen und langfristigen Maßnahmen zu unterscheiden (ausführlich *Beck* und *Wentzel* 2012). Kurzfristig geht es vor allem um die Stabilisierung der Finanzmärkte sowie die Durchführung von Restrukturierungsmaßnahmen in den Krisenstaaten. Langfristig geht es um die Entwicklung einer europäischen Stabilitätsverfassung, die Reformen der nationalen Haushalte mit Hilfe einer europäischen Schuldenbremse und einer völkerrechtlich abgesicherten Insolvenzordnung für Staaten umfassen muss. Ein Europäischer Stabilisierungsmechanismus ESM, der tatsächlich auch strikte Konditionalität bei der Kreditvergabe durchsetzt, wäre ebenfalls positiv zu bewerten. Die europäischen Institutionen – allen voran die Kommission – scheinen zumindest schon einmal erkannt zu haben, dass Staatsverschuldung in längerer Frist als wirtschaftspolitische Option ausgeschlossen werden sollte.

In Anspielung auf die berühmte Diktion von *Max Weber* ist man geneigt zu sagen: Es bedarf „Leidenschaft und Augenmaß", um eine langfristige Stabilitätsverfassung zu entwickeln, die in Wort (Verträge), Geist (Stabilitätskultur) und Tat (Stabilitätspolitik) zum Ausdruck kommt. Dass viele europäische Verträge und vor allem der Stabilitätspakt wiederholt und zum Teil sogar vorsätzlich gebrochen wurden – allen voran von Deutschland und Frankreich –, ist besorgniserregend und kann zu Pessimismus verleiten (siehe *Wentzel* 2005). Gleichwohl kann die Renationalisierung der Währungsbeziehungen keine wirkliche Antwort auf die Krise sein. Wenn omnipräsente Euroskeptiker wie etwa *Sarrazin* die „Geburtsfehler von Maastricht" kritisieren, haben sie durchaus Recht in einzelnen Sachfragen (siehe *Vaubel* 2009). Daraus aber apodiktisch zu schließen: „Europa funktioniert nicht als Währungsunion" (*Sarrazin* 2012, S. 25) und die Wiedereinführung der Deutschen Mark als wirtschaftspolitische Forderung abzuleiten, ist eine falsche Schlussfolgerung. Vielmehr muss es darum gehen, die Geburtsfehler von Maastricht zu beseitigen und einen Ordnungsrahmen zu entwickeln, der den europäischen Völkern auch langfristig ein friedliches Zusammenleben ermöglicht. Es gibt keinen logischen Grund, anzunehmen, dass das System nicht korrigierbar wäre (ausführlich *Issing* 2012). Dass die Europäische Union gerade zum Zeitpunkt ihrer schwersten Krise den Friedensnobelpreis 2012 verliehen bekommt, ist hier ein starkes politisches Signal.

Spätestens seit der Arbeit von *Karl Popper* (1944-45/1957) über das „Elend des Historizismus" sollte auch für Ökonomen bekannt sein, dass Geschichte nicht-linear und nicht-deterministisch verläuft. Krisen sind Teil eines normalen politischen und historischen Prozesses: „Der Versuch, Krisen jeder Art zu verhindern, wäre dabei ebenso aussichtslos wie schädlich. Krisen sind in einem freiheitlichen System unvermeidlich" (*Issing* 2012, S. 29). Auch die gegenwärtige Eurokrise muss nicht notwendigerweise zu einem Zusammenbruch des Weltfinanzsystems und der europäischen Währungsunion führen, wie die *marx*istisch-deterministische Geschichtsauffassung nahelegt. Der *Ceccini*-Report (1988), der 1988 die „Kosten der Nicht-Verwirklichung Europas" hervorhob und damit eine wichtige Rolle bei der Weiterentwicklung der monetären Integration spielte, könnte neu geschrieben werden, dann mit dem Titel: „Die Kosten der erneuten Dis-Integration Europas." Die Lateinische Münzunion zerbrach 1914 letztlich an Griechenland. Ordnungspolitisch erscheint es sinnvoller, aus der Geschichte zu lernen, als sie erneut zu durchleben. Die notwendigen Bausteine für eine europäische Stabilitätsverfassung sind bekannt, und es besteht Anlass zu vorsichtigem Optimismus, dass das notwendige Zusammenfügen auch gelingen kann.

Literatur

Beck, Hanno und *Dirk Wentzel* (2010), Eine Insolvenzordnung für Staaten?, Wirtschaftsdienst, 90. Jg., Heft 2, S. 25–29.

Beck, Hanno und *Dirk Wentzel* (2011a), Ordnungspolitische Überlegungen zu einer Insolvenzordnung für Staaten, in: ORDO, Band 62, S. 71-100.

Beck, Hanno und *Dirk Wentzel* (2011b), Eurobonds. Heilmittel oder Sprengsatz für die europäische Union? Wirtschaftsdienst, 91. Jg., Heft 10, S. 717–723.

Beck, Hanno und *Dirk Wentzel* (2012), Elemente einer Insolvenzordnung für Staaten, in: Wirtschaftspolitische Orientierungen, hrsg. von der Ludwig Erhard-Stiftung, Heft 131, März 2012, S. 29-35.

Beck, Hanno und *Dirk Wentzel* (2013), Eine internationale Versicherungslösung als Mittel gegen den Konkurs von Staaten, erscheint in: *Dirk Wentzel* (Hg.), Internationale Organisationen: Ordnungsökonomische und finanzpolitische Analysen, Schriften zu Ordnungsfragen der Wirtschaft, Bd. 97, Stuttgart, im Druck.

Blankart, Charles B. (2012), Die Euro-Zauberlehrlinge, in: Frankfurter Allgemeine Zeitung vom 11. August 2012, S. 14.

Braunberger, Gerald (2009), Keynes für Jedermann. Die Renaissance des Krisenökonomen, NZZ Verlag, Zürich.

Buchanan, James M. und *Richard Wagner* (1977), Democracy in Deficit, The Political Legacy of Lord *Keynes*, Liberty Fund, Indianapolis.

Bulow, Jeremy und *Kenneth Rogoff* (1989), A Constant Reconstracting Model of Sovereign Debt, in: Journal of Political Economy, Vol. 97 (1), pp. 155-178.

Cassel, Susanne (2013), Global Governance in der Finanz- und Wirtschaftskrise, erscheint in: *Dirk Wentzel* (Hg.), Internationale Organisationen: Ordnungsökonomische und finanzpolitische Analysen, Schriften zu Ordnungsfragen der Wirtschaft, Bd. 97, Stuttgart, im Druck.

Cecchini-Report (1988), Die Kosten der Nicht-Verwirklichung Europas, Brüssel.

Eucken, Walter (1952/90), Grundsätze der Wirtschaftspolitik, Tübingen.

Issing, Otmar (2011), Der Weg in die Knechtschaft, in: Frankfurter Allgemeine Zeitung vom 11. Dezember 2011, S. 38.

Issing, Otmar (2012), Das System ist korrigierbar, in: Frankfurter Allgemeine Zeitung vom 29. Dezember 2012, S. 29.

Krueger, Anne O. (2002), A New Approach to Debt Restructuring, International Monetary Fund, Washington, D.C., April 2002.

Leipold, Helmut (2006), Kulturvergleichende Institutionenökonomik, Stuttgart.

Leipold, Helmut und *Dirk Wentzel* (Hg.) (2005), Ordnungsökonomik als aktuelle Herausforderung, Schriften zu Ordnungsfragen der Wirtschaft, Band 78, Stuttgart.

Lucke, Bernd (2012), Alternativen zum ESM – konstruktive Wege für die Zukunft des Euroraums, in: Zeitschrift für Wirtschaftspolitik, 61. Jg., Heft 1/2012, S. 46-56.

Möller, Marie (2013), Limits and Perspectives of Institutional Transfers, erscheint in: *Dirk Wentzel* (Hg.), Internationale Organisationen: Ordnungsökonomische und finanzpolitische Analysen, Schriften zu Ordnungsfragen der Wirtschaft, Bd. 97, Stuttgart, im Druck.

Mühl, Melanie (2012), Eine Gesellschaft stürzt ins Bodenlose, in: Frankfurter Allgemeine Zeitung vom 14. Dezember 2012, S. 31.

Mundell, Robert A. (1961), A Theory of Optimum Currency Areas, in: American Economic Review, Vol. 51(4), pp. 667-665.

North, Douglas (1988), Theorie des institutionellen Wandels, Tübingen.

Popper, Karl (1944-45/1957), Das Elend des Historizismus, Tübingen.

Reinhart, Carmen M. und *Kenneth Rogoff* (2009), This Time is Different: Eight Centuries of Financial Folly, Princeton and Oxford.

Roubini, Nouriel (2002), Do we need a New Bankruptcy Regime, in: Brookings Papers on Economic Activity, 2002 (1), pp. 321-333.

Sarazin, Thilo (2012), Geburtsfehler Maastricht, in: Frankfurter Allgemeine Zeitung vom 17. Juli 2012, S. 25.

Schäuble, Wolfgang (2011), Was gut ist für Griechenland, ist gut für den Euro, in: Frankfurter Allgemeine Zeitung vom 31. Juli 2011, S. 27.

Shleifer, Andrei (2003), Will the Sovereign Debt Market Survive? In: American Economic Review, Vol. 93, S. 85-90.

Smith, Adam (1776/1990), Der Wohlstand der Nationen, Hamburg.

TROIKA-Report (2011), Greece: Debt Sustainability Analysis, October 21, Brussels.

Vaubel, Roland (2009), The European Institutions as an Interest Group: The Dynamics of an Ever-Closer Union, London.

Walser, Martin (2012), Das richtige Europa, in: Frankfurter Allgemeine Zeitung vom 21. August 2012, S. 25.

Wentzel, Dirk (1995), Geldordnung und Systemtransformation: Ein Beitrag zur ökonomischen Theorie der Geldverfassung, Schriften zum Vergleich von Wirtschaftsordnungen, Bd. 50, Stuttgart und New York.

Wentzel, Dirk (2005), Der Stabilitäts- und Wachstumspakt: Prüfstein für ein stabilitätsorientiertes Europa, in: *Helmut Leipold* und *Dirk Wentzel* (Hg.), Ordnungsökonomik als aktuelle Herausforderung, Schriften zu Ordnungsfragen der Wirtschaft, Bd. 78, S. 311-331.

Wentzel, Dirk (2010), Die volkswirtschaftliche Bedeutung von Migration und ihre Medienwahrnehmung, in: Landeszentrale für politische Bildung Baden-Württemberg (Hg.), Sonderheft Migration, Heft 60, S. 34-41.

Wentzel, Dirk (2012a), Bestimmungsgründe für eine optimale Größe der Europäischen Union, in: *Christian;Müller, Frank Trosky* und *Marion Weber* (Hg.), Ökonomik und allgemeine Theorie menschlichen Verhaltens – Grundlagen und Anwendungen, Schriften zu Ordnungsfragen der Wirtschaft, Bd. 94, Stuttgart, S. 195-218.

Wentzel, Dirk (2012b), Die Stunde der Wahrheit naht, Zeitungsinterview, in: Pforzheimer Zeitung vom 9. Mai 2012, S. 3.

Wentzel, Dirk (2012c), Fiscal Cliff oder doch eher Bungee Cliff? In: Börsenzeitung vom 14.12.12, S. 8.

Wentzel, Dirk (2012d), Wann kommt der Euro endlich zur Ruhe? Vortrag im *Kostolany*-Börsenseminar der FIDUKA in München, 20. November 2012, publiziert bei der FIDUKA, München.

Wentzel, Dirk (2012e), Europa in (Un-)Ordnung, Beiträge zu den Karlsruher Gesprächen, hg. von *Caroline Robertson von Trotha*, Karlsruhe.

Wentzel, Dirk (Hg.) (2013a) , Internationale Organisationen: Ordnungsökonomische und finanzpolitische Analysen, Schriften zu Ordnungsfragen der Wirtschaft, Bd. 97, Stuttgart, im Druck.

Wentzel, Dirk (2013b), Internationale Organisationen: Historische Entwicklungen, theoretische Begründungen und Entwicklungsperspektiven, erscheint in: *Dirk Wentzel* (Hg.), Internationale Organisationen: Ordnungsökonomische und finanzpolitische Analysen, Schriften zu Ordnungsfragen der Wirtschaft, Bd. 97, Stuttgart, im Druck.

Winterhoff, Michael (2011), Europa ist eine Familie mit vielen Adoptivkindern, Interview in der Frankfurter Allgemeinen Zeitung vom 11. Dezember 2011, S. 37.

Teil IV:

Persönliche Hommage an Karl-Hans Hartwig

Ingo Pies (Hg.), Das weite Feld der Ökonomik
Schriften zu Ordnungsfragen der Wirtschaft · Band 98 · Stuttgart · 2013

Hannes – der Mensch

Uta und *H. Jörg Thieme*

Es war Prof. Dr. *K. Paul Hensel*, der seine ehemalige Mitarbeiterin *Uta* im „Forschungsschuppen“ im Wintersemester 1971/72 überredete, im Februar zum Forschungsseminar nach Radein/Südtirol mitzukommen. Als Anreiz versprach er, ihr den Nachfolger auf ihrer Stelle – einen jungen, gut aussehenden, dynamischen Typ – vorzustellen, von dem sie sicherlich begeistert wäre!

Wir fuhren! Und da war *Hannes*: Jung, schlank, wirklich gutaussehend, in graublauen Cowboystiefeln, weiß-blau gestreiften Jeans mit bodenlangem schwarzen Djangomantel, mit üppig voller Haarpracht und eindrucksvollem Rauschebart. Nicht nur *Uta*, auch alle weiblichen Bediensteten des Berghofs in Radein hatten ein strahlendes Funkeln in den Augen, wenn er abends in der Kellerbar lässig am Whisky nippelte. Neben seinen erst ansatzweise im Seminar erkennbaren wissenschaftlichen Fähigkeiten überzeugten die ausgeprägten Qualitäten auf den Pisten von Cavalese. Dort hat er, in einer Skihütte auf 2.000 m bei Spaghettini Bolognese und Weißwein, das ihm unterbreitete Angebot auf eine volle Assi-Stelle an der Uni Essen wohlwollend geprüft und später, nach seiner Rücksprache mit seiner Frau *Gabi* und nach meiner Rücksprache mit *K. Paul Hensel*, auch angenommen. Es wurde eine gute Zeit, die 2012 anlässlich des Forschungsseminars Radein mit Jubiläums-Spaghetti in besagter Skihütte in Cavalese gebührend gewürdigt wurde.

In diesen vierzig Jahren mehr oder weniger gemeinsam erlebter Wegstrecken hat *Hannes* viele Eigenschaften, Talente und Merkmale offenbart, von denen einige beispielhaft geschildert werden sollen.

Hannes hat ein sehr ausgeprägtes Erklärungstalent: Im ökonomischen Modell kann er in Kürze (auch an der Tafel, mit Formeln unterlegt) erklären, weshalb

junge, schöne, aber eher einfältige Ehefrauen in den USA die Karriere der Ehemänner beflügeln,

Vielweiberei und nicht Vielmännerei historische Realität ist, und warum

die Beziehungen zwischen Schwiegermüttern und Schwiegertöchtern meistens gestört sind.

(*Hannes*, diese Beispiele sollten eigentlich mit Spiegelstrichen eingerückt werden, aber mein Programm weigert sich!)

Hannes hat halt frühzeitig das fantastische Mikromodell von *Gary S. Becker* inhaliert und angewendet, das vorgibt, nahezu alle (oder wenigstens viele) Facetten individueller Existenz in einer Gesellschaft erklären zu können. Bei all diesen wortreichen Erklärungen ist der Aufgeklärte meist sprachlos begeistert ob solcher Überzeugungskraft.

Gleichwohl, in fachlichen Diskussionen liebt *Hannes* das abwägende Urteil: Mit leichter Erregung erinnere ich mich an seine vorsichtigen „Sowohl als auch"-Aussagen. Vor Augen hatte ich dann häufig das „anything goes" des – von Hannes sehr verehrten – Wissenschaftstheoretikers *Paul Feyerabend*! Diese vorsichtige, für solide Wissenschaftler eher typische Herangehensweise hat ja den Vorteil, in der Diskussion weniger „Dauerfeinde" zu produzieren, neue Netzwerker zu gewinnen und Netze zu pflegen. Nur mich hat sie damals hin und wieder zur Weißglut gebracht, was *Hannes* aber nicht sonderlich gestört hat!

Seine Risikofreudigkeit hat sich nicht nur in seiner Berufswahl gezeigt, sondern auch bei der Gestaltung seiner Reisen (Indienreise mit Freund „Schwabbl" im VW-Bus nach bestandenem Diplomexamen; Afrikareisen mit seiner Frau *Gabi*) und vor allem bei der Wahl seiner Autos. Legendär und unglaublich schnell war sein Peugeot Cabrio 205, mit dem er – nach eigenen Aussagen und besonders bergab – auf der Autobahn nach Kassel jeden Porsche hat alt aussehen lassen. Und natürlich die späteren Spider von Alfa Romeo, in deren kleinem Handschuhfach immer ein Glas Nutella verborgen war. Die Antwort auf meine Frage nach dem weshalb hier und weshalb Nutella belegt seine Neigung zu vorausschauendem Handeln: Man wisse ja nie, wo man am nächsten Morgen aufwacht und ob da sein Lieblingsaufstrich verfügbar sei!

Hierzu passt sein ausgeprägter Erlebnishunger, also die Furcht, Leben zu verpassen. Nicht selten waren wir zu Vorträgen oder Seminaren im gleichen Hotel. Wenn nach getaner Arbeit die Überlegung nahte, dem Körper nunmehr die wohlverdiente Bettruhe zu gönnen, klingelte in der Vormitternachtsstunde regelmäßig das Telefon, und *Hannes* fragte, ob man nicht noch im Dorf ein Bier trinken solle, vielleicht ginge ja da die Post ab. Den Hinweis, dies hätten wir schon -zig Mal empirisch getestet und widerlegt, ließ er wortreich nicht gelten: Genau dieses Mal könne es ja anders sein! Wir sind immer gegangen und nach Stunden mehr oder weniger beschwipst und guten Mutes ins Hotel zurückgekehrt – mit der Gewissheit, dass auch diese Nacht den Erlebnishunger nicht gestillt hat.

Auch die Überlebensqualitäten im richtigen Leben sind bei *Hannes* partiell eher schwach ausgeprägt: An der Uni Bochum kam er eines Tages, nach einer Diskussion mit seinen Kollegen, in mein Zimmer gestürmt mit der Frage, wie ich denn in Krisenzeiten überleben könne, weil ich ja nichts Richtiges gelernt habe! Für ihn gibt es solche Beispiele sogar in Friedenszeiten: Als sein Alfa zur Inspektion im Norden Essens war, musste er ihn mit einem öffentlichen Verkehrsmittel abholen. Seine Frau *Gabi*, die die Alltagstauglichkeit von *Hannes* gut kennt, kaufte ein Vielfahrtenticket (damit die Fahrt preiswert bleibt), erklärte ihm das Abstempeln im Bus (damit er nicht als Schwarzfahrer erwischt wird) und fragte ihn abends bei Rückkehr nach der Karte. „Die habe ich nach dem Aussteigen ordentlich entsorgt, also weggeworfen" war seine Antwort. Einige Jahre später wurde er dann erfolgreicher Chef des Instituts für Verkehrswissenschaft an der Uni Münster!

Ein letztes beeindruckendes Beispiel ist das musische Talent von *Hannes*: Es blieb uns jahrelang verborgen, bis zu einem gemeinsamen Skifahren im weihnachtlichen Corvara. Eines Abends fiel der Strom im ganzen Ort für längere Zeit aus, und ein junger Italiener griff bei Kerzenlicht zur Gitarre, spielte recht professionell einige Songs und fand dann plötzlich nicht den Griff zur gewünschten Tonlage. Aus dem Hintergrund half *Hannes* mit „fis" (oder war's gis ?) aus, der Italiener gab *Hannes* wortlos die Gitarre, und der spielte dann stundenlang die bekanntesten Rock-Songs. An diesem Abend wurde mir sehr deutlich, welchen Eindruck Männer mit der Gitarre bei Frauen hinterlassen!

Die Beispiele könnten leicht fortgeschrieben werden, leichter, als einen halbwegs ideenreichen Aufsatz zu produzieren. Mögen diese (und andere) Talente von *Hannes* uns noch viele solcher Beispiele bescheren!

Ingo Pies (Hg.), Das weite Feld der Ökonomik
Schriften zu Ordnungsfragen der Wirtschaft · Band 98 · Stuttgart · 2013

Ökonomischer Imperialismus, drogenpolitische Beratung und die Aktualisierung demokratischer Ordnungspolitik –

Ein persönlicher Erlebnisbericht über die Zusammenarbeit mit Karl-Hans Hartwig

Ingo Pies

Inhalt

Kennengelernt habe ich *Karl-Hans Hartwig* im Wintersemester 1986/87. Er war Professor, ich Student der Volkswirtschaftslehre an der Westfälischen Wilhelms-Universität Münster. Nach anfänglichen Schwierigkeiten, über die hier gleich berichtet werden soll (Abschnitt I.), habe ich bei ihm eine Diplomarbeit geschrieben, die mein Leben nachhaltig verändert hat: Eigentlich hatte ich vorgehabt, eine vernichtende wissenschaftstheoretische Kritik des ökonomischen Imperialismus zu schreiben. Doch bei näherer Beschäftigung mit den Arbeiten von *Gary S. Becker*, die mir mein betreuender Professor zur Aufgabe gemacht hatte, widerfuhr mir ein Erlebnis, das man in religiösen Kontexten als „Konversion" bezeichnen würde. Ich wandelte mich gewissermaßen vom Saulus zum Paulus und begann, die Welt aus der Perspektive des ökonomischen Ansatzes zu sehen – und dabei Vieles völlig neu zu entdecken.

Einmal auf den Geschmack gekommen, geriet ich – mehr durch Zufall als durch Planung – an ein Thema, das zu einer jahrelangen und sehr intensiven Zusammenarbeit zwischen *Karl-Hans Hartwig* und mir geführt hat. Noch während meines Studiums, kurz vor dem Examen, konnte ich meinen Professor für das Projekt begeistern, der Drogenpolitik in Deutschland eine gründliche Neuausrichtung zu empfehlen. Auch hierüber wird zu berichten sein (Abschnitt II.).

Im Jahr 1990 trennten sich dann unsere Wege – allerdings nur vorübergehend, wie sich später herausstellte. Mich verschlug es an den neu gegründeten Lehrstuhl für Wirtschafts- und Unternehmensethik, den ersten seiner Art in Deutschland, wo ich in Professor Dr. Dr. *Karl Homann* einen Doktorvater fand, bei dem – und mit dem – ich an meinem ganz persönlichen Forschungsprogramm arbeiten konnte, den ökonomischen Ansatz als Denkmethode auf Fragen der Ethik und Politikberatung anzuwenden. *Karl-Hans Hartwig* hingegen beendete im gleichen Jahr sein seit 1984 währendes Engagement als Professor für den „Vergleich der Wirtschaftssysteme" an der Universität Münster. Er übernahm im Dezember 1990 einen Lehrstuhl für Wirtschaftspolitik an der Ruhr-Universität Bochum. Dort beschäftigte er sich intensiv mit dem Ansatz der Neuen Institutionenökonomik und mit wirtschaftspolitischen, insbesondere umweltpolitischen Anwendungen. Als er mir nach meiner Promotion eine Stelle als Wissenschaftlicher Assistent anbot, die ich im Dezember 1994 antrat, war das für uns beide eine willkommene Gelegenheit, unsere drogenpolitische Zusammenarbeit wieder aufzunehmen und auf das allgemeinere Thema demokratischer Ordnungspolitik auszudehnen. Dass einige Jahre später *Karl-Hans Hartwig* zum Direktor des Instituts für Verkehrswissenschaft der Universität Münster berufen wurde – und diesen Ruf im Dezember 1997 auch tatsächlich antrat –, führte dazu, dass ich mich als Wissenschaftlicher Assistent unversehens an meiner alten Alma Mater als neuer Wirkungsstätte wiederfand. Hier wurde ich mit der von *Karl-Hans Hartwig* betreuten Schrift über „Ordnungspolitik in der Demokratie" habilitiert. Auch darüber wird zu berichten sein (Abschnitt III.).

1. Ökonomischer Imperialismus

(1) Um mein erstes Erlebnis mit *Karl-Hans Hartwig* zu schildern, muss ich kurz ausholen, damit der Kontext verständlich wird. 1964 geboren, als *Karl-Hans Hartwig* kurz davor war, 16 Jahre alt zu werden, entstamme ich einem geburtenstarken Jahrgang. Das führte dazu, dass ich meine Wehrpflicht bei der Bundeswehr – quasi wegen „Überfül-

lung" – nicht direkt nach dem Abitur ableisten konnte. Andererseits wurde mir die Wehrpflicht auch nicht erlassen. So sah ich mich gezwungen, mein Studium nach dem Vordiplom zu unterbrechen. Von der Bundeswehr zurückkehrend und nun daran interessiert, zügig zu Ende zu studieren, traf ich im Oktober 1986 auf einen jugendlich wirkenden Dozenten, der seine Vorlesungen ganz anders abhielt, als ich es von den eher betagten Professoren gewohnt war. Hier wurde nicht ein Skript vorgelesen, sondern in freier Rede ein Argument entwickelt. Und vor allem: Hier wurde nicht Wirtschaftswissenschaft – als Wissenschaft von der Wirtschaft – gelehrt, sondern Ökonomik, verstanden als Denkmethode.

Erst später habe ich verstanden, dass hiermit die Einladung verbunden war, die Welt mit völlig neuen Augen zu betrachten. Aber damals war ich zunächst ablehnend skeptisch. Gar nichts anfangen konnte ich mit dem ökonomischen Imperialismus der Kriminalitäts- und Familientheorie von *Gary S. Becker*. Da sah ich eher alle (insbesondere moralischen) Vorbehalte bestätigt, die ich gegenüber meinem Fach, der Volkswirtschaftslehre, als Student während des Vordiploms entwickelt hatte. Ebenfalls stark negativ eingestellt war ich gegenüber der ökonomischen Theorie des Rechts, die mit *Ronald Coase* ihren Anfang nahm. Ich fand die *Hartwig*-Vorlesung also nur gut wegen der freien Form, nicht aber wegen der modernen Inhalte, die mir zwar interessant schienen, von denen ich jedoch den Eindruck hatte, sie aus normativen Beweggründen ablehnen zu müssen.

Gegen Ende des Semesters wurde der Vorlesungsstoff durch eine Klausur abgeprüft, und *Karl-Hans Hartwig* nutzte die letzte Stunde zur Besprechung der Musterlösung. Das brachte mich nun vollends gegen ihn auf. Denn im Hinblick auf die zu *Coase* gestellte Frage präsentierte er eine andere Antwort als die, welche ich zu geben für richtig gehalten hatte. Da ich mir meiner Sache ziemlich sicher war, entschloss ich mich zu einem unkonventionellen Schritt und verfasste einen engzeilig handschriftlich geschriebenen 9-seitigen Brief, der einerseits meine Distanz zu den Inhalten des ökonomischen Lehrbetriebs, andererseits aber auch meine intime Kenntnis des *Coase*-Theorems offenbaren sollte. Zu diesem Zweck wendete ich das *Coase*-Theorem mehrfach auf sich selbst an, indem ich die Post-Klausur-Situation zwischen Professor und Student als Verhandlungssituation darstellte und dann zunächst den Gedanken verfolgte, dass unterschiedliche Zuweisungen der Ausgangsausstattung (wer Recht hat und wer nicht) eigentlich zu dem immer gleichen Ergebnis führen müssten, mich die Klausur der Fairness halber bestehen zu lassen. Abschließend ließ ich dieses Argument jedoch in den Zirkelschluss münden, dass mein Rechtsanspruch nicht justitiabel sei, was die Frage aufwerfe, ob ein Professor sich überhaupt auf Nachverhandlungen einlassen müsse (bzw. wolle). Der Brief endete also mit einem verklausulierten Gesprächsangebot, und in der Tat wurden meine Erwartungen nicht enttäuscht. Ich erhielt eine schriftliche Einladung zum Gespräch, verbunden mit der freundlichen Aufforderung, mich zu einer bestimmten Zeit im Büro des Professors einzufinden.

An den genauen Verlauf dieses Gesprächs kann ich mich leider nicht mehr erinnern. Aber ich weiß noch, dass wir nur kurz über *Ronald Coase* und dann sehr ausführlich über *Gary S. Becker* und über die moderne Wissenschaftstheorie im Kontext des Positivismusstreits zwischen *Popper* und *Adorno* gesprochen haben. Jedenfalls endete das Gespräch mit dem für mich überraschenden Angebot, eine von *Karl-Hans Hartwig* betreute Diplomarbeit zu schreiben. Meine Aufgabe bestand darin, den ökonomischen Ansatz von *Gary S. Becker* einer methodologischen Analyse und Kritik zu unterziehen.

Bevor ich über das hiermit verbundene Erlebnis berichte, will ich aber noch festhalten, was mir in der retrospektiven Betrachtung von Vorlesung, Brief und Gespräch als bemerkenswert erscheint, weil es sehr viel über *Karl-Hans Hartwig* als akademischen Lehrer und seine zutiefst liberale Persönlichkeitsstruktur verrät: Dem Professor wäre es ein Leichtes gewesen, den zudringlichen Brief des Studenten zu ignorieren oder als unverschämt zurückzuweisen. *Karl-Hans Hartwig* aber antwortete auf meine Kritik mit entwaffnender Offenheit. Er reagierte nicht antagonistisch, sondern kooperativ; nicht mit Verärgerung, sondern mit wohlwollender Neugier. Ich wurde nicht professoral abgekanzelt, sondern als Student mit meinen zweifelnden Fragen zur Theoriebildung ernst genommen. Für mich war das eine prägende Erfahrung.

(2) Ich schrieb meine Diplomarbeit (1987) zu einer Zeit, als ein etablierter Lehrstuhlinhaber der Münsteraner Wirtschaftswissenschaften in seinen Vorlesungen noch öffentlich die These vertrat, *Gary S. Becker* schade mit seinem ökonomischen Imperialismus dem Ansehen der Zunft. Ich sah das damals ähnlich und wollte – bewaffnet mit den Arbeiten von *Jürgen Habermas* und insbesondere von *Theodor W. Adorno* – die Arbeiten *Gary S. Becker*s von einer wissenschaftstheoretischen Grundlage aus kritisieren. Mehr als das der Diplomarbeit vorangestellte Motto aus *Adorno*s Einleitungsaufsatz zum Positivismusstreit ist von dieser ursprünglichen Intention allerdings nicht übriggeblieben.

Von *Karl-Hans Hartwig*, der ja selbst über ein wissenschaftstheoretisches Thema promoviert hatte, war ich neben *Karl Popper*, den ich bereits kannte, und *Paul Feyerabend*, den ich noch nicht kannte, vor allem auf die bahnbrechenden Arbeiten von *Imre Lakatos* aufmerksam gemacht worden. Dessen Methodologie wissenschaftlicher Forschungsprogramme bildete daher die Grundlage für meine Untersuchung. Und als ich mich dann näher und sehr intensiv mit den Publikationen von *Gary S. Becker* befasste, fiel es mir wie Schuppen von den Augen: Mir öffnete sich der Blick dafür, auf welche Problemstellungen *Becker*s Ansatz „im Kern" zugeschnitten war und wie sich dieser Ansatz im Laufe der Zeit allmählich entwickelt hatte, nämlich ganz im *Lakatos*schen Sinn einer „progressiven Problemverschiebung".

Die Ehrfurcht einflößend anspruchsvolle Formulierung des Themas meiner Diplomarbeit lautete: „Neue Konsumtheorie: Beispiel für eine progressive Problemverschiebung des neoklassischen Forschungsprogramms?". Mit dieser Themenstellung hatte *Karl-Hans Hartwig* mir den deutlichen Hinweis gegeben, mich intellektuell nicht unterfordern zu wollen. Aber insbesondere hatte er eine offene Frage formuliert, und so war es von ihm auch tatsächlich gemeint: Das Untersuchungsergebnis war mir inhaltlich nicht vorgegeben worden, nicht einmal andeutungsweise. Ich hätte also auch einen methodologischen Verriss der Neoklassik abliefern können, wie ich es anfangs ja auch tatsächlich beabsichtigt hatte. Statt sanfter Manipulation, die bei mir ohnehin nur heftigen Widerstand ausgelöst hätte, hatte *Karl-Hans Hartwig* einfach darauf gesetzt, dass ich aus der Lektüre der richtigen Texte schon die richtigen Schlüsse ziehen würde. Er vertraute auf meine eigene Urteilskraft und ermutigte mich dazu, mir meine eigene kritische Meinung zu bilden. Er verzichtete nicht nur auf Indoktrination, sondern sogar auf den Versuch, mich überzeugen zu wollen. Stattdessen verschaffte er mir die Gelegenheit, mich selbst zu überzeugen. Er gab mir den Freiraum, mir meine Sichtweise selbst zu erarbeiten. *Karl-Hans Hartwig* stärkte auf diese Weise mein (Selbst-)Bewusstsein, als angehender Volkswirt zwar auf den Schultern von Riesen, aber doch auf eigenen Füßen zu stehen. Ich finde, dass ein Professor sich seinen Studierenden gegenüber nicht vorbildlicher verhalten kann.

2. Drogenpolitische Beratung

(1) Eigentlich war es ja nur eine spontane Gelegenheitsidee, geboren im Gespräch mit Medizinstudenten, die wissen wollten, was Volkswirtschaftslehre ist und was es mit dem berühmt-berüchtigten *homo oeconomicus* auf sich hat. Mit der gerade fertiggestellten Diplomarbeit zum ökonomischen Imperialisten konvertiert, fiel mir nichts Besseres ein, als ein gesundheitspolitisches Thema zur Sprache zu bringen, um die (Vor-)Urteile des Alltagsverstands mit ein paar robusten ökonomischen Argumenten mal gehörig gegen den Strich zu bürsten. So vertrat ich tentativ die These, dass ein ordentlicher Markt für harte Drogen besser funktionieren würde als der gegenwärtig zu beobachtende Schwarzmarkt. Da gingen natürlich die Emotionen hoch, und so kam es zu einer angeregten und nachhaltig anregenden Diskussion. Von dem Gespräch nach Hause kommend, setzte ich mich sogleich an den Schreibtisch, um die wesentlichen Gedanken festzuhalten.

Selbst überrascht von den weitreichenden Schlussfolgerungen, zu denen man wie von selbst geführt wird, sobald man erst einmal begonnen hat, sich dem Thema der Drogenprohibition ernsthaft und konsequent als Ökonom – das heißt: mit ökonomischer Denkmethode – zu nähern, suchte ich den Kontakt zu meinem Professor. Er bestätigte meine theoretischen Intuitionen, schärfte den Fokus auf die nicht-intendierten Folgen intentionalen Handelns (gerade auch der Prohibitionspolitiker), wies mich auf einschlägige Veröffentlichungen aus dem Umkreis der Chicago-Schule hin und ermutigte mich so zu dem an sich gar nicht geplanten Vorhaben, die zunächst rein spontanen Einfälle systematisch auszuarbeiten. Hierfür bot er mir Schützenhilfe an. So verabredeten wir, einen kurzen Text zu verfassen, der bei der Wochenzeitung „DIE ZEIT“ eingereicht werden sollte, um den angesichts steigender Zahlen von Drogentoten vermehrt erhobenen Forderungen nach verschärfter Drogenrepression öffentlichkeitswirksam entgegenzutreten. Parallel dazu sollte ein ausführlicher Artikel entstehen, den wir beim List Forum für Wirtschafts- und Gesellschaftspolitik einreichen wollten.

Ich werde nie vergessen, wie wir, um die Texte mit letztem Schliff fertigzustellen, zur internen Redaktionskonferenz 1989 bei ihm zu Hause mittags auf der Terrasse saßen. Es war ein außerordentlich heftiges Ringen. Ehrlich gesagt, hatte ich so etwas zuvor noch nicht erlebt: Da wurde nicht nur über Absätze gestritten, sondern buchstäblich um jeden Satz und Halbsatz gerungen. Jedes Argument stand auf dem Prüfstand. Jede Formulierung wurde auf die Goldwaage gelegt. Jedes Komma wurde grammatikalisch hinterfragt. So ging das stundenlang. Es hörte auch nicht auf, als seine Ehefrau anfing, das Abendessen vorzubereiten, zu dem ich dann freundlicherweise eingeladen wurde. Wenn meine Erinnerung mich nicht trügt, wurde dieses Essen eher ein Nachtmahl, weil es so lange hinausgezögert wurde, bis wir uns schließlich in der Sache zusammengerauft hatten. Im Nachhinein kann ich sagen, dass an diesem Tag die Basis gelegt wurde für die überaus produktive Partnerschaft zweier Ko-Autoren, die in den darauffolgenden Jahren noch viele gemeinsame Texte verfassen sollten, ohne sich jemals wieder auch nur über eine einzige Formulierung zu streiten. Das Thema „Formalia" wurde zwischen uns an diesem Tag ein für allemal erledigt und abgeschlossen.

Was sich hier wirklich ereignet hatte, kann man vielleicht auch so interpretieren: An diesem denkwürdigen Arbeitstag hielt der Professor mit seinem noch nicht diplomierten Studenten ein rigoroses Privatexamen ab und entschloss sich dann, ihn ohne Autoritätsgefälle so zu behandeln, als wäre er ein Volkswirt auf gleicher Augenhöhe. Für mich war dieser Ausgang des Streits jedenfalls motivierender, als es ein Lob für meine Textvorlage hätte sein können.

(2) Unser am 3. März 1989 in der ZEIT (S. 95) veröffentlichte Artikel erzeugte damals eine beträchtliche Medienresonanz, die durch unsere ausführliche Argumentation im List Forum (1990, Heft 1, S. 72-88) noch verstärkt wurde. Es gab zahlreiche Anfragen für Podiumsdiskussionen und Fernsehauftritte. Später kamen Konferenzbeiträge und Parlamentsanhörungen dazu. Hierbei konnte ich zahlreiche praktische Erfahrungen mit demokratischer Politikberatung sammeln. Nicht alle Erfahrungen waren positiv. Da war es für mich von großem Wert, dass *Karl-Hans Hartwig* bei mehr als nur einer Gelegenheit schützend die Hand über mich hielt und mir half, mich vor persönlichen Verletzungen zu schützen und die desillusionierenden Enttäuschungen produktiv zu verarbeiten – nicht zuletzt dadurch, dass er sich über meine fortwährende Naivität immer wieder lustig machte. Solcher Spott kann sehr fürsorglich sein.

Drei dieser Enttäuschungen – bzw. Ent-Täuschungen – will ich hier kurz anführen, weil sie vielleicht von allgemeinem Interesse sind.

- Die potentiell traumatisierenden Erfahrungen, die Wissenschaftlern im Umgang mit der Presse – und selbst mit der so genannten Qualitätspresse – nicht immer erspart bleiben, begannen in unserem Fall schon damit, dass DIE ZEIT ohne Absprache mit uns einfach den Titel geändert hatte. Unser Artikel erschien unter der zwar reißerischen, aber inhaltlich völlig irreführenden Überschrift: „Drogen vom Staat". Wir hatten für ein Marktarrangement plädieren wollen, nicht für eine staatliche Monopollösung.
- Inhaltlich lief unsere Position darauf hinaus, die bewährten Prinzipien der Sozialen Marktwirtschaft auch auf den bisherigen Ausnahmebereich harter Drogen wie Heroin und Kokain anzuwenden. Wir waren der Ansicht, dass die vermeintlichen Drogentoten in Wirklichkeit als Prohibitionstote zu interpretieren seien, weil auf dem Schwarzmarkt für Drogen prohibitionsbedingt all jene Institutionen fehlen, die auf normalen Märkten für Verbraucherschutz sorgen, angefangen von der Produzentenhaftung über verlässliche Produktinformationen bis hin zu Wettbewerbspreisen, die eine Beschaffungskriminalität erübrigen würden. – Für diese Position bekamen wir von den damals – d.h. 1989 ff. – im Bundestag vertretenen Parteien sowie von zahlreichen mit diesem Thema befassten Praktikern (von Medizinern, Juristen, Sozialarbeitern etc.) und ihren jeweiligen Fachverbänden in sehr unterschiedlicher Weise

Rückenwind oder Gegenwind. Allerdings richtete sich dies vornehmlich nach ideologischen Gesichtspunkten. Unsere Sachargumentation spielte für die öffentlichen Reaktionen eine allenfalls untergeordnete Rolle. Gerade dort, wo wir auf harte Ablehnung und harsche Kritik stießen, wurde uns von den zuständigen Experten unter der Hand im vertraulichen Gespräch des Öfteren große Aufgeschlossenheit und sogar Zustimmung signalisiert. Damals habe ich gelernt, dass Organisationen in der Öffentlichkeit gelegentlich Positionen vertreten, die man nicht zum Nennwert nehmen darf, da sie oftmals allein deshalb vertreten werden, weil man glaubt, sich durch das Bedienen ideologischer Vorurteile in der Bevölkerung bei der jeweiligen Klientel beliebt machen zu können (oder zu müssen). Ich empfand dies damals – und empfinde es noch heute – als eine sehr ernüchternde Erfahrung, die aber sehr hilfreich sein kann zu verstehen, wie die Öffentlichkeitsprozesse in einer Demokratie ablaufen.

– Mit *Karl-Hans Hartwig* an meiner Seite lernte ich damit umzugehen, dass im politischen Raum nicht nur mit harten Bandagen gekämpft wird, sondern auch mit unfairen Mitteln, die jeder, der an wissenschaftliche Seriositätsstandards gewöhnt ist, als Schlag ins Gesicht empfinden muss. Das beginnt mit den beliebten Angriffen auf die Person, zu denen mancher Zuflucht nimmt, wenn er die Argumente der Gegenseite nicht widerlegen kann, und es endet bei der eklatanten Verletzung von Spielregeln, die zarter besaitete Naturen als Regelbruch und Manipulation empfinden mögen. (a) Gegen ad personam gerichtete Versuche der Diskreditierung war ich kurz vor und kurz nach meinem 1989 abgelegten Examen allein dadurch (einigermaßen) geschützt, dass mir *Karl-Hans Hartwig* als Professor Deckung gab. (b) Unvergessen wird mir eine Anhörung im Hessischen Landtag zu Beginn der 1990er Jahre bleiben, zu der ich als Sachverständiger geladen war. Eine geschlagene Dreiviertelstunde lang stellte der Vorsitzende einem Juristen detaillierte Fragen zur Ökonomik des Drogenmarktes. Mich fertigte er dann in exakt vier Minuten ab, weil die anderen Ausschussmitglieder es versäumten, mir all jene Fragen noch einmal zu stellen, die zuvor unbeantwortet geblieben waren.

Ich will hier aber keinen falschen Eindruck aufkommen lassen: Das drogenpolitische Engagement, das *Karl-Hans Hartwig* und ich gemeinsam entfaltet haben, war für mich – und sicherlich auch für ihn – ein großes intellektuelles Abenteuer, das uns mit wertvollen Erfahrungen so reich beschert hat, dass wir es nie bereut haben, diesen für Ökonomen ungewöhnlichen Schritt zu wagen. Für mich kann ich jedenfalls in Anspruch nehmen, dass ich durch dieses Engagement nicht nur sehr viele interessante Menschen kennengelernt habe – von Junkies und Ärzten über Journalisten bis hin zu Funktionären und Politikern –, sondern auch Einblicke in den Politikprozess gewinnen konnte, die meine wissenschaftliche Beschäftigung mit den Möglichkeiten und Grenzen demokratischer Politikberatung nachhaltig inspiriert haben. Und sogar für das zunächst deprimierende Erlebnis im Hessischen Landtag gab es einen versöhnlichen Schluss, denn der zuständige Fachreferent aus dem Hessischen Innenministerium kam unmittelbar nach meiner Befragung bzw. Nicht-Befragung und der kurzerhand brüskierenden Verabschiedung aus dem Ausschuss mit offenen Armen auf mich zu. Genau dieser Fachreferent hat uns Jahre später mit einem großen Gutachten beauftragt. Die Anfrage erreichte mich über *Karl-Hans Hartwig*, als ich mich, frisch promoviert, 1993 zu Forschungszwecken in Chicago bei *Gary S. Becker* aufhielt. Seit Ende 1994 in Bochum als Autorenteam wieder vereint, haben wir dieses Gutachten nach rund zweijähriger intensiver Arbeit mit einem umfangreichen Buchmanuskript abgeschlossen.

Dieses Buch – 1995 im Verlag Mohr-Siebeck (Tübingen) erschienen – hat einen programmatischen Titel. Er lautet: „Rationale Drogenpolitik in der Demokratie. Wirtschaftswissenschaftliche und wirtschaftsethische Perspektiven einer Heroinvergabe“. Hierzu ist zweierlei zu sagen.

Einerseits hat dieses Buch mit dazu beigetragen, dass die zwischenzeitlich in der Schweiz eingeführte klinische Heroinvergabe auch in Deutschland Einzug halten konnte und seit nunmehr über 10 Jahren mit großem Erfolg praktiziert wird. Auf diese Weise konnten viele Menschenleben gerettet werden. Ich empfinde dies als eine große Ermutigung für all jene, welche Theoriebildung nicht als *l'art pour l'art* betreiben wollen, sondern um ihrer praxisrelevanten Erkenntnisse wegen, mit denen man sich auf die Suche nach einer besseren Welt begeben kann.

Andererseits ist dieser Titel – mitsamt der im Buch entfalteten Argumentation – schon ein Vorbote für das Habilitationsthema „Ordnungspolitik in der Demokratie“, das ich als Wissenschaftlicher Assistent von *Karl-Hans Hartwig* – zunächst in Bochum, dann später in Münster – bearbeiten wollte. Wie es dazu kam, schildert der nächste Abschnitt.

3. Aktualisierung demokratischer Ordnungspolitik

(1) Am 16. Februar des Jahres 1994 holte mich *Karl-Hans Hartwig* mit seinem imposanten Mercedes, aus Münster kommend, an meiner unweit von Ingolstadt gelegenen Wohnung ab, um mit mir gemeinsam nach Radein zu fahren, einem kleinen Bergdorf in Südtirol. Dort sollte bis zum 27. Februar das 27. Internationale Forschungsseminar Radein stattfinden, eine traditionsreiche Konferenz der deutschen Vertreter des wissenschaftlichen Systemvergleichs. Zum Tagungsthema, einer Zwischenbilanz zu den ökonomischen Erfolgen und Misserfolgen der deutschen Vereinigung, hatten wir gemeinsam einen Beitrag verfasst, den wir dort vortragen und zur Diskussion stellen wollten. Die Hinfahrt ist mir mehr als die gemeinsame Rückfahrt in Erinnerung geblieben, und zwar aus zwei Gründen.

Erstens hat mir *Karl-Hans Hartwig* während unserer Alpenüberquerung das Angebot unterbreitet, als Wissenschaftlicher Assistent zu ihm nach Bochum zu kommen. Für mich war das ein sehr willkommenes Angebot, das ich in luftiger Höhe nur dankbar annehmen konnte.

Zweitens aber, und dies ist mir in wirklich unvergesslicher Erinnerung, gab mir mein künftiger Habil-Vater noch einen guten Ratschlag mit auf den Weg. Ich weiß bis heute nicht genau, was ihn dazu motiviert hatte. Vielleicht mag es die Erinnerung an den streitbaren Nachmittag auf seiner Terrasse gewesen sein. Jedenfalls mahnte er mich eindringlich, dass ich mich in Bochum als neuer Wirkungsstätte mit jedermann und jederfrau streiten dürfe, insbesondere mit den Kolleginnen und Kollegen am Lehrstuhl, auch mit ihm selbst, aber bitte nicht mit seiner Sekretärin! Ansonsten immer zu einem

Scherz aufgelegt und insbesondere bereit, mich als Ethiker ob meiner moralischen Naivität zu verspotten, war es ihm hier erstaunlicherweise ganz ernst. Und auf mein neugieriges Nachfragen gab er als Begründung an, dass er sich im Notfall jederzeit von jeder Mitarbeiterin und jedem Mitarbeiter trennen könne, aber als Professor darauf angewiesen sei, sich mit seiner Sekretärin zu vertragen. Die sei nämlich unkündbar und praktisch nicht auszuwechseln. Er komme mit ihr gut aus und gebe mir mit auf den Weg, ebenfalls ein gutes Auskommen mit ihr zu suchen – schon allein deshalb, um ihn nicht in etwaige Loyalitätskonflikte zu stürzen, die ihn später vielleicht einmal zwingen würden, sich im Ernstfall gegen mich zu entscheiden, weil er es sich nun einmal nicht leisten könne, es mit seiner Sekretärin zu verderben. – Für diesen Einblick in das Gefüge zwischenmenschlicher Beziehungen, in die Abhängigkeit der Professoren von ihren Sekretärinnen, in die Logik der Administration und die diffizile Dialektik von Macht und Ohnmacht im Universitätsbetrieb bin ich bis heute dankbar. Ich habe diesem Ratschlag stets Folge geleistet und bin gut damit gefahren – auch wenn ich relativierend hinzufügen muss, dass ich schon als Student mit Lehrstuhlsekretärinnen stets großes Glück gehabt hatte und dass mich dieses Glück bis heute offenbar nicht verlassen hat.

(2) Rein akademisch betrachtet, ist *Karl-Hans Hartwig* ein Enkel *Walter Euckens*, denn er ist ein Schüler des *Eucken*-Schülers *Karl Paul Hensel*. An dessen Marburger Lehrstuhl hatte er sich die ersten Meriten verdient, bevor er dann in einem einvernehmlichen Talenttransfer von *Hensel* zu dessen Schüler *Hans Jörg Thieme* an die Universität Essen wechselte. (Insofern ist *Karl-Hans Hartwig* zugleich auch ein wissenschaftlicher Ur-Enkel *Walter Euckens*.)

Es ist dieser ordnungspolitische Hintergrund, durch den *Karl-Hans Hartwig* mit einem regen Interesse für institutionenökonomische Fragen und für politikrelevante Antworten ausgestattet wurde. Dieses Interesse hat er an Generationen von Studierenden lebhaft weitervermittelt. Davon habe auch ich nachhaltig profitiert, vor allem während der Zeit, als ich – zunächst (seit Ende 1994) in Bochum, später dann (ab 1998) in Münster – als sein Wissenschaftlicher Assistent an meiner Habilitation arbeiten durfte. Hier habe ich stets sehr große Freiheiten genossen.

Von anderen Mitarbeitern und Assistenten im Kollegenkreis wurde ich ob meines liberalen Chefs oft beneidet. Und das völlig zu Recht, wie ich mittlerweile weiß. Mir ist noch in lebhafter Erinnerung, wie ein Mitarbeiter, der es besonders schlecht angetroffen hatte, auf den mitfühlenden Kommentar eines Kollegen, das seien ja feudale Verhältnisse, messerscharf mit folgender Auskunft replizierte: „Nein, ich leide unter *halbiertem* Feudalismus. Im richtigen Feudalismus gab es zwischen Herr und Knecht noch ein *wechsel*seitiges Treueverhältnis. *Beide* Seiten hatten Rechte und Pflichten."

Dass *Karl-Hans Hartwig* zu seinen zahlreichen Mitarbeiterinnen und Mitarbeitern stets ein Verhältnis prononcierter Fairness gepflegt hat, das feudale oder schlimmer noch „halb"-feudale Assoziationen an Herr und Knecht bzw. Herr und Magd gar nicht erst aufkommen ließ, mag freilich auch mit seinen eigenen Erfahrungen zu tun gehabt haben. Jedenfalls erzählt er in fröhlichen Stunden gerne von seiner Zeit in Marburg und berichtet dann gelegentlich auch davon, wie er des Öfteren Aufforderungen Folge geleistet hat, seinem damaligen akademischen Lehrer spätabends oder an Wochenenden als Gesellschafter die Langeweile zu vertreiben. Temps perdu …

(3) *Karl-Hans Hartwig* pflegt die Tugend, sich besonders dort ostentativ zu entspannen, wo andere eine gewisse Aufgeregtheit an den Tag legen. Ergänzt wird dies durch eine gewisse Vergesslichkeit in Alltagsdingen, wie sie einem Professor gut zu Gesicht steht. Kommt beides zusammen, können interessante Situationen entstehen, wie die folgende Anekdote zeigt, für deren Wahrheitsgehalt ich mich verbürge.

Im Jahr 1999, gut fünf Jahre nach der denkwürdigen Radeinfahrt über die Alpen, neigte sich meine Zeit als Wissenschaftlicher Assistent ihrem Ende zu. Damals war Münster dafür bekannt, dass die ökonomische Fakultät Habilitationsvorträge als Prüfung ernst nahm. Da wurden die Kandidaten nicht einfach durchgewinkt, sondern gründlich examiniert und gleichsam auf eine letzte Probe gestellt. Hierfür gab es ein festgelegtes Ritual. Nach dem Vortrag, zu Beginn der kritischen Aussprache, stand dem „Habil-Vater" das Recht auf die erste Frage zu, bevor dann seine Kolleginnen und Kollegen den Kandidaten einem unnachgiebigen Rigorosum unterziehen durften.

So war es eigentlich auch in meinem Fall vorgesehen. Doch es kam anders: Zwar weiß ich bis heute nicht genau warum – ob *Karl-Hans Hartwig* von meinem Vortrag so begeistert war, dass er alles andere darüber vergaß, oder ob ihn mein Vortrag so ermüdet hatte, dass er ein wenig eingeschlummert war – jedenfalls versäumte er es, sich nach meinen Ausführungen über die moralischen Implikationen sozialer Dilemmata zur ersten Frage zu melden. Die stellte daraufhin ein Kollege aus der Betriebswirtschaftslehre. Dessen Frage war so kurz und präzise, dass ich sie noch heute im originalen Wortlaut wiederzugeben im Stande bin. Sie lautete schlicht: „Was hat das Ganze mit Axelrod zu tun?".

Im Allgemeinen nennt man so etwas eine Sekt-oder-Selters-Frage. Denn entweder weiß der Prüfling, wer oder was „Axelrod" ist – oder er weiß es eben nicht. Tertium non datur. Weiß man es nicht, ist das als erste Frage in einer wichtigen Prüfung ziemlich unangenehm. Der Endspurt einer jahrelangen Vorbereitung setzt dann mit einem Fehlstart ein. Weiß man es hingegen doch, hat man gleich zu Beginn eigentlich schon das Schlimmste überstanden. – Im konkreten Fall kam es mir zugute, dass ich bereits zu meiner Zeit in Ingolstadt die kooperationstheoretischen Simulationsstudien von *Robert Axelrod* intensiv studiert hatte. Das war aber reines Glück, und so hätte es auch leicht anders kommen können.

Nach der Prüfung im größeren Kreis von seinen volkswirtschaftlichen Kollegen in meinem Beisein zur Rede gestellt, warum er denn sein Recht auf die erste Frage verschlafen habe, gab *Karl-Hans Hartwig* – mit einer unnachahmlichen Mischung von ein wenig Schuldbewusstsein und sehr viel Süffisanz – zum Besten, er sei sich von vornherein sicher gewesen, dass sein Schützling keine Starthilfe benötigen würde …

(4) Wenn ich die lange Zeit seit unserer ersten Begegnung 1986 Revue passieren lasse, kann ich mit großer Dankbarkeit auf eine Zusammenarbeit zurückblicken, die für mich außerordentlich prägend und intellektuell bereichernd war. Und nicht nur für mich: Ich weiß, dass sehr viele Menschen für Hannes, wie ich ihn mittlerweile nennen darf, eine besondere Wertschätzung empfinden: für den inspirierenden Lehrer, der zum Denken provoziert; für den neoklassischen Ordnungsökonomen mit einem Faible für unkonventionelle Anwendungen; für den vorbildlich liberalen Chef; für den beliebten

Kollegen, den kompetenten Ratgeber und verlässlichen Freund. Hannes ist ein zur guten Laune neigender, vielseitig interessierter, musikbegabter, wissenschaftsbegeisterter ‚workaholic', der mit sehr wenig Schlaf – und sehr wenig Sport – auskommt, um dennoch rank und schlank zu bleiben sowie fit und fidel zu sein. Ich wünsche ihm – und vor allem: ich wünsche mir und uns allen –, dass ihm diese Produktivität und die zugrunde liegende Veranlagung zum ‚high spirit' noch lange erhalten bleiben möge.

Ingo Pies (Hg.), Das weite Feld der Ökonomik
Schriften zu Ordnungsfragen der Wirtschaft · Band 98 · Stuttgart · 2013

Der Homo Oecomusicus – Zur Ökonomie musikalisch-zwischenmenschlicher Beziehungen

Johannes Schwanitz und *Axel Winkelmann*

Inhalt

> „Eine Ehe zwischen einer hochmusikalischen Frau und einem musikalisch ungebildeten Mann, oder umgekehrt, würde allenfalls musikalischen Durchschnitt produzieren, der sich auf das Schrammeln der Wandergitarre am Lagerfeuer oder auf die Mitgliedschaft in einer mäßigen Rock-Band beschränken würde."
>
> *Karl-Hans Hartwig* (1993, S. 45)

1. Der Homo Oecomusicus im Zentrum ökonomischer Betrachtung

Wer jeden Tag in ökonomischen Vorlesungen vollbesetzte Stuhlreihen ähnlich dem Gedränge einer Justin-Bieber-Autogrammstunde erlebt, träumt sicher auch davon, nicht nur ein Hochschullehrer, sondern auch ein kleiner Star zu sein. Dabei bietet sich insbesondere die musikalische Umsetzung dieses Traumes an, denn der Rockstar ist und war schon immer eine schillernde Figur. Welcher Wirtschaftswissenschaftler möchte nicht einmal ebenso populär sein: Jackett aus, Lederjacke an und die Gitarre unter dem Jubel der Menge laut aufdrehen. Es ist dieser Homo Oecomusicus als Spezialform des ökonomischen Modell-Menschens, der im Folgenden im Vordergrund der kritischen Analyse seiner musikalisch-zwischenmenschlichen Beziehungen stehen soll.

Grundsätzlich gilt, dass zur kritischen Reflektion ökonomischer Probleme Annahmen zu menschlichem Verhalten gemacht werden müssen. Das generelle Menschenbild der Ökonomen bezeichnet sich als „Homo Oeconomicus" (ökonomischer Modell-Mensch) (vgl. u.a. *Persky* 1995). *Spranger* (1950, S. 148) schreibt hierzu:

> „Der ökonomische Mensch im allgemeinen Sinne ist also derjenige, der in allen Lebensbeziehungen den Nützlichkeitswert voranstellt. Alles wird für ihn zu Mitteln der Lebenserhaltung, des naturhaften Kampfes ums Dasein und der angenehmen Lebensgestaltung."

Der Homo Oeconomicus ist damit als fiktiver Akteur durch rein rationales, eigeninteressiertes Verhalten bei gleichzeitig eigener Nutzenmaximierung und Unersättlichkeit charakterisiert. Er besitzt in der Theorie feststehende Präferenzen und reagiert auf veränderliche Restriktionen bei zugleich vollständiger Informationsverfügbarkeit. Für ihn ist der Sinn in der Kooperation insbesondere durch die Erhöhung individueller Wohlfahrt durch Kooperation gegenüber der alleinstehenden Verrichtung von Aufgaben zu sehen. Zudem sind neben der geringeren Effizienz verschiedene Leistungen allein nicht oder nur in geringem Umfang möglich.

Für den Homo Oecomusicus gelten ähnliche Grundannahmen, die im Folgenden erörtert werden sollen:

1.1. Eigeninteresse

Wenn nach methodologischem Individualismus das zusammengenommene Verhalten der Individuen soziales und in diesem Falle musikalisches Handeln ergibt, impliziert dies, dass die Individuen eigeninteressiert handeln. Dieses Eigennutzenaxiom findet sich auch beim Homo Oecomusicus, der in einer Rock-Band stets bemüht ist, mit seinem Instrument lauter als andere zu spielen, um in einer Band überhaupt gehört zu werden. Über eine besondere Musiker-Spezies, den Gitarristen, gibt es den wohl kürzesten Musikerwitz:

„Ich höre mich nicht!"

Aus dem Eigennutz resultiert wohl auch das menschlich immanente Bestreben, nach Möglichkeit einen Starkult für sich zu inszenieren, der gerade in der Musik typisch überhöhte individuelle Charakterzüge eines Menschen aufweist. Besonders in der Popkultur spielt der Star eine herausragende Rolle, wobei nach *Kriese* (1994, S. 8) zu den zentralen Kennzeichen eines Stars „seine Einmaligkeit, Echtheit, Originalität, Autorität und (inszenierte) Authentizität" gehören. Eine ökonomische und insbesondere wirtschaftliche Bedeutung erlangt das Starsystem durch seinen gezielten Einsatz beim Verkauf von Tonträgern oder bezahlten Downloads im Internet. Hier sind die Konsumenten offenbar bereit, einen Preis für etwas zu bezahlen, was sie mit etwas Aufwand (und einem schlechten Gewissen) auch gratis haben könnten. Welcher Ökonom wünscht sich nicht, seine in zahlreichen Nachtschichten mühsam erstellten Vorlesungsskripte und Übungsklausuren statt durch kostenloses Bereitstellen jubelnden Studentenmassen durch kostenpflichtige Angebote zu präsentieren: Nicht Gratis-Mentalität mit kritischen Worten („zu viele Schreibfehler", „schlecht formatiert"), sondern eine emotionale Begeisterung für jedes Wort des Professors.

Nach *Flender* und *Rauhe* (1989, S. 33) hat dieser zwischen Käufer und Musikband stattfindende emotionale Gütertausch möglicherweise seinen Ursprung in der Opferbereitschaft des Fans und seiner starken Identifikation mit dem Star. Die in der Bibel erzählte Geschichte vom „Goldenen Kalb" veranschaulicht dieses Phänomen schon sehr früh, bei dem der Star erst durch stete Opfergaben des Fans zu einem künstlichen Anbetungsobjekt erhoben wird. Jeder Professor kennt das Problem, morgens um acht Uhr Studierende für eine Vorlesung zu begeistern – für einen Star stellt sich die Situation abends um acht Uhr auf der Bühne ganz anders dar.

1.2. Rationales Handeln

Eine weitere ökonomische Annahme ist das Rationalitätsaxiom menschlichen Handelns. Ein Musiker handelt stets dann rational, wenn er nach dem ökonomischen Prinzip handelt. Er erreicht bei gegebenen Ressourcen zielbezogen das Maximum bzw. er erreicht ein gegebenes Ziel unter Einsatz eines Ressourcenminimums. Gerade letzteres ist beim Homo Oecomusicus durch das möglichst effiziente Üben zu Hause (manch einer würde sagen, durch Nicht-Üben zu Hause) vor jeder gemeinsamen Probe gegeben (Weiteres dazu im nächsten Kapitel).

1.3. Nutzenmaximierung

Die Nutzenmaximierung ist das oberste Ziel für die Ausrichtung des musikalischen Handelns. Während die Wirtschaftstheorie von der Gewinnmaximierung als hehres Nutzenziel ausgeht, ist der Homo Oecomusicus hier deutlich bescheidener. Es gilt: Die Definition der Zielfunktion ist abhängig vom jeweiligen musikalischen Standpunkt. Der wahre Nutzen für einen Gitarristen in der Rock-Band offenbart sich erst, wenn er seine E-Gitarre in schier endlosen Soli auf der (hohen) E-Saite gequält hat. Der Schlagzeuger versieht die Hi-Hat auch beim langsamsten Love-Song noch mit zusätzlichen

Sechzehntelschlägen, und auch der Nutzen des Bassisten ist erst befriedigt, wenn gilt: „Ohne Bass kein Spass, ohne Wumms kein Bumms“. Nur der Keyboarder spielt nicht, weil er noch an der fast endlosen Anzahl an Parametern verzweifelt, die eingestellt werden wollen, um den neuesten Orgelsound aus dem Synthesizer herauszukitzeln. Es sei an dieser Stelle angemerkt, dass der Homo Oecomusicus seinen Mitmusikanten durchaus „neutral“ begegnet, er schaut weder mit Neid noch mit Schadenfreude auf sie, solange sie ihn nicht bei der individuellen Nutzenmaximierung stören.

1.4. Reaktion auf Umweltbedingungen

Änderungen im Verhalten des Homo Oecomusicus werden auf äußere, strukturelle Bedingungen zurückgeführt. Die Umwelt ermöglicht, begrenzt aber zugleich auch den Handlungsspielraum des Musikanten. Hier liegen die Handlungsmöglichkeiten, aus denen der Rock-Musiker auswählen muss. Im Proberaum sind dieses meist viel zu leise Verstärker, auf der Bühne dann die Monitorboxen, die wieder einmal dafür sorgen, dass nichts von der eigenen Performance zu den Mitmusikern vordringt.

Ein für das Publikum und für die Musiker in diesem Zusammenhang oft auftretendes und schmerzliches Phänomen ist das so genannte Feedback-Geräusch, welches sich durch ein extrem lautes und schrilles Pfeifen in den Boxen äußert. Es entsteht durch Rückkoppelungs-Effekte, d.h. durch ein Aufschaukeln von Audiosignalen, die aus den Boxen in die Mikrofone einstrahlen, über die PA-Anlage (Anm.: PA steht für Public Address und bezeichnet das Boxensystem in Richtung Publikum) verstärkt werden und wiederum als noch lauteres Signal in die Mikrofone eingehen. Diesen Effekt kann man dadurch reduzieren, dass man den Abstand der (Monitor-)Boxen zu den Mikrofonen erhöht. Der Kausalzusammenhang:

> „Eine größere Bühne ermöglicht einen größeren Abstand zwischen Mikrofon und Box, was wiederum eine höhere Gesamtlautstärke ermöglicht!“

erklärt vielleicht den Drang des Homo Oecomusicus, auf immer größeren Bühnen spielen zu wollen (vgl. Eigeninteresse).

1.5. Feststehende Präferenzen

Die Nutzenfunktion und die damit zugrundeliegenden Präferenzen des Homo Oecomusicus werden grundsätzlich als stabil angenommen. Mit anderen Worten: Einmal „Rolling Stones“, immer „Rolling Stones“. Dabei geht man allgemein davon aus, dass die Prägungen der Präferenzen in der frühen Jugend, gemeinhin in der Pubertät erfolgen. Bei vielen Musikern handelt es sich hier offenbar um fixierte Strukturen, die ihnen möglicherweise dabei helfen, sich an die – um es mit einem Ausdruck aus einem bekannten Song der Kölner Band Brings zu bezeichnen – „superjeile Zick“ zu erinnern. Die Bandmitglieder können sich sicher sein, dass besagte Musiker sich nicht plötzlich für Cover-Songs der Toten Hosen erwärmen werden – schließlich gibt es doch von dem eben von den anderen Musikern abgelehnten Stones-Song noch eine Remake-Version aus dem Jahre 1981, die man alternativ einüben könnte.

1.6. Vollständige Information

Wenn der Musiker mit seinem Verhalten auf vorliegende Restriktionen reagiert, dann zumeist unter der Annahme, dass keine besonderen Transaktions- und Informations-

oder „Lernkosten" vorliegen. Er weiß bereits lange vor dem musikalischen Ausprobieren, welcher Song zu ihm und seiner Band passt (vgl. hierzu auch 1.5. Feststehende Präferenzen). Der Homo Oecomusicus kennt alle seine Handlungsalternativen und zwingt seine Mitmusiker schon mal spontan durch falsche, für ihn aber besser passende Tonartenwahl bei einem Liveauftritt zu einem hektischen Umdenken.

2. Die Band als Partnerschaft

Unter diesen Voraussetzungen stellt sich die Frage, warum der Homo Oecomusicus überhaupt an einem Zusammenspiel, an einem partnerschaftlichen Miteinander in einer Band interessiert ist. Partnerschaften werden nach *Hartwig* (1993, S. 35 ff.) im Allgemeinen immer dann gebildet, wenn sich die Beteiligten eine Steigerung ihrer individuellen Wohlfahrt gegenüber dem Alleinsein versprechen. Der Grenznutzen wird immer dann als positiv erlebt, wenn durch gemeinschaftliches Zusammenwirken materielle oder immaterielle Güter erzeugt werden, die ein einzelner nicht oder mit geringerer Effizienz produzieren kann. Insofern kann man Partnerschaften als Konsum- und Produktionsgemeinschaften auffassen, die die Bedürfnisbefriedigungsmöglichkeiten erweitern und durch Spezialisierungsvorteile und/oder Skaleneffekte den Herstellungsaufwand reduzieren helfen.

In diesem Beitrag wird eine Band definiert als eine Vereinigung von musikalisch begabten Individuen, die – anders als bei synthetisch besetzten Casting-Bands – aus eigenem Antrieb und freiwillig zusammengefunden haben. Sie bilden aus ökonomischer Sicht eine Partnerschaft und produzieren Nutzen stiftende Dinge, die einerseits die Bedürfnisse der Bandmitglieder (Partner) befriedigen und zum anderen dazu geeignet sind, bei entsprechendem Publikumserfolg einen möglicherweise substanziellen Beitrag zur Erzielung eines Markteinkommens beizutragen (s. Abb. 1).

Bei den meisten Bands ist es allerdings so, dass die Partner vielmehr einen erheblichen Teil ihres auf anderen Märkten erworbenen Einkommens (in der Regel durch Nachgehen einer abhängigen Beschäftigung bis zum Eintritt in das Pensionärsdasein) dafür einsetzen, solche Marktgüter zu erwerben, die erforderlich sind, diese Produktionsgemeinschaft erst zu ermöglichen. Dazu gehören Anfangsinvestitionen in die eigenen Instrumente, wobei hier die Lasten sehr ungleich verteilt sein können:

- Traditionell sind die Aufwendungen dafür bei den Sängern eher niedrig. Ihnen reichen in den meisten Fällen ein Mikrofon und ein passender Mikrofonständer. Investitionen in eine Gesangsanlage werden von ihnen gern mit dem Hinweis sozialisiert, dass ja auch andere Instrumente die Anlage nutzen könnten.
- Schlagzeuger hingegen versuchen häufig, durch Größe und Anzahl der Trommeln, einem beeindruckenden Spektrum unterschiedlicher Becken sowie ausladendem Flächenbedarf auf der Bühne die von Natur aus schon laute Präsenz durch eine physische Komponente zu ergänzen.
- Vor dem Hintergrund der allgegenwertigen Digitalisierung sind Tasteninstrumente für den Keyboarder heutzutage auf einem historisch niedrigen Preisniveau mit zugleich – im Gegensatz zu früher – nahezu unbegrenzten Soundvarianten ausgestattet. Versteckten sich in den 70er und 80er Jahren die Tastenvirtuosen noch hinter so

genannten Keyboard-Burgen, bestehend aus mindestens acht Klaviaturen, reichen heute ein Laptop und eine ihn ansteuernde Tastatur. Diese technologiegetriebene Miniaturisierung der zwingend notwendigen Grundausstattung kann für das Image des Keyboarders durchaus zum Problem werden, insbesondere dann, wenn er mit seinem Instrument beim Setting in der Nähe des opulent ausgestatteten Schlagzeugs steht.

- Für das Gitarrenspiel ergeben sich vielfältige Möglichkeiten bei der Investition in das Equipment. Für akustische Gitarren reicht ein Mikrofon in die Gesangsanlage (zu finanziellen Beteiligungskonflikten s.o.), bei durch Tonabnehmer elektrisch abgenommen Saitenklängen sind hingegen ein Verstärker sowie eine Lautsprecherbox erforderlich. Hier geht die Bandbreite von kleinen Kombinationsanlagen (so genannte Kombos mit eingebautem Verstärker und zumeist nur einem Lautsprecher) bis zu den berühmt-berüchtigten, fast zwei Meter hohen Marshall-Türmen, von denen bei Rockkonzerten auch mehrere auf der Bühne stehen können. Es ist in einer den Autoren bekannten Band auch vorgekommen, dass die Investitionen in eine angemessene Anlage sogar ausbleiben konnten, indem die Verfügungsrechte an einem Gitarren-Verstärker vom Sohn auf den Vater unentgeltlich übertragen wurden.
- Bassisten legen im Allgemeinen großen Wert auf eine mindestens mannshohe Lautsprecherwand im Rücken, die den notwendigen Schalldruck für den nach ihrer Meinung – und da sind sie sich einig mit den Gitarristen – immer zu leisen Sound erzeugt. Dementsprechend fallen auch die Transportfahrzeuge für die Anlagen bei Bassisten (im Normalfall der eigene PKW) eher großvolumig (Vans, SUV etc.) aus.

Abb. 1: Die Band als Konsum- und Produktionsgemeinschaft

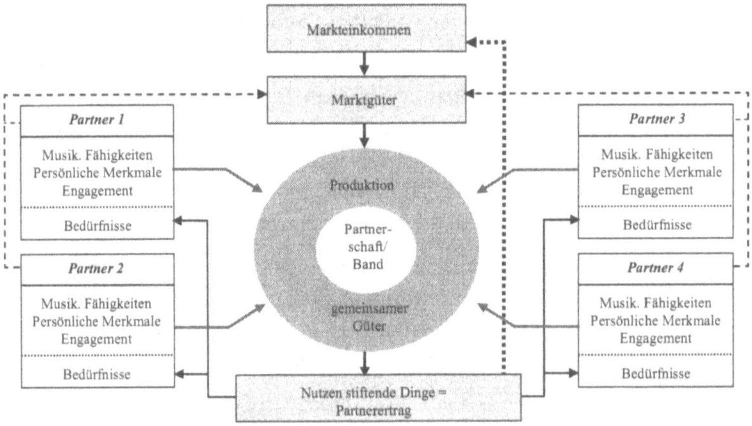

Quelle: In Anlehnung an *Hartwig* (1993, S. 35).

Neben diesen investiven Ausgaben, die vor dem oder durch das Eingehen in die Partnerschaft getätigt werden, fallen laufende Kosten an, um die Produktionsgemeinschaft funktionsfähig zu halten. Dazu gehören z.B. Nutzungsgebühren für den Proberaum, der der Band häufig in rohbaulichem und kaltem Zustand in Form eines Bunkers, Stalls oder Feuchtkellers überlassen wird. Da in jeder größeren Stadt in Deutschland ein eklatanter Nachfrageüberschuss existiert, verhalten sich die Anbieter entsprechend ökonomisch rational. In der Band-Szene werden daher immer wieder Beschwerden über neokapitalistische Monopolstrukturen bekannt. Die Autoren gehen in dieser Einschätzung nicht ganz so weit und sprechen lieber von einem klassischen Anbietermarkt.

Das weniger attraktive Ambiente im Proberaum versuchen einige Bands durch den Einsatz alkoholischer Getränke während der Probe zu ertragen. Dabei kann jedoch als Nebeneffekt eintreten, dass die subjektiv wahrgenommene Qualität der musikalischen Leistungen einen Trade-Off mit der objektiven Bewertung bilden kann. Mit der Konsequenz, dass zu Beginn der nächsten Probe die feste Überzeugung aller geäußert wird, am Ende der vorangegangen den Song wesentlich besser gespielt zu haben.

Die wohl größte Aufwandsposition nach Gründung einer Band bildet der zeitliche Ressourcenverbrauch. Darunter fallen zum einen das Üben des Instruments zu Hause (vgl. Rationalitätsaxiom), bei dem primär an der Spieltechnik gefeilt wird, und zum anderen die Probe als solches mit den logistischen Aufwendungen der An- und Abreise. Die Entscheidung darüber, wie hoch der individuelle zeitliche Einsatz ist, kann durch das ökonomische Prinzip vollständig erklärt werden:

- Nach dem Minimum-Prinzip agieren solche Musiker rational, die das Ziel haben, noch gerade in der Band zu bleiben und den einen oder anderen Auftritt mitzunehmen. Dafür minimieren sie ihren Input, gern auch nach dem Motto: „Üben ist etwas für Feiglinge".
- Investiert man dagegen z.B. die Hälfte der nach Abzug von Schlafen, Essen und Arbeiten verbleibenden Zeit in die Band, versucht man mit diesem Ressourceneinsatz den Ertrag nach dem Maximum-Prinzip so hoch wie möglich zu steigern. Für diesen Typus gibt es viele Beispiele, denen allerdings nicht durchgängig der ihnen gebührende Ruhm zukommt: So lange Rollschuh fahrende Katzen bei youtube mehr Klicks erfahren als der Auftritt einer Rock-Coverband bei einer Universitätsparty in Münster, wird sich das nach Ansicht der Autoren auch so schnell nicht ändern.

3. Emergente Prozesse im musikalischen Zusammenspiel

Kreativität zeichnet sich vor allem durch ein wechselvolles Zusammenspiel zwischen den beteiligten Partnern aus. Gerade bei Amateur-Rock-Bands ist das Original, was von der Band begeistert gecovert wird, selten identisch mit dem, was als Kopie (böse Zungen sprechen hier auch von Parodie) auf der Bühne präsentiert wird.

Die moderne Organisationstheorie verfolgt in diesem Zusammenhang Ansätze, die die Flexibilität und Dynamik innerhalb von Organisationen und Systemen wie beispielsweise einer Rock-Band im Rahmen der Leistungserstellung erklären können (vgl. z.B. *Scheer* 2002 in Bezug auf Jazz-Musik und Management). Dabei gilt: Ein System besitzt den Systemzustand A. Bei der Überführung in den Systemzustand B findet eine Transformation statt, deren Regeln nicht vollständig bekannt sind. Diese Transformation ist das Ergebnis eines Transformationsprozesses und kann als emergenter Prozess nicht direkt aus Zustand A gefolgert werden. Es sind damit also wissenschaftliche Untersuchungen notwendig, um „Transformationsregeln" zu identifizieren.

Emergente Prozesse, die auch als sich selbst entwickelnde Prozesse bezeichnet werden können, werden durch Ideen verschiedener Musiker angetrieben. Diese sind nicht zwingendermaßen mit allen Aufgaben selbst betraut, so dass sie nicht einer festen Strategie folgen, sondern vielmehr situativ und spontan gemäß ihren subjektiven Erfahrungen und musikalischen Einstellungen das Eigennutz-Axiom befolgen. Dabei bestimmen Regelungsintensität und Interaktion zwischen Akteuren mit unterschiedlicher Kernkompetenz in einem System die Potenziale für das Zusammenspiel. Formal stark festgelegte Systeme oder Organisationen mit wenig Austausch zwischen den Akteuren neigen zu einer Zementierung bestehender Strukturen, wohingegen fehlende Regeln bei zugleich hoher Interaktion zu „kreativem Chaos" führen können. Hieraus ergibt sich die Notwendigkeit, Regelungsintensität und Interaktion im System in Einklang zu bringen.

Diese Notwendigkeit findet sich natürlich auch beim Homo Oecomusicus. Während in der Geschäftsleitung eines Unternehmens Mitarbeiter mit unterschiedlicher betriebswirtschaftlicher Kernkompetenz aufeinandertreffen und durch Einbringen ihres Spezialwissens in der Interaktion zur Problemlösung beitragen, finden sich in einer professoralen Rock-Band Musiker mit unterschiedlicher Kernkompetenz. Sie alle sind Spezialisten auf ihren Instrumenten. Ein Vertauschen ihrer Instrumente würde nicht funktionieren, da sie ihrer Kernkompetenzen beraubt wären. Jeder für sich alleine schafft eine beachtliche musikalische Leistung, doch erst die Interaktion lässt es zu einer musikalischen Gemeinschaftsleistung als Band werden. Die Synergien können nur dann genutzt werden, wenn alle temporal und lokal parallel miteinander agieren und sich innerhalb des Gleichgewichts von Interaktion und Regelungsintensität bewegen. Völlig regelloses Verhalten ohne Akzeptieren von Koordinationsbedarf führt zu in Chaos versinkender Katzenmusik, das Ignorieren von Kommunikationsbedarf zu eingefahrenen musikalischen Strukturen mit der Gefahr der Erstarrung. Die ökonomische Analyse des Gleichgewichts von Flexibilität und starren Vorgaben ist somit zentrales Ziel einer erfolgreichen Rock-Band.

4. Die Spezialisierungsgewinne des Homo Oecomusicus

Wie andere Verbindungen, ist auch die von Ökonomik und musikalischer Partnerschaft nicht ohne Probleme, und es steht zu befürchten, dass der Homo Oecomusicus aufgrund der immanenten Axiome bald aus einer derartigen Partnerschaft aussteigt. Aber haben nicht gerade die Rolling Stones ihr 50 jähriges Bühnenjubiläum gefeiert? Die Spezialisierungsvorteile scheinen doch innerhalb einer musikalischen Zwangsgemeinschaft die Nachteile starrer Probentermine und divergierender musikalischer Geschmacksrichtungen in vielen Fällen zu überwiegen.

Zwar existieren in jeder Band Musiker, die alle Instrumente vermeintlich gleichermaßen gut spielen, jedoch ist der Gesamtertrag der musikalischen Arbeitsteilung umso höher, je stärker sich die Musiker auf ihre spezifischen Fähigkeiten konzentrieren. Ausmaß und Art der Spezialisierung hängen ab von den Unterschieden in den Musikproduktivitäten, ausgedrückt in der Vermeidung schiefer Töne am jeweiligen Instrument. Ein Spezialisierungsgewinn entsteht nicht nur dann, wenn derjenige Keyboard spielt, der die höhere musikalische Produktivität aufweist. Eine Spezialisierung auf ein neues Instrument kann selbst für den dort musikalisch unproduktiveren Homo

Oecomusicus von Vorteil sein, wenn ein anderer Bandpartner am Stamminstrument des Homo Oecomusicus leidlich produktiv ist, sich aber niemand produktiveres für das neue Instrument findet.

Es ist dieser komparative Vorteil, der über die Spezialisierung der Musiker und damit die Bandgeschicke entscheidet. Er führt nicht zwangsläufig zur vollständigen Arbeitsteilung in der Band, sondern bietet Anlass zu Schwerpunktstrategien. Das Keyboard liefert Klangflächen, die den Gesang unterstützen sollen, was den Keyboarder aber nicht davon abhält, auch einmal ein Bassriff mitzuspielen. Der Bassist revanchiert sich, indem er in tiefsten Tönen das Stakkato einer Bass-Drum imitiert. Nur der Gitarrist ist fein raus, weil er quasi als ungeschriebenes Gesetz der Rockmusik zugleich Leadsänger einer Rockband ist und damit per se im Rampenlicht steht.

5. Moral Hazard

Derartige zwischenmusikalische Kooperationen sind äußerst labile Partnerschaften. Sie beruhen auf impliziten und expliziten Absprachen, die jedem Musiker bestimmte Rechte und Pflichten beim Musizieren zuweisen, welche allerdings im Proberaum sehr vage formuliert werden. Nicht selten führen die Schwerpunktstrategien zu Irritationen auf der Bühne, weil der Homo Oecomusicus nicht mehr willens oder nicht mehr fähig ist, die getroffenen Absprachen einzuhalten. Das musikalische Zusammenspiel tritt in eine kritische Phase, an deren Ende die Auflösung der Band stehen kann.

Ein Moral Hazard droht, wenn ein Widerspruch zwischen Kollektiv- und Individualrationalität entsteht (vgl. u.a. *Dembe* und *Boden* 2000). Das musikalische Zusammenspiel bedingt die kollektive Rationalität, kann jedoch vom Homo Oecomusicus für eigene Interessen ausgenutzt oder unterlaufen werden. Ursachen für eine daraus resultierende Krise sind Informationsmängel bei den anderen Bandmitgliedern. Hätten alle Musiker jederzeit vollständige Informationen vorliegen, könnten Änderungen der Absprachen antizipiert werden. Wüsste also beispielsweise der auf seinen erneuten Einsatz wartende Keyboarder vorher, dass der zur Selbstverwirklichung neigende Mitmusiker sein eigentliches Kurzsolo spontan über sieben Minuten ausdehnt, hätte er zumindest schon einmal eine Runde Bier für alle Bandmitglieder bestellen können.

Bestünden bereits bei Bildung einer musikalischen Zweckgemeinschaft Erwartungen darüber, wann diese Situation eintritt und wie damit umgegangen wird, könnte eine Krise antizipiert und damit vermieden werden. In der Realität bestehen bei den Beteiligten jedoch Informationsdefizite, die dazu führen, dass die eigenen Eigenschaften und die der anderen Bandmitglieder sowie die Beiträge der Eigenschaften zur musikalischen Leistungserstellung bereits bei Bandgründung falsch eingeschätzt werden. Es besteht damit ein enger Zusammenhang zwischen dem Krisenpotenzial innerhalb der Band und der Suche nach geeigneten Musikern.

6. Die Suche geeigneter Mitmusiker

Vor der Bildung einer Partnerschaft in Form einer (Rock-)Band müssen sich die Mitglieder zunächst suchen bzw. finden. Dabei kann man davon ausgehen, dass rational handelnde Individuen so lange nach geeigneten Partnern suchen werden, wie sich der daraus erwartete Gewinn noch steigern lässt, d. h. so lange, wie die Grenzkosten des weiteren Suchens geringer sind als der erwartete Grenzertrag der damit entdeckten zusätzlichen Alternative (vgl. *Hartwig* 1993, S. 39 f.). Die mit der Suche verbundenen Kosten sollen am Beispiel der unter Wirtschaftswissenschaftlern wohl bekanntesten Musiker-Formation, der Rock-Band „The Economix", dargestellt werden (s. Abb. 2).

Abb. 2: Bestimmung des Aktivitätenoptimums zur Bildung einer Rock-Band

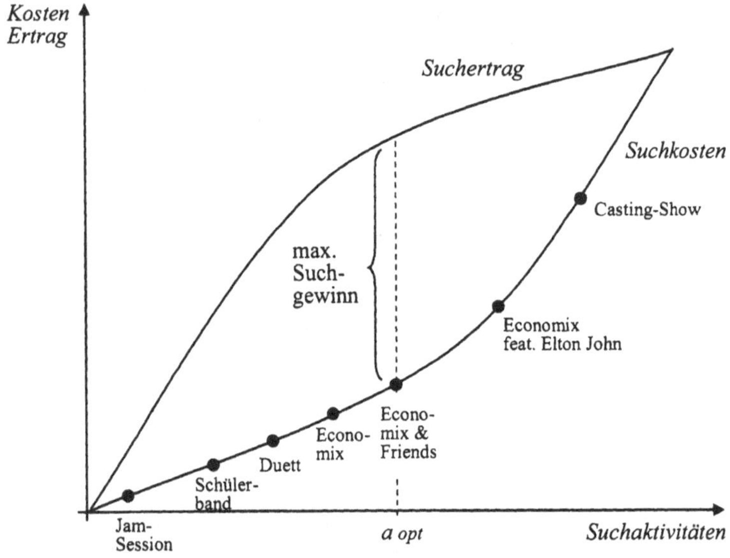

Quelle: In Anlehnung an *Hartwig* (1993, S. 40).

Wer ein Zusammenspiel mit anderen Menschen dem Allein-Üben oder einer Solo-Performance (etwa als Karaoke-Auftritt) vor Publikum vorzieht, kann sich ohne größere Suchanstrengungen einer der vielen so genannten Jam-Sessions anschließen. Hier treffen mehr oder minder begabte Instrumentalisten mit Ihresgleichen auf kleinen Bühnen in Kneipen oder Jugendzentren zusammen, um vor einem toleranten Auditorium zu spontan festgelegten Akkordfolgen zu improvisieren. Dabei ist bemerkenswert, dass die Musik immer nur mit drei Akkorden (der Tonika T, der Subdominanten S und der Dominanten D) auskommen. Diese werden dann nach dem Muster

TTTTSSTTDSTT

arrangiert und teilweise über Stunden wiederholt. Diese auch als Blues-Schema bekannte Abfolge kennt jeder Gitarrenschüler nach der zweiten Unterrichtstunde. Bei besonders abwechslungsreichen Jam-Sessions werden im zweiten Takt als Variation die Subdominante und im letzten die Dominante gespielt:

TSTTSSTTDSTD

In der Regel gehen die Musiker nach so einer Session wieder auseinander und suchen sich in anderen Lokationen wieder andere Mitmusiker, so dass man nur von einer Partnerschaft bzw. Band auf Zeit sprechen kann.

Längere Bindungen mit eher niedrigen Suchaktivitäten können dagegen bei Schülerbands beobachtet werden. Hier wird der Suchbereich durch die natürlichen Grenzen des Klassenraums eingeschränkt. Man kennt sich als Jugendlicher bereits seit Längerem, und Informationsasymmetrien sind dadurch weitgehend reduziert. Die Instrumenten-Zuordnung ist dann eher zufällig und wird danach ausgelegt, wer in der Band mitspielen soll und welches Instrument noch verteilt werden muss. Dieses Prinzip erscheint zwar zunächst zufällig und ist weniger ausgelegt, musikalische Spitzenleistungen zu erzielen. Gleichwohl sind viele weltbekannte Bands, wie die Beatles oder die Rolling Stones, in diesem beschaulichen Umfeld gegründet worden.

Bei einem Duett wird der eine Partner durch einen weiteren optisch oder instrumentalisch ergänzt. Dabei folgen die Rollen meist festgelegten Mustern, wie bei Klaus & Klaus oder Marianne & Michael. Die Suchaktivitäten können hier schon beachtlich sein, sind aber durch die auf zwei begrenzte Personenzahl noch relativ niedrig.

Im Normalfall wird eine Rock-Band dadurch gegründet, dass sich mindestens zwei Musiker überlegen, eben eine solche zu gründen. Das geschieht oft aus einer gewissen (Bier-)Laune heraus, bei der man sich an die Musik als Heranwachsender erinnert und der festen Überzeugung ist, es auch nicht wesentlich schlechter hinzubekommen als die Bands, die diese Musik repräsentieren. Allerdings sind zunächst auch hier Aktivitäten zu starten, die Band zu komplettieren. Im Falle der bereits erwähnten „The Economix" beschränkte sich die Suche über ausschließlich informelle Kanäle auf das akademische Umfeld des Bandleaders. So konnten die Transaktionskosten niedrig gehalten werden und die eingesparte Zeit zum Üben der nach langen Verhandlungsphasen beschlossenen Play-List (zu Deutsch: Songs, die bei einem Auftritt gespielt werden) genutzt werden.

Stellt sich der Erfolg einer solchen Band ein, möchten auch weitere Personen aus dem Umfeld eine (lockere) Partnerschaft eingehen, die allerdings aus Zeitgründen nicht so intensiv ausfallen soll. Unter dem Label Band & Friends kann man dann versuchen, durch temporäre Erweiterung akustisch und optisch etwas Abwechslung in das Erscheinungsbild der Gruppe zu bringen. Diese Personen spielen dann zwei bis drei Stücke auf ihrem Instrument, was das Publikum mit lautstarker Begeisterung honoriert. Letzteres ist aber auch zumindest teilweise darauf zurückzuführen, dass die Gäste stets ihren eigenen Fanclub mitbringen.

„The Economix feat. Elton John" ist eine besondere Konstellation der „Economix & Friends", die nicht nur auf der rein regionalen Verbundenheit Münsteraner Hochschulmusiker aufbaut, sondern vielmehr auch andere musikalische Stars außerhalb der hiesigen Hochschulszene zulässt. Dabei steht Elton John stellvertretend hier nicht für den Musiker, sondern vielmehr für die spezielle musikalische Vorliebe bestimmter Gastmusiker (vgl. das Axiom der feststehenden Präferenzen). Der durch die hervorragenden musikalischen Fähigkeiten erzielte zusätzliche Suchertrag wird jedoch durch die zusätzlichen Kosten in Form von Probeterminfindungsschwierigkeiten eingeschränkt. Andererseits – und das muss man anerkennen – hat das durch den neuen Musiker bereitgestellte Proberaumambiente in Aaseenähe das ansonsten vom Anbietermarkt geprägte Proben in Hofschuppen und Molkereikellern erheblich verbessert.

Zur Anreicherung bestimmter Stücke durch weitere Musiker bzw. Instrumente (z.B. zweite, dritte oder gar vierte Gitarre) werden im sogenannten Casting weitere hervorragende Musiker, vornehmlich aus Nicht-Wissenschaftskreisen verpflichtet. Das Casting innerhalb professoraler Rock-Bands unterscheidet sich hierbei grundlegend von den aus dem Fernsehen bekannten Shows, denn nicht Aussehen und Jugendlichkeit entscheiden, sondern im Zweifelsfall die Vorliebe für ... man kann es erahnen: die Rolling Stones (siehe Axiom der feststehenden Präferenzen). Dass hierbei die Suchkosten exponentiell steigen, ist selbsterklärend. Und natürlich ist es nur ein Gerücht, dass es beim Casting eine Bevorzugung verwandtschaftlich nahestehender Gitarristen gegeben haben soll.

7. Fazit

Wie gezeigt, ist der professorale Homo Oecomusicus eine l(i)ebenswerte Sorte Musiker. Tituliert mit „Professoren rocken wilder" (*Münstersche Zeitung*, 26.05.2007) oder „Born to be Wiwi" (*Hentschel* 2007) darf er sich ruhig als kleiner Star fühlen. Mit Fingerspitzengefühl und viel Einsatz hat er es geschafft, nicht nur als Professor, sondern auch als musikalisches „Substitute" „Behind blue Eyes" zu glänzen. Der von den Ärzten formulierten Frage „Junge, warum hast du nichts gelernt?" lässt sich leicht entgegnen, dass der beschriebene professorale Homo Oecomusicus mehr kann, fast „Whatever you want". Er versteht sich meisterlich auf „All the small Things" und kann nicht nur „Twist and shout", sondern ganz unkonventionell, eben ein echter „Bohemian like you". „An Tagen wie diesen", an dem sich das Geburtsjahr zum 65. Mal wiederholt, werden sicherlich bei einer großen Feier nicht nur „Honky Tonk Women" und die berüchtigte „Lola" eingeladen, sondern als Höhepunkt als „Best Part of the Day" wieder ein legendärer Auftritt der „The Economix & Friends" dargeboten. Keiner der Gäste fragt sich dann „Should I stay or should I go" – vielmehr werden alle unisono der Band zurufen: „You really got me!".

Lieber Hannes, „Take it easy" für die nächsten 65 Lebensjahre. Zusammen mit allen Mit-Musikern „We will rock you"! Dabei stehst du nicht nur akademisch, sondern auch musikalisch sehr erfolgreich für „My Generation" – und das natürlich vor allem „Like a Rolling Stone"!

Literatur

Dembe, Allard E. und *Leslie I. Boden* (2000), Moral Hazard: A Question of Morality? New Solutions, Vol. 10(3), S. 257-279.

Flender, R und *H. Rauhe,* (1989), Popmusik: Aspekte ihrer Geschichte, Funktionen, Wirkung und Ästhetik, Band 42, WB-Forum.

Hartwig, Karl-Hans (1993), Partnerschaften: Ökonomie zwischenmenschlicher Beziehungen, in: *Bernd-Thomas Ramb* und *Manfred Tietzel* (Hg.), Die ökonomische Logik des menschlichen Handelns, München, S. 33-61.

Hentschel, Joachim (2007), Professoren rocken wilder, Spiegel online vom 23.08.2007. http://www.spiegel.de/unispiegel/wunderbar/rockende-professoren-born-to-be-wiwi-a-501199.html

Kriese, Konstanze (1994), ROCK'N'RITUAL - Der Starkult als Kommunikationsstereotyp moderner Musikkulturen, Berlin.

Münstersche Zeitung (2007), Professoren rocken wilder: The Economix im Proberaum, Münstersche Zeitung vom 26.05.2007, S. 7.

Persky, Joseph (1995), Retrospectives: The ethology of Homo economicus, in: Journal of Economic Perspectives, Vol. 9 (2), S. 221-231.

Scheer, August-Wilhelm (2002), Jazz-Improvisation und Management, Arbeitsbericht 170, Universität des Saarlandes.

Spranger, Eduard (1950), Lebensformen: Geisteswissenschaftliche Psychologie und Ethik der Persönlichkeit, 8. Auflage, Tübingen.

Die Autorinnen und Autoren

Apolte, Prof. Dr. Thomas, Lehrstuhl für Ökonomische Politikanalyse, Westfälische Wilhelms-Universität Münster

Budzinski, Prof. Dr. Oliver, Lehrstuhl für Wirtschaftstheorie, Technische Universität Ilmenau

Göke, Prof. Dr. Michael, Lehrstuhl für Allgemeine Volkswirtschaftslehre, FOM Hochschule für Oekonomie & Management, Essen

Haselmann, Dr. Till, Databases and Information Systems (DBIS) Group, Westfälische Wilhelms-Universität Münster

Jakubowski, Dr. Peter, Referatsleiter „Verkehr und Umwelt", Bundesinstitut für Bau-, Stadt- und Raumforschung (BBSR), Bonn

Kampeter, MdB Steffen, Parlamentarischer Staatssekretär beim Bundesminister der Finanzen

Leipold, Prof. Dr. Helmut, Senior Fellow, Marburg Center for Institutional Economics (MACIE), Philipps-Universität Marburg

Leschke, Prof. Dr. Martin, Lehrstuhl für Volkswirtschaftslehre 5, insb. Institutionenökonomik, Universität Bayreuth

Michler, Prof. Dr. Albrecht F., Professur für Volkswirtschaftslehre, Heinrich-Heine-Universität Düsseldorf

Müller, Prof. Dr. Christian, Institut für Ökonomische Bildung, Westfälische Wilhelms-Universität Münster

Pies, Prof. Dr. Ingo, Lehrstuhl für Wirtschaftsethik, Martin-Luther-Universität Halle-Wittenberg

Ruske, Dipl.-Volksw. René, Institut für Ökonomische Bildung, Westfälische Wilhelms-Universität Münster

Schüller, Prof. em. Dr. Alfred, Philipps-Universität Marburg

Schwanitz, Prof. Dr. Johannes, Institut für Technische Betriebswirtschaft (ITB), Fachhochschule Münster

Smeets, Prof. Dr. Heinz-Dieter, Lehrstuhl für Volkswirtschaftslehre, insbesondere Internationale Wirtschaftsbeziehungen, Heinrich-Heine-Universität Düsseldorf

Suttner, Dipl.-Volksw. Johannes, Institut für Ökonomische Bildung, Westfälische Wilhelms-Universität Münster

Theurl, Univ.-Prof. Dr. Theresia, Institut für Genossenschaftswesen, Westfälische Wilhelms-Universität Münster

Thieme, Prof. Dr. H. Jörg, emer. Universitäts-Prof. für Volkswirtschaftslehre, Heinrich-Heine- Universität Düsseldorf

Thieme, Dipl.-Volksw. Uta, Essen

Vollmer, Prof. Dr. Uwe, Professur für Geld und Währung, Universität Leipzig

Vossen, Prof. Dr. Gottfried, Databases and Information Systems (DBIS) Group, Westfälische Wilhelms-Universität Münster

Wentzel, Prof. Dr. Dirk, Hochschule Pforzheim

Winkelmann, Prof. Dr. Axel, Lehrstuhl für Betriebswirtschaftslehre und Wirtschaftsinformatik, Julius-Maximilians-Universität Würzburg

Schriften zu Ordnungsfragen der Wirtschaft

Lucius&Lucius Verlags-GmbH, Stuttgart, ISSN 1432-9220

Herausgeber:
Prof. Dr. Thomas Apolte, Prof. Dr. Martin Leschke, Prof. Dr. Albrecht F. Michler
Prof. Dr. Christian Müller, Prof. Dr. Stefan Voigt., Prof. Dr. Dirk Wentzel

Band 97: *Dirk Wentzel* (Hg.),
Internationale Organisationen: Ordnungsökonomische und finanzpolitische Analysen, 2013, i.V.

Band 96: *Michael Schuhen, Michael Wohlgemuth* und *Christian Müller* (Hg.),
Ökonomische Bildung und Wirtschaftsordnung, 2012, 330 S., 42,00 €, ISBN 978-3-8282-0568-0.

Band 95: *Rahel Schomaker, Christian Müller* und *Andreas Knorr* (Hg.),
Migration und Integration als wirtschaftliche und gesellschaftliche Ordnungsprobleme, 2012, 266 S., 38,00 €, ISBN 978-3-8282-0562-8.

Band 94: *Christian Müller, Frank Trosky* und *Marion Weber* (Hg.),
Ökonomik als allgemeine Theorie menschlichen Verhaltens: Grundlagen und Anwendungen, 2012, 336 S., 42,00 €, ISBN 978-3-8282-0559-8.

Band 93: *Albrecht F. Michler* und *Heinz-Dieter Smeets* (Hg.),
Die aktuelle Finanzkrise: Bestandsaufnahme und Lehren für die Zukunft, 2011, 400 S., 48,00 €, ISBN 978-3-8282-0538-3.

Band 92: *Rahel Schomaker*,
Public Private Partnerships in der Wasserwirtschaft des Nahen Ostens und Nordafrikas: Institutionelle Bestimmungsfaktoren und Potentiale, 2010, 184 S., 38,00 €, ISBN 978-3-8282-0518-5.

Band 91: *Thomas Apolte* und *Uwe Vollmer* (Hg.),
Bildungsökonomik und Soziale Marktwirtschaft,
2010, 216 S., 42,00 €, ISBN 978-3-8282-0503-1.

Band 90: *Alfred Schüller* und *Stefan Voigt* (Hg.),
Von der Ordnungstheorie zur Institutionenökonomik: Rückblick und Entwicklungsoptionen eines Marburger Forschungsprogramms – aus Anlaß des 50jährigen Bestehens der Forschungsstelle zum Vergleich wirtschaftlicher Lenkungssysteme, 2008, 172 S.,
32,00 €, ISBN 978-3-8282-0438-6.

Band 89 *Dirk Wentzel* (Hg.),
Medienökonomik: Theoretische Grundlagen und ordnungspolitische Gestaltungsalternativen. 2009, 468 S., 58,00 €, ISBN 978-3-8282-0437-9.

Band 88: *Helmut Leipold,*
Die Ordnung von Wirtschaft und Gesellschaft als zentrale Aufgabe: Ordnungsökonomische und kulturvergleichende Studien, 2008, 307 S., 38 €, ISBN 978-3-8282-0436-2.

Band 87: *Katharina Wacker,*
Wettbewerb und Regulierung auf dem deutschen Fernsehmarkt: Deregulierungsbedarf und Umsetzungsbedingungen, 2007, 220 S.,
36 €, ISBN 978-3-8282-0414-0.

Band 86: *Albrecht F. Michler* und *H. Jörg Thieme* (Hg.),,
Systeme monetärer Steuerung: Analyse und Vergleich geldpolitischer Strategien, 2007, 420 S., 44 €, ISBN 978-3-8282-0410-2.